Rechtsformen der Wagnisfinanzierung

Frankfurter wirtschaftsrechtliche Studien

Herausgegeben von
Theodor Baums, Friedrich Kübler, Hans-Joachim Mertens,
Eckard Rehbinder, Gunther Teubner

Band 49

PETER LANG
Frankfurt am Main · Berlin · Bern · Bruxelles · New York · Oxford · Wien

Matthias Möller

Rechtsformen der Wagnisfinanzierung

Eine rechtsvergleichende Studie zu den USA und zu Deutschland

PETER LANG
Europäischer Verlag der Wissenschaften

Die Deutsche Bibliothek - CIP-Einheitsaufnahme

Möller, Matthias:

Rechtsformen der Wagnisfinanzierung : eine rechtsvergleichende Studie zu den USA und zu Deutschland / Matthias Möller. - Frankfurt am Main ; Berlin ; Bern ; Bruxelles ; New York ; Oxford ; Wien : Lang, 2003
(Frankfurter wirtschaftsrechtliche Studien ; Bd. 49)
Zugl.: Osnabrück, Univ., Diss., 2002
ISBN 3-631-39535-3

D 700
ISSN 0723-0427
ISBN 3-631-39535-3

www.peterlang.de

Meinen lieben Eltern

Dr. Martin und Brigitta Möller

Vorwort

Der Fachbereich Rechtswissenschaften der Universität Osnabrück hat die vorliegende Arbeit immer Wintersemester 2002 als Dissertation angenommen.

Meinem verehrten Doktorvater Herrn Prof. Dr. Dr. h.c. Theodor Baums danke ich herzlich für die Überlassung des spannenden Themas und die motivierende Betreuung, die auch nach meiner Zeit als wissenschaftlicher Mitarbeiter am Institut für Handels- und Wirtschaftsrecht der Universität Osnabrück nicht verebbte. Seine ständige Gesprächsbereitschaft sowie die ihm eigene Arbeitsweise, die mir häufig Prüfstein und Ansporn zugleich waren, haben mich tief beeindruckt und die Untersuchung maßgeblich gefördert. Durch die mit ihm geführten intensiven Diskussionen im Rahmen des Forschungsprojektes für die Deutsche Ausgleichsbank wurde das Fundament für diese Arbeit gelegt.
Herrn Prof. Dr. Malte Schindhelm danke ich dafür, dass er das Zweitgutachten übernommen und so rasch erstellt hat.
Im besonderen Maße danke ich auch der Deutschen Ausgleichsbank, ohne deren finanzielle Förderung gerade der Forschungsaufenthalt an der Stanford University, Kalifornien kaum zu realisieren gewesen wäre. Des weiteren danke ich den ehemaligen Kollegen am Institut für Handels- und Wirtschaftsrecht der Universität Osnabrück, die durch das von ihnen gepflegte außerordentlich angenehme Arbeitsklima einen nicht zu unterschätzenden Beitrag zum Gelingen der Arbeit geleistet haben. Zuvorderst sei hier meinen lieben ehemaligen Kollegen Herrn Assessor Mathias Stöcker und Herrn Dr. Kai-Uwe Steck für ihre fachlichen Gespräche und Frau Catrin Knuth für gewissenhafte Korrekturarbeiten am Manuskript gedankt. Ebenfalls für sprachliche Korrekturen danke ich Frau Petra Hannigbrinck.
Herrn Tobias C. Engelmann schulde ich Dank für die zeitintensive redaktionelle Unterstützung. Nicht unerwähnt dürfen die lieben Freunde bleiben, die mit ihrem geduldigen Zuhören und Aufmunterungen erheblichen Anteil am Gelingen der Arbeit haben. Stellvertretend für viele unerwähnt Bleibende möchte ich insbesondere Frau Stefanie Diettrich, Frau Dr. Uta Fredebeil, Herrn Markus Kicia, Herrn Detlev Moeller und Herrn Michel Vollmerhaus danken.

Für Anregungen und Ratschläge aus der Praxis danke ich Herrn Rechtsanwalt Dr. Axel Pfeifer (MPK Rechtsanwälte Michaelis Pfeifer König, Frankfurt) und Herrn Dr. Anselm Raddatz (Sozietät Freshfields Bruckhaus Deringer, Düsseldorf).

Besonderen Dank schulde ich nicht zuletzt meinen lieben Eltern, die nicht nur weit über das übliche Maß hinaus durch Ihre materielle Unterstützung meine lange Ausbildung gefördert haben, sondern mir mit Ihrer Erziehung und Ihrer Liebe das für diese Arbeit erforderliche ideelle Rüstzeug mitgegeben haben.

Die Arbeit ist daher meinen Eltern gewidmet.

Frankfurt, im August 2002 — Matthias Möller

Inhaltsverzeichnis

Erster Teil: Grundlagen

§ 1 Einführung

Das Thema Wagnisfinanzierung oder Venture Capital, wie diese Finanzierungsform nicht nur in ihrem Ursprungsland – den USA – , sondern auch bei uns genannt wird, erfreute sich gerade in den letzten drei Jahren einer starken Medienpräsenz. Kaum eine überregionale Tageszeitung hat dieses Thema neben kontinuierlichen Berichten nicht zumindest einmal als Schwerpunktbericht in ihrem Wirtschafts- oder Finanzteil aufgegriffen. Auch die Hochglanz-Wirtschafts- und Politikmagazine schilderten mit Vorliebe die Erfolgsstories von weiteren „Jung"-Unternehmern, deren Unternehmen mit Hilfe einer Wagnisfinanzierung den Sprung auf das „Börsenparkett" geschafft haben. Wenn diese Jungunternehmer auch heutzutage seltener aus der „Garage" kommen, wie einst die Apple-Gründer Steve Jobs und Stephan Wozniak,[1] so erlangen häufig sie selbst und regelmäßig auch weitere Angehörige ihres Managementteams mit Hilfe der Wagniskapitalfinanziers erheblichen Wohlstand.
Darüber hinaus wird, wenn alles gut geht, eine Vielzahl von hochqualifizierten, gut dotierten und zukunftsträchtigen Arbeitsplätzen geschaffen. Dies ist wohl auch der Grund dafür, daß in Zeiten einer kaum hinzunehmenden hohen Arbeitslosenquote Politiker jeder Couleur es als Pflichtübung verstehen, sich zum Thema zu äußern.
Es ist positiv zu vermerken, daß die Allgegenwärtigkeit des Themas Wagnisfinanzierung oder Venture Capital sich auch in den Fortschritten, die in den letzten Jahren auf diesem Gebiet erzielt wurden, widerspiegelt. So ist in den Jahren 1997 bis 1999 das Volumen des für Wagnisfinanzierungen bereitgestellten Kapitals von fast 15 Mrd. DM auf ca. 26,6 Mrd. DM angestiegen. Diese Entwicklung ist vor dem Hintergrund zu sehen, daß es seit dem Arbeitsbeginn der ersten Kapitalbeteiligungsgesellschaften in Deutschland, der auf die Jahre 1966/67 datiert wird,[2] noch 30 Jahre dauerte, bis 1996 mit einem Fondsvolumen von 9,871 Mrd. DM ein nur knappes Verfehlen der 10 Mrd. DM Schwelle gemeldet werden konnte.[3]
Zu hoffen ist, daß die Medienpräsenz des Themas auch ein Indiz für einen Bewußtseinswandel in der deutschen Bevölkerung darstellt. Dann könnte der „Unternehmer" als Berufsziel für Absolventen von Universitäten und

---

[1] Siehe die Darstellung der Gründungsgeschichte von Apple bei *Bygrave / Timmons*, Venture Capital at the Crossroads, S. 110 f.
[2] *Leopold / Frommann*, Eigenkapital für den Mittelstand, S. 48.
[3] Die Zahlen sind jeweils dem Anhang zur Statistik (Gesamtmarkt) der BVK–Jahrbücher 1998–2000 entnommen.

Fachhochschulen salonfähig, vielleicht sogar erstrebenswert werden. Erste Anzeichen hierfür sind sicherlich auch die mittlerweile auf die Zahl von 17 angestiegenen Universitäts-Lehrstühle und Fachhochschul-Professuren[4], die sich mit dem Forschungsgebiet Unternehmertum und Existenzgründung befassen.[5]

§ 2 Gegenstand und Gang der Untersuchung

I. Untersuchungsgegenstand

Gegenstand dieser Arbeit ist die Untersuchung der vertraglichen Ausgestaltung der Rechtsverhältnisse zwischen den an einer Wagniskapitalfinanzierung beteiligten Personen und die Darstellung der rechtlichen Rahmenbedingungen, soweit diesen Einfluß auf die Ausgestaltung der Rechtsverhältnisse zukommt. Die Untersuchung ist als Rechtsvergleich zu den USA angelegt, weil der sehr weit entwickelte U.S.–amerikanische Wagniskapitalmarkt mit seinen spezifischen Ausgestaltungen weltweiten Vorbildcharakter genießt. In den USA hat sich eine Vertragspraxis entwickelt, die bemüht ist, Informationsasymmetrien zu reduzieren und die Interessen der an einer Wagniskapitalfinanzierung beteiligten Personen zu harmonisieren. Die Vertragspraxis kann sicherlich beanspruchen, eine der Erfolgskomponenten der U.S.-amerikanischen Venture Capital-Industrie zu sein.
Ausgehend von diesem U.S.-amerikanischen Modell der Vertragsgestaltung soll untersucht werden, ob entsprechende Regelungen auch in Deutschland möglich sind. Damit soll nicht die minutiöse Nachahmung der U.S.-amerikanischen Vertragspraxis propagiert werden. Es ist jedoch legitim, einen Erfahrungsvorsprung, der andernorts besteht, zu nutzen. Es erschiene geradezu ignorant, den andernorts in einer geübten Vertragspraxis bestehenden Erfahrungsschatz bei vergleichbaren Finanzierungssituationen in Deutschland unberücksichtigt zu lassen.
Es bleibt jedoch darauf hinzuweisen, daß auch in den USA die Entwicklung des Wagniskapitalmarktes mehrerer Jahrzehnte bedurfte. Auch dort war die Etablierung des Wagniskapitalmarktes nicht frei von Fehlentwicklungen und Rückschlägen, bis die Venture Capital-Industrie ihre heutigen Formen gefunden hatte.[6]

II. Gang der Untersuchung

Im ersten Teil der Arbeit werden die Grundlagen dargestellt. Insbesondere wird der der Arbeit zugrundeliegende Begriff des Wagniskapitals erläutert und der deutsche Wagniskapitalmarkt dem der USA in einem Größenvergleich gegenübergestellt. Als maßgebliche Faktoren, die Einfluß auf die vertragliche

---

[4] Siehe Hagemeister, Das Paradies für studentische Unternehmensgründer heißt Wuppertal, in FAZ v. 14.07.2001, S. 63, der auf eine Studie der Universität Regensburg zum Gründungsklima an deutschen Hochschulen verweist.

[5] Vgl. auch Lang / Netzhammer, in: FAZ v. 07.06.01, S. 31.

[6] Siehe *Bygrave / Timmons*, Venture Capital at the Crossroads, Ch. 1, mit der Entwicklungsgeschichte der Venture Capital Industrie in den USA von den Anfängen in den 20er Jahren bis zu den frühen 90ern; eine ausführliche deutsche Darstellung ist bei *Leopold / Frommann*, Eigenkapital für den Mittelstand, S. 218 ff. zu finden.

Gestaltung der Finanzierungsverhältnisse nehmen, werden die Interessensgegensätze und die Agency-Probleme der an der Wagnisfinanzierung beteiligten Personen geschildert.
Die weitere Unterteilung der Untersuchung in zwei folgende, eigenständige Teile ergibt sich aus der für die Wagnisfinanzierungen typischen mittelbaren Beteiligung der Investoren an den Beteiligungs- oder Portfoliounternehmen über einen spezialisierten Intermediär, die zu einem Dreipersonenverhältnis führt.[7] Zwar sind auch Gestaltungen ohne einen Intermediär möglich. Diese finden sich vorwiegend bei besonderen Ausformungen der Wagnisfinanzierung (Corporate Venture Capital und informelles Venture Capital durch Business Angels).[8] Bei diesen Ausgestaltungen sind die direkt investierenden Investoren mit vergleichbaren Problemen konfrontiert, wie die Wagniskapitalfinanziers bei der mittelbaren Beteiligung.[9] Die Ausgestaltung der direkten Beteiligung orientiert sich daher zumindest an der mittelbaren Beteiligung. Auf eine gesonderte Darstellung wird hier daher verzichtet.[10] Der Intermediär, der in der Regel selbst eine Gesellschaft ist, wird im Folgenden unabhängig von seiner Unternehmensverfassung als Wagniskapitalfinanzier bezeichnet. Im ersten Kapitel des zweiten Teils wird zunächst das U.S.-amerikanische Modell der Ausgestaltung des Finanzierungsverhältnisses zwischen den Wagniskapitalfinanziers und den Beteiligungsunternehmen vorgestellt. Hieran schließt sich im zweiten Kapitel die Prüfung der Umsetzbarkeit des U.S.-amerikanischen Modells in die deutschen Gesellschaftsrechtsformen der Aktiengesellschaft (AG), Gesellschaft mit beschränkter Haftung (GmbH) sowie der Kommanditgesellschaft mit einer GmbH als Komplementärin (GmbH & Co. KG) an. Im dritten Kapitel des zweiten Teils wird dann, ausgehend von der typischen U.S.-amerikanischen Ausgestaltung der Managementvergütung, auch deren Umsetzbarkeit bei den deutschen Gesellschaftsrechtsformen untersucht.
Der dritte Teil befaßt sich mit der Untersuchung des Refinanzierungsverhältnisses der Wagniskapitalfinanziers zu ihren Investoren. Auch hier wird zunächst nach einem kurzen historischen Abriß der Entwicklung die in den USA typische Ausgestaltung des Refinanzierungsverhältnisses analysiert. Im Verlauf dieser Darstellung wird auch auf die Rahmenbedingungen für Wagniskapital in den USA eingegangen. Im zweiten Kapitel des dritten Teils wird dann das bislang in Deutschland vorherrschende Modell der Wagniskapitalgesellschaften vorgestellt, und werden dessen Unterschiede zur U.S.-amerikanischen Gestaltung aufgezeigt. Dieses zweite Kapitel geht auch auf die Rahmenbedingungen für Wagniskapital in Deutschland und auf deren Änderungen in den Jahren 1997-2000 näher ein. Das dritte Kapitel widmet sich der Frage, ob die typische U.S.-amerikanische Gestaltung der Wagniskapitalgesellschaften sich sowohl im deutschen Personen- als auch im Kapitalgesellschaftsrecht realisieren läßt.

---

[7] Vgl. *Schefczcyk*, Erfolgsstrategien Deutscher Venture Capital–Gesellschaften, S. 21 f.; *Zemke*, Die Unternehmensverfassung von Beteiligungsgesellschaften, S. 47 ff.
[8] *Schefczcyk*, Erfolgsstrategien Deutscher Venture Capital–Gesellschaften, S. 21.
[9] Siehe *Schween*, Corporate Venture Capital, S. 138 ff.
[10] Vgl. *Schween*, Corporate Venture Capital, S. 147 ff.

Im vierten und letzten Kapitel des dritten Teils werden gesetzliche Sonderformen für Wagniskapitalgesellschaften und staatlich geförderte Wagniskapitalbereitstellung in den USA und in Deutschland behandelt und ihre Eignung zur Förderung der Wagniskapitalmärkte untersucht.

III. Der Begriff des Wagniskapitals

Der Begriff des Wagniskapitals umfaßt nach heutigem Verständnis sowohl die Kapitalbeteiligungen an vorwiegend jungen, technologisch innovativen, nicht an der Börse notierten kleineren und mittleren Unternehmen, die trotz geringer laufender Ertragskraft über ein hinreichend großes Wachstumspotential verfügen, als auch Kapitalbeteiligungen im Rahmen von MBO / MBI-Transaktionen, bei Börsengängen und Restrukturierungen.[11] Ob dieses weite Verständnis besser mit dem Begriff Beteiligungskapital oder auch *Private Equity* zu umschreiben ist, soll hier nicht weiter erörtert werden.[12] Der Blick dieser Untersuchung ist auf Beteiligungen in den sogenannten Frühphasen (*seed, start–up*) gerichtet, in denen noch wesentliche Forschungs- und Entwicklungsarbeiten (F & E) geleistet werden, die Gesellschaft als Trägerin des zukünftigen Unternehmens gegründet, der Produktionsaufbau betrieben und die Markteinführung vorbereitet wird.[13]

Unternehmen in diesen frühen Entwicklungsphasen verfügen regelmäßig nicht in ausreichendem Umfang über materielle Vermögenswerte als Kreditsicherheiten. Dieser Umstand und das Ziel der Wagnisfinanzierung, die Entwicklung des jungen Unternehmens und damit dessen Wertsteigerung zu fördern, läßt im Kern nur echte Eigenkapitalbeteiligungen zu, da durch Zins- und Tilgungszahlungen die zur Unternehmensentwicklung dringend benötigte Liquidität entzogen würde.[14]

Auch hinsichtlich des zweiten wesentlichen Bestandteils des Leistungspakets Wagnisfinanzierung, nämlich der Managementbetreuung, kommt der Eigenkapitalbeteiligung erhebliche Bedeutung zu. Die mit einer echten Eigenkapitalbeteiligung einhergehende mitgliedschaftliche Stellung verleiht den Wagniskapitalfinanziers Informations-, Kontroll- und Einflußrechte, die jedenfalls für eine sogenannte „*hands – on*" Managementbetreuung unerläßlich sind. Je nach Intensität der Betreuung wird der sogenannte „*hands-off*" und der „*hands-on*" Ansatz unterschieden. Im ersten Fall beschränkt sich die Betreuung

[11] Siehe *Leopold / Frommann*, Eigenkapital für den Mittelstand, S. 4 ff., die auch ausführlich zur Bezeichnung „Wagniskapital" oder „Venture Capital" Stellung nehmen; *Schefczcyk*, Erfolgsstrategien Deutscher Venture Capital–Gesellschaften, S. 15 f.; *ders.*, Finanzieren mit Venture Capital, S. 7 f.; *Deutsche Bundesbank*, in Monatsbericht Oktober 2000, 15, 16.

[12] Siehe *Zemke*, Die Unternehmensverfassung von Beteiligungsgesellschaften, S. 59 ff.

[13] Auch die Definition der Frühphasen (early stages) wird teilweise unterschiedlich weit gefaßt, vgl. z.B. *Posner*, Early Stage–Finanzierungen, S. 9 f. und *Engelmann / Juncker / Natusch / Tebroke*, Moderne Unternehmensfinanzierung, S. 26 ff.

[14] Im Jahre 2000 entfielen auf echte Eigenkapitalbeteiligungen 64,5% der Neu-Investitionen, siehe BVK-Statistik 2000, S. 8; vgl. auch *Deutsche Bundesbank*, in Monatsbericht Oktober 2000, S. 17; siehe auch *Nitschke*, Wagnisfinanzierungen, § 4, der auch die Möglichkeit der Wagnisfinanzierung durch Fremdkapital im deutschen und US–amerikanischen Recht prüft.

im Wesentlichen auf eine passive Kontrolle des Berichtswesens.[15] Dagegen kann eine *„hands-on“* Betreuung eine aktive unternehmerische Betätigung in den Bereichen Finanzierung, Marketing/Vertrieb, Personal, Strategie/Planung wie auch in der Produktentwicklung bedeuten. Hierfür bedienen sich die Wagniskapitalfinanziers der Mittel des Berichtswesens (kontinuierliche Berichte in z.B. monatlichen Intervallen und ad – hoc Berichte bei bestimmten Ereignissen), der Zustimmungsrechte für bestimmte Geschäftsführungsmaßnahmen und Änderungen der Gesellschaftsgrundlagen bis hin zu Initiativrechten.[16] Diese Rechte der Wagniskapitalfinanziers bieten einen gewissen Ausgleich für den Verzicht auf materielle Sicherheiten.[17] Die Managementbetreuung ist für die Wagniskapitalfinanziers die bedeutendste Möglichkeit zur laufenden Beeinflussung des Beteiligungserfolges.[18] Zum anderen erhalten die Wagniskapitalfinanziers mit der Eigenkapitalbeteiligung die Möglichkeit, unbegrenzt an der Wertsteigerung des finanzierten Unternehmens zu partizipieren. Diese Aussicht ist das eigentliche Motiv für die Beteiligung der Wagniskapitalfinanziers und die Rechtfertigung für das hohe Risiko eines Totalverlustes der investierten Mittel.[19] Damit resultiert aus dem Beteiligungsinteresse der Wagniskapitalfinanziers ein weit über die Möglichkeiten eines bloßen Beratungshonorar hinausgehender Anreiz, sich nach bestem Wissen und Können für die Unternehmensentwicklung einzusetzen.[20]

Die hier vorgenommene Konzentration auf die für Venture Capital häufig auch als „klassisch“ bezeichneten frühen Entwicklungsphasen ist vor dem Hintergrund zu sehen, daß zum einen in diesen Entwicklungsphasen die für Wagnisfinanzierungen typischen Vertragsregelungen ihren Ursprung und damit auch ihre deutlichste Ausprägung haben. Zum anderen ist in Deutschland gerade im Hinblick auf das Segment der Frühphasen–Finanzierungen ein Aufholbedarf im Vergleich zu den USA bekundet worden.

IV. Vergleich der Wagniskapitalmärkte in den USA und Deutschland

Bei einem quantitativen Vergleich muß zunächst gewährleistet sein, daß die zu vergleichenden Größen überhaupt vergleichbar sind. Hier besteht bereits die Schwierigkeit, daß den Größenzahlen, die das Volumen des U.S.-amerikanischen und des deutschen Wagniskapitalmarkts ausdrücken, unterschiedliche Definitionen zugrundeliegen. In den USA wird das Marktvolumen als *„capital under management“* beschrieben. Dies entspricht der Summe der über die Jahre hinweg kumulierten Mittel, von denen die Mittel der liquidierten und nicht mehr investierenden Fonds abgezogen werden.[21] In Deutschland werden dagegen die Begriffe Fondsvolumen und Portfoliovolumen

---

[15] *Leopold / Frommann*, Eigenkapital für den Mittelstand, S. 174 f.; *Zemke*, Die Unternehmensverfas-sung von Beteiligungsgesellschaften, S. 265.

[16] Vgl. *Zemke*, Die Unternehmensverfassung von Beteiligungsgesellschaften, S. 265.

[17] So auch *Zemke*, Die Unternehmensverfassung von Beteiligungsgesellschaften, S. 62.

[18] *Schefczyk*, Erfolgsstrategien Deutscher Venture Capital–Gesellschaften, S. 41.

[19] Siehe auch *Pfeifer*, BB 1999, 1665.

[20] *Leopold / Frommann*, Eigenkapital für den Mittelstand, S. 175.

[21] Siehe BVK–Jahrbuch 2000, Venture Capital in den USA 1999, S. 99.

unterschieden.[22] Das Fondsvolumen ist die Summe des insgesamt für Wagniskapitalfinanzierungen bereitgestellten Kapitals – also das bereits investierte als auch das noch nicht investierte Kapital. Das Portfoliovolumen beschreibt die Summe der investierten Mittel, wobei jährliche Zu- und Abgänge berücksichtigt werden.[23] Beim Vergleich der Größe des Wagniskapitalmarktes in den USA und in Deutschland anhand dieser Zahlen ist daher Vorsicht geboten.[24] Legt man bei einem Vergleich die Angaben des *capital under management* und des Fondsvolumens zugrunde, so läßt sich sagen, daß der U.S.–amerikanische Wagniskapitalmarkt nach absoluten Zahlen im Jahre 1999 (ca. 134,5 Mrd. US $) ca. 10,5 mal größer war als der deutsche (ca. 26,7 Mrd. DM).[25] In Relation zum Bruttoinlandsprodukt[26] war der U.S.–amerikanische Wagniskapitalmarkt 1999 nur noch um den Faktor 2,32 größer als der deutsche.
Beide Wagniskapitalmärkte konnten in den Jahren 1997 – 2000 erheblichen Zuwachs erzielen. Allein im Jahr 1999 stieg in den USA das *capital under management* absolut um 45 Mrd. $ oder 50% an. In Deutschland wuchs das Fondsvolumen 1999 um 9 Mrd. DM von 18,6 Mrd. DM auf 27,6 Mrd. DM.[27]
Die beiden Vergleichsmärkte weisen damit hinsichtlich des prozentualen Bruttozuwachses eine gewisse Parallelentwicklung auf. Ein deutlicher Unterschied ist jedoch bei den 1999 in Wagniskapital-Beteiligungen vorgenommenen Investitionen festzustellen. In den USA wurde mit absolut 48,3 Mrd. US $ eine Steigerung um 152% zum Vorjahr erreicht. Dagegen fallen in Deutschland die neu investierten Mittel von absolut ca. 6,2 Mrd. DM, was einem prozentualen Zuwachs von 61% entspricht, deutlich geringer aus.[28] Von besonderem Interesse bei einem Vergleich der beiden Wagniskapitalmärkte ist das Engagement bei den Frühphasen-Finanzierungen (*seed, start – up*). In den USA war 1999 ein beeindruckendes Anwachsen der absoluten Investitionssumme von 5,2 Mrd. US $ im Vorjahr auf 10,8 Mrd. US $ festzustellen. Auf die Frühphasen-Finanzierungen in Deutschland entfiel dagegen der zunächst mit absolut 1,9 Mrd. DM etwas bescheiden wirkende Betrag. Jedoch zeigt bereits der Zuwachs von ca. 900 Mio. DM zum Volumen des Vorjahres in Höhe von ca. 905 Mio. DM, daß sich auch in Deutschland das Engagement bei Frühphasen-Finanzierungen verdoppelt hat.
Der prozentuale Vergleich zu den übrigen Finanzierungsphasen zeigt dann, daß die Frühphasen-Finanzierung in Deutschland mit 31,4% im Jahr 1999 das U.S.-

---

[22] So die verwendeten Begriffe des Bundesverbands Deutscher Kapitalbeteiligungsgesellschaften – German Venture Capital Association e.V. (BVK).
[23] Vgl. *Leopold / Frommann*, Eigenkapital für den Mittelstand, S. 79 f.
[24] Auf die Schwierigkeiten des Vergleichs der internationalen VC–Märkte weisen auch *Leopold / Frommann*, Eigenkapital für den Mittelstand, S. 108 hin.
[25] Die Zahlenangaben sind dem BVK–Jahrbuch 1999 entnommen, S. 74 und S. 99 ff. Der Berechnung liegt der durchschnittliche Umtauschkurs von 1999 zugrunde, wonach 1 US $ den Wert von Euro 1,0658 hatte. Dies entspricht ca. DM 2,08.
[26] Dieses betrug 1999 in den USA 8645.4 Mrd $, siehe http://www.oecd.org/std/gdp.htm und in Deutschland 3877.1 Mrd. DM, siehe Statistisches Jahrbuch 2000, S. 635.
[27] Zahlenangaben sind dem BVK–Jahrbuch 1999, S. 74 und S. 99 entnommen.
[28] Vgl. *Deutsche Bundesbank*, in Monatsbericht Oktober 2000, S. 25.

amerikanische Niveau von 22,4% bereits deutlich überschritten hat.[29] Im Jahre 2000 dominierten in Deutschland bereits die Frühphasen-Finanzierungen mit einem Anteil von 36% der Neu-Investments.[30] Dieser Vergleich macht einen gegenläufigen Trend in den USA und Deutschland deutlich. In beiden Ländern haben zwar in den letzten Jahren die absoluten Summen der in Frühphasen-Finanzierungen investierten Mittel zugenommen. Die prozentuale Phasenverteilung in den USA verschiebt sich jedoch zu Lasten der Frühphasen-Finanzierungen und in Deutschland zu deren Gunsten.[31]

IV. Interessensgegensätze und Agency-Probleme

Wagnisfinanzierungen oder Venture Capital-Finanzierungen teilen mit anderen Formen der Fremd- und Eigenkapitalfinanzierung das Vorhandensein von Informationsasymmetrien, unsicheren Ertragserwartungen und Verhaltensunsicherheiten hinsichtlich des Kapitalnehmers.[32] Im Verhältnis der Wagniskapitalfinanziers zu den Gründergesellschaftern eines innovativen High Tech-Unternehmens erhalten diese allgemein zu beobachtenden Probleme eine besondere Schärfe.

So können bei herkömmlichen Fremd- und Eigenkapitalfinanzierungen die Kapitalgeber zumindest auf eine solide Informationsbasis zurückgreifen: Die Hausbank oder der Großlieferant haben aus langjährigen Geschäftsbeziehungen entweder eigene Erfahrungen mit den Kapitalnehmern oder aber Informationen können zumindest von Dritten beschafft oder aufgrund vorhandener Jahresabschlüsse und Analystenberichte zusammengestellt werden.

Bei der Finanzierung eines jungen Unternehmens aus dem High Tech-Bereich sind in aller Regel weder ausreichende Informationen über die fachlichen Fähigkeiten und die Managementkompetenz der Gründer vorhanden, noch kann die technische Machbarkeit und die Marktchance des Produkts hinreichend beurteilt werden.

Die Gründerunternehmer verfügen anders als bei herkömmlichen Finanzierungen in der Regel auch nicht über Sicherheiten, die sie den Wagniskapitalfinanziers anbieten könnten. Hinzu kommt, daß der Zeithorizont für Kapitalrückflüsse bei Wagnisfinanzierungen weiter gesteckt ist als bei anderen Finanzierungen. Der Kapitalrückfluß erfolgt erst beim Beteiligungsausstieg (in der Regel nach 4 – 8 Jahren) der Wagniskapitalfinanziers durch die Veräußerung ihrer Beteiligung. Zinsen oder Dividenden werden üblicherweise bei Wagnisfinanzierungen nicht gezahlt.

Diese Situation wird noch dadurch verschärft, daß im Falle eines Fehlschlags der Wagnisfinanzierung (Insolvenz des finanzierten Unternehmens) im High Tech–Bereich die investierten Mittel wegen des hohen Grades an Spezifität der angeschafften Güter oder bei der Finanzierung von Forschungs- und

[29] Zahlen sind dem BVK–Jahrbuch 1999 und der BVK–Jahresstatistik 1998 entnommen.

[30] BVK-Jahresstatistik, S. 1.

[31] In Deutschland entfiel bei der Phasenverteilung auf die Frühphasen–Finanzierungen 1996 (9,35 %), 1997 (12,32 %), 1998 (15,89 %). Zahlen sind jeweils den BVK–Jahresstatistiken für den Gesamtmarkt entnommen.

[32] *Schween*, Corporate Venture Capital, S. 137.

Entwicklungsarbeit in der Regel als sogenannte „versunkene Kosten“ restlos verloren sind.
Hinzu treten Unsicherheiten über die Verhaltensweisen der Gründergesellschafter wie z.B. deren Fleiß, Sorgfalt und Fairneß gegenüber den Wagniskapitalfinanziers.
Die Gründergesellschafter verfügen hingegen hinsichtlich ihrer eigenen Fähigkeiten und Verhaltensweisen sowie der technischen Machbarkeit ihrer Produkt- oder Verfahrensinnovation über einen natürlichen Informationsvorsprung.
Mit diesem Szenario sind die in einer Wagnisfinanzierung bestehenden starken Informationsasymmetrien beschrieben. Diese Informationsasymmetrien führen mit der Kapitalüberlassung zu Handlungsspielräumen der Gründergesellschafter, die der Kontrolle der Wagniskapitalfinanziers nur begrenzt zugänglich oder gar vollends entzogen sind.
Dies ist vor dem Hintergrund zu sehen, daß die Interessen der Wagniskapitalfinanziers und der Gründergesellschafter zwar insoweit übereinstimmen, als beide die Entwicklung des Unternehmens und dessen Wertsteigerung anstreben. Jedoch können sich hinsichtlich des Weges und des Zeithorizonts, um dieses Ziel zu erreichen, erhebliche Differenzen ergeben.[33] So werden die Wagniskapitalfinanziers, die an bald möglichen Kapitalrückflüssen interessiert sind, die Unternehmensentwicklung forcieren wollen, um zeitnah die Möglichkeit eines Beteiligungsausstiegs z.B. in Form eines *Going public* zu erhalten. Dagegen werden die Gründergesellschafter wohl auch ein langsameres Unternehmenswachstum einem möglichst frühen Börsengang vorziehen, weil sie bei diesem unter Umständen die Unternehmensleitung aus den Händen geben müssen. Auch ist zu berücksichtigen, daß die Gründergesellschafter bei einem Fehlschlag des Unternehmens nicht nur eine für sie nicht unbeträchtliche Geldsumme verlieren, sondern auch ihren Arbeitsplatz einbüßen.
Diese Interessensgegensätze begründen hinsichtlich der auf den Informationsasymmetrien und der Kapitalüberlassung basierenden Handlungsspielräume die Gefahr von opportunistischen Verhaltensweisen der Gründergesellschafter zu Lasten der Wagniskapitalfinanziers. Die Wagniskapitalfinanziers finden sich hier in der Rolle eines Prinzipals, der sich vor mißbräuchlichen Verhaltensweisen seines Agenten schützen muß.
So können die Gründergesellschafter z.B. abredewidrig von einer vereinbarten Geschäftsstrategie abweichen, ohne daß diese Verhaltensänderung zunächst sanktioniert werden könnte. Die Gründergesellschafter können versuchen, durch bewußt übertrieben positive Darstellungen der Geschäftsentwicklung die Wagniskapitalfinanziers zu einer höheren Unternehmensbewertung und somit zu überhöhten Finanzierungsleistungen zu veranlassen. Ein weiteres Gefahrenpotential ergibt sich aus parallelen oder späteren Aktivitäten in der gleichen Branche unter Mißachtung von Wettbewerbsverboten.[34]
Derartige durch die Gründergesellschafter verursachte Situationen werden von der Agency-Theorie als *„hold-up“* bezeichnet.

---

[33] Vgl. *Pfeifer*, BB 1999, 1665.
[34] *Schween*, Corporate Venture Capital, S. 143.

Mit der Eigenkapitalbereitstellung der Wagniskapitalfinanziers reduzieren die Gründergesellschafter ihr eigenes finanzielles Engagement in dem Unternehmen. Dies könnte insbesondere technikorientierte Gründer dazu veranlassen, kostspielige, aber marktferne Forschung zu betreiben und sich mit weniger Anstrengung und Sorgfalt für die kaufmännischen Unternehmensbereiche einzusetzen. Dieser Problemkreis wird von der Agency-Theorie als *„moral hazard“* bezeichnet.
Diese Probleme lassen sich nicht durch eine Steigerung der Risikoprämie für Wagnisfinanzierungen ausgleichen, indem die Wagniskapitalfinanziers den Beteiligungsunternehmen eine niedrigere Bewertung zugrundelegen. Dies könnte dazu führen, daß aussichtsreiche Beteiligungsunternehmen von einer Wagnisfinanzierung Abstand nehmen, um ihr Wachstum lieber langsamer aus eigener Kraft zu finanzieren. Es blieben dann allenfalls noch mittelmäßige Beteiligungsunternehmen für ein Engagement der Wagniskapitalfinanziers übrig (sog. adverse Selektion).

Es darf nicht unerwähnt bleiben, daß auch die Gründergesellschafter bei der Suche und Auswahl eines geeigneten Wagniskapitalfinanziers mit Informationsproblemen und Unsicherheiten belastet sind. Es ist für die Gründergesellschafter nicht ohne weiteres ersichtlich, ob die zur Wahl stehenden Wagniskapitalfinanziers ihren finanziellen und insbesondere auch ihren Verpflichtungen hinsichtlich Managementunterstützung nachkommen können und wollen. Anders als die Gründergesellschafter sind die Wagniskapitalfinanziers jedoch in der Regel schon länger im Geschäft. Das Risiko der Gründerunternehmer bei der Auswahl des geeigneten Investors kann reduziert werden, indem ein Wagniskapitalfinanzier mit einer guten Reputation ausgewählt wird. Diese wird der Wagniskapitalfinanzier nicht gefährden wollen, da sie ihm auch in Zukunft den Zugang zu aussichtsreichen Beteiligungen ermöglichen soll. Hierzu ist anzumerken, daß mittlerweile auch in Deutschland die am Markt agierenden Wagniskapitalgesellschaften einer kritischen Beurteilung durch die Wirtschafts- und Finanzpresse unterzogen werden.[35]

Zweiter Teil: Das Finanzierungsverhältnis

Erstes Kapitel: Das U.S.-amerikanische Modell

§ 3 Die *corporation* als Standardrechtsform

Das U.S.-amerikanische Modell der Venture Capital-Finanzierung zeichnet sich u.a. dadurch aus, daß mit der *corporation* als Rechtsform für das Wagniskapitalunternehmen ein gewisser Industriestandard besteht. Hierbei ist zwar zu beachten, daß in den einzelnen Bundesstaaten wegen der fehlenden

[35] Siehe die Marktuntersuchung der Zeitschrift Finance Februar 2001, S. 20 ff. in deren Verlauf über 1400 deutsche Beteiligungsunternehmen über ihre Zufriedenheit mit ihren Wagniskapitalfinanziers befragt wurden.

Bundeskompetenz für das Gesellschaftsrecht kein völlig einheitliches *corporation law* existiert.[36] Jedoch haben die Bemühungen der *„American Bar Association"* (ABA), die mit dem *„Model Business Corporation Act"* (MBCA) von 1969 und dem *„Revised Model Business Act"* (RMBCA) von 1984 zwei Mustergesetze bereitgestellt hat, die Gesetzgebung in den einzelnen Bundesstaaten weit vereinheitlicht. Auch die Attraktivität des *„General Corporation Law of the State of Delaware"* hat die übrigen Bundesstaaten in ihrer Gesetzgebung beeinflußt.
Für die Wahl der *corporation* als Rechtsform des Wagniskapitalunternehmens sprechen zunächst deren Haftungsbegrenzung für die Gesellschafter, die Möglichkeit, den Gesellschaftereinfluß auf die Geschäftsführung durch eine Interessen wahrende Besetzung des *board of directors zu* sichern und die hohe Fungibilität der Gesellschaftsanteile. Darüber hinaus zeichnet sich das U.S.-amerikanische Kapitalgesellschaftsrecht durch eine umfassende Gestaltungsfreiheit für das Innenverhältnis der *corporation* aus. Danach lassen sich mit unterschiedlichsten Rechten ausgestattete Anteilsgattungen schaffen. Bei Wagnisfinanzierungen bevorzugen die Wagniskapitalfinanziers sogenannte *convertible preferred shares* als Finanzierungsinstrument, während die Gründerunternehmer *common shares* erhalten.[37]
Zwar bieten grundsätzlich auch die Rechtsformen der *limited partnership* und der *limited liability company* die Möglichkeit einer Haftungsbegrenzung für die Gesellschafter. Bei der *limited partnership* entfällt die Haftungsbeschränkung der *limited partner* nach der sogenannten *„control rule"* aber dann, wenn diese sich aktiv an der Leitung oder Kontrolle der Gesellschaft beteiligen.[38] Zwar enthält der *Revised Uniform Limited Partnership Act* (RULPA) gewisse Erleichterungen (*„safe harbours"*) zu der strikten *control rule* des *Uniform Limited Partnership Act* (ULPA),[39] dennoch hindern diese Regelungen immer noch die für Wagnisfinanzierungen typische Managementbetreuung durch die Wagniskapitalfinanziers. Letztlich kommen sowohl die *limited partnership* als auch die *limited liability company* wegen ihres steuerlichen Charakters als sogenannte *„flow"*- oder *„pass – through entities"* für Venture Capital-Finanzierungen regelmäßig nicht in Betracht. Diese steuerliche Behandlung hat nämlich neben der in Deutschland so geschätzten Möglichkeit der Verlustzuweisung an die Gesellschafter die Folge, daß steuerbefreite Institutionen (Pensionsfonds, Stiftungen), die maßgeblich als Kapitalquellen dienen, sich die Einkünfte dieser Gesellschaften als sogenanntes *„unrelated business taxable income"* anrechnen lassen müßten, wodurch sie ihre

---

[36] Die fehlende Gesetzgebungskompetenz der Bundes ergibt sich aus der *interstate commerce clause* des Art. I Sec. 8 cl.3 U.S. Constitution, welcher die Bundeskompetenz auf dem Gebiet des Wirtschaftsrechts regelt.
[37] *Sahlman*, JFE 1990, 473, 504; *Baums / Gilson*, in: Alternative Forms of Organisations, Vol. 1, S. 79, 84.
[38] Siehe RULPA § 303, ULPA § 7; siehe *Klawitter*, Die GmbH & Co. KG im U.S.-amerikanischen Recht, S. 157 ff, mit einer ausführlichen Darstellung der Haftungsproblematig bei Teilnahme des *limited partner* an der Kontrolle über die Gesellschaft.
[39] RULPA § 303 (b).

Steuerbefreiung verlieren würden.[40] Um diese steuerliche Konsequenz zu vermeiden, stellen Pensionsfonds und Stiftungen nur Kapital für Venture Capital-Finanzierung zur Verfügung, wenn dieses in Unternehmen investiert wird, die als *corporation* geführt werden.

Demnach sind die das U.S.-amerikanische Modell der Venture Capital-Finanzierung prägenden Vertragsgestaltungen ausschließlich in Bezug auf die *corporation* darzustellen.

I. Stimmrechtsregelungen und Sicherung des Einflusses

1. Geschäftsleitungs- und Kontrollkompetenz in der *corporation*

Für die Wagniskapitalfinanziers ist es von entscheidender Bedeutung, ihren Einfluß auf die Geschicke der Gesellschaft hinreichend zu sichern. Hierbei stellt sich ihnen das Problem, daß sie trotz ihrer überwiegenden Finanzierungsleistung in der Regel nur als Minderheitsgesellschafter beteiligt sind. Dies ist auch vor dem Hintergrund zu sehen, daß die Gründergesellschafter einen wesentlichen Teil ihrer Motivation aus ihrem Streben nach Unabhängigkeit ziehen. Eine Mehrheitsbeteiligung der Wagniskapitalfinanziers könnte sich daher demotivierend auf die Gründergesellschafter auswirken und damit dem gemeinsamen Ziel, den Unternehmenswert zügig zu steigern, zuwiderlaufen.
Die Einflußmöglichkeiten der Gesellschafter auf die Geschäftsführung sind wegen des Prinzips der Trennung von Eigentum und Management, welches das Innenrecht der *corporation* bestimmt, grundsätzlich begrenzt. Nach dem sogenannten „statutory scheme", dem Grundmuster der *corporation statues* aller Bundesstaaten, obliegen den Gesellschaftern grundsätzlich die Bestellung und Abberufung der *directors* sowie die Entscheidungen in grundlegenden oder außergewöhnlichen Angelegenheiten.[41] Hiervon umfaßt sind u.a. das Recht auf Abänderung des Gesellschaftsvertrages und der sogenannten „*bylaws*"[42], sowie Zustimmungsrechte bei Verschmelzungen[43] und beim Verkauf[44] der wesentlichen Vermögenswerte der Gesellschaft.[45]
Das eigentliche Leitungsorgan der corporation ist der *board of directors,* in dem die Geschäfts- und Unternehmenspolitik festgelegt wird,[46] während das Tagesgeschäft sogenannte *officers* unter der Aufsicht der *directors* ausüben.[47] Diese Kompetenzverteilung ist üblich für die großen *public corporations, während* Start up-Unternehmen mit engem Gesellschafterkreis, die als sogenannte „*close corporation*" geführt werden, in der Regel auf officers

[40] Vgl. *Burke*, Tax Issues in Venture Capital Financing, in: *PLI*, Venture Capital 1991, S. 185, 197 f.
[41] *Baums*, ZIP 1995, 11, 14; *Merkt*, US–amerikanisches Gesellschaftsrecht, Rdn. 483.
[42] MBCA von 1984, § 10.03 und § 10.20 des.
[43] MBCA von 1984, § 11.03.
[44] MBCA von 1984, § 16.02.
[45] Siehe im einzelnen *Hamilton*, Corporations, S. 281, 282.
[46] *Dooley*, Foundamentals of Corporation Law, S. 26, 27.
[47] *Baums*, ZIP 1995, 11, 14; *Merkt*, U.S.-amerikanisches Gesellschaftsrecht, Rdn. 483.

verzichten und der *board of directors* häufig ausschließlich mit Gesellschaftern besetzt ist.[48] Bei Start-up Unternehmen nimmt der *board of directors* und, soweit dieser sich aus dem Kreis der Gesellschafter rekrutiert, diese selbst das Management der Gesellschaft bis hin zum Tagesgeschäft selbst in die Hand.
Das entscheidende Gremium zur Einflußsicherung ist daher der „board of directors".

2. Stimmrechtsregelungen

Die *preferred shares* der Wagniskapitalfinanziers besitzen grundsätzlich die gleichen Stimmrechte wie die *common shares*, so daß ihre Inhaber in allen Angelegenheiten mit abstimmen können.[49] Die Stimmrechtsanzahl der *preferred stock*-Inhaber bemißt sich nach der Anzahl der Stimmrechte, die ihnen bei einem Umtausch ihrer *preferred shares* in *common shares* durch letztere gewährt würden.[50] Soweit danach die Wagniskapitalfinanziers auch weiterhin die Stellung von Minderheitsgesellschaftern einnehmen, müssen sie damit rechnen, bei Abstimmungen den common stock-Inhabern zu unterliegen.

a) Class voting

Das *class voting* sieht vor, daß die *preferred stock*-Inhaber über inhaltliche Änderungen der Rechte ihrer *preferred shares* und über Maßnahmen, die sich negativ auf den Status der *preferred shares* auswirken könnten, unter sich als Gruppe abstimmen.[51] Die *preferred stock*-Inhaber können so verhindern, daß belastende Entscheidungen gegen ihren mehrheitlichen Willen von den *common stock*-Inhabern als Mehrheitsaktionären durchgesetzt werden. Das *class voting* kann auch auf sonstige außerordentliche Geschäftsvorgänge, wie z.B. Verschmelzungen oder den Verkauf wesentlicher Vermögenswerte, ausgedehnt werden.[52] Die Mehrheit der *preferred stock*-Inhaber erhält so ein Vetorecht für derartige Geschäftsvorgänge.[53]

b) Stimmrechtsregelung zur Besetzung des *board of directors*

Den *preferred stock*-Inhabern kann im Wege des *class voting* auch das Recht eingeräumt sein, eine bestimmte Anzahl von Sitzen des *board of directors* zu

---

[48] Siehe *Bartlett*, Venture Capital, § 4.7; *Haynsworth*, Selecting the Form, S. 39; *Hamilton*, Corporations, S. 282 f.

[49] Dies ist weitgehend der gesetzliche Regelfall, soweit nicht durch Satzung etwas anderes bestimmt ist, siehe: Cal. Corp. Code § 700(a); Del.Gen.Corp.L. § 212; M.B.C.A. § 33; R.M.B.C.A. § 7.21(a).

[50] *Testa / Asher / Todd / Hession*, Venture Capital Investment, in :*PLI*, Venture Capital 1991, S. 40, 41; *Bartlett*, Venture Capital, § 13.4, S. 252; *Bagley / Dauchy*, The Entrepreneur´s Guide to Business Law, S. 218.

[51] *Coben / Woronoff*, in: *Harroch*, Start-up & Emerging Companies, § 8.02 (4) (f); auch dies ist teiweise schon gesetzlich vorgeschrieben, siehe Cal. Corp. Code § 903; Del.Gen.Corp.L. § 242 (b) (2); M.B.C.A. § 60; R.M.B.C.A. § 10.04.

[52] *Coben / Woronoff*, in: *Harroch*, Start-up & Emerging Companies, § 8.02 (4) (f).

[53] *Haynsworth*, Organizing a Small Business Entity, § 5.02 (c), S. 236, 237.

besetzen.[54] Mit Hilfe des *class voting* kann die Besetzung dieses entscheidenden Gesellschaftsgremiums vom Umfang des Anteilbesitzes gelöst werden. Den Inhabern des *preferred stock* kann eine größere Anzahl an *board*-Sitzen zur Besetzung überlassen werden, als ihnen aufgrund ihres Anteilbesitzes zustehen würde.[55]

Alternativ zum *class voting* kann die Vertretung der Wagniskapitalfinanziers im *board of directors* auch durch Stimmbindungen im sogenannten *shareholder agreement* sichergestellt werden. Diese Alternative wird insbesondere dann gewählt, wenn der Kapitalgeber sich noch als *Venture Capital Operating Company* (VCOC) qualifizieren muß, um den Ausnahmetatbestand der *Plan Asset Regulation* des *Department of Labor* zu erfüllen.[56] Ein Wagniskapitalfonds, der Pensionsfonds als Investoren hat und sich nicht als VCOC qualifizieren kann, unterliegt in seiner Geschäftstätigkeit zahlreichen Beschränkungen der *Plan Asset Regulation.*[57]

Ein *director* kann mit, aber auch ohne Grund abgesetzt werden.[58] Für die Absetzung eines *director* bedarf es grundsätzlich einer einfachen Mehrheit der Gesellschafter. Soweit die *directors* im Wege des *class voting* gewählt worden sind, wird dieser Grundsatz dahin modifiziert, daß sich die entsprechende Mehrheit innerhalb der Gesellschaftergruppe finden muß, die den betreffenden *director* gewählt hat.[59] Diese Regelung schützt zwar die von den Wagniskapitalfinanziers gewählten *directors* vor einer Absetzung durch die Stammaktionäre. Andererseits kann damit aber auch ein von den Stammaktionären gewählter *director* nicht ohne deren Zustimmung abgesetzt werden.

c) Voting switch oder control switch

Die Möglichkeit eines sogenannten *voting switch* oder *control switch* trägt in besonderer Weise dem Umstand Rechnung, daß die *preferred stock*-Inhaber gewöhnlich der Stimmrechtsmacht der *common stock*-Inhaber unterlegen sind. Bei Verletzung oder Nichteinhaltung bestimmter Zusicherungen und Garantien oder bei Verfehlen vereinbarter Unternehmensziele *(milestones)* können die Wagniskapitalfinanziers durch einen *control switch* oder *voting switch* den *board of directors* gegen den Willen der Gründerunternehmer mehrheitlich besetzen, um diese Mißstände zu beseitigen.[60] Der *voting switch* erlaubt den

---

[54] *O'Neal / Thompson*, O'Neals Close Corporations: Law and practice, § 3.19; *Coben / Woronoff*, Types of Securities, in: *Harroch*, Start-up & Emerging Companies, § 8.02 (4) (f).

[55] *Cavitch*, Business Organisations with tax planning, § 124.05(2); für Delaware siehe *Balotti / Finkelstein*, The Delaware Law of Corporations, Vol.1., § 4.5 zu Del.Gen.Corp.L. § 141(k).

[56] Siehe dazu *Testa / Hugg / Goodlaw*, in: *PLI*, Venture Capital Financing 1988, § 4, 4-15 ff.

[57] 3.Teil, 1. Kap., D, IV,1.

[58] *Cavitch*, Business Organisations with tax planning, § 124.06(1); *Henn / Alexander*, Laws of Corporations, § 205, S. 559; siehe dazu auch Del.Gen.Corp.L § 141(k); R.M.B.C.A. § 8.08; Cal. Corp. Code §§ 152, 303 (a).

[59] Cal. Corp. Code § 303(a)(2); Del.Gen.Corp.L. § 141(k)(i); R.M.B.C.A. § 8.08(b).

[60] *Benton / Gunderson*, in: *Halloran u.a.*, Venture Capital and Public Offering Negotiation, § 8, S. 8–28; für Kalifornien siehe *Clark*, Ballantine & Sterling California Corporation Laws, §

Wagniskapitalfinanziers, zusätzliche *directors* zu wählen, so daß sie die Mehrheit im *board of directors* stellen.[61] Sofern für einen solchen Fall nicht die Erhöhung der Mitgliederanzahl des *board of directors* vorgesehen ist, endet die Amtszeit einer entsprechenden Anzahl von *directors*, die von den Gründerunternehmern gewählt worden sind.[62] Die Beherrschung des *board of directors* durch die Wagniskapitalfinanziers soll jedoch nur von begrenzter Dauer sein. Eine endgültige Umverteilung der Kontrollverhältnisse ist nicht bezweckt. Der *voting switch* wird daher nur solange aufrechterhalten, bis die Mißstände beseitigt sind.[63]

III. Staged Financing

1. Allgemeines

Venture Capital-Finanzierungen sind typischerweise durch ein sogenanntes *staged financing* gekennzeichnet. Hierbei stellt der Wagniskapitalfinanzier die vom Beteiligungsunternehmen benötigten Mittel nicht sofort in vollem Umfang zur Verfügung. Die Finanzierung erfolgt vielmehr in mehreren aufeinander folgenden Runden. Entscheidend ist, daß der Wagniskapitalfinanzier nicht zur Teilnahme an der jeweils nachfolgenden Finanzierungsrunde verpflichtet sein soll.

2. Technische Umsetzung

Im U.S.-amerikanischen Recht wird dies technisch durch die Trennung der Unterzeichnung des *purchase agreement* von mehreren *closings* verwirklicht. Mit jedem *closing* erhält das Venture Capital-Unternehmen einen Teilbetrag des vorgesehenen Kapitals. Jedes *closing* ist durch das Erreichen bestimmter Unternehmensziele aufschiebend bedingt.[64] Als solche sogenannte *milestones* kommen sowohl finanzielle Ziele als auch produktionsorientierte Ziele, wie z.B. die Fertigstellung eines Prototyps, das Bestehen unterschiedlicher Testverfahren, die Serienproduktionsreife oder der Erhalt von Genehmigungen in Betracht.[65] In jeder Finanzierungsrunde wird dem Beteiligungsunternehmen nur so viel Kapital zur Verfügung gestellt, wie es benötigt, um den nächsten *milestone* zu erreichen.[66] Verfehlt das Beteiligungsunternehmen den nächsten *milestone* im vereinbarten Zeitraum, so hat der Wagniskapitalfinanzier zwei

---

81.03 (3); für Delaware siehe *Balotti / Finkelstein*, The Delaware Law of Corporations, Vol.1., § 4.4.

[61] *Bartlett*, Venture Capital, § 9.2 (a), S. 162,163; *Petillion / Hull*, Representing Start–up Companies, § 7.06.

[62] *Clark*, Ballantine & Sterling California Corporation Laws, § 81.03 (3).

[63] *Benton / Gunderson*, in: *Halloran u.a*, Venture Capital and Public Offering Negotiation, § 8, S. 8–29.

[64] *Bartlett*, Venture Capital, § 10.1 (c) S. 194 f.

[65] *Testa*, Pratt's Guide to Venture Capital Sources, 1994, S. 67; *Bartlett*, Venture Capital, § 10.1(c) S. 215; kritisch zur Verwendung von *milestones Bagley / Dauchy*, The Entrepreneur's Guide to Business Law, S. 221.

[66] *Baums / Gilson*, in: Alternative Forms of Organisations, Vol. 1, S. 84, 85; *Sahlman*, JFE 1990, 473, 503.

Sanktionsmöglichkeiten: Er kann seine Zahlungen von der Übertragung weiterer, zusätzlicher Gesellschaftsanteile abhängig machen oder aber sogar die Finanzierung ganz einstellen.[67] Spiegelbildlich zum Recht, die Finanzierung bei Verfehlen der Unternehmensziele einzustellen, sichern die Wagniskapitalfinanziers sich durch *preemptive rights* (Bezugsrechte) oder durch *rights of first refusal* (Vorkaufsrechte) die Möglichkeit, bei erfolgreichem Geschäftsverlauf an weiteren Finanzierungsrunden teilzunehmen.[68] Die *preemptive rights* werden durch Gesetz oder durch Satzung gewährt. Sie sind darauf gerichtet, dem Gesellschafter bei weiteren Emissionen seine prozentuale Beteiligung zu erhalten.[69] Die vertraglichen *rights of first refusal* können hierüber hinausgehen. Sie können auch zum Erwerb der gesamten Neuemission berechtigen.[70]

3. Wirkung

Das *staged financing* ist einer der wichtigsten Mechanismen, um der unterschiedlichen Informationsverteilung zwischen Wagniskapitalfinanziers und Beteiligungsunternehmen und den sich daraus ergebenden Problemen zu begegnen.[71] Es hält zunächst eine gewisse Kapitalknappheit aufrecht und fördert somit eine sparsame und sorgfältige Mittelverwendung, um den nächsten *milestone* zu erreichen.[72] Hierdurch wird dem *moral hazard*-Problem begegnet.

Auch trägt das *staged financing* zu einer realistischen Darstellung des *business plan* bei. Übertrieben positive Darstellungen könnten zu hohe Anforderungen in den *milestones* zur Folge haben. Das Beteiligungsunternehmen würde sich dadurch in die Gefahr von Sanktionen für das Verfehlen von *milestones* begeben. Ein realistischer *business plan* als Entscheidungsgrundlage des Wagniskapitalfinanziers für sein Investment reduziert wiederum Informationsasymmetrien. Erreicht das Beteiligungsunternehmen den nächsten *milestone*, so reduziert dies die Unsicherheiten bei der Beurteilung seiner Erfolgsaussichten. Die Wagniskapitalfinanziers werden dann auch ohne vertragliche Verpflichtung weiteres Kapital zur Verfügung stellen.[73]

Verfehlt dagegen das Beteiligungsunternehmen z.B. erneut einen *milestone* und verweigert der Wagniskapitalfinanzier die weitere Finanzierung, so wird es nur schwer möglich sein, neue Investoren zu gewinnen. Das Verhalten der Wagniskapitalfinanziers signalisiert dem Markt und damit potentiellen Neu-Investoren, daß sich ein Investment in diesem Unternehmen nicht empfiehlt. Die Gründer des Beteiligungsunternehmens werden sich im Wissen um diese Signalwirkung noch deutlicher um die planmäßige Erfüllung der *milestones* bemühen. Die Interessen der Wagniskapitalfinanziers und der

---

[67] *Bartlett*, Venture Capital, § 10.1 (c), S. 215; *Sahlman*, JFE 1990, 473, 506, 507.

[68] *Sahlman*, JFE 1990, 473, 507; *Benton / Gunderson*, in: *Halloran u.a*, Venture Capital and Public Offering Negotiation, § 9, S. 9-31 ff.

[69] Siehe zu den unterschiedlichen Ausgestaltungen in den „Corporation Laws" als „opt in" oder „opt out"–Regelung *Hamilton*, Corporations, S. 357, 358.

[70] *Testa*, Pratt´s Guide to Venture Capital Sources, 1994, S. 65, 73.

[71] *Sahlman*, JFE 1990, 473, 506.

[72] *Sahlman*, JFE 1990, 473, 507.

[73] *Baums / Gilson*, in: Alternative Forms of Organisations, Vol. 1, S. 85.

Gründerunternehmer werden daher durch das *staged financing* in eine gewisse Übereinstimmung gebracht.[74]
Die Wagniskapitalfinanziers wären ohne *staged financing* einem höheren Investitionsrisiko ausgesetzt. Um dieses höhere Risiko zu kompensieren, müßten sie für denselben Kapitalbetrag eine höhere Beteiligung verlangen. Das *staged financing* gibt somit den Gründerunternehmern die Chance, ihren Kapitalbedarf durch eine geringere Beteiligung der Wagniskapitalfinanziers zu decken, als es ihnen in einer *up-front*–Finanzierung möglich wäre.

4. Schutz vor Mißbrauch

Der Wagniskapitalfinanzier könnte theoretisch das *staged financing* zu opportunistischen Zwecken mißbrauchen und z.B. die Konditionen in weiteren Finanzierungsrunden zu Lasten des Beteiligungsunternehmens verschlechtern. Ein solches Verhalten wird jedoch durch den Reputationsverlust begrenzt, der bei Bekanntwerden solcher Praktiken auf dem Markt für Wagniskapital für den betreffende Finanzier eintrete.[75] Bei schlechter Reputation würden dem Wagniskapitalfinanzier keine aussichtsreichen Beteiligungsmöglichkeiten mehr angeboten werden. Der erneute Aufbau von Reputation bedarf gerade in so sensiblen finanziellen Bereichen wie dem Wagniskapital erheblicher Anstrengungen und Zeit. Ein Wagniskapitalfinanzier, der durch opportunistisches Verhalten seine Reputation verliert, läuft damit Gefahr, einen Wettbewerbsnachteil zu erleiden, der seinen Rückzug vom Markt zur Folge haben kann.

IV. Convertible preferred stock

1. Allgemeines

Die Ausgestaltung der *preferred shares* mit gegenüber den *common shares* vorrangigen Rechten ermöglicht es, diese mit einem deutlich höheren Preis zu bewerten als die *common shares*. Damit erhalten die Gründerunternehmer und später auch Arbeitnehmer die Möglichkeit, zu einem deutlich günstigeren Preis *common shares* zu erwerben, ohne daß sie hierdurch einen zu versteuernden Vorteil erlangen.[76] Der Einsatz von *preferred stock* ist somit auch steuerlich motiviert.
Die Wagniskapitalfinanziers können durch den Einsatz von *preferred stock* den Löwenanteil des benötigten Kapitals aufbringen, ohne eine aus bereits genannten Gründen nicht gewollte mehrheitliche Beteiligung übernehmen zu müssen.
Darüber hinaus gewähren die vorrangigen Rechte des *preferred stock* dem Wagniskapitalfinanzier gesteigerten Schutz, den er beim Einsatz von

---

[74] Siehe dazu auch *Gompers*, Journal of Finance 1995, 1461, 1466; *Baums / Gilson*, in: Alternative Forms of Organisations, Vol. 1, S. 92; *Sahlman*, JFE 1990, 473, 507.
[75] *Baums / Gilson*, in: Alternative Forms of Organisations, Vol. 1, S. 95.
[76] *Benton / Gunderson*, in: *Halloran u.a.*, Venture Capital and Public Offering Negotiation, § 6, S.6-7; *Bagley / Dauchy*, The Entrepreneur´s Guide to Business Law, S. 202.

gewöhnlichem Fremdkapital mit der Beschränkung seines „*Up-side*"-Potentials bezahlen müßte.

2. Dividend preference

a) Gewinnvorab

Die *preferred shares* können ein Dividendenvorrecht vermitteln, das eine Vorabverteilung des Gewinns an die Wagniskapitalfinanziers in Höhe eines bestimmten Betrags (häufig ein auf das eingesetzte Kapital bezogener Prozentsatz) vorsieht. Erst wenn den Wagniskapitalfinanziers dieser Betrag zugeteilt werden konnte, nehmen auch die Gründerunternehmer als *common stock*-Inhaber an der Verteilung eines darüber hinausgehenden Gewinns teil. Nehmen die *preferred stock*-Inhaber nach Erhalt ihres Vorabs auch noch an der Verteilung der verbleibenden, zur Ausschüttung frei gegebenen Erträge teil, spricht man von *participating preferreds*.[77]

b) Nachzahlungsrechte

Das Dividendenvorrecht wird, je nachdem wann die *common stock*-Inhaber an einer Gewinnverteilung teilnehmen, in eine *cumulative*, *cumulative if earned* oder *non-cumulative preference* unterschieden. Die *cumulative preference* erlaubt eine Gewinnausschüttung auf die *common shares* erst, wenn die Inhaber der *preferred shares* Nachzahlungen für die in vorangegangenen Jahren ausgefallenen Dividenden erhalten haben. Dies gilt unabhängig davon, ob eine Dividende überhaupt hätte gezahlt werden dürfen.[78] Die *cumulative if earned*-Regelung sieht eine Nachzahlungsverpflichtung nur vor, soweit die Erträge der Gesellschaft eine Dividendenzahlung zugelassen hätten.[79] Danach dürfen Auszahlungen auf *common stock* auch dann vorgenommen werden, wenn in vorangegangenen Perioden mangels ausreichender Erträge keine Dividenden an die *preferred stock*-Inhaber gezahlt worden sind. Im Fall von *non-cumulative dividends* besteht in keinem Fall eine Nachzahlungsverpflichtung. Danach können Dividendenzahlungen an *common stock*-Inhaber vorgenommen werden, soweit die privilegierten Dividenden der aktuellen Periode ausgezahlt worden sind.[80]

Bei *Start up*-Unternehmen wird regelmäßig eine *non-cumulative* Regelung getroffen, da weder die Wagniskapitalfinanziers noch die Gründerunternehmer in dieser Phase eine Dividendenausschüttung für möglich halten.[81] Dem Interesse des Wagniskapitalfinanziers an einer möglichst früh einsetzenden „Mindestverzinsung" kann dadurch Rechnung getragen werden, daß die *non-cumulative preference* nach einer bestimmten Zeit in eine *cumulative preference* umschlägt.

---

[77] *O´Neal / Thompson*, O´Neals Close Corporations: Law and practice, § 3.31.

[78] *Coben / Woronoff*, in: *Harroch*, Start-up & Emerging Companies, § 8.02 (4), S. 8-15.

[79] *Coben / Woronoff*, in: *Harroch*, Start-up & Emerging Companies, § 8.02 (4), S. 8-15.

[80] *O´Neal / Thompson*, O´Neals Close Corporations: Law and practice, § 3.32.

[81] *Benton / Gunderson*, in: *Halloran u.a.*, Venture Capital and Public Offering Negotiation, § 8, S. 8-9; *Bagley / Dauchy*, The Entrepreneur´s Guide to Business Law, S. 208.

c) Sanktionsmöglichkeiten und Wirkungen des Dividendenvorrechts

Für den Fall, daß mehrfach keine Dividenden ausgeschüttet wurden, können Sanktionsmöglichkeiten vorgesehen werden. Den Wagniskapitalfinanziers kann z.B. ein Anspruch auf weitere Gesellschaftsanteile oder das Recht, den *board of directors* neu zu besetzen, eingeräumt werden.[82]

Neben dem steuerlichen Aspekt (Rechtfertigung des höheren Preises der *preferred shares*) und dem Interesse der Wagniskapitalfinanziers an einer bevorrechtigten Mindestverzinsung tragen die Dividendenvorrechte auch Anreiz- und Informationsproblemen Rechnung. Die Gründerunternehmer als Inhaber von *common stock* können nur dann eine Verzinsung ihres Investments erreichen, wenn der von ihnen erwirtschaftete Überschuß über den zur Befriedigung des Dividendenvorrechts erforderlichen Betrag hinausgeht. Das Dividendenvorrecht trägt somit zur optimalen Verwendung des bereitgestellten Kapitals bei und motiviert die Gründerunternehmer, ihren Arbeitseinsatz zu maximieren. Einer solchen Ausgestaltung des Dividendenvorrechts werden nur solche Gründerunternehmer zustimmen, die sich und ihrer Geschäftsidee zutrauen, entsprechende Erträge zu erzielen. Somit reduziert das Dividendenvorrecht auch das Informationsproblem der Wagniskapitalfinanziers bei ihrer Investitionsentscheidung.

3. Liquidation preference

Die *preferred shares* sind mit einem Vorrecht bei der Verteilung des Liquidationserlöses ausgestattet. Diese *liquidation preference* bedeutet, daß die Wagniskapitalfinanziers in Höhe ihres Investments bevorrechtigt an der Verteilung des Liquidationserlöses teilnehmen. Erst wenn dieses Vorrecht befriedigt ist, dürfen auch Ausschüttungen an die *common stock*-Inhaber vorgenommen werden.[83] Dieses Liquidationsvorrecht trägt dem Umstand Rechnung, daß die Wagniskapitalfinanziers für ihre *preferred shares* ein Vielfaches von dem gezahlt haben, was die Gründerunternehmer für ihre *common shares* bezahlt haben. Ohne ein solches Liquidationsvorrecht würden *preferred stock* und *common stock*-Inhaber gleichmäßig an der Verteilung des Liquidationserlöses teilnehmen, wodurch letztere ungerechtfertigt begünstigt würden.[84] Der Liquidationsvorzug erhöht sich regelmäßig um die aufgelaufenen, nicht ausgezahlten Dividenden.[85] Eine weitere mögliche Ausgestaltung der *preferred shares* ist, daß diese über diesen Vorzug hinaus auch an der Verteilung eines verbleibenden Liquidationserlöses teilnehmen *(participating liquidation preference)*. Wenn eine solche *participating liquidation preference* nicht vereinbart ist, gehen alle die einfache *preference* übersteigenden Erlöse an die *common stock*-Inhaber.[86] Dies mag folgendes Beispiel verdeutlichen:

---

[82] *Bartlett*, Venture Capital, § 13.4, S. 252 mit kritischer Anmerkung zur Möglichkeit des Erwerbs weiterer Gesellschaftsanteile in Fn. 21 (S. 253).

[83] *Coben / Woronoff*, in: *Harroch*, Start-up & Emerging Companies, § 8.02 (4) (b), S. 8-16.

[84] *O'Neal / Thompson*, O'Neals Close Corporations: Law and practice, § 3.33.

[85] *Benton / Gunderson*, in: *Halloran u.a.*, Venture Capital and Public Offering Negotiation, § 8, S. 8-11, 12.

[86] *Bagley / Dauchy*, The Entrepreneur's Guide to Business Law, S. 206.

Der Wagniskapitalfinanzier hat für 40% der (Vorzugs-) Gesellschaftsanteile $ 2 Mio. gezahlt. Die Gründerunternehmer haben für ihre 60% der (Stamm-) Gesellschaftsanteile $ 100.000 gezahlt. Würde eine gedachte Liquidation der Gesellschaft einen Überschuß von mehr als $ 5 Mio. ergeben (40% von $ 5 Mio. = 2 Mio. entspricht dem Investment des Wagniskapitalfinanziers), so müßte der Wagniskapitalfinanzier zu diesem Zeitpunkt seine *preferred shares* in *common shares* umtauschen, um an den über sein Investment hinausgehenden Erlösen zu partizipieren. Bei einem hypothetischen Liquidationserlös von $ 10 Mio. würden die Wagniskapitalfinanziers $ 4 Mio. und die Gründerunternehmer $ 6 Mio. erhalten. Dies würde für den Wagniskapitalfinanzier als maßgeblichem Geldgeber jedoch eine unbefriedigende Rendite darstellen. Bei Vereinbarung einer *participating liquidation preference* würden die Wagniskapitalfinanziers ohne Umtausch ihrer *preferred shares* zunächst ihr Investment zurückerhalten und dann an den verbleibenden Erlösen im Verhältnis ihrer Beteiligung (*„as converted basis“*) am Kapital der Gesellschaft partizipieren. In unserem Beispiel würden sie dann $ 5,2 Mio. ($ 2 Mio. = Investment + $ 3,2 Mio. = 40% von den verbleibenden $ 8 Mio.) erhalten. Denkbar ist eine Vereinbarung, daß die *participating*-Variante nicht mehr angewandt wird, soweit ein bestimmter Liquidationserlös, z.B. von $ 20 Mio oder mehr, erreicht wird. Hierin ist ein Kompromiß mit den Gründerunternehmern zu sehen. Diese könnten nämlich der *participating*-Variante skeptisch gegenüberstehen und die Absicherung der Wagniskapitalfinanziers auch bei einem erfolgreichen Investment als Übervorteilung ansehen.[87]

V. Conversion rights – Anreizinstrument und Möglichkeit der Preisanpassung

1. Allgemeines

Die *conversion rights* stellen das zentrale Recht der *preferred shares* dar. Das *conversion right* erlaubt den Wagnisfinanziers, ihre *preferred shares* in *common shares* umzutauschen.[88] Der Umtausch ermöglicht den Wagniskapitalfinanziers, ihre bisherige durch Dividenden und Liquidationsvorrechte gesicherte Position gegen eine unbeschränkte Teilnahme am Wertzuwachs des Beteiligungsunternehmens aufzugeben.[89] Das Umtauschrecht der Wagniskapitalfinanziers wird durch die Schaffung von ausreichenden sogenannten *authorized but unissued shares* abgesichert.[90] Hierbei handelt es sich um eine Art „genehmigtes Kapital“ in Form von *common stock* und *preferred stock*, das der *board of directors* ohne weitere Zustimmung der Gesellschafter in folgenden

---

[87] *Bagley / Dauchy*, The Entrepreneur´s Guide to Business Law, S. 207.

[88] *Conversion rights* sind in der überwiegenden Anzahl der Gesellschaftsrechte der Einzelstaaten vorgesehen, siehe z.B. Delaware General Corp. Law § 151 (e); Cal. Corp. Code § 403 (a); N.Y.B.C.L. § 519 (a).

[89] *Bartlett*, Venture Capital, § 13.5, S. 253, 254; *Coben / Woronoff*, in: *Harroch*, Start-up & Emerging Companies, § 8.02 (4) (d).

[90] Das Verhältnis der ausgegebenen zu den „genehmigten“ Gesellschaftsanteilen kann z.B. 1 zu 2 sein.

Finanzierungsrunden oder eben im Falle des Umtauschs von *preferred* in *common shares* ausgeben darf.[91]
Der Umtausch kann sowohl in das freie Ermessen des einzelnen Wagniskapitalfinanziers gestellt sein als auch an den Eintritt bestimmter Ereignisse, wie z.B. ein bevorstehendes IPO, das Erreichen bestimmter *milestones* oder das schriftliche Verlangen einer qualifizierten (2/3) Mehrheit der *preferred stock*-Inhaber, geknüpft werden.[92]
Von entscheidender Bedeutung ist die Bestimmung des Umtauschverhältnisses. Das Umtauschverhältnis wird bestimmt durch den Quotienten des ursprünglichen Kaufpreises der *preferred shares* als Zähler und des sogenannten *conversion price* als Nenner.[93] Der Quotient wird zu Beginn der Finanzierung 1 betragen. Der *conversion price* kann sich aus verschiedenen Gründen verändern, wodurch sich der Quotient und damit das Umtauschverhältnis erhöhen oder verringern kann.[94]
Wird der *conversion price* bei Erreichen von *milestones* erhöht, so ergibt sich daraus ein starker Anreiz für die Gründerunternehmer, die *milestones* zu erreichen: Das Umtauschverhältnis der preferred shares in common shares verringert sich, so daß der Anteilbesitz der Gründerunternehmer weniger verwässert wird.[95] Für die Wagniskapitalfinanziers wird das geringere Umtauschverhältnis dadurch kompensiert, daß die *common shares,* die sie im Umtausch für ihre *preferred shares* erhalten, wegen der erfolgreichen Geschäftsentwicklung mehr wert sind.
Neben dieser Anreizfunktion kommt der Möglichkeit, den *conversion price* anzupassen, noch unter zwei weiteren Gesichtspunkten entscheidende Bedeutung zu. Darauf ist im Folgenden einzugehen.

2. Structural antidilution protection

Wenn das Umtauschverhältnis angepaßt werden kann, so ermöglicht dies den Schutz der *preferred stock*-Inhaber bei Maßnahmen der Gesellschaft, die deren Kapitalzusammensetzung verändern, vor einer Verwässerung ihres Umtauschrechts und damit zugleich ihres zukünftigen Anteilbesitzes. Dies kann sich z.B. im Falle eines sogenannten *stock split* auswirken. Beim *stock split* werden die ausstehenden Anteile einer bestimmten Gattung in ein Vielfaches ihrer Zahl geteilt.[96] Nimmt das Beteiligungsunternehmen einen solchen *stock split* der *common shares* vor, so würden die Wagniskapitalfinanziers nach dem Umtausch ihrer *preferred shares* in *common shares* bei unverändertem Umtauschverhältnis einen geringeren prozentualen Anteil am *common stock* halten, als ihnen ohne diese Kapitalmaßnahme zugestanden hätte. Das Umtauschrecht und damit auch der zukünftige Anteilbesitz der

---

[91] *Benton / Gunderson*, in: *Halloran u.a.*, Venture Capital and Public Offering Negotiation, § 8, S. 8-6.
[92] *Benton / Gunderson*, in: *Halloran u.a.*, Venture Capital and Public Offering Negotiation, § 8, S. 8-30 f.
[93] *Bagley / Dauchy*, The Entrepreneur´s Guide to Business Law, S. 210.
[94] *Testa*, Pratt´s Guide to Venture Capital Sources, 1994, S. 65, 75.
[95] *Sahlman*, JFE 1990, 473, 510.
[96] *Merkt*, US–amerikanisches Gesellschaftsrecht, Rdn. 1041.

Wagniskapitalfinanziers würde verwässert werden. Der *conversion price* ist zum Schutz der Wagniskapitalfinanziers vor der Verwässerung ihrer Umtauschrechte durch derartige Veränderungen in der Kapitalzusammensetzung der Gesellschaft anzupassen. Wird also bei den *common shares* ein *stock split* vorgenommen, so daß ein alter Anteil z.B. in fünf neue umgewandelt wird, so muß auch der *conversion price* in diesem Verhältnis angepaßt werden. Diese *structural antidilution protection* gewährleistet, daß den *preferred stock*-Inhabern nach Durchführung einer Kapitalmaßnahme beim Umtausch ihrer Anteile derselbe Prozentsatz am *common stock* zukommt, wie er ihnen vor der Kapitalmaßnahme zugestanden hätte.[97]

3. Price protection

In späteren Finanzierungsrunden kann sich herausstellen, daß der Anteilspreis, den die Wagniskapitalfinanziers zu zahlen hatten, in vorangegangenen Runden zu hoch veranschlagt worden ist. Werden nun weitere Gesellschaftsanteile oder Bezugsrechte für Gesellschaftsanteile zu einem niedrigeren Preis an neue Investoren ausgegeben, so führt dies zu einer Verwässerung des Wertes der Anteile der Wagniskapitalfinanziers aus den vorangegangenen Finanzierungsrunden. Auch dagegen kann die Anpassung des Umtauschverhältnisses Schutz bieten. Es werden im Wesentlichen zwei Formen der *price protection* verwendet. Bei der sogenannten *full ratchet* oder *ratchet down* Regelung wird der *conversion price* auf den niedrigeren Ausgabepreis der späteren Finanzierungsrunde reduziert.[98] Dadurch werden die Wagniskapitalfinanziers der vorangegangenen Finanzierungsrunden beim Umtausch ihrer Anteile in *common shares* so gestellt, als hätten auch sie schon alle ihre Anteile zu dem günstigeren Preis erworben. Die sogenannte *weighted average*-Formel legt dagegen den neuen *conversion price* unter Berücksichtigung sowohl des neuen Ausgabepreises als auch der Anzahl der neu ausgegebenen Gesellschaftsanteile fest.[99]

Der neue *conversion price* wird berechnet, indem der Unternehmenswert nach der neuen Finanzierungsrunde [ausstehende Anteile vor Neuemission x alter *conversion price* + Betrag des Neuinvestments] dividiert wird durch die Summe der ausstehenden Anteile nach der neuen Finanzierungsrunde:

OB = Anzahl der ausstehenden Anteile vor Neuemission
OCP = alter conversion price
MI = Betrag des Neuinvestments
SI = Anzahl der Gesellschaftsanteile aus der Neuemission

$$NCP = \frac{OB \times OCP + MI}{OB + SI}$$

---

[97] *Bartlett*, Venture Capital, § 9.4 (b), S. 174, 175.

[98] *Testa*, Pratt's Guide to Venture Capital Sources, 1994, S. 65, 75; *Petillion / Hull*, Representing Start–up Companies, § 7.08 (2).

[99] Zur genauen Berechnung siehe *Bagley / Dauchy*, The Entrepreneur's Guide to Business Law, S. 216; *Testa*, Pratt's Guide to Venture Capital Sources, 1994, S. 65, 75.

Die *weighted average*-Formel führt zu einer angemesseneren Reduzierung des *conversion price* als die *full ratchet* - Regelung. Die *full ratchet*-Regelung wird daher auch als unfair angesehen.[100]

VI. Redemption rights – Notausstieg und Anreizinstrument

Redemption rights betreffen den Rückerwerb von Gesellschaftsanteilen durch die Gesellschaft.[101] Der Rückkaufpreis wird regelmäßig bestimmt durch den ursprünglichen Kaufpreis der *preferred shares* zuzüglich der aufgelaufenen, nicht ausgezahlten Dividenden.[102]
Steht das *redemption right* im Ermessen der Gesellschaft, ist dieses einem *call* vergleichbar.[103] Die Ankündigung, daß das Rückkaufrecht ausgeübt werde, kann die Wagniskapitalfinanziers zum Umtausch ihrer *preferred shares* in *common shares* veranlassen, nämlich wenn der Rückkaufpreis unter dem tatsächlichen Wert für die *common shares* liegt.[104]
Liegt der tatsächliche Wert der Gesellschaftsanteile über dem Rückerwerbspreis, und steht den Wagniskapitalfinanziers in diesem Zeitpunkt kein Umtauschrecht zu, begrenzt die Ausübung des *redemption rights* den möglichen Gewinn des Wagniskapitalfinanziers.[105]
Steht die Entscheidung über die Ausübung des *redemption right* den Wagniskapitalfinanziers zu, so hat es die Wirkung eines *put*.[106] Der Wagniskapitalfinanzier könnte, soweit kein anderer Beteiligungsausstieg in Frage kommt, die Gesellschaft zum Rückkauf der Gesellschaftsanteile veranlassen.[107] Statt tatsächlich einen Ausstieg zu ermöglichen, soll die Drohung mit der Ausübung des *redemption right* die Gründergesellschafter dazu veranlassen, rechtzeitig eine andere Ausstiegsmöglichkeit, wie ein IPO, einen Verkauf an ein Unternehmen o.ä., zu ermöglichen bzw. dabei mitzuwirken.[108]
Die Bedeutung von *redemption rights* wird jedoch durch die durchweg schwache Liquidität der Beteiligungsunternehmen beschränkt. Auch werden die Wagniskapitalfinanziers *redemption rights*, deren Ausübung im Ermessen der

---

[100] *Bartlett*, Venture Capital, § 9.4 (c), S. 178; *Bagley / Dauchy*, The Entrepreneur´s Guide to Business Law, S. 215, 216.
[101] Der Rückkauf von Gesellschaftsanteilen durch die Gesellschaft ist in den USA regelmäßig erlaubt, siehe dazu Del.Gen.Corp.Law § 151(b); teilweise unterliegt er denselben Bestimmungen, die auch für die rechtmäßige Dividendenausschüttung gelten, Cal. Corp. Code §§ 500–511; so auch N.Y.B.C.L. § 513. Siehe dazu auch *Benton / Gunderson*, in: *Halloran u.a.*, Venture Capital and Public Offering Negotiation, § 8, S. 8-16.
[102] Zu möglichen Preisbestimmung bei „redemption rights" siehe *Cole / Sokol*, Pratt´s Guide to Venture Capital Sources, 1998, S. 31, 38.
[103] *Bartlett*, Equity Finance, § 9.13, S. 209.
[104] *Bartlett*, Equity Finance, § 9.13, S. 209, 210.
[105] Siehe zur sog. *call protection Bartlett*, Equity Finance, § 9.13, S. 209.
[106] *Cole / Sokol*, Pratt´s Guide to Venture Capital Sources, 1998, S. 31, 38.
[107] *Benton / Gunderson*, in: *Halloran u.a.*, Venture Capital and Public Offering Negotiation, § 8, S. 8–16.
[108] *Bagley / Dauchy*, The Entrepreneur´s Guide to Business Law, S. 208.

Gesellschaft steht, kaum zulassen, da diese ihre Gewinnbeteiligung begrenzen könnten.[109]
Um neuen Investoren die Furcht zu nehmen, ihr Kapital könnte, statt zur Finanzierung des Wachstums, zum Rückkauf von Gesellschaftsanteilen der Alt-Investoren verwendet werden, sollte die Ausübung der *redemption rights* erst nach einer längeren Frist möglich sein (z.B. fünf Jahre nach Beteiligung). Die Auszahlung des Rückerwerbspreises sollte über mehrere Jahre verteilt werden.[110]

VII. Übertragungsbeschränkungen

1. Allgemeines

Die Übertragung von Gesellschaftsanteilen kann heute in den meisten Bundesstaaten durch Vertrag oder Satzungsbestimmung beschränkt werden.[111] Die Verbindlichkeit dieser Übertragungsbeschränkungen hängt dann häufig von einem deutlichen Hinweis in der Urkunde über den Gesellschaftsanteil ab.[112] Bei Verletzung der Übertragungsbeschränkungen gewähren die Gerichte Schadensersatzansprüche, erklären die verletzenden Übertragungen für ungültig oder räumen den verletzten Parteien besondere Ansprüche ein.[113]
Um die Einhaltung der Übertragungsbeschränkungen sicherzustellen, können vertragliche Regelungen oder Satzungsbestimmungen den Verlust des Dividendenrechts und des Stimmrechts der abredewidrig verkauften Gesellschaftsanteile vorsehen. Den sichersten Schutz gewährt die präventive treuhänderische Hinterlegung der Gesellschaftsanteile.[114]

2. Formen der Übertragungsbeschränkung

Die Beschränkungsmöglichkeiten variieren hinsichtlich der Reichweite und der Art der Beschränkung. Zu unterscheiden sind *restriction with consent requirements*, *rights of first refusal* und *co-sale rights*.[115] Diese Regelungen sollen den Ausstieg der Gründerunternehmer zu einem Zeitpunkt, in dem ihre weitere Beteiligung für die Entwicklung des Unternehmens erforderlich ist, ausschließen und das Eindringen unerwünschter neuer Investoren unterbinden.

---

109 *Testa*, Pratt´s Guide to Venture Capital Sources, 1994, S. 65, 75.

110 *Bagley / Dauchy*, The Entrepreneur´s Guide to Business Law, S. 209; *Benton / Gunderson*, in: *Halloran u.a.*, Venture Capital and Public Offering Negotiation, § 8, S. 8-16.

111 *O´Neal / Thompson*, O´Neals Close Corporations: Law and practice, § 7.06; siehe z.B. Del.Gen.Corp.L. § 202, R.M.B.C.A. § 6.27.

112 Ausser in Kalifornien (Cal. Corp. Code. § 418 (b)) auch in anderen Staaten, siehe dazu *O´Neal / Thompson*, O´Neals Close Corporations: Law and practice, § 7.06 (Fn.19).

113 *O´Neal / Thompson*, O´Neals Close Corporations: Law and practice, § 7.25. So kann z.B. bei Verletzung eines *right of first refusal* das Recht eingeräumt werden, innerhalb einer bestimmten Zeitspanne die Gesellschaftsanteile vom Erwerber zu gleichen Bedingungen kaufen zu können.

114 *Benton / Gunderson*, in: *Halloran u.a.*, Venture Capital and Public Offering Negotiation, § 12, S. 12–3; *O´Neal / Thompson*, O´Neals Close Corporations: Law and practice, § 7.25.

115 *Kaufmann*, in: *PLI*, Venture Capital Financing 1990, 621, 640; *O´Neal / Thompson*, O´Neals Close Corporations: Law and practice, § 7.05.

a) Übertragungsbeschränkung mit Zustimmungsvorbehalt

Diese absoluten Übertragungsverbote untersagen den Verkauf, die Verpfändung sowie andere wirtschaftlich vergleichbare Handlungen ohne Zustimmung der Wagniskapitalfinanziers. Den Gründerunternehmern wird dabei häufig keine andere Möglichkeit belassen, anderwärts Liquidität zu erhalten.[116] Diese Regelungen werden dadurch entschärft, daß die Zustimmung nicht willkürlich verweigert werden darf. Die Zustimmung darf nur zum Schutz vernünftiger Gesellschaftsinteressen verweigert werden.[117] Den Gründerunternehmern kann das Recht eingeräumt werden, in bestimmten Fällen Gesellschaftsanteile zu einem bestimmten Preis an die Gesellschaft oder andere Gesellschafter zu verkaufen. Auf diesem Weg können sie liquide Mittel erhalten.[118]

b) Rights of first refusal

Rights of first refusal verpflichten die Gründerunternehmer, zunächst der Gesellschaft selbst oder den Wagniskapitalfinanziers ihre Gesellschaftsanteile zum Kauf anzubieten, bevor sie diese an außenstehende Dritte verkaufen dürfen.[119] Ein *right of first refusal* kann das Eindringen unerwünschter Dritter verhindern, ohne den Gründergesellschaftern die Möglichkeit zu nehmen, Liquidität zu erhalten. Für den Fall der Ausübung eines *right of first refusal* wird regelmäßig vorgesehen, daß die Kaufkonditionen denen entsprechen müssen, die den Gründergesellschaftern von außenstehenden Dritten geboten worden sind.[120]

c) Co-sale agreements

Co – sale agreements oder auch *take-along rights* berechtigen den Wagniskapitalfinanziers, an Verkäufen von Gesellschaftsanteilen der Gründergesellschafter an außenstehende Dritte teilzunehmen.[121] Den Wagniskapitalfinanziers wird gestattet, einen Teil der Gesellschaftsanteile, die der Gründergesellschafter verkaufen will, durch eigene Gesellschaftsanteile zu ersetzen.[122] Quantitativ wird dieses Recht regelmäßig auf den Prozentsatz begrenzt, den die Wagniskapitalfinanziers im Zeitpunkt des Kaufangebotes bei Umwandlung ihrer *preferred shares* in *common shares* am gesamten *common stock* innehaben würden.[123] *Co-sale agreements* werden in Fällen verwendet, in denen die Gründerunternehmer über die Kontrollmehrheit in der Gesellschaft verfügen, da dies die Wahrscheinlichkeit von Kaufangeboten Dritter erhöht.[124]

---

[116] *Kaufmann*, in: *PLI*, Venture Capital Financing 1990, 621, 640; *O'Neal / Thompson*, O'Neals Close Corporations: Law and practice, § 7.05.
[117] *Haynsworth*, Organizing a Small Business Entity, § 5.04 (b), S. 304.
[118] Damit erhalten die Gründerunternehmer einen „put".
[119] *Haynsworth*, Organizing a Small Business Entity, § 5.04 (b), S. 303.
[120] *Kaufmann*, in: *PLI*, Venture Capital Financing 1990, 621, 640.
[121] *Testa / Asher / Todd / Hession*, Venture Capital Investment, in: *PLI*, Venture Capital 1991, S. 9, 48; *Massey*, in: *Harroch*, Start-up & Ermerging companies, Vol. 1, § 9.02 (6), § 9.04 (2).
[122] *Bagley / Dauchy*, The Entrepreneur's Guide to Business Law, S. 224, 225.
[123] *Massey*, in: *Harroch*, Start-up & Emerging companies, § 9.02 (6), § 9.04 (1).
[124] *Benton / Gunderson*, in: *Halloran*, Venture Capital and Public Offering Negotiation, § 12, S. 12–2; *Massey*, in: *Harroch*, Start-up & Emerging companies, § 9.04 1(2).

Co-sale agreements schützen die Investoren davor, durch den Ausstieg eines Gründergesellschafters unter den Einfluß eines anderen Investors zu geraten, ohne selbst zumindest die Möglichkeit eines Teilverkaufs zu haben. Das hat besondere Bedeutung angesichts des Umstandes, daß nach einem Kontrollwechsel andere Exitwege wie ein *going public* oder ein *trade sale* verschlossen sein können.[125] Für Kontrollmehrheiten werden regelmäßig Aufschläge gezahlt, so daß die Teilnahme an einem solchen Verkauf durchaus eine interessante Ausstiegsmöglichkeit bieten kann.
Co-sale agreements geben den Wagniskapitalfinanziers zwar die Möglichkeit, an den Verkäufen der Gründerunternehmer teilzunehmen. Sie können das Eindringen außenstehender Investoren jedoch nicht verhindern. Daher werden sie regelmäßig durch *rights of first refusal* ergänzt.[126]

d) Gemeinsamkeiten

Veräußerungsbeschränkungen sehen grundsätzlich Fristen vor, innerhalb deren die Wagniskapitalfinanziers Zustimmungen erteilen oder verweigern beziehungsweise ihre *co-sale* rights und *rights of first refusal* ausüben müssen. Dem entsprechen Verpflichtungen der Gründerunternehmer, die Wagniskapitalfinanziers rechtzeitig über geplante Verkäufe, die Verkaufskonditionen und die möglichen Käufer zu informieren.[127]
Häufig werden auch Übertragungen an bestimmte Personen, wie Familienangehörige der Gründerunternehmer, sowie Veräußerungen in geringem Umfang von den Beschränkungen ausgenommen.[128] Schließlich ist regelmäßig das Erlöschen der Übertragungsbeschränkungen spätestens im Zeitpunkt eines IPO vorgesehen. Nach einem IPO verfügen die Investoren über eine Ausstiegsmöglichkeit und können durch Zukäufe weiterer Gesellschaftsanteile am Markt ihre Position in der Gesellschaft aufrechterhalten. Eines besonderen Schutzes bedürfen sie dann nicht mehr.

e) Drag-along rights

Drag-along rights oder Mitverkaufspflichten sollen im Gegensatz zu den eigentlichen Übertragungsbeschränkungen nicht den Verbleib der Gründerunternehmer im Beteiligungsunternehmen gewährleisten, sondern den Wagniskapitalfinanziers eine Handhabe geben, die Gründerunternehmer zum Verkauf ihrer Gesellschaftsanteile an einen Dritten zu veranlassen.[129] Die Wagniskapitalfinanziers verwenden diese Regelung, wenn sie zwar Mehrheitsgesellschafter sind, die Gründergesellschafter aber über Sperrminoritäten verfügen, mit denen sie die Gesellschaft weiterhin unabhängig

---

[125] *Benton / Gunderson*, in: *Halloran u.a.*, Venture Capital and Public Offering Negotiation, § 12, S. 12–2.
[126] *Benton / Gunderson*, in: *Halloran u.a.*, Venture Capital and Public Offering Negotiation, § 12, S. 12–2; *Massey*, in: *Harroch*, Start-up & Emerging companies, § 9.02 (6), *Testa / Asher / Todd / Hession*, in: *PLI*, Venture Capital 1991, S. 9, 48.
[127] *Kaufmann*, in: *PLI*, Venture Capital Financing 1990, 621, 642 ff.
[128] siehe *Benton / Gunderson*, in: *Halloran u.a.*, Venture Capital and Public Offering Negotiation, § 12, S. 12–6 f.; *Kaufmann*, in: *PLI*, Venture Capital Financing 1990, 621, 640.
[129] *Cole / Sokol*, Pratt´s Guide to Venture Capital Sources, 1998, S. 31, 39.

halten könnten.[130] Den Gründergesellschaftern könnte z.B. daran gelegen sein, den Verkauf „ihres“ Unternehmens zu verhindern, etwa weil sie sich von einem späteren Verkauf einen größeren Gewinn versprechen oder auch um ihren Arbeitsplatz fürchten.

Drag-along rights werden häufig mit einem *redemption right* des Wagnisfinanziers verbunden, so daß die Gründergesellschafter durch die Androhung der Ausübung des *redemption right* zum Verkauf ihrer Gesellschaftsanteile gezwungen werden können.[131]

Die gerichtliche Durchsetzbarkeit der *drag-along rights* ist allerdings weithin ungeklärt.[132] Sie sind daher sehr sorgfältig auszugestalten. Der sehr deutliche Eingriff in die Gesellschafterstellung der Gründerunternehmer wird im Hinblick darauf z.B. dadurch abgemildert, daß diesen das Recht zugestanden wird, von der Gesellschaft die Beauftragung einer Investmentbank verlangen zu können. Diese kann die Verkaufsmöglichkeiten bewerten und andere Angebote einholen.[133]

VIII. Anspruch auf Börseneinführung

1. Registration rights

Der *Securities Act of 1933* verlangt von Unternehmen, deren Gesellschaftsanteile öffentlich zum Verkauf angeboten werden sollen, eine Registrierung dieser Gesellschaftsanteile bei der *Securities and Exchange Commission (SEC)*.[134] Diese Registrierung kann gemäß § 6 (a) des *Securities Act* nur von der Gesellschaft selbst betrieben werden. Ein einzelner Minderheitsgesellschafter kann daher ohne Zustimmung der Gesellschaft nicht seine Anteile registrieren lassen.[135] Das *Initial Public Offering (IPO)* ist in den USA der bevorzugte Beteiligungsausstieg. Der Beteiligungsausstieg mittels eines IPO wird in den USA durch den hochentwickelten Aktienmarkt begünstigt. Dies wird überzeugend als eine wesentliche Voraussetzung für den Erfolg des dortigen Venture Capital-Marktes angesehen.[136] Die Wagnisfinanziers lassen sich daher die für eine Registrierung bei der *SEC* erforderliche Zustimmung der Gesellschaft schon bei der Beteiligungsaufnahme erteilen. Diese Zustimmung wird als *registration right* bezeichnet.

---

130 *Bartlett*, Equity Finance, § 10.15, S. 233.
131 *Bartlett*, Equity Finance, § 10.15, S. 233.
132 *Bartlett*, Equity Finance, § 10.15, S. 234 verweist darauf, daß bislang ein solcher Fall noch nicht entschieden worden ist. Er nimmt jedoch jedenfalls für das Del.Gen.Corp.Law. die gerichtliche Durch-setzbarkeit an, da die „*fiduciary duties*“ der Mehrheitsgesellschafter gegenüber den Minderheitsgesell-schaftern letztere nicht davor schützten, sich freiwillig Verpflichtungen zum Verkauf ihrer Gesell-schaftsanteile zu unterwerfen.
133 *Bartlett*, Equity Finance, § 10.15, S. 235.
134 *Jones / Cohen / Coppola*, in: The Entrepreneurial Venture, S. 394, 401; *Sutton / Benedetto*, Initial Public Offering, S. 41 ff.
135 *Bartlett*, Equity Finance, § 9.3, S. 193.
136 *Black / Gilson*, JFE 1998, 243-277.

2. Gestaltungsmöglichkeiten

Je nachdem, ob die Initiative zur Registrierung von den Wagniskapitalfinanziers oder von der Gesellschaft ausgeht, werden zwei Arten von Registrierungsrechten unterschieden: Im ersten Fall wird von sogenannten *demand registration rights* und im zweiten Fall von sogenannten *piggyback registration rights* gesprochen.

a) Demand registration rights

Demand registration rights geben dem Wagniskapitalfinanzier das Recht, von der Gesellschaft bei der SEC eine Registrierung zu verlangen, die eine von ihm bestimmte Anzahl seiner eigenen Gesellschaftsanteile umfaßt.[137] In uneingeschränkter Form könnte ein Beteiligungsunternehmen durch die Ausübung eines *demand registration right* theoretisch zu einem *going public* gezwungen werden. Um die Gesellschaft aber vor einer übermäßigen finanziellen Belastung und vor einer Ausübung der *registration rights* zu einem ungünstigen Zeitpunkt zu schützen, unterliegen die *registration rights* regelmäßig bestimmten Beschränkungen.

Die *demand registration rights* werden regelmäßig, sowohl was ihre Anzahl (regelmäßig nicht mehr als 1-2) und ihren Umfang betrifft, als auch in zeitlicher Hinsicht gewissen Anforderungen unterworfen.[138] Häufig wird vereinbart, daß die Gesellschaft bereits öffentlich gehandelt sein muß. Oder es muß ein festgelegter Zeitpunkt erreicht sein (z.B. vier Jahre nach Beteiligungsaufnahme), um das „demand registration right" ausüben zu können.[139] Ein Mindestumfang der zu registrierenden Gesellschaftsanteile soll, neben der Reduzierung von Kosten, einen aktiven Handel in den Aktien ermöglichen.[140] Mitunter bedarf die Ausübung von *demand registration rights* auch der Zustimmung eines bestimmten Prozentsatzes aller Stimmen. In bestimmten Fällen können der Gesellschaft auch Verweigerungsrechte zustehen.[141]

Uneingeschränkte *demand registration rights* werden kaum gewährt, und damit Registrierungen gegen den Willen der Gesellschaft kaum vorgenommen. Dies ist sinnvoll, weil ein Börsengang nur Erfolg verspricht, wenn die Mehrheit der Beteiligten hinter diesem Vorhaben steht und zu dessen Erfolg beitragen will.[142]

---

[137] *Benton / Gunderson*, in: *Halloran.*, Venture Capital and Public Offering Negotiation, § 9, S. 9-12; *Currie*, in: *PLI*, Venture Capital Financing 1990, 169, 188; *Bartlett*, Equity Finance, § 9.3, S. 194.

[138] Siehe dazu *Currie*, in: *PLI*, Venture Capital Financing 1990, 169, 188; *Benton / Gunderson*, in: *Halloran et al.*, Venture Capital and Public Offering Negotiation, § 9, S. 9-9; *Bartlett*, Equity Finance, § 9.4, S. 196, 197.

[139] *Testa*, Pratt´s Guide to Venture Capital Sources, 1994, S. 65, 72; *Currie*, in: *PLI*, Venture Capital Financing 1990, 169, 188.

[140] *Bartlett*, Equity Finance, § 9.4, S. 197.

[141] *Benton / Gunderson*, in: *Halloran et al.,* Venture Capital and Public Offering Negotiation, § 9, S. 9-9 ff.; *Currie*, in: *PLI*, Venture Capital Financing 1990, 169, 188.

[142] *Testa / Asher / Todd / Hession*, Venture Capital Investment, in: *PLI*, Venture Capital 1991, S. 9, 32; *Bartlett*, Equity Finance, § 9.5, S. 194, 195.

b) Piggyback rights

Piggyback rights gewähren dem Wagniskapitalfinanzier das Recht, in einem bestimmten oder bestimmbaren Umfang an einer von der Gesellschaft oder einem anderen Gesellschafter initiierten Registrierung teilzunehmen.[143] *Piggyback rights* werden gewöhnlich unbeschränkt gewährt, da die Gesellschaft ohnehin eine Registrierung durchführt, so daß sie nicht wie die *demand rights* mit zusätzlichen Kosten für die Gesellschaft verbunden sind.[144] Regelmäßig kommen *piggyback rights* jedoch dann nicht zum Zuge, wenn Aktien im Rahmen von Arbeitnehmer-Vergütungsplänen ausgegeben worden sind oder zum Zwecke des Erwerbs eines anderen Unternehmens genutzt werden sollen.[145] Weitere Möglichkeiten der Beschränkung von *piggyback rights* werden häufig den Emissionshäusern als sogenannte *cut backs* eingeräumt, um das *going public* nicht durch ein Überangebot zu gefährden.[146]

c) Milestone statt registration rights

Als Alternative zu *demand registration rights* wird vorgeschlagen, die Möglichkeit eines Börsenexit als *milestone* festzulegen.[147] Dies erscheint sinnvoller, als im Voraus Bedingungen für *registration rights* auszuhandeln, die letztendlich von den Wünschen der Emissionshäuser und den Marktbedingungen im Zeitpunkt des geplanten *going public* abhängen. Im übrigen wird es regelmäßig ohnehin auch im Interesse der Gründerunternehmer liegen, ihr Unternehmen an die Börse zu bringen. Daher ist die Übernahme einer Verpflichtung mit deren Hilfe dieses Ziel erzwungen werden kann, in ihrem Sinn zweifelhaft. Demgegenüber wird bei einer *milestone*–Vereinbarung das Management bemüht sein, das Ziel im festgelegten Zeitraum zu erreichen. Schlägt dies fehl, erhält der Wagniskapitalfinanzier als Ausgleich für den verzögerten Liquiditätsrückfluß mehr Gesellschaftsanteile und kann gegebenenfalls das Management mit Personen besetzen, die in der Lage sind, ein *going public* zu ermöglichen.

Zweites Kapitel: Das U.S.-amerikanische Modell im deutschen Gesellschaftsrecht

Im folgenden werden die Rechtsformen der Aktiengesellschaft (AG), der Gesellschaft mit beschränkter Haftung (GmbH) und der Kommanditgesellschaft (KG) auf ihre Eignung untersucht, die im U.S.-amerikanischen Modell einer Wagnisfinanzierung üblichen Regelungen unter dem Regime der sie

---

[143] *Bagley / Dauchy*, The Entrepreneur´s Guide to Business Law, S. 223; *Testa / Asher / Todd / Hession*, Venture Capital Investment, in: *PLI*, Venture Capital 1991, S. 9, 31.

[144] *Bartlett*, Equity Finance, § 9.3, S. 194; *Testa / Asher / Todd / Hession*, Venture Capital Investment, in: *PLI*, Venture Capital 1991, S. 9, 31, 32; *Bagley / Dauchy*, The Entrepreneur´s Guide to Business Law, S. 223

[145] *Benton / Gunderson*, in: *Halloran et al.*, Venture Capital and Public Offering Negotiation, § 9, S. 9-15.

[146] *Bartlett*, Equity Finance, § 9.4, S. 195, 196; *Bagley / Dauchy*, The Entrepreneur´s Guide to Business Law, S. 223.

[147] *Bartlett*, Equity Finance, § 9.6, S. 200.

betreffenden gesetzlichen Vorschriften zu ermöglichen. Obwohl neben diesen Gesellschaftsformen auch die KGaA eine Haftungsbeschränkung der Investoren als Mindestvoraussetzung für eine Wagnisfianzierung ermöglicht, bleibt diese hier unberücksichtigt. Ihre Eignung für eine Wagnisfinanzierung soll damit nicht von vornherein bestritten werden, jedoch wäre ihre Verwendung wegen der ihr bislang fehlenden Praxisrelevanz mit einem deutlichen Erklärungsaufwand verbunden. Eine solche zusätzliche Belastung ist in einem ohnehin sehr komplizierten Kontext besser zu vermeiden.

§ 4 Wagniskapitalunternehmen in der Rechtsform der Aktiengesellschaft (AG)

Die Rechtsform der AG wird häufig als nicht geeignet angesehen, um als Rechtskleid für Wagniskapitalunternehmen zu dienen. Dem ist sicher zuzugeben, daß dem gesetzlichen Normalbild der AG ein Großunternehmen mit einer Vielzahl von Anteilseignern zugrunde liegt. Es wäre jedoch vorschnell, es dabei bewenden zu lassen und die Aktiengesellschaft von vornherein aus dem Kreis der für eine Wagnisfinanzierung in Betracht kommenden Rechtsformen auszuschließen. Das häufig vorgebrachte Argument, die AG sei mit ihren vielfältigen, zwingenden Regelungen für Unternehmensgründer zu kompliziert und zu teuer, kann hier nicht überzeugen. Zum einen erhalten die Unternehmensgründer bei Wagnisfinanzierungen nicht nur das notwendige Kapital durch die Wagnisfinanziers, sondern es wird ihnen neben fehlenden betriebswirtschaftlichem Know How auch ein Netzwerk von spezialisierten rechtlichen und steuerlichen Beratern zur Seite gestellt. Zum anderen ist bei Wagnisfinanzierungen seit der Etablierung des Neuen Markts das *Going public* die im Vordergrund stehende Exitvariante für die Wagniskapitalfinanziers. Daher müssen Unternehmensgründer im Hinblick auf dieses wichtige Unternehmensziel sich frühzeitig mit den Anforderungen des Aktienrechts vertraut machen. Anderenfalls müssen sie in Kauf nehmen, spätestens ab dem *Going public* die Unternehmensführung in fremde Hände zu geben.

Es ist heute in der Praxis auch durchaus die Tendenz festzustellen, daß in den sogenannten Wachstumsbranchen (Software, Biotech, IT, etc.) frühzeitig, wenn nicht sogar ab Gründung, die Rechtsform der AG gewählt wird.[148] Auch die hohe Reputation, die der AG von Investoren und von Spitzenarbeitskräften entgegengebracht wird, ist hierbei von erheblicher Bedeutung. Die Möglichkeit, mit Aktienoptionen ein gesetzlich geregeltes Vergütungsmodell anbieten zu können, das gerade auch bei Wagniskapitalunternehmen zum internationalen Standard der Management-Vergütung zu zählen ist, ist ein weiteres wichtiges Argument für die Rechtsform der AG. Im Hinblick auf den zunehmenden Markteintritt U.S.-amerikanischer Investoren ist auch die Vergleichbarkeit amerikanischer *shares* mit Aktien durchaus ein Argument für die Aktiengesellschaft.

---

[148] So auch *Jäger*, NZG 1999, 102, 104; siehe auch *Engelmann / Juncker / Natusch / Tebroke*, Moderne Unternehmensfinanzierung, S. 36, die die Aktiengesellschaft für den Fall der Aufnahme von Beteiligungskapital als am besten geeignete Rechtsform ansehen.

Die Eignung der AG als Rechtsform für ein Wagniskapital-Unternehmen läßt sich daher nicht allein aufgrund der bislang genannten Vorbehalte beurteilen. Im folgenden wird daher die Möglichkeit geprüft, die im U.S.-amerikanischen Modell verwendeten Regelungen auch bei der AG zu gestalten.[149]

I. Sicherung des Einflusses und Stimmrechtsregelungen

1. Geschäftsleitungs- und Kontrollkompetenz in der AG

Auch in der Aktiengesellschaft wird die einheitliche Unternehmerfunktion aufgespalten in die Aufgaben des professionellen Managements durch den Vorstand und in die Rolle des Eigenkapitalgebers.[150]

Der Vorstand leitet gemäß § 76 Abs. 1 AktG die Gesellschaft unter eigener Verantwortung, ist also an Weisungen anderer Gesellschaftsorgane oder der Aktionäre nicht gebunden.[151]

Die Leitung der Gesellschaft umfaßt sowohl die Formulierung der Unternehmenspolitik und die Entscheidungen über die zu übernehmenden geschäftlichen und finanziellen Risiken als auch die Maßnahmen, die routinemäßig erforderlich sind, um die Unternehmenspolitik durchzusetzen.[152]

Die Kontrolle der Geschäftsführung des Vorstands obliegt dem Aufsichtsrat (§ 111 Abs. 1 AktG). Anders als dem *board of directors,* dem neben Kontrollaufgaben auch die Unternehmensleitung obliegt, ist es dem Aufsichtsrat zwingend verwehrt, Geschäftsführungsmaßnahmen zu übernehmen, §§ 111 Abs. 4 S. 1, 23 Abs. 5 AktG.

Die Einflußmöglichkeiten der Aktionäre beschränken sich im Wesentlichen auf die durch Gesetz und Satzung für die Hauptversammlung festgelegten Bereiche, § 119 Abs. 1 AktG. Ein Mitentscheidungsrecht in Geschäftsführungs-angelegenheiten kann der Hauptversammlung, soweit dies nicht kraft Gesetzes vorgesehen ist, nur durch eine in das Ermessen des Vorstandes gestellte Initiative zukommen, § 119 Abs. 2 AktG.[153] Eine Ausnahme hiervon bilden die von der Rechtsprechung[154] anerkannten Fälle der „Strukturmaßnahmen von herausragender Bedeutung“ (Holzmüller-Fälle). In diesen Fällen wird eine „Ermessensschrumpfung“ des Vorstands angenommen: Danach schlägt das von § 119 Abs. 2 AktG vorausgesetzte Ermessen des Vorstands in eine Pflicht zur Vorlage an die Hauptversammlung um, wenn der Vorstand vernünftigerweise nicht annehmen kann, er dürfe die Entscheidung in ausschließlich eigener Verantwortung treffen, ohne die Hauptversammlung zu beteiligen.[155]

---

[149] Siehe schon *Baums/Möller*, Venture Capital: U.S.-amerikanisches Modell und deutsches Aktienrecht, in: Corporations, Capital Markts and Business in the Law, S. 33 ff.

[150] Die hieraus sich ergebenden Probleme stellt *Baums*, ZIP 1995, 11 ff. dar; siehe auch *Bleicher / Paul*, DBW 46 (1986), 263 ff. mit einer ausführlichen vergleichenden Untersuchung zu den unter-schiedlichen Regelungsansätzen in den USA und Deutschland.

[151] *Hüffer*, AktG, § 76, Rdn. 10.

[152] *Hefermehl*, in *GHEK*, AktG, § 76, Rdn. 9, 10.

[153] *Eckhardt*, in *GHEK*, AktG, § 119, Rdn. 12 ff.

[154] BGHZ 83, 122.

[155] Siehe dazu bei *Hüffer*, AktG, § 119, Rdn. 16 ff.

2. Stimmrechts- und Beschlußgestaltungen

Die Vorzugsaktionäre stimmen gemeinsam mit den Stammaktionären in allen der Hauptversammlung durch Gesetz und durch Satzung zugewiesenen Fällen ab, § 119 Abs. 1 AktG. Wenn die Satzung nichts Abweichendes bestimmt, unterscheiden sich die stimmberechtigten Vorzugsaktien hinsichtlich des Stimmrechts nicht von den Stammaktien.[156] Eine Erhöhung der Stimmrechtsmacht einer Aktie durch die Verleihung von Mehrstimmrechten ist ohnehin unzulässig, § 12 Abs. 2 AktG.

Beschlüsse der Hauptversammlung bedürfen nach § 133 Abs. 1 AktG grundsätzlich der einfachen Mehrheit der abgegebenen Stimmen. Für eine Satzungsänderung sieht § 179 Abs. 2 S. 1 AktG eine ¾-Mehrheit des bei der Beschlußfassung anwesenden Grundkapitals vor. Damit besteht für die Wagniskapitalfinanziers sowohl bei gewöhnlichen Hauptversammlungsbeschlüssen als auch bei Satzungsänderungen die Gefahr, von den Stammaktionären, die regelmäßig über die Stimmenmehrheit verfügen, überstimmt zu werden.

a) Sonderbeschlüsse

Für besonders bedeutsame Beschlußgegenstände,[157] wie z.B. im Falle des § 179 Abs. 3 AktG, ordnet das Gesetz zum Schutz der Minderheit einen zustimmenden Sonderbeschluß der nachteilig betroffenen Aktionäre an. Ohne diesen Sonderbeschluß ist der Hauptversammlungsbeschluß unwirksam.[158] Das in § 138 AktG geregelte und für bestimmte Beschlußgegenstände bereits vom Gesetz vorgesehene Instrument des Sonderbeschlusses stellt ein gesetzlich geregeltes „class voting" dar. Darüber hinaus kann die Satzung für weitere Beschlußgegenstände das Erfordernis eines Sonderbeschlusses statuieren, § 138 S. 1 AktG. Damit besteht die Möglichkeit, den Vorzugsaktionären ein Vetorecht gegen Maßnahmen der Stammaktionäre einzuräumen.

b) Erhöhung der Mehrheitserfordernisse

Dieses Ergebnis läßt sich auch durch eine Erhöhung der Mehrheitserfordernisse für Hauptversammlungsbeschlüsse sicherstellen, so daß diese dann die Stimmen der Vorzugsaktionäre benötigen. Beide Schutzmechanismen können jedoch lediglich eine Maßnahme der Mehrheit gegen den Willen der Minderheit verhindern. Für den umgekehrten Fall, daß eine von den Wagniskapitalfinanziers gewünschte Maßnahme der mehrheitlichen Zustimmung der Stammaktionäre bedarf, bieten sie keine Handhabe.

c) Stimmbindungsverträge

Die Praxis greift, um dies sicherzustellen, auf das schuldrechtliche Instrument des Stimmbindungsvertrages zurück.[159] Diese Stimmbindungsverträge können

---

[156] *Ebeling*, Beteiligungsfinanzierung personenbezogener Unternehmungen, S. 115.

[157] Siehe dazu *Hüffer*, AktG, § 138, Rdn. 2.

[158] *Hüffer*, AktG, § 138, Rdn. 7 u. § 241, Rdn. 6 m.w.N.

[159] Zur Zulässigkeit und Erfüllungssicherung von satzungsergänzenden Nebenverträgen, insbesondere von Stimmbindungen, siehe *König*, Der satzungsergänzende Nebenvertrag,

sämtliche Beschlußgegenstände der Hauptversammlung betreffen. Gegenüber den zuvor beschriebenen statutarischen Regelungen bieten schuldrechtliche Stimmbindungen den Vorteil, eine unerwünschte Publizität zu vermeiden. Im Hinblick auf den Inhalt, die Beteiligten, die Geltungsdauer sowie Sanktionsmöglichkeiten bei Nichteinhaltung stellen Stimmbindungsverträge das flexiblere Instrument dar.[160]

d) Begrenzte (direkte) Einflußmöglichkeiten durch Stimmrechtsregelungen

Alle drei Varianten der Einflußsicherung durch Stimmrechtsregelungen haben gemeinsam, daß sie infolge der strikten Kompetenzverteilung des Aktienrechts (§ 119 Abs. 1 i.V.m. § 23 Abs. 5 AktG) auf die begrenzten Mitwirkungsbefugnisse der Hauptversammlung beschränkt sind. Die Pflicht des Vorstands, in bestimmten Fällen die Hauptversammlung zur Entscheidung über eine Geschäftsführungsfrage anzurufen (Holzmüller-Fälle), kann nicht durch die Satzung erweitert werden. Einer solchen Satzungsbestimmung stünde § 23 Abs. 5 S. 2 AktG entgegen, da § 119 Abs. 2 AktG die Entscheidung über die Beteiligung der Hauptversammlung an Geschäftsführungsmaßnahmen erkennbar dem Vorstand überlassen will.[161] Die Vertragspraxis behilft sich deshalb häufig in der Weise, daß die Wagniskapitalfinanziers zusätzlich zu dieser Eigenkapitalbeteiligung z.B. eine stille Beteiligung an der Aktiengesellschaft vereinbaren oder mit dieser ergänzende Kreditverträge schließen. In diesen Verträgen werden den stillen Gesellschaftern oder Kreditgebern Rechte eingeräumt, die ihnen das Aktienrecht nicht gewährt.[162] In diesen Verträgen können den Wagniskapitalfinanziers im Verhältnis zur Gesellschaft unmittelbar Zustimmungsrechte für bestimmte Geschäfte eingeräumt werden und mit Kündigungsrechten wirksame Sanktionsmittel für bestimmte Fälle von Fehlverhalten der Gründergesellschafter geschaffen werden.

3. Einflußsicherung durch Vertretung im Vorstand

a) Kein direkter Einfluß auf die Bestellung des Vorstandes

§ 84 Abs. 1 S. 1 AktG weist die Bestellung von Vorstandsmitgliedern ausschließlich dem Aufsichtsrat zu.[163] Außer Frage steht damit, daß die Entscheidung darüber, wer Vorstandsmitglied wird, weder einem anderen Gesellschaftsorgan oder einem Aufsichtsratsausschuß, noch einem einzelnen Aktionär als Sonderrecht oder einem Dritten auch nur zur Mitwirkung überlassen werden darf.[164]

S. 24 ff.; *Lübbert*, Abstimmungsvereinbarungen, S. 97 ff.; *Noack*, Gesellschaftervereinbarungen bei Kapitalgesellschaften, S. 66 ff.

[160] *König*, Der satzungsergänzende Nebenvertrag, S. 29 f.

[161] *Eckhardt*, in *GHEK*, AktG, § 119 Rdn. 17.

[162] Zum Weg über eine zusätzlich stille Beteiligung siehe auch *Weigl*, DStR 1999, 1568, 1570 f.

[163] *Hefermehl*, in *GHEK*, AktG, § 84, Rdn. 7.

[164] *Baums*, Der Geschäftsleitervertrag, S. 66.

Die Wagniskapitalfinanziers können damit als Aktionäre nicht unmittelbar ihre eigene Wahl oder die Wahl eines von ihnen bestimmten Repräsentanten in den Vorstand durchsetzen.

b) Mittelbare Einflußnahme auf die Bestellung des Vorstandes

Ein Mehrheitsaktionär kann zwar den Aufsichtsrat mit ihm nahestehenden Personen besetzen, die dann für die Wahl der Kandidaten des Mehrheitsaktionärs in den Vorstand sorgen.[165] Diese faktische Möglichkeit des Mehrheitsaktionärs, seinen Kandidaten für den Vorstand auch ohne unzulässige Satzungsbestimmung durchzusetzen[166], besteht für einen Wagniskapitalfinanzier als Minderheitsgesellschafter aber nicht. Er läuft vielmehr ohne entsprechende Vorkehrungen Gefahr, daß seinen Vorstellungen schon bei der Besetzung des Aufsichtsrats nicht entsprochen wird. Zwar könnten die Wagniskapitalfinanziers ihre Vertretung im Aufsichtsrat mittels eines satzungsmäßigen Entsendungsrechts gemäß § 101 Abs. 2 AktG sicherstellen. Aufgrund eines solchen Entsendungsrechtes kann jedoch höchstens ein Drittel der sich aus dem Gesetz oder der Satzung ergebenden Zahl der Aufsichtsratsmitglieder bestimmt werden, § 101 Abs. 2 S. 4 AktG. Für gesetzlich vorgesehene Beschlüsse des Aufsichtsrates, wie über die Bestellung des Vorstandes, kann die Satzung jedoch keine andere als die einfache Mehrheit und auch keine weiteren Erfordernisse festlegen.[167] Danach läßt sich für die von den Wagniskapitalfinanziers entsandten Aufsichtsratsmitglieder nicht einmal ein Vetorecht bei der Wahl der Vorstandsmitglieder statuieren.

Auch eine schuldrechtliche Verpflichtung der Aufsichtsratsmitglieder, bestimmte Personen zu Vorstandsmitgliedern zu bestellen, wäre nichtig.[168] Das gilt sowohl für die von den Wagniskapitalfinanziers entsandten wie für die von den Stammaktionären gewählten Aufsichtsratsmitglieder. Die Bestellung des Vorstands ist unter Beachtung des allgemein gültigen, in § 4 Abs. 3 S. 2 MontanMitbestG ausdrücklich niedergelegten Grundsatzes, daß sämtliche Entscheidungen des Aufsichtsrates nach freiem Ermessen zu treffen sind, vorzunehmen.[169]

4. Einflußsicherung durch Vertretung im Aufsichtsrat

Neben der bereits angesprochenen Personalkompetenz gemäß § 84 Abs. 1, 3 AktG steht dem Aufsichtsrat eine Reihe von Instrumenten zur Verfügung, um die Geschäftsführung überwachen zu können. Dazu gehören die Berichtspflichten des Vorstandes gemäß § 90 AktG, die Einsichts- und Prüfungsrechte nach § 111 Abs. 2 S. 1 AktG und die Zustimmungsvorbehalte für bestimmte Geschäfte gemäß § 111 Abs. 4 S. 2 AktG.

---

[165] *Hefermehl*, in *GHEK*, AktG, § 84, Rdn. 10.

[166] *Baums*, Der Geschäftsleitervertrag, S. 66.

[167] *Geßler*, in *GHEK*, AktG, § 108, Rdn. 22; *Hüffer*, AktG, § 108, Rdn. 8.

[168] *Hefermehl*, in *GHEK*, AktG, § 84, Rdn. 9.

[169] *Baums*, Der Geschäftsleitervertrag, S. 67.

a) Personalkompetenz

Ein Vorstandskandidat der Wagniskapitalfinanziers kann nur durchgesetzt werden, wenn der Aufsichtsrat mehrheitlich mit ihnen nahestehenden oder zumindest „neutralen“ Personen besetzt werden kann. Die erforderliche Repräsentanz im Aufsichtsrat ist über Stimmbindungsvereinbarungen zu erreichen, in denen sich die Stammaktionäre verpflichten, von den Vorzugsaktionären bestimmte Personen in den Aufsichtsrat zu wählen.[170]

Hat der Wagniskapitalfinanzier über einen Stimmbindungsvertrag die für die Durchsetzung eines Vorstandskandidaten erforderliche Mehrheit im Aufsichtsrat sichergestellt, so kann diese Aufsichtsratsmehrheit auch, falls erforderlich, dazu genutzt werden, das Vorstandsmitglied abzuberufen. Das Abberufungsrecht des Aufsichtsrates ist freilich, um die weisungsunabhängige Leitung der Gesellschaft durch den Vorstand zu gewährleisten, durch das Erfordernis eines wichtigen Grundes für die Abberufung eingeschränkt (§ 84 Abs. 3 AktG). Bloße Meinungsverschiedenheiten des Aufsichtsrates und des Vorstandes über die optimale Geschäftspolitik rechtfertigen daher eine Abberufung nicht.[171] Da in den uns interessierenden Fällen die Gründergesellschafter nicht nur Mehrheitsaktionäre sind, sondern regelmäßig auch die Vorstandsmitglieder stellen werden, scheidet auch der Vertrauensentzug durch die Hauptversammlung regelmäßig als möglicher Widerrufsgrund (vgl. § 84 Abs. 3 S.2 AktG) praktisch aus. Ein gewisser Ausgleich kann aber dadurch geschaffen werden, daß die Bestellung der Vorstandsmitglieder nur für einen deutlich unter fünf Jahren liegenden Zeitraum vorgenommen wird. Eine kürzere Bestellungsdauer ermöglicht den im Aufsichtsrat mehrheitlich vertretenen Wagniskapitalfinanziers, häufiger, nämlich jeweils bei der Entscheidung über eine Neubestellung oder Verlängerung der Bestellung gemäß § 84 Abs. 1 S. 2 AktG, die Managementleistung erneut zu bewerten und das Vorstandsverhältnis notfalls auch ohne wichtigen Grund zu beenden.

b) Berichtspflichten des Vorstands

Den Berichtspflichten aus § 90 Abs. 1 AktG muß der Vorstand aus eigener Initiative turnusgemäß nachkommen. Die Berichtspflichten des Absatzes 3 werden dagegen durch ein Auskunftsverlangen des Organs Aufsichtsrat oder durch das Verlangen eines einzelnen Aufsichtsratsmitglieds ausgelöst.[172] In allen Fällen ist das Organ der Berichtsempfänger, wobei die Pflicht des Vorstands mit der Berichterstattung an den Aufsichtsratsvorsitzenden erfüllt ist. Der Dualismus der Berichtspflichten des Vorstands und deren Ergänzung durch die Einsichts- und Prüfungsrechte nach § 111 Abs. 2 AktG ermöglichen eine effiziente Überwachung der Geschäftsführung.

---

[170] *Noack*, Gesellschaftervereinbarungen bei Kapitalgesellschaften, S. 278; *Lübbert*, Abstimmungs-vereinbarungen, S. 111 ff.; *König*, Der satzungsergänzende Nebenvertrag, S. 25.

[171] *Baums*, Der Geschäftsleitervertrag, S. 300.

[172] *Hüffer*, AktG, § 90, Rdn. 11 u. 12.

c) Zustimmungsvorbehalte

Dem Aufsichtsrat ist es nur im Rahmen des § 111 Abs. 4 S. 2 AktG möglich, unmittelbar in Geschäftsführungsangelegenheiten mitzuwirken. Sind bestimmte Geschäfte unter einen Zustimmungsvorbehalt gestellt, so kann der Aufsichtsrat nicht nur Rechtsgeschäfte, sondern auch interne Leitungsmaßnahmen blockieren.[173] Diese Ausnahme vom Prinzip, daß Geschäftsführungsangelegenheiten grundsätzlich allein dem Vorstand vorbehalten sind, ist jedoch ihrerseits wiederum in zweierlei Hinsicht beschränkt: Dem Aufsichtsrat können keine eigenen aktiven Kompetenzen eingeräumt werden; er bleibt auf das passive Vetorecht verwiesen. Und das Zustimmungserfordernis muß sich auf bestimmte Arten von Geschäften beziehen.[174]

d) Effektiver Einsatz der Kontroll- und Einflußrechte

Die Wagniskapitalfinanziers erhalten durch ihre Vertretung im Aufsichtsrat umfassende Kontrollrechte und Einflußmöglichkeiten. Hierbei ist zu beachten, daß diese Rechte regelmäßig nur dem Organ zustehen. Die Wahrnehmung der Kontrollrechte erfordert daher eine Entscheidung des Organs, die gemäß § 108 Abs. 1 AktG durch Beschluß zu treffen ist. Für das Zustandekommen eines solchen Beschlusses ist ein Beschlußantrag erforderlich, der grundsätzlich mit einfacher Mehrheit der abgegebenen Stimmen angenommen werden kann.[175] Für gesetzlich vorgesehene Beschlüsse darf von diesem Grundsatz weder durch andere Mehrheitserfordernisse in der Satzung abgewichen werden, noch darf einem Aufsichtsratsmitglied durch die Satzung ein Vetorecht eingeräumt werden.[176] Ein effektiver Einsatz der Kontroll- und Einflußrechte des Aufsichtsrats für die Wagniskapitalfinanziers erfordert daher, daß sie über die Mehrheit der Stimmrechte im Aufsichtsrat verfügen. Dies macht erneut deutlich, daß den Wagniskapitalfinanziers die Majorität im Aufsichtsrat zu sichern ist.

II. Gestaffelte Finanzierung (Staged financing)

1. Freie Finanzierungsentscheidung des Aktionärs

Die Verpflichtung des Aktionärs, zur Kapitalaufbringung beizutragen, ist in § 54 Abs. 1 AktG auf den Nennbetrag der von ihm übernommenen Aktien oder durch den höheren Ausgabebetrag begrenzt.[177] Dies bedeutet, daß darüber hinausgehende körperschaftliche Verpflichtungen nicht begründet werden können.[178] Insbesondere besteht für den Aktionär keine Nachschußpflicht.[179] Er hat demnach immer selbst darüber zu entscheiden, ob er sein finanzielles Engagement in der Gesellschaft im Rahmen einer Kapitalerhöhung ausweiten

---

[173] *Hüffer*, AktG, § 111, Rdn. 18.
[174] *Geßler*, in *GHEK*, AktG, § 108, Rdn. 21, 22.
[175] *Geßler*, in *GHEK*, AktG, § 108, Rdn. 20; *Hüffer*, AktG, § 108, Rdn. 6.
[176] *Hüffer*, AktG, § 108, Rdn. 8
[177] *Hüffer*, AktG, § 54, Rdn 5.
[178] *Lutter*, in KölnKomm., AktG, § 54, Rdn. 14.
[179] *Barz*, in Großkomm., AktG, § 54, Anm. 4; *Hefermehl / Bungeroth*, in *GHEK*, AktG, § 54, Rdn. 20.

will. Soweit nicht andere Motive für eine Ausweitung des finanziellen Engagements sprechen, wird es dem Management nur dann möglich sein, von den Aktionären durch Kapitalerhöhung „frisches“ Kapital zu erhalten, wenn es die versprochenen Unternehmensziele (*milestones*) erreicht hat. Dem Wagniskapitalfinanzier als Aktionär ist somit unbenommen, sich nicht an weiteren Finanzierungsrunden zu beteiligen, wenn vereinbarte *milestones* nicht erreicht wurden. Daran ändert auch eine in der Hauptversammlung mit der erforderlichen Mehrheit beschlossene Kapitalerhöhung nichts. Es mag zwar eine gesellschafterliche Treuepflicht geben, einer Kapitalerhöhung zuzustimmen.[180] Dies und die entsprechende Beschlußfassung über die Kapitalerhöhung verpflichtet aber niemanden persönlich, auch nicht die zustimmenden Aktionäre, zur Zeichnung der neuen Aktien.[181]

2. Recht auf Teilnahme an weiteren Finanzierungsrunden

Das gegenläufige Interesse der Wagniskapitalfinanziers, sich bei günstiger Unternehmensentwicklung an einer Kapitalerhöhung beteiligen zu *können*, wird durch das gesetzliche Bezugsrecht aus § 186 Abs. 1 AktG geschützt. Das Bezugsrecht gibt jedem Aktionär die Möglichkeit, seine Beteiligungsquote aufrechtzuerhalten.[182] Der Aktionär kann verlangen, daß ihm entsprechend seiner bisherigen Beteiligung am Grundkapital Aktien aus der Kapitalerhöhung zugeteilt werden.[183] Dieses den Aktionär schützende Mitgliedschaftsrecht, seine prozentuale Beteiligung aufrechterhalten zu können, kann nur ausnahmsweise, unter strengen, zwingenden formellen und materiellen Voraussetzungen ausgeschlossen werden. Neben die Mehrheitserfordernisse für den Bezugsrechtsausschluß im Kapitalerhöhungsbeschluß nach § 186 Abs. 3 S. 3 und 4 AktG treten als weitere Wirksamkeitsvoraussetzungen, wenn verschiedene Aktiengattungen bestehen, Sonderbeschlüsse nach § 182 Abs. 2 AktG.[184] Demnach kann gegen den Willen der Wagniskapitalfinanziers, die regelmäßig als einzige Vorzugsaktionäre über die für den Sonderbeschluß erforderliche ¾ Mehrheit des bei Beschlußfassung anwesenden Kapitals verfügen werden, kein Bezugsrechtsausschluß durchgesetzt werden. Sollten sich dennoch ausnahmsweise die für einen Bezugsrechtsausschluß erforderlichen Mehrheiten finden lassen, was denkbar ist, wenn verschiedene Wagniskapitalfinanziers als Vorzugsaktionäre beteiligt sind, so gewähren die erheblichen materiellen Anforderungen an einen Bezugsrechtsausschluß einen wirksamen Schutz des einzelnen Vorzugsaktionärs. Diese in der Rechtsprechung des BGH entwickelten materiellrechtlichen Voraussetzungen[185] fordern, daß der Bezugsrechtsausschluß sich sachlich rechtfertigen läßt.[186] Im einzelnen muß der Bezugsrechtsausschluß im Interesse der Gesellschaft liegen; er muß erforderlich

---

[180] *Hefermehl / Bungeroth*, in *GHEK*, AktG, § 182, Rdn. 7.

[181] *K. Schmidt*, GesR, § 29 III.2.a), S. 904; *Hefermehl / Bungeroth*, in *GHEK*, AktG, § 182 Rdn. 7, § 186, Rdn. 15.

[182] *K. Schmidt*, GesR, § 29 III.2.d).

[183] *Hefermehl / Bungeroth*, in *GHEK*, AktG, § 186, Rdn 14.

[184] *Hefermehl / Bungeroth*, in *GHEK*, AktG, § 186, Rdn. 93.

[185] BGHZ 71, 40, 44 („Kali + Salz“).

[186] *K. Schmidt*, GesR, § 29 III.2.d), S. 908.

sein, um das angestrebte Ziel zu erreichen, und bei einem Vergleich der Vorteile für die Gesellschaft und der Nachteile der betroffenen Aktionäre muß der Grundsatz der Verhältnismäßigkeit gewahrt sein.[187]
Wegen dieser formellen und materiellen Zulässigkeitsvoraussetzungen steht ein die Interessen der Wagniskapitalfinanziers verletzender Bezugsrechtsausschluß nicht zu befürchten. Die durch Gesetz und Rechtsprechung aufgestellten Regeln für Kapitalerhöhung und Bezugsrechtsausschluß gewähren demnach schon ohne weitere vertragliche Abmachungen die Möglichkeit eines *staged financing* bei der Aktiengesellschaft.
Denkbar und zulässig sind ergänzende schuldrechtliche Absprachen, mittels derer sich die Wagniskapitalfinanziers persönlich bei Erreichen von *milestones* zur Teilnahme an Kapitalerhöhungen oder zu anderen Finanzierungsleistungen gegenüber der Gesellschaft oder auch den anderen Aktionären (Gründerunternehmer) gegenüber verpflichten können.[188]
Soll den Wagniskapitalfinanziers über das gesetzliche Bezugsrecht hinaus die Möglichkeit eingeräumt werden, sämtliche aus einer Kapitalerhöhung hervorgehenden Aktien zu erhalten, so kann auch dies rechtlich abgesichert werden. Ein sachlicher Grund für den Bezugsrechtsausschluß ist nämlich dann nicht erforderlich, soweit er mit Zustimmung aller betroffenen Aktionäre vorgenommen wird.[189] Die Gründerunternehmer können sich im Rahmen einer Stimmrechtsvereinbarung verpflichten, auf Verlangen des Wagnisfinanziers dem Ausschluß ihres Bezugsrechts zuzustimmen.[190]

III. Vorzugsstellung der Wagniskapitalfinanziers

1. Gewinnvorzug

Nach § 11 AktG können Aktien mit unterschiedlichen Rechten hinsichtlich der Verteilung des Gewinns ausgestattet werden. Die gesetzliche, dispositive Regel des § 60 Abs. 1 AktG sieht eine Gewinnverteilung entsprechend dem Verhältnis der Aktiennennbeträge vor. Ein Dividendenvorzug kann gemäß § 60 Abs. 3 AktG aber auch in der Weise ausgestaltet sein, daß er einen prozentualen Voraus auf den Nennbetrag der Vorzugsaktie gewährt.[191]
Soweit die Vorzugsaktien nicht auch an einer über den Vorzug hinausgehenden Verteilung des ausschüttungsfähigen Gewinns teilnehmen, spricht man von einer limitierten Vorzugsdividende.[192] Die Limitierung auf den Dividendenvorzug muß jedoch ausdrücklich vereinbart sein. Ansonsten bliebe es, was die Verteilung des den Vorzug übersteigenden Gewinns anbetrifft, bei der gleichmäßigen Partizipation entsprechend dem Verhältnis der Nennbeträge.

---

[187] BGHZ 71, 40, 46; *Hefermehl / Bungeroth*, in *GHEK*, AktG, § 186, Rdn. 105 mwN.
[188] *Lutter*, in KölnKomm., AktG, § 54, Rdn. 22 ff.; *Barz*, in Großkomm., AktG, § 54 Anm. 10 ff.; *Hefermehl / Bungeroth*, in *GHEK*, AktG, § 54, Rdn. 26 ff.
[189] *Hefermehl / Bungeroth*, in *GHEK*, AktG, § 186, Rdn. 104.
[190] Zur Wirksamkeit und Durchsetzbarkeit solcher Stimmrechtsvereinbarungen siehe *Noack*, Gesellschaftervereinbarungen bei Kapitalgesellschaften, S. 319.
[191] Zu den unterschiedlichen Ausgestaltung des Dividendenvorzugs siehe *Lutter*, in KölnKomm., AktG, § 60 Rdn. 19.
[192] *Ebeling*, Beteiligungsfinanzierung personenbezogener Unternehmungen, S. 115.

2. Nachzahlungsrechte

Für die stimmrechtslosen Vorzugsaktien gemäß §§ 139 ff AktG sieht das Gesetz zwingend die kumulative Ausgestaltung des Dividendenvorzugs vor, § 139 Abs. 1 AktG.[193] Dies bedeutet, daß mangels hinreichenden Bilanzgewinns ausgefallene oder trotz hinreichenden Bilanzgewinns nicht ausgeschüttete Vorzugsdividenden in späteren Geschäftsjahren nachgezahlt werden müssen.[194] Dieses Nachzahlungsrecht der stimmrechtslosen Vorzugsaktien ist mit Priorität versehen, so daß Ausschüttungen auf die Stammaktien erst vorgenommen werden dürfen, wenn sämtliche aufgelaufenen, nicht ausgezahlten Vorzugsdividenden gezahlt worden sind.[195] Das kumulierende, prioritätische Nachzahlungsrecht soll die stimmrechtslosen Vorzugsaktionäre davor schützen, daß die stimmberechtigten Aktionäre durch Ausschluß der Gewinnverteilung in einem Jahr und Verteilung eines höheren Gewinns im nächsten Jahr die Vorzugsaktionäre um ihren Anteil am Gewinn des Vorjahres bringen könnten.[196] Darüber hinaus soll der kumulierende Dividendenvorzug die Verteilung des unternehmerischen Risikos zugunsten der Vorzugsaktionäre beeinflussen. Diese stellen der Gesellschaft Kapital in Situationen zur Verfügung, in denen den Stammaktionären eine weitere Finanzierung nicht mehr möglich ist oder aber sie nicht gewillt sind, mehr Kapital zu investieren.[197] Daher sollen schwache Jahre insbesondere zu Lasten der Stammaktionäre gehen, und die Vorzugsaktionäre sollen teilweise von dem Risiko, daß nicht hinreichend Gewinn zur Verteilung vorhanden ist, freigestellt werden.[198] Dieser letztere Grund läßt auch eine Ausstattung der stimmberechtigten Vorzugsaktien der Wagniskapitalfinanziers mit kumulierenden Dividendenvorzügen als gerechtfertigt erscheinen. Die Wagniskapitalfinanziers übernehmen ihre Beteiligungen typischerweise in Situationen mit beträchtlichen unternehmerischen Risiken.

Die Frage bleibt allerdings, wie der Dividendenvorzug der stimmberechtigten Vorzugsaktionäre im einzelnen nach deutschem Recht technisch zu sichern ist. Darauf ist im Folgenden näher einzugehen.

3. Schutz des Dividendenvorzugs vor Aushöhlung

Der Dividendenvorzug ist keine Forderung, sondern eine besondere Gestaltung des allgemeinen Mitgliedschaftsrechts auf Gewinnverteilung.[199] Der mitgliedschaftliche Gewinnanspruch ist nur auf den tatsächlich erzielten und förmlich festgestellten Bilanzgewinn gerichtet; einen Anspruch darauf, daß ein Bilanzgewinn erzielt wird, hat der Aktionär natürlich nicht.[200] Der Bilanzgewinn wird durch die Entscheidung der Verwaltung über die Verwendung des Jahresüberschusses nach § 58 Abs. 1, 2 und 2 a AktG, aber auch schon bei der

---

[193] *Hüffer*, AktG, § 139, Rdn. 9.

[194] *Bezzenberger*, Vorzugsaktie ohne Stimmrecht, S. 57; *Ebeling*, Beteiligungsfinanzierung personenbezogener Unternehmungen, S. 116.

[195] *Hüffer*, AktG, § 139, Rdn. 6, 9.

[196] *Hefermehl*, in *GHEK*, AktG, § 139, Rdn. 9; *Barz*, in Großkomm., AktG, § 139 Anm. 2.

[197] *Bezzenberger*, Vorzugsaktie ohne Stimmrecht, S. 40.

[198] *Bezzenberger*, Vorzugsaktie ohne Stimmrecht, S. 58.

[199] *Bezzenberger*, Vorzugsaktie ohne Stimmrecht, S. 47.

[200] *Lutter*, in KölnKomm., AktG, § 58, Rdn. 83.

Aufstellung der Bilanz z. B. durch die Auflösung von Rücklagen beeinflußt.[201] Der Jahresüberschuß kann nach deutschem Handelsbilanzrecht durch zu niedrige Ansätze auf der Aktivseite (überhöhte Abschreibungen) und zu hohe Ansätze auf der Passivseite (insbesondere Rückstellungen) von der Verwaltung in gewissen Grenzen willkürlich gebildet werden, so daß ein materieller Gewinn versteckt werden kann, um die Feststellung eines Bilanzgewinns zu vermeiden.[202] Beeinflußt die Verwaltung also durch übermäßige Bildung stiller Reserven und offener Rücklagen den Ausweis eines Bilanzgewinns, kann der Dividendenvorzug als mitgliedschaftlicher Anspruch auf Gewinnverteilung ausgehöhlt werden. Insoweit vermag auch das kumulierende Dividendennachzahlungsrecht, unabhängig davon, ob es als selbständiges oder unselbständiges Nachzahlungsrecht ausgestaltet ist,[203] nur begrenzten Schutz zu bieten. Im ersten Fall entsteht zwar schon im Jahr des Dividendenausfalls ein selbständiges Gläubigerrecht. Jedoch ist dieses in seiner Durchsetzung durch eine Gewinnausschüttung aufschiebend bedingt. Im zweiten Fall entsteht der Nachzahlungsanspruch erst mit demjenigen Gewinnverteilungsbeschluß, der den ersten nach einem Ausfalljahr zur Verteilung gelangenden Gewinn zum Gegenstand hat. Damit kann der Vorstand entweder die Durchsetzung oder bereits das Entstehen des Nachzahlungsanspruchs behindern, indem er den Gewinnausweis beeinflußt.
Der Aufsichtsrat könnte zwar gemäß § 173 Abs. 1 AktG die Billigung des Jahresabschlusses der Hauptversammlung überlassen. Dies setzt jedoch voraus, daß die Wagniskapitalfinanziers nicht nur im Aufsichtsrat über die für eine solche Entscheidung erforderliche Mehrheit verfügen, sondern auch in der Hauptversammlung.[204] Auch das Anfechtungsrecht des § 254 AktG vermag in solchen Fällen keinen Schutz zu gewähren, da diese Vorschrift allein den Fall der Rücklagenbildung im Rahmen der Gewinnverwendung nach § 58 Abs. 3 AktG betrifft.[205]
Daher bleibt zu überlegen, ob die in den USA den Wagniskapitalfinanziers gelegentlich eingeräumte Möglichkeit, weitere Gesellschaftsanteile zu beziehen, sinnvolle Abhilfe schaffen könnte. Hierzu ist zunächst vorauszuschicken, daß dies auch in den USA kritisch betrachtet wird: Zum einen sei die Übertragung weiterer Gesellschaftsanteile bei fehlendem Gewinnausweis den Gründerunternehmern kaum zu vermitteln. Zum anderen würden die zusätzlichen Gesellschaftsanteile im Fall des Konkurses des Unternehmens auch für die Wagnisfinanziers sinnlos.[206] Dabei sind die Wagniskapitalfinanziers in den USA aufgrund der dort geltenden anlegerorientierten Bilanzierungs-

[201] *Adler / Düring / Schmaltz*, Rechnungslegung und Prüfung der Unternehmen, Tb. 4, AktG, § 58, Rdn. 109.
[202] *Lutter*, in KölnKomm., AktG, § 58, Rdn 9.
[203] Zur Unterscheidung siehe BGHZ 7, 263, 264; *Barz*, in Großkomm., AktG, § 140, Anm. 7.
[204] Zur Möglichkeit des Minderheitsaktionärs, die Aufsichtsratmehrheit zu stellen, siehe oben 2. Teil, 2. Kap.,A,I,4d).
[205] *Hüffer*, in *GHEK*, AktG, § 254, Rdn. 4.
[206] *Bartlett*, Venture Capital, § 13.4, S. 252, 253, Fn. 21: „The equivalent of additional deck chairs on the Titanic".

vorschriften *(US-GAAP)*[207] eher imstande festzustellen, ob eine Gewinnausschüttung möglich gewesen wäre oder nicht. Die für Deutschland vorzuziehende Vorgehensweise ist daher, das Beteiligungsunternehmen zusätzlich zur Bilanzierung nach US-GAAP oder IAS zu verpflichten[208] und im übrigen auf die disziplinierende Wirkung des *staged financing* zu vertrauen.[209] Eine Verschleierung materieller Gewinne wäre dann für die Wagniskapitalfinanziers eher festzustellen, so daß die Gründerunternehmer mit dem Abbruch der Finanzierung rechnen müßten. Einer Aushöhlung des Dividendenvorzugs durch „kreative Bilanzierung“ kann so entgegengewirkt werden.

4. Rücklagenbildung durch Verzicht auf Dividendenausschüttung

Um die Eigenkapitalausstattung des Beteiligungsunternehmens zu stärken, wird regelmäßig selbst bei hinreichenden Bilanzgewinnen auf eine Gewinnausschüttung verzichtet; die tatsächlich ausgeschütteten Gewinne werden sich zumeist auf den Gewinnvorzug der Wagniskapitalfinanziers beschränken. Die Wagniskapitalfinanziers tragen demnach unabhängig von ihrer quotenmäßigen Beteiligung zur Stärkung der Eigenkapitalausstattung durch Rücklagenbildung bei.[210] Diese Rücklagenbildung läßt sich auf unterschiedliche Weise verwirklichen.

a) Satzungsverpflichtung zur Rücklagenbildung

Ob die Hauptversammlung zur Rücklagenbildung bereits durch die Satzung verpflichtet werden kann, ist zwar in der Literatur umstritten. Die herrschende Lehre bejaht dies jedoch, und die Rechtsprechung hat eine solche Verpflichtung zur Rücklagenbildung jedenfalls für die Verwaltung anerkannt.[211] Insbesondere könne gegen die Zulässigkeit einer solchen Satzungsbestimmung nicht angeführt werden, daß sie das Anfechtungsrecht nach § 254 AktG unterlaufe. Das Anfechtungsrecht nach § 254 AktG gewährleiste weiterhin einen Schutz vor wirtschaftlich nicht gerechtfertigter Thesaurierungspolitik mit einfacher Hauptversammlungsmehrheit, während eine entsprechende Satzungsbestimmung entweder von Beginn an in der Satzung enthalten sein oder aber später im Wege einer Satzungsänderung aufgenommen werden müsse.[212] Eine Satzungsbestimmung, die zur Rücklagenbildung verpflichte, erfordere also zumindest eine qualifizierte Mehrheit. Daß aber die Entscheidungsfreiheit der Hauptversammlung hinsichtlich der Verwendung des Bilanzgewinns ein

---

[207] Siehe dazu Deutsche Bank Research, in Special Equity Report.

[208] Hierzu müssen sich Unternehmen am Neuen Markt ohnedies verpflichten [Rahmenbedingungen Neuer Markt Abschnitt 2 Punkt 4.1.9(1) i.V.m. Abschnitt 2 Punkt 4.1.8(1)], siehe dazu *Benz / Kiwitz*, DStR 1999, 1162, mwN. Diese Verpflichtung kann von vornherein in die Satzung aufgenommen werden. Umfassend dazu *Plückelmann*, Der Neue Markt der Deutsche Börse AG.

[209] Siehe oben § 3 III.3.

[210] Zur Zulässigkeit der quotenabweichenden Rücklagenbildung siehe *Priester*, GS Knobbe-Keuk, S. 293, 297 ff.

[211] Siehe zum Meinungsstand *Hüffer*, in *GHEK*, AktG, § 254, Rdn. 10.

[212] *Hüffer*, in *GHEK*, AktG, § 254, Rdn. 2.

„eherner Grundsatz“ des Aktienrechts sei, lasse sich dem Gesetz nicht entnehmen.[213]

b) Stimmrechtsbindung bei Gewinnverwendungsbeschluß

Die Aktionäre können ferner untereinander durch Stimmbindungen hinsichtlich der Beschlußfassung nach § 174 Abs. 1 AktG die Thesaurierung von Gewinnen zugunsten einer Rücklagenbildung sicherstellen.[214] Die Beschlußfassung nach § 174 AktG setzt keine ad–hoc - Entscheidung der Hauptsammlung voraus. Das Postulat einer offenen Abstimmung ist angesichts der Bedeutung der Beschlüsse auch nicht wünschenswert; nicht die Tagesform einer Versammlung sollte entscheidend sein, vielmehr sollte der Weg für eine gründliche Vorbereitung offenstehen.[215] Die Befolgung einer solchen Stimmrechtsvereinbarung ist nach heute feststehender Auffassung nicht allein durch Vertragsstrafen zu gewährleisten, sondern sie kann auch im Klage- und Vollstreckungswege durchgesetzt werden.[216]

c) Schütt–aus–hol-zurück–Verfahren

Aus steuerlichen Erwägungen kann, statt der unmittelbaren Thesaurierung der ausschüttungsfähigen Gewinne, eine Ausschüttung mit anschließender Wiedereinlage im Wege des „Schütt–aus–hol–zurück–Verfahrens“ vorteilhaft sein. Dieses Verfahren ist dann sinnvoll, wenn für Ausschüttungen günstigere Steuersätze gelten als für die Thesaurierung von Gewinnen.[217] Die Gewinne werden daher zunächst an die Gesellschafter ausgeschüttet und dann aufgrund schuldrechtlicher Verpflichtungen (abzüglich Steuern) wieder an die Gesellschaft zurückgeführt.[218] Solche schuldrechtlichen Verpflichtungen sind nicht nur gegenüber der Gesellschaft, sondern auch gegenüber den anderen Aktionären möglich.[219] Eine korporative Verpflichtung würde dagegen gegen § 54 AktG verstoßen.[220]

Die Rückführung der Ausschüttung kann u.a. in die freien Kapitalrücklagen nach § 272 Abs. 2 Nr.4 HGB erfolgen.[221] Die Eigenkapitalausstattung ließe sich auch durch die Rückführung der ausgeschütteten Gewinne in Form von stillen Einlagen verbessern.[222]

---

[213] *Barz*, in Großkomm., AktG, § 58, Rdn.136.

[214] Eine solche schuldrechtliche Verpflichtung würde insbesondere nicht gegen § 54 AktG verstoßen, *Lutter*, in KölnKomm., AktG, §54, Rdn 26.

[215] *Noack*, Gesellschaftervereinbarungen bei Kapitalgesellschaften, S. 115.

[216] *Priester*, GS Knobbe–Keuk, S. 293, 301.

[217] Mit dem Inkrafttreten der Änderung des Körperschaftsteuer–Gesetzes durch das StSenkG, wonach nur noch ein einheitlicher Steuersatz von 25 % sowohl auf einbehaltene als auch auf ausgeschüttete Gewinne zu erheben ist, verliert dieses Verfahren seinen Sinn.

[218] *Winnefeld*, Bilanzhandbuch, M. Rdn. 1025 ff.

[219] *Lutter*, in KölnKomm., AktG, § 54, Rdn. 21, 26.

[220] *Lutter*, in KölnKomm., AktG, § 54, Rdn. 15.

[221] *Winnefeld*, Bilanzhandbuch, M. Rdn. 1030.

[222] Zur Qualifizierung der stillen Einlage als Eigenkapital siehe *Winnefeld*, Bilanzhandbuch, D. Rdn. 1748 ff., L. Rdn. 245.

5. Schutz der Rücklage

Die Bildung der Rücklage durch Verzicht der Wagnisfinanziers auf Auszahlung ihrer Vorzugsdividende wirft die Frage auf, ob es besonderer Vorkehrungen bedarf, um diese Rücklage vor einer den Interessen der Wagniskapitalfinanziers zuwiderlaufenden Verwendung zu schützen.

a) Auflösung durch die Verwaltung

Der Vorstand kann mit Billigung des Aufsichtsrates gemäß § 172 AktG freie Rücklagen auflösen und zur Tilgung eines Verlustes oder Verlustvortrages verwenden oder auch in den Bilanzgewinn eingehen lassen und damit erneut zur Disposition der Hauptversammlung stellen.[223]
Wird die Rücklage aufgelöst, um sie in den *Bilanzgewinn* eingehen zu lassen, so ist zu unterscheiden: Ist die Rücklage durch einen Auszahlungsverzicht bei der Entscheidung über die Gewinnverwendung nach § 174 Abs. 1 AktG beziehungsweise aufgrund einer Satzungsbestimmung gebildet worden, oder ist sie im Wege des „Schütt–aus–hol–zurück–Verfahrens" entstanden?
In den ersten beiden Fällen, in denen eine Gewinnausschüttung an die Vorzugsaktionäre nicht stattgefunden hat, sind diese ausreichend durch das Dividendennachbezugsrecht geschützt. Das Dividendennachbezugsrecht trägt Sorge dafür, daß alle ausgeschütteten Gewinne solange an die Vorzugsaktionäre gehen, bis sämtliche Dividendenausfälle ausgeglichen sind. Darüber hinaus kann an eine von der Beteiligungsquote abweichende Zuordnung der Rücklage gedacht werden. Im Hinblick auf eine solche Gestaltung erörtert *Priester*[224] Einwände aus bilanzrechtlicher und gesellschaftsrechtlicher Sicht, die er jedoch mit überzeugender Begründung ablehnt. Eine quotenabweichende Zuordnung der Rücklage sei sowohl durch Gesellschafterabrede als auch durch Satzungsregelung möglich. Demnach kann mit Hilfe einer quotenabweichenden Zuordnung eine durch Ausschüttungsverzicht der Vorzugsaktionäre aufgebaute Rücklage zusätzlich gesichert werden. Dies kann insbesondere dann von Interesse sein, wenn der Dividendenvorzug nicht mit einem Dividendennachzahlungsrecht ausgestattet ist.
Im Falle des „Schütt–aus–hol–zurück–Verfahrens" kommt das Nachbezugsrecht jedoch nicht zum Tragen, da ja tatsächlich eine Gewinnausschüttung vorgenommen worden ist. Insoweit bedarf es einer Regelung, die bei dem – grundsätzlich mit einfacher Mehrheit zu fassenden – Gewinnverwendungsbeschluß sicherstellt, daß die Gewinnausschüttung in der Weise vorzunehmen ist, wie sie bei unmittelbarer Thesaurierung durch das Nachbezugsrecht gewährleistet worden wäre. Dies ließe sich durch Stimmbindung für die Beschlußfassung über die Gewinnverwendung erreichen. Sind die ausgeschütteten Gewinne als stille Einlagen zurückgeführt worden, so können sie durch den Auseinandersetzungsanspruch der Wagniskapitalfinanziers nach § 235 Abs. 1 HGB abgesichert werden.

---

[223] *Kropf*, in *GHEK*, AktG, § 172, Rdn. 13; *Adler / Düring / Schmaltz*, Rechnungslegung und Prüfung der Unternehmen, Tb. 4, § 58 AktG, Rdn. 143.
[224] *Priester*, GS Knobbe–Keuk, S.293, 296 ff.

Die Auflösung der Rücklage seitens der Verwaltung, um einen *Verlust oder Verlustvortrag* zu decken, kann durch eine Zweckbestimmung der Rücklage in der Satzung oder im Hauptversammlungsbeschluß ausgeschlossen werden.[225] Hebt die Hauptversammlung die Zweckbestimmung nicht auf, muß ein Verlust vorgetragen werden.[226] Ist die Zweckbestimmung in der Satzung festgelegt, so kann sie nur durch Satzungsänderung aufgehoben werden. Diese bedarf gemäß § 179 Abs. 3 AktG eines zustimmenden Sonderbeschlusses der Vorzugsaktionäre.

b) Schutz bei Kapitalerhöhung aus Gesellschaftsmitteln

Die bei einer Kapitalerhöhung aus Gesellschaftsmitteln gemäß § 207 ff AktG geschaffenen neuen Aktien stehen gemäß § 212 S. 1 AktG den Aktionären im Verhältnis ihrer bisherigen Anteile am Grundkapital zu. Von diesem Verteilungsmaßstab des § 212 S. 1 AktG abzuweichen soll selbst mit Zustimmung aller Aktionäre nicht möglich sein.[227] Danach würden unabdingbar auch den Stammaktionären im Verhältnis ihrer bisherigen Anteile am Grundkapital neue Aktien zugeteilt, obwohl die Mittel für die Kapitalerhöhung letztendlich aus dem Verzicht der Wagniskapitalfinanziers auf Dividendenauszahlung stammen.
Eine Kapitalerhöhung aus Gesellschaftsmitteln können die Vorzugsaktionäre auch nicht durch einen ablehnenden Sonderbeschluß verhindern. Die Verweisungsvorschrift des § 207 Abs. 2 AktG erklärt lediglich die §§ 182 Abs. 1 S. 1, 2 und 4, 184 Abs. 1 AktG für entsprechend anwendbar, nicht aber § 182 Abs. 2 AktG.
Nach § 208 Abs. 2 S. 2 AktG kann eine Umwandlung von Rücklagen in Grundkapital ausgeschlossen werden, wenn die Rücklage für einen bestimmten Zweck vorgesehen ist, und diese Zweckbestimmung mit der Umwandlung in Grundkapital nicht vereinbar ist. Insoweit sei darauf abzustellen, ob der Zweck auf die Deckung aktivierungsfähiger oder nicht aktivierungsfähiger Aufwendungen abziele.[228] Soweit die Rücklage der Deckung künftiger Vermögensminderungen (nicht aktivierungsfähig) diene, für die sie verfügbar bleiben solle, sei die Umwandlung in Grundkapital ausgeschlossen.[229] So könnte die Rücklage z.B. mit der Zweckbestimmung versehen werden, das Liquidationsvorrecht für die Vorzugsaktionäre abzusichern. Dieser Zweck ist auf den endgültigen Vermögensabfluß gerichtet und dient der Deckung nicht aktivierungsfähiger Aufwendungen.
Die für die Wagniskapitalfinanziers nachteilige Folge einer Kapitalerhöhung aus Gesellschaftsmitteln durch Umwandlung der Rücklage könnte aber auch dadurch ausgeschlossen werden, daß die Stammaktionäre sich schuldrechtlich

---

[225] *Hefermehl / Bungeroth*, in *GHEK*, AktG, § 58, Rdn. 12, 74; *Döllerer*, FS Geßler, S. 93, 102 f.
[226] *Kropf*, in *GHEK*, AktG, § 150, Rdn. 28.
[227] Den zwingenden Charakter der Norm bezeichnet *Priester* treffend als Pferdefuß und erwägt eine mögliche teleologische Reduktion der Vorschrift, GS Knobbe-Keuk, S. 293, 299 f.; siehe auch *Hefermehl / Bungeroth*, in *GHEK*, AktG, § 212, Rdn. 9 ff.
[228] *Lutter*, in KölnKomm., AktG, § 208, Rdn. 18.
[229] *Hefermehl / Bungeroth*, in *GHEK*, AktG, § 208, Rdn. 36.

zur unverzüglichen Übertragung der neuen Aktien an die Vorzugsaktionäre verpflichten. Eine solche als Call Option ausgestaltete Verpflichtung der Stammaktionäre ist auch schon vor Durchführung der Kapitalerhöhung zulässig.[230]

c) Schutz bei IPO

Die Vorzugsaktien werden regelmäßig kurz vor einem IPO automatisch in Stammaktien umgewandelt.[231] Damit stellt sich die Frage nach dem Schicksal der Rücklage für diesen Fall. Entscheidend ist hierbei, ob das Dividendennachzahlungsrecht der Vorzugsaktien als selbständiges oder als unselbständiges Nachbezugsrecht ausgestaltet ist.[232] Im ersten Fall ist bereits mit dem Ausfall der Dividende ein nicht mehr entziehbares Gläubigerrecht entstanden, während im zweiten Fall mit dem Dividendenausfall lediglich ein mitgliedschaftliches Nachbezugsrecht entsteht.[233] Letzteres kann durch Satzungsänderung, wie hier z.B. bei automatischer Umwandlung in Stammaktien, noch beseitigt werden.

Ein Dividendennachzahlungsrecht in der Form eines selbständigen Nachbezugsrechts sichert den Wagniskapitalfinanziers auch nach einer Umwandlung der Vorzugsaktien in Stammaktien den Zugriff auf spätere Gewinnausschüttungen. Dies führt bei einem IPO jedoch zu einem Folgeproblem. Die unter Umständen in erheblicher Höhe bestehenden Ansprüche auf Dividendennachzahlung könnten potentielle Investoren von einem Investment abschrecken. Deren Dividendenansprüche würden für nicht absehbare Zeit unter dem Vorbehalt der vorrangigen Befriedigung der ehemaligen Vorzugsaktionäre stehen.

Dieses Problem ließe sich aber durch Umwandlung der Rücklage in Grundkapital im Wege der Kapitalerhöhung aus Gesellschaftsmitteln gemäß § 207 ff AktG lösen. Erforderlich hierfür wäre zunächst eine Verpflichtung der Stammaktionäre mittels Stimmbindungsvertrages, vor dem Umtausch der Vorzugsaktien in Stammaktien einer Kapitalerhöhung aus Gesellschaftsmitteln zuzustimmen. Die Stammaktionäre müßten dann wiederum schuldrechtlich verpflichtet sein, die auf sie entfallenden neuen Aktien unverzüglich auf die Vorzugsaktionäre zu übertragen.

Eine andere Möglichkeit wäre, die Rücklage gewinnerhöhend aufzulösen und die Wagniskapitalfinanziers zu einer Wiedereinlage im Rahmen einer Kapitalerhöhung gegen Einlagen gemäß §§ 182 ff AktG zu verpflichten.[234] Die neuen Aktien würden bei Ausschluß des Bezugsrechts der Stammaktionäre allein den Vorzugsaktionären zustehen. Ein Liquiditätsabfluß, der das bevorstehende IPO möglicherweise negativ beeinflussen könnte, würde vermieden werden. Um ein Hin- und Her-Zahlen zu vermeiden, kann bei einer

[230] *Hirte*, in Großkomm., AktG, § 212, Rdn. 17.

[231] Dazu siehe unten 6. und 7.

[232] Zur Unterscheidung siehe BGHZ 7, 263, 264.

[233] BGHZ 7, 263, 264; *Barz*, in Großkomm., AktG, § 140 Anm. 7; *Hüffer*, AktG, § 140, Rdn. 9 f.

[234] In einer solchen schuldrechtlichen Verpflichtung gegenüber der Gesellschaft oder den anderen Aktionären ist kein Verstoß gegen § 54 AktG zu sehen. Siehe auch *Hüffer*, AktG, § 54, Rdn. 7.

Kapitalerhöhung gegen Einlagen den Zeichnern das Recht eingeräumt werden, die auf die neuen Aktien zu leistenden Einlagen mit Dividendenansprüchen zu verrechnen.[235]

d) Schutz bei Liquidation

Soweit die vorrangige Befriedigung der Gläubiger in der Liquidation noch Vermögen zur Verteilung unter den Aktionären übrig läßt, stellt sich die Frage nach der Behandlung der Rücklage. Regelmäßig wird gewollt sein, daß die in der Rücklage „aufgelaufenen" Vorzugsdividenden den Liquidationsvorzug der Wagniskapitalfinanziers erhöhen. Hier ist zunächst zu beachten, daß das Dividendennachzahlungsrecht immer nur auf eine vorrangige Teilnahme an der Verteilung von Bilanzgewinn gerichtet ist. In der Liquidation geht es jedoch nicht um die Verteilung von Bilanzgewinn, sondern um die Verteilung des Abwicklungsüberschusses gemäß § 271 AktG. Das Dividendennachzahlungsrecht vermag daher die Position der Vorzugsaktionäre im Hinblick auf die mit der Auflösung der Rücklage zur Verteilung frei gewordenen Mittel nicht mehr zu sichern. Ohne eine entsprechende Regelung in der Satzung würden die frei werdenden Mittel nicht den Liquidationsvorzug erhöhen, sondern nach § 271 Abs. 2 AktG nach dem Verhältnis der Nennbeträge an alle Aktionäre verteilt werden. Es bedarf daher der Festlegung eines gesonderten Liquidationsvorzugs in der Satzung. Darauf ist im folgenden einzugehen.

6. Liquidationsvorzug

Die Verteilung des Abwicklungsüberschusses ist nach der gesetzlichen Regel des § 271 Abs. 2 HS 1 AktG im Verhältnis der Anteile am Grundkapital vorzunehmen. Aus den § 271 Abs. 2 HS 2, § 11 AktG ergibt sich jedoch ohne weiteres, daß eine abweichende Regelung in der Satzung durch Schaffung von Aktien mit unterschiedlichen Rechten möglich ist.[236]

Somit läßt sich die Verteilung des Abwicklungsüberschusses auch in der Weise regeln, daß zunächst die Vorzugsaktionäre ihr Investment zurückerhalten, bevor auch an die Stammaktionäre ausgeschüttet werden darf. Soweit in der Satzung nichts Abweichendes festgelegt ist, greift nach der Bedienung des Liquidationsvorzugs wieder die gesetzliche Regel des § 271 Abs. 2 AktG ein.[237]

Somit ist die partizipierende Variante im deutschen Aktienrecht der gesetzliche Regelfall.

Die Erhöhung des Liquidationsvorzugs um die aufgelaufenen, nicht ausgezahlten Dividenden, die durch die Auflösung der Rücklage frei werden, bedarf, wie oben bereits gezeigt, einer besonderen Regelung in der Satzung.

---

[235] *Hefermehl / Bungeroth*, in *GHEK*, AktG, § 58, Rdn. 125; *Kropf*, in *GHEK*, AktG, § 174, Rdn. 28; dabei sind alternativ die Regeln über die Sachkapitalerhöhung oder über die Kapitalerhöhung aus Gesellschaftsmitteln zu beachten, *Hüffer*, AktG, § 183 Rdn. 3 mit Hinweis auf BGH NJW 1991, 1754 und weiteren Nachweisen.

[236] *Hüffer*, AktG, § 271, Rdn. 6, § 11 Rdn. 4.

[237] *Hüffer*, AktG, § 271, Rdn. 6.

IV. Umtauschrechte

1. Allgemeines

Die *Umwandlung* von Vorzugsaktien in Stammaktien läßt sich durch eine Satzungsänderung erreichen, die neben dem Änderungseschluß der Hauptversammlung einen zustimmenden Sonderbeschluß der Vorzugsaktionäre bedarf.[238] Die hierfür erforderlichen Beschlußmehrheiten können durch Stimmrechtsbindungen sichergestellt werden. Denkbar ist auch, daß die Vorzüge von vornherein nur für eine bestimmte Dauer gewährt werden, so daß mit Ablauf der Frist die Vorzugsaktien sich automatisch in Stammaktien wandeln. Anders als bedingte Satzungsklauseln, die als unzulässig angesehen werden,[239] bestehen gegen befristete Satzungsbestandteile keine Bedenken.[240] Gegen eine solche automatische Umwandlung spricht jedoch deren Inflexibilität. Daher ist dem auf einer entsprechenden Stimmrechtsvereinbarung beruhenden Wandlungsrecht der Vorzug zu geben. Von der Umwandlung der Vorzugsaktien in Stammaktien ist jedoch der *Umtausch* zu unterscheiden. Zwar werden auch bei der Umwandlung die Vorzugsrechte zugunsten der unbeschränkten Teilnahme an der Wertsteigerung aufgegeben, und es wird ebenso wie im Falle des Umtauschs die Bilanzstruktur vereinheitlicht und vereinfacht. Jedoch gestattet nur der Umtausch mit der Möglichkeit, ein Umtauschverhältnis festzulegen, Preisanpassungen vorzunehmen und Anreizwirkungen zu erzielen.[241]

2. Umtauschpflicht der Gesellschaft

Die AG müßte sich zunächst zur Erfüllung des Umtauschrechts mit eigenen bereits emittierten Aktien eindecken oder aber neue Aktien schaffen können.

a) Erwerb eigener Aktien

Seit dem KonTraG vom 27.04.1998 sieht § 71 Abs. 1 Nr. 8 AktG vor, daß die Gesellschaft aufgrund einer höchstens 18 Monate geltenden Ermächtigung der Hauptversammlung eigene Aktien erwerben darf. Diese Erwerbsmöglichkeit ist jedoch, neben der zeitlichen Begrenzung, auch hinsichtlich des Umfangs auf 10% des Grundkapitals beschränkt. Wegen dieser engen Beschränkung kommt der Erwerb eigener bereits emittierter Aktien für den hier in Aussicht genommenen Zweck nicht in Betracht.

b) Bedingtes Kapital

Gemäß § 192 Abs. 2 AktG soll eine bedingte Kapitalerhöhung nur zu den drei im Gesetz genannten Zwecken beschlossen werden.[242] Die Bedienung von Aktien mit einem Umtauschrecht- oder Bezugsrecht ist nicht vorgesehen.

---

[238] Siehe § 179 Abs. 3 AktG.

[239] Vgl *Lutter*, FS Quack, S. 301, 309; *Hüffer*, AktG, § 179 Rdn. 26.

[240] *Lutter*, FS Quack, S. 301, 311; ders. / Leinekugel, ZIP 1998, 805, 808; *Hüffer*, AktG, § 179 Rdn. 25.

[241] Siehe § 4 IV 3 a).

[242] *Lutter*, in KölnKomm., AktG, § 192, Rdn. 3.

Teilweise wird im Schrifttum die Auffassung vertreten, daß die in § 192 AktG genannten Zwecke nicht abschließend seien, sondern auch mit den dort aufgeführten verwandte Zwecke von der Vorschrift gedeckt seien.[243] Die h.M. lehnt eine Ausdehnung des bedingten Kapitals auf weitere in § 192 Abs. 2 AktG nicht genannte Zwecke dagegen ab.[244]
Man könnte zwar eine „Hilfskonstruktion" erwägen, und zwar in Form der Ausgabe einer Wandel- oder Optionsanleihe nach § 221 Abs. 1 AktG i.V.m. § 192 Abs. 2 Nr. 1 AktG. Die jeweilige Anleihe würde dann lediglich als *Vehikel* des Bezugs- oder Umtauschrechts genutzt werden.[245] Unabhängig davon, ob das Bezugs- oder Umtauschrecht mit einer Aktie oder, wie es das Gesetz vorsieht, mit einer Anleihe verbunden ist, wären in beiden Fällen jedoch für die neuen Aktien Barzahlungen zu entrichten oder es wäre die Hingabe der Schuldverschreibung erforderlich. Ein schlichter Umtausch der Vorzugsaktien gegen die Stammaktien kommt dagegen nicht in Betracht. Ziel der bedingten Kapitalerhöhung gemäß § 192 ff AktG ist, wie auch bei der normalen Kapitalerhöhung gemäß § 182 ff AktG und des genehmigten Kapitals gemäß § 202 ff AktG, die Erhöhung des Grundkapitals. Diese läßt sich jedoch nur durch die Zuführung neuen Kapitals in Form von Bar- oder Sacheinlagen erreichen, nicht aber durch den Austausch eines bereits bestehenden Mitgliedschaftsrechts gegen ein neu zu schaffendes.
Damit stehen weder die bedingte Kapitalerhöhung noch das genehmigte Kapital zur Verfügung, um den Vorzugsaktionären einen Umtausch ihrer Vorzugsaktien in Stammaktien zu ermöglichen.

3. Call-Optionen gegenüber den Stammaktionären

a) Kombination aus Wandlungsrecht und Übertragungsverpflichtung

Die Auswirkungen der U.S.-amerikanischen *conversion rights* lassen sich jedoch durch eine Kombination des oben beschriebenen Wandlungsrechts mit einer Verpflichtung der Stammaktionären zur Übertragung von Stammaktien an die Wagniskapitalfinanziers nachbilden. Mit Hilfe des Wandlungsrechts kann die eventuell bestehende Beschränkung der Vorzugsaktien auf ihren jeweiligen Vorzug zugunsten einer unbeschränkten Teilhabe an Dividenden und Liquidationserlös aufgehoben werden. Zugleich vereinfacht sich mit der Umwandlung der Vorzugsaktien die Bilanzstruktur des Unternehmens, weil infolgedessen einheitliche Mitgliedschaftsrechte entstehen. Sodann lassen sich mit Hilfe der Übertragungsverpflichtung sowohl Preisanpassungen verwirklichen als auch Anreizwirkungen erzielen: Die Gründerunternehmer verpflichten sich, für den Fall, daß in späteren Finanzierungsrunden nur ein geringerer Ausgabepreis erzielt werden kann, oder daß die ursprüngliche Bewertung des Unternehmens wegen des Verfehlens von *milestones* nach unten korrigiert werden muß, Stammaktien auf die Wagniskapitalfinanziers zu

---

243 *Steiner*, WM 1990, 1776, 1777; *Schilling*, in Großkomm., AktG, § 192 Anm. 7; *Martens*, AG 1989, 69 ff.
244 Siehe dazu *Hüffer*, AktG, § 192, Rdn. 8, mwN.
245 Siehe *Baums*, FS Claussen, S. 3, 37 f.

übertragen. Gegen die Zulässigkeit einer solchen Vereinbarung könntet eingewendet werden, daß sie ein im freien Belieben des Begünstigten stehendes Ausschließungsrecht darstelle. Ein solches Ausschließungsrecht wird als unwirksam angesehen: Der von dem Ausschließungsrecht bedrohte Gesellschafter werde in seiner Entscheidungsfreiheit und der Wahrnehmung seiner gesellschafterlichen Rechte und Pflichten beschränkt, weil er jederzeit mit der willkürlichen Ausübung des Ausschließungsrechts durch den begünstigten Gesellschafter rechnen muß. Eine solche die Entscheidungsfreiheit beschränkende Situation ist hier jedoch nicht gegeben. Zum einen geraten die Gründergesellschafter durch die Übertragungsverpflichtungen nicht in die Bedrängnis aus der Gesellschaft ausgeschlossen zu werden. Es soll durch die Übertragungsverpflichtung vielmehr nur ein Ausgleich für eine letztendlich in der Unsicherheit bei der Bewertung des Beteiligungsunternehmens fußende „Überbezahlung“ geschaffen werden. Hierzu ist die Verdrängung der Gründergesellschafter aus der Gesellschaft weder erforderlich noch gewünscht. Hiergegen läßt sich zwar einwenden, daß auch ein teilweiser „Ausschluß“ aus der Gesellschaft die Entscheidungsfreiheit der Gründergesellschafter beeinträchtigen könne. Dem steht jedoch hier entgegen, daß die Wagniskapitalfinanziers nicht willkürlich von ihrer Befugnis Gebrauch machen können. Vielmehr setzt die Ausübung der Übertragungsverpflichtung voraus, daß sich mit dem Verfehlen von vereinbarten Meilensteinen oder einem geringeren Ausgabepreis in einer späteren Finanzierungsrunde ein bestimmter Tatbestand verwirklichen muß. Damit wird aber eine Willkürherrschaft der Wagniskapitalfinanziers verhindert, wenn diese sich innerhalb einer festgesetzten, kurzen Frist entscheiden müssen, ob sie von ihrer Befugnis Gebrauch machen wollen.[246]

b) Ausgestaltung der Übertragungsverpflichtung

Die Übertragungsverpflichtung, die schon im Zeitpunkt der Beteiligungsaufnahme wirksam sein muß, kann als Optionsrecht (Gestaltungsrecht) oder als Vorvertrag ausgestaltet werden. Im Hinblick darauf, daß zu diesem Zeitpunkt der Umfang der zu übertragenden Stammaktien noch nicht feststeht, hat die Variante des Vorvertrages den Vorteil, geringere Anforderungen hinsichtlich der Bestimmtheit des Inhalts des zukünftigen Vertrages zu stellen. Jedoch bietet der Vorvertrag lediglich einen klagbaren Anspruch auf Abschluß des Hauptvertrages. Dagegen kann mit einem Optionsrecht durch einseitige Erklärung die Übertragungsverpflichtung zustande gebracht werden. Die Rechtsposition des aus einem Vorvertrag Begünstigten bleibt damit deutlich hinter derjenigen eines Optionsberechtigten zurück.[247]

Das Optionsrecht beruht entweder auf einem bindenden Angebot oder auf einem Optionsvertrag.[248] Sowohl der Optionsvertrag als auch ein bindendes Angebot müssen die *essentialia negotii* des späteren Vertrages enthalten.[249] Hier könnte zweifelhaft sein, ob zum Zeitpunkt der Beteiligungsaufnahme die erforderliche

---

[246] Vgl. dazu mit Hinweisen auf die entprechende BGH–Rechtsprechung unten § 6 VII 2a).

[247] Vgl. dazu *Larenz*, DB 1955, 209 f.

[248] *Larenz*, DB 1955, 211.

[249] *Staudinger / Bork*, BGB, § 145 Rdn. 17; *Palandt / Heinrichs*, BGB, § 241 Rdn. 2 f.

Bestimmtheit des Leistungsgegenstandes gegeben ist. Nach heute allgemeiner Meinung genügt jedoch, daß die Leistung in Bezug auf den Leistungsgegenstand aus objektiv gegebenen und nachprüfbaren Umständen bestimmbar ist.[250] Der Umfang der zu übertragenden Stammaktien kann hier anhand der in den USA verwendeten *price protection formulas* bestimmt werden.[251] Danach ist der Umfang des Leistungsgegenstands anhand objektiver und nachprüfbarer Umständen bestimmbar.

c) Unentgeltlichkeit der Übertragung

Die Übernahme der unveränderten *price protection formulas* zur Bestimmung des Umfangs der zu übertragenden Stammaktien erfordert, daß diese unentgeltlich übertragen werden müssen. Dies führt zu der Frage, ob ein Gesellschafter (Aktionär) dazu verpflichten werden kann, unentgeltlich einen Teil seiner Beteiligung auf einen anderen Gesellschafter zu übertragen. Dem könnte entgegenstehen, daß von der herrschenden Lehre und Rechtsprechung Gesellschaftsvertragsklauseln bei den Pesonengesellschaften und bei der GmbH als unwirksam angesehen werden, nach denen ein ausscheidender Gesellschafter keinerlei Abfindung erhält. Da dieser urprünglich für das Personengesellschaftsrecht entwickelte Grundsatz mittlerweile auch im GmbH-Recht angewendet wird, kann eine Übertragung auch auf das Aktienrecht nicht grundsätzlich ausgeschlossen werden. Jedoch ist zunächst zu berücksichtigen, daß hier nicht das völlige Ausscheiden eines Gesellschafters in Rede steht, sondern lediglich eine teilweise Übertragung seiner Beteiligung. Auch das bei den Personengesellschaften maßgebliche Argument für diesen Grundsatz, das Kündigungsrecht eines Gesellschafters zu schützen, kommt hier nicht zum Tragen. Die Möglichkeit des verpflichteten Gesellschafters, seine restliche Beteiligung zu veräußern, bleibt von dieser Regel unberührt. Schließlich würde, wenn dieser Grundsatz auf die hier nur teilweise Übertragung der Beteiligung zwingend anzuwenden wäre, nur vordergründig ein Vorteil für die Gründergesellschafter errungen. Eine zwingende „Abfindungszahlung" als Wirksamkeitsvoraussetzung für die Übertragungsverpflichtung hätte zur Folge, daß die Gründergesellschafter einen größeren Teil ihrer Beteiligung übertragen müßten, um die ursprüngliche „Überbezahlung" durch die Wagniskapitalfinanziers zu kompensieren. Damit würde aber nicht nur ihre Stellung als Mehrheitsgesellschafter stärker gefährdet. Auch bei einem späteren Börsengang oder einer sonstigen (Teil-) Veräußerung ihrer Beteiligung würden sich die Gründergesellschafter schlechter stehen. Ihnen würden dann nämlich weniger Aktien zur Verfügung stehen, die sie in der Regel zu wesentlich besseren Konditionen veräußern könnten als ihnen die Abfindungsklauseln bieten können. Vor diesem Hintergrund sollte der aus gesellschafterschützenden Überlegungen entwickelte Grundsatz hier nicht auf die Übertragung eines begrenzten Beteiligungsteils angewendet werden.

---

250 siehe nur *Kramer*, in MünchKomm., BGB, § 241 Rdn. 2a; *Staudinger / Schmidt*, BGB, Einl. zu §§ 241 ff. Rdn. 476; beide mwN.

251 Siehe zur Bestimmung des NCP anhand der *weighted average formula* oben § 3 V 3.

V. Rückverkaufsrechte

1. Allgemeines

Eine Aktiengesellschaft darf eigene Aktien grundsätzlich nicht erwerben. Das Gesetz sieht jedoch in § 71 Abs. 1 Nr. 1-8 AktG Ausnahmen von dieser Regel vor. Die Ausnahmen in den Nrn. 1-5 und Nr. 7 kommen schon wegen ihrer Zweckbindung nicht in Betracht. Somit bleiben die Ausnahme in Nr. 8, die keine Zweckbindung kennt, und die Nr. 6, die einen Hauptversammlungsbeschluß zur Einziehung von Aktien vorsieht.

2. Erwerb eigener Aktien gemäß § 71 Abs. 1 Nr. 8 AktG

Ein Rückkauf- wie auch ein Wiederverkaufsangebot hat sich wegen des Gleichbehandlungsgrundsatzes (§ 53a AktG), auf den § 71 Abs.1 Nr. 8 S. 3 AktG ausdrücklich verweist, regelmäßig an alle Aktionäre zu richten.[252] Bei geschlossenen Aktiengesellschaften, um die es sich regelmäßig bei den Beteiligungsunternehmen handeln wird, müßte die Verwaltung daher allen Aktionären entsprechend ihrer Beteiligungsquoten Übernahmeangebote unterbreiten.[253] Wird hier nur den Vorzugsaktionären ein Rückkauf ihrer Aktien durch die Gesellschaft angeboten, so ist hierin zwar eine Ungleichbehandlung zu sehen. Diese muß aber nicht notwendig einen pflichtwidrigen Verstoß gegen den Gleichbehandlungsgrundsatz darstellen.[254] Denn zum einen kann ein schützenswertes Interesse der Gesellschaft an der Beteiligung des Wagniskapitalfinanziers die Ungleichbehandlung rechtfertigen: Dieser würde ohne den „Notausgang“ über ein mögliches Rückverkaufsrecht die Risiken einer Beteiligung eventuell nicht übernehmen. Zum anderen kann der einzelne Aktionär auch auf seine Gleichbehandlung verzichten.[255] Ein solcher Verzicht könnte in der für den Rückerwerb gemäß § 71 Abs. 1 Nr. 8 S. 1 AktG erforderlichen Ermächtigung durch die Hauptversammlung gesehen werden, soweit diese einstimmig beschlossen wurde. Der Gleichbehandlungsgrundsatz steht somit einem Rückverkaufsrecht nicht zwingend entgegen.

Ein Rückverkauf auf dem Wege des § 71 Abs. 1 Nr. 8 AktG kommt aber praktisch, wegen der engen Beschränkungen hinsichtlich Zeit und Umfang, nicht in Betracht.

3. Erwerb zum Zwecke der Einziehung gemäß § 71 Abs. 1 Nr. 6 AktG

Der Erwerb eigener Aktien gemäß § 71 Abs. 1 Nr. 6 AktG dient der Vorbereitung einer förmlichen Kapitalherabsetzung durch Einziehung bestimmter Aktien. Durch die Einziehung erlöschen diese Mitgliedschaften.[256]

---

[252] *Lingemann / Wasmann*, BB 1998, 853, 860; *Claussen*, DB 1998, 177, 180.

[253] Begr. RegE KonTraG, BT–Drucks. 13 / 9712 v. 28.1.1998, S. 13, 14.

[254] *Hüffer*, AktG, § 53 a, Rdn. 8 ff.

[255] *Hüffer*, AktG, § 53 a, Rdn. 5.

[256] *Lutter*, in KölnKomm., AktG, § 237, Rdn. 5, 9; de lege ferenda wird vorgeschlagen, rückerwerbbare Aktien in den Satzungen zuzulassen, die nach ihrem Rückerwerb von der Gesellschaft gehalten werden, ohne daß dadurch eine Kapitalherabsetzung erforderlich würde, siehe *Baums* (Hrsg), Berichte der Regierungskommission Corporate Governance, Rdn. 235.

Während bei einer Kapitalherabsetzung mittels Herabsetzung des Nennbetrages oder der Zusammenlegung sämtliche Aktienrechte betroffen sind, wird das Grundkapital bei der Kapitalherabsetzung durch Einziehung von Aktien durch die Vernichtung einzelner Aktienrechte gemindert. Die übrigen Aktienrechte bleiben in ihrem Bestand unberührt.[257] Aspekte der Gleichbehandlung sind hier nicht von Bedeutung. Das Gleichbehandlungsgebot kann durch entsprechende Festlegung in der Satzung vor Übernahme der Aktien durchbrochen werden.[258] Der nach § 71 Abs. 1 Nr. 6 AktG zulässige Erwerb eigener Aktien unterliegt, anders als der Ausnahmetatbestand der Nr. 8, hinsichtlich des Umfangs oder des Zeitpunkts des Erwerbs keinen festen Beschränkungen. Voraussetzung für einen Erwerb nach Nr. 6 ist, daß diesem ein Kapitalherabsetzungs- und Einziehungsbeschluß der Hauptversammlung gemäß § 237 Abs. 2 S. 1 i. V. m. § 222 Abs. 1 S. 1 AktG vorausgeht.[259] Der Beschluß muß vorsehen, daß es sich um eine Einziehung von Aktien nach deren Erwerb durch die Gesellschaft handelt. Er muß den Zweck der Einziehung nennen und die Höhe des Herabsetzungsbetrages festsetzen.[260] Anders als bei der Zwangseinziehung nach § 237 Abs. 1 S. 2 AktG setzt die Einziehung nach vorherigem Erwerb keine Erlaubnis in der Satzung voraus, da der Erwerb nicht gegen den Willen des Aktionärs vollzogen werden kann.[261] Soweit der Erwerb nicht unter den besonderen Voraussetzungen des § 237 Abs. 3 AktG erfolgt, darf das Entgelt für die Aktien gemäß § 237 Abs. 2 S. 3 i. V. m. § 225 Abs. 2 S.1 AktG erst nach Ablauf der sechsmonatlichen Schutzfrist und Befriedigung oder Sicherstellung aller fristgerecht an die Gesellschaft herangetretenen Gläubiger gezahlt werden.[262] Übersteigt die Höhe des Entgeltes den Nennbetrag der Aktien, was regelmäßig der Fall sein wird,[263] so muß dieser Mehraufwand aus anderen Mitteln, wie etwa freien Rücklagen (andere Gewinnrücklagen) oder aus dem Bilanzgewinn aufgebracht werden, § 237 Abs. 3 Nr. 2 AktG.[264]

Die Gestaltung eines Rückverkaufsrechts über § 71 Abs. 1 Nr. 6 AktG erfordert neben der schuldrechtlichen Verpflichtung der Gesellschaft zum Rückkauf der Aktien den bereits erwähnten Kapitalherabsetzungs- und Einziehungsbeschluß. Ohne diesen wäre das schuldrechtliche Geschäft nichtig, § 71 Abs. 4 S. 2 AktG. Dieser Beschluß bedarf nach § 237 Abs. 2 S.1 i. V. m. § 222 Abs. 1 AktG mindestens einer ¾-Mehrheit des bei Beschlußfassung anwesenden Kapitals.[265] Darüber hinaus sind zustimmende Sonderbeschlüsse mit entsprechenden

---

[257] *Hefermehl*, in *GHEK*, AktG, § 237, Rdn. 2.

[258] *Lutter*, in KölnKomm., AktG, § 237, Rdn. 63.

[259] *Lutter*, in KölnKomm., AktG, § 71, Rdn. 66; *Hefermehl / Bungeroth*, in *GHEK*, AktG, § 71, Rdn. 120.

[260] *Hüffer*, AktG, § 237, Rdn. 24.

[261] *Hefermehl*, in *GHEK*, AktG, § 237, Rdn. 10.

[262] *Hefermehl / Bungeroth*, in *GHEK*, AktG, § 71, Rdn. 122.

[263] Der Nennwert der Vorzugsaktien liegt unter dem vereinbarten Rückerwerbsentgelt, das sich aus dem Kaufpreis zzgl. der aufgelaufenen, nicht ausgezahlten Dividenden zusammensetzen wird.

[264] *Lutter*, in KölnKomm., AktG, § 237, Rdn. 73; *Schilling*, in Großkomm., AktG, § 237, Anm. 18.

[265] *Hefermehl*, in *GHEK*, AktG, § 237, Rdn. 23.

Kapitalmehrheiten zu fassen, § 222 Abs. 2 AktG. Da die Wagniskapitalfinanziers typischerweise nicht über die erforderliche Mehrheit für den Hauptversammlungsbeschluß verfügen werden, und sie auch nicht an dem von den Stammaktionären zu fassenden Sonderbeschluß mitwirken, kann das Zustandekommen dieser beiden Beschlüsse nur durch Stimmrechtsbindungen gewährleistet werden. Die Stammaktionäre müssen sich verpflichten, den Kapitalherabsetzungs- und Einziehungsbeschluß mit herbeizuführen und diesem im Wege des Sonderbeschlusses auch zuzustimmen.[266]

Die Ausübung der so geschaffenen Rückverkaufsrechte sollte erst nach einer bestimmten Beteiligungszeit (7-10 Jahre) zugelassen werden. Die gesamte Beteiligung sollte auf diese Weise nur in mehreren Schritten aufgegeben werden können. Diese Gestaltung trägt dazu bei, neue Investoren in weiteren Finanzierungsrunden nicht abzuschrecken, und mindert die Folgen des Liquiditätsabflusses für die Gesellschaft.

4. Angeordnete Zwangseinziehung gemäß § 237 Abs. 1, 6 AktG

Ohne einen vorherigen Erwerb durch die Gesellschaft ist die Einziehung von Aktien nur möglich, soweit diese bereits in der Satzung angeordnet oder gestattet war, § 237 Abs. 1 S. 2 AktG. Eine solche Zwangseinziehung muß dabei nicht notwendig bedeuten, daß sie gegen den Willen des betreffenden Aktionärs vorgenommen wird. Vielmehr sind Satzungsbestimmungen zulässig, die die Einziehung gerade von einem Einziehungsverlangen des betreffenden Aktionärs oder einer Aktionärsgruppe abhängig machen.[267] Ein solches Einziehungsrecht kann als Sonderrecht einzelner Aktionäre durch die Satzung festgelegt werden.[268] Die angeordnete Zwangseinziehung bedarf, im Gegensatz zu der bloß zugelassenen Einziehung oder der Einziehung nach vorherigem Erwerb gemäß § 237 Abs. 6 S. 1 AktG, keines weiteren Beschlusses der Hauptversammlung mehr. Die angeordnete Zwangseinziehung erfordert dagegen, daß die Satzung sämtliche Modalitäten der Einziehung wie Bedingungen, Zeit, Ausmaß und Entgelt genau regelt. Der Verwaltung darf keinerlei Entscheidungsspielraum verbleiben.[269] Die Satzung muß einen zwingenden Einziehungsplan aufstellen, der dem Vorstand lediglich technische Details oder die Auswahl eines Zeitpunktes innerhalb einer festgesetzten Frist überläßt.[270] Auch bei der angeordneten Zwangseinziehung sind Einziehungsentgelte über dem Nominalwert nur zulässig, soweit zur Abdeckung des übersteigenden Betrages entweder ein Bilanzgewinn oder Gewinnrücklagen vorhanden sind.[271] Die Zulässigkeit eines Beteiligungsausstiegs mit Hilfe eines satzungsmäßigen

---

[266] Derartige Stimmrechtsvereinbarungen sind wirksam, soweit sie ihrem Inhalt nach hinreichend bestimmbar sind, siehe dazu *Noack*, Gesellschaftervereinbarungen bei Kapitalgesellschaften, S. 319, wo er für Kapitalerhöhungen fordert, daß die Stimmrechtsvereinbarung Höchst- oder Mindestbeträge der Kapitalerhöhung benennen muß.

[267] *Hüffer*, AktG, § 237, Rdn. 12; *Lutter*, in KölnKomm., AktG, § 237, Rdn. 36.

[268] *Schilling*, in Großkomm., AktG, § 237, Anm. 9.

[269] *Lutter*, in KölnKomm., AktG, § 237, Rdn. 34; *Hefermehl*, in *GHEK*, AktG, § 237, Rdn. 13.

[270] *Schilling*, in Großkomm., AktG, § 237, Anm. 8.

[271] *Lutter*, in KölnKomm., AktG, § 237, Rdn. 73

Einziehungsrechts gemäß § 237 Abs. 1, 6 AktG steht des weiteren unter dem Vorbehalt der dem Gläubigerschutz dienenden Regelungen des § 225 AktG. Der Vorstand ist verpflichtet, die Aktien einzuziehen, soweit der die Einziehung auslösende Sachverhalt vorliegt und dem Gläubigerschutz Rechnung getragen worden ist.[272] Den Wagniskapitalfinanziers steht damit ohne die aktuelle Zustimmung der Hauptversammlung ein Beteiligungsausstieg gegen Vergütung mit Gesellschaftsmitteln offen.

VI. Übertragungsbeschränkungen

Nach deutschem Recht kann die Übertragbarkeit von Aktien sowohl auf körperschaftlicher als auch auf rechtsgeschäftlicher Ebenen beschränkt werden.

1. Vinkulierung durch Satzungsregelung – Allgemeines

Für den Sonderfall der Namensaktie (§ 67 Abs. 1 AktG) regelt § 68 Abs. 2 S. 1 AktG mit der Vinkulierung eine Möglichkeit der Übertragungsbeschränkung. Vinkulierte Namensaktien können, abweichend vom Grundsatz der freien Verfügbarkeit, nur mit Zustimmung der Gesellschaft rechtsgeschäftlich übertragen werden, soweit dies in der Satzung vorgesehen ist.[273] Danach können die Stammaktien der Gründerunternehmer durch Vinkulierung in ihrer Übertragbarkeit beschränkt werden. Die Vinkulierung ermöglicht somit sowohl, unerwünschte Verfügungen der Gründerunternehmer zu unterbinden als auch das Eindringen unerwünschter neuer Investoren zu verhindern. Eine satzungsmäßige Verpflichtung eines Aktionärs, seine Aktien unter bestimmten Voraussetzungen auf einen anderen Aktionär, die Gesellschaft oder einen Dritten zu übertragen, läßt sich durch eine Vinkulierung allerdings nicht statuieren. Eine solche Verpflichtung würde gegen zwingende und insoweit auch abschließende Regelungen über die Rechtsbeziehung der Gesellschaft zu den Gesellschaftern, wie sie in §§ 54, 55 AktG und auch in § 68 Abs. 2 AktG normiert sind, verstoßen.[274] Folglich können weder Vorkaufs- und Anbietverpflichtungen (*rights of first refusal*) noch Mitnahmerechte (*co-sale agreements*) und Mitverkaufverpflichtungen (*drag – along rights*) durch die Satzung begründet werden.[275]

a) Wirkung der Vinkulierung

Mit der Vinkulierung wird das dingliche Verfügungsgeschäft dem Erfordernis einer Zustimmung der Gesellschaft unterworfen. Verweigert die Gesellschaft die Zustimmung, so ist das dingliche Verfügungsgeschäft unwirksam. Die Vinkulierung kann durch die Satzung eingeschränkt werden. So kann die Satzung vorsehen, daß die Zustimmung nur aus bestimmten Gründen verweigert werden darf (§ 68 Abs. 2 S. 4 AktG), oder daß von vornherein Übertragungen an

---

[272] *Lutter*, in KölnKomm., AktG, § 237, Rdn. 43.

[273] *Hüffer*, AktG, § 68, Rdn. 10.

[274] Siehe dazu eingehend BayObLG, AG 1989, 173, 174 ff.

[275] Vgl. zu den einzelnen Regelungen die Darstellungen unten § 5 VII; siehe auch *Noack*, Gesellschaftervereinbarungen bei Kapitalgesellschaften, S. 282 f.; *Assmann/Basaldua Bozenhardt/Peltzer*, ZGR Sonderheft 9, S. 119.

bestimmte Personen oder aufgrund bestimmter Kausalabreden der Zustimmung nicht bedürfen.[276]

b) Zustimmung zur Übertragung

Die Entscheidung über die Zustimmung steht gemäß § 68 Abs. 2 S. 2 AktG grundsätzlich dem Vorstand zu. Die Satzung kann diese Kompetenz jedoch auch dem Aufsichtsrat oder der Hauptversammlung einräumen, § 68 Abs. 2 S. 3 AktG.[277] Einem einzelnen Aktionär oder einem außenstehenden Dritten kann diese Entscheidung nicht überlassen werden.[278] Hier würde sich daher anbieten, diese Entscheidung dem Aufsichtsrat oder der Hauptversammlung zu übertragen. Entscheidet die Hauptversammlung über die Zustimmung, so kann mit Hilfe eines qualifizierten Mehrheitserfordernisses für den erforderlichen Beschluß sichergestellt werden, daß die Übertragungsbeschränkungen angesichts der Stimmenmehrheit der Gründergesellschafter nicht leerlaufen. Im Aufsichtsrat läßt sich über die Stimmbindungsvereinbarung zur Wahl der Aufsichtsratsmitglieder eine Majorität für die Wagniskapitalfinanziers sicherstellen. Eine Übertragung der vinkulierten Stammaktien der Gründerunternehmer ist dann grundsätzlich nicht gegen den Willen der Wagniskapitalfinanziers möglich. Ist in der Satzung von § 68 Abs. 2 S. 4 AktG kein Gebrauch gemacht worden, entscheidet das berufene Gesellschaftsorgan nach pflichtgemäßem Ermessen über die Zustimmung. Die Entscheidung muß sich am Wohl der Gesellschaft orientieren und darf die berechtigten Interessen des betroffenen Aktionärs nicht unberücksichtigt lassen.[279] Eine weitergehende Ermessensbeschränkung durch das Erfordernis einer sachlichen Rechtfertigung besteht aber nicht.[280]

c) Sicherung der Vinkulierung

Soll sich eine Vinkulierung für die Zwecke der Wagniskapitalfinanziers eignen, so setzt dies außer der Beherrschung des über die Zustimmung entscheidenden Organs voraus, daß die Vinkulierung nicht ohne deren Zustimmung aufgehoben werden kann. Die Vinkulierung kann grundsätzlich durch einfachen satzungsändernden Beschluß aufgehoben oder gelockert werden.[281] Es ist daher geboten, die Mehrheitsanforderungen für derartige satzungsändernde Beschlüsse zu erhöhen, um die Vinkulierung für die Zwecke der Wagniskapitalfinanziers zu sichern (§ 179 Abs. 2 S. 2 AktG). Anderenfalls stünde die Vinkulierung zur Disposition der regelmäßig als Mehrheitsaktionäre beteiligten Gründergesellschafter.

---

[276] *Hefermehl / Bungeroth*, in *GHEK*, AktG, § 68, 98 ff.

[277] Für die Abgabe der Erklärung über die Zustimmung oder ihre Verweigerung ist dagegen zwingend der Vorstand zuständig, siehe *Hefermehl / Bungeroth*, in *GHEK*, AktG, § 68 Rdn. 116.

[278] *Lutter*, in KölnKomm., AktG, § 68, Rdn. 26, *Hefermehl / Bungeroth*, in *GHEK*, AktG, § 68 Rdn. 113, 116.

[279] *Hefermehl / Bungeroth*, in *GHEK*, AktG, § 68, Rdn. 124; *Lutter*, in KölnKomm., AktG, § 68, Rdn. 30.

[280] *Hüffer*, AktG, § 68, Rdn. 15.

[281] *Hefermehl / Bungeroth*, in *GHEK*, AktG, § 68, Rdn. 95.

2. Schuldrechtliche Veräußerungsbeschränkungen

a) Verstoß gegen § 137 S. 1 BGB

Gegen schuldrechtliche Verpflichtungen der Gründerunternehmer, ihre Anteile nicht oder nicht an bestimmte bzw. nur an bestimmte Personen zu veräußern, könnte zunächst allgemein der Einwand erhoben werden, der Aktionär entäußere sich seiner Verfügungsbefugnis, soweit für den Verstoß gegen diese Verpflichtung eine prohibitiv wirkende Vertragsstrafe festgesetzt ist. Hierin könnte ein Verstoß gegen § 137 S. 1 BGB zu sehen sein. Dieser verbietet den rechtsgeschäftlichen Ausschluß oder auch nur die Beschränkung der Verfügungsbefugnis über ein veräußerliches Recht. § 137 S. 2 BGB stellt jedoch klar, daß schuldrechtliche Verpflichtungen, über ein Recht nicht zu verfügen, zulässig sind. Wird gegen eine solche Verpflichtung verstoßen, begründet dies einen Schadensersatzanspruch. Dieser ist gemäß § 249 S. 1 BGB darauf gerichtet, die Verfügung rückgängig zu machen.[282] Daneben ist es nach allgemeiner Ansicht zur Absicherung einer solchen Verpflichtung zulässig, Vertragsstrafen zu vereinbaren.[283] Deren Zweck wird freilich nur dann erfüllt, wenn ihr angesichts ihrer Höhe abschreckende Wirkung zukommt.

b) Gefahr des Unterlaufens zwingender Organkompetenzen

Während die herrschende Lehre[284] regelmäßig schuldrechtliche Übertragungsbeschränkungen sowohl gegenüber der Gesellschaft als auch unter den Gesellschaftern als zulässig ansieht, haben *Otto*[285] und auch *Immenga*[286] gegen solche Verpflichtungen der Gesellschaft gegenüber Bedenken erhoben. *Otto*[287] und *Immenga*[288] gründen ihre Bedenken vorwiegend darauf, daß die schuldrechtliche Bindung der Aktionäre dem Vorstand der Gesellschaft die Möglichkeit gebe, in die Zusammensetzung des Aktionärskreises einzugreifen. Er könne durch die „Auswahl" der Aktionäre seine Position über das vom Aktienrecht als zulässig anerkannte Maß festigen. Dies berge die Gefahr des Unterlaufens der korporationsrechtlich zwingend voneinander abgegrenzten Organkompetenzen von Hauptversammlung und Vorstand in sich, so daß schon aus diesem Grund die Zulässigkeit solcher Verpflichtungen zu verneinen sei.[289] Ein näheres Eingehen auf diese Kontroverse würde über den Rahmen dieser Abhandlung hinausgehen und ist hier auch nicht geboten. Den Interessen der Wagniskapitalfinanziers kann durch die allgemein als zulässig anerkannten Verpflichtungen zwischen den Aktionären Rechnung getragen werden. Schuldrechtlich wirkende Vorkaufsrechte, Andienungspflichten,

---

[282] *Palandt / Heinrichs*, BGB, § 137, Rdn. 6.

[283] *Staudinger / Kohler*, BGB, § 137, Rdn. 38.

[284] *Lutter*, in KölnKomm., AktG, § 68, Rdn. 23; *Hefermehl / Bungeroth*, in *GHEK*, AktG, § 68, Rdn. 69 mwN.; *Assmann / Basaldua / Bozenhardt / Peltzer*, ZGR Sonderheft 9, S. 120; *Noack*, Gesellschaftervereinbarungen bei Kapitalgesellschaften, S. 283 f.

[285] *Otto*, AG 1991, 369, 373 ff.

[286] *Immenga*, AG 1992, 79, 80 ff.

[287] *Otto*, AG 1991, 369, 373, 374.

[288] *Immenga*, AG 1992, 79, 83.

[289] *Otto*, AG 1991, 369, 373, 374.

Mitnahmerechte und Mitverkaufsverpflichtungen lassen sich zugunsten der Wagnisfinanziers zwischen den Aktionären gestalten. Daß diese schuldrechtlichen Verpflichtungen gegenüber abredewidrigen Verfügungen versagen, kann durch Vertragsstrafen und Hinterlegung der Aktien bei einer Bank oder bei einem Treuhänder verhindert werden.[290] Im Gegensatz zu statutarischen Vinkulierungen können diese schuldrechtlichen Vereinbarungen auch nicht gegen den Willen der Wagnisfinanziers aufgehoben werden.

VII. Anspruch auf Börseneinführung

Ein Anspruch auf Börseneinführung setzt voraus, daß die gesetzlichen Anforderungen an eine Börseneinführung erfüllt werden. Die Wagniskapitalfinanziers müssen vom zuständigen Gesellschaftsorgan die Erfüllung dieser Voraussetzungen verlangen können.

1. Voraussetzungen für eine Börseneinführung

Die Börseneinführung setzt sowohl für den Amtlichen Handel (§ 42 Abs. 1, 36 BörsG) wie für den Geregelten Markt (§ 71 Abs. 1 BörsG) eine Zulassung der zu handelnden Wertpapiere voraus. Für die Zulassung zum Amtlichen Handel sind neben dem Börsengesetz im wesentlichen die Vorschriften der aufgrund des § 38 BörsG erlassenen Börsenzulassungsverordnung einschlägig.[291] Hinsichtlich des Zulassungsverfahrens zum Geregelten Markt verweisen die Börsenordnungen, soweit sie keine eigene Regelung enthalten, auf das Verfahren für den Amtlichen Handel. Es sind die einschlägigen Vorschriften (§§ 36 ff. BörsG, §§ 48 ff. BörszulVO) anzuwenden.[292] Auch in den Handel am Neuen Markt können Aktien nur aufgenommen werden, wenn zuvor die Zulassung zum Geregelten Markt erfolgt ist.[293] Die damit für alle drei Handelssegmente erforderliche Zulassung hat gemäß § 36 Abs. 2 BörsG i.V.m. § 48 BörsZulVO der Emittent zu beantragen. Emittent ist die jeweilige Aktiengesellschaft. Der Antrag ist durch deren vertretungsberechtigtes Organ, den Vorstand, zu stellen.

2. Entscheidung über die Börseneinführung

Die für einen Anspruch auf Börseneinführung erforderliche Vereinbarung mit den Wagniskapitalfinanziers kann von diesen nur durchgesetzt werden, wenn die Einführung auf Seiten der Gesellschaft vom zuständigen Organ beschlossen worden ist. Die Frage, welchem Organ gesellschaftsintern die Kompetenz zukommt, darüber zu entscheiden, ob eine Börseneinführung vorgenommen werden soll, ist deutlich von der Frage zu trennen, wer den Antrag auf Börsenzulassung zu stellen hat. Letzteres ist eindeutig eine Maßnahme der Geschäftsführung.[294] Ist die hier in Rede stehende interne Entscheidung

---

[290] Siehe dazu *Noack*, Gesellschaftervereinbarungen bei Kapitalgesellschaften, 216 ff.

[291] *Groß*, Finanz Betrieb 1999, 32.

[292] *Schwark*, Börsengesetz, § 71, Rdn. 10.

[293] Ausführlich dazu *Plückelmann*, Der Neue Markt der Deutsche Börse AG; *Benz / Kiwitz*, DStR 1999, 1162, 1166; siehe auch Regelwerk Neuer Markt (Stand 22.10.1998), Abschnitt 2 Punkt 2.3 (1).

[294] Siehe dazu auch *Lutter / Drygala*, FS Raisch, S. 239, 240 ff.

ebenfalls eine bloße Geschäftsführungs- oder Leitungsfrage, so handelt es sich gleichfalls um eine Maßnahme im Kompetenzbereich des Vorstands. Handelte es sich dagegen um eine Grundlagenentscheidung, so wäre diese von der Hauptversammlung zu treffen. Diese Kompetenzfrage ist für das Innenverhältnis der Aktiengesellschaft jedenfalls bisher noch ungeklärt.[295] Eine gesetzliche Kompetenzzuweisung sowohl hinsichtlich der Börseneinführung als auch hinsichtlich des Börsenaustritts enthält das AktG weder in § 119 Abs. 1 AktG noch an anderer Stelle.[296] Die Literatur behandelt sowohl die Börseneinführung als auch den Börsenaustritt als grundlegende strukturelle Änderungen der Gesellschaft, was die interne Entscheidungskompetenz der Hauptversammlung begründen soll.[297] Im Hinblick auf ein *going public* wird dies u.a. mit dem Verlust der für eine Nicht-Börsen-Aktiengesellschaft geltenden gesetzlichen Vergünstigungen der sogenannten „kleinen Aktiengesellschaft", verschärften Publizitätspflichten (z.B. aus § 15 WpHG) und negativen vermögens- und erbschaftsteuerlichen Konsequenzen begründet.[298] Soweit sich diese Ansicht auf das „Holzmüller-Urteil" stützt, wäre folgerichtig der Vorstand wegen der in diesem Urteil angenommenen „Ermessensreduzierung" im Rahmen des § 119 Abs. 2 AktG verpflichtet, einen Vertrag zwischen Gesellschaft und Wagniskapitalfinanzier, aufgrund dessen die Gesellschaft zum *going public* gezwungen werden kann, der Hauptversammlung zur Zustimmung vorzulegen.[299] Ob eine derartige Vereinbarung dann ohne Zustimmung der Hauptversammlung nur interne Konsequenzen hätte und trotzdem wirksam wäre[300], mag hier offenbleiben. Praktisch dürften hier wegen der regelmäßig bestehenden Personenidentität zwischen den Vorstandsmitgliedern und den maßgeblichen Aktionären (Gründerunternehmer und Wagniskapitalfinanziers) keine unterschiedlichen Entscheidungen in den verschiedenen Gremien getroffen werden. Nach allem kann daher ein Anspruch auf Börseneinführung durch Vertrag zwischen den Wagniskapitalfinanziers und der Gesellschaft, diese vertreten durch ihren Vorstand, wirksam begründet werden.

3. Stimmbindungsvereinbarung über Börseneinführung

Ob eine Börseneinführung auch durch einen Hauptversammlungsbeschluß erreicht werden könnte, für den sich die Wagniskapitalfinanziers im Rahmen einer Stimmbindungsvereinbarung die Zustimmung der Gründerunternehmer gesichert haben, hängt von weiteren streitigen Rechtsfragen ab. Die Verpflichtung des Vorstands gemäß § 83 Abs. 2 AktG, von der Hauptversammlung beschlossene Maßnahmen auszuführen, setzt voraus, daß die Entscheidung über diese Maßnahme im Zuständigkeitsbereich der

---

[295] *Grupp*, Börseneintritt und Börsenaustritt, S. 83; siehe auch *Vollmer / Grupp*, ZGR 24 (1995), 459.

[296] Zum Börsenaustritt (sog. „Going private") siehe *Steck*, AG 1998, 460, 461; *Grupp*, Börseneintritt und Börsenaustritt, S. 83.

[297] *Lutter / Drygala*, FS Raisch, S. 239, 240 f.; *Vollmer / Grupp*, ZGR 24 (1995), 459, 466; *Grupp*, Börseneintritt und Börsenaustritt, S. 149 ff.; *Steck*, AG 1998, 460, 461.

[298] *Vollmer / Grupp*, ZGR 24 (1995), 459, 461 ff.

[299] *Grupp*, Börseneintritt und Börsenaustritt, S. 150; *Steck*, AG 1998, 460, 461.

[300] Dazu auch *Grupp*, Börseneintritt und Börsenaustritt, S. 150.

Hauptversammlung steht. Da das AktG, wie oben bereits festgestellt wurde, hinsichtlich dieser Frage keine gesetzliche Kompetenzzuweisung enthält, wäre entweder die Annahme eines Initiativrechts der Hauptversammlung im Rahmen des § 119 Abs. 2 AktG[301] oder aber die Annahme einer gesetzlich nicht normierten Hauptversammlungszuständigkeit[302] erforderlich. Gegen beide Annahmen werden erhebliche Bedenken erhoben.[303] Ein näheres Eingehen auf diese Frage ist hier nicht möglich und auch nicht notwendig. Fordern die Wagnisfinanziers einen Anspruch auf Börseneinführung, so können sie bei Übernahme ihrer Beteiligung eine entsprechende Vereinbarung mit der Gesellschaft, diese vertreten durch den Vorstand, abschließen. Für diese Vereinbarung ist die Zustimmung der Hauptversammlung einzuholen, wobei die Zustimmung durch eine Stimmbindung sichergestellt werden kann. Im Übrigen ist hier auf die Kritik an den *registration rights* in den USA hinzuweisen.[304] Sie läßt eine *milestone*-Vereinbarung über ein IPO gegenüber der Begründung eines Anspruchs als vorzugswürdig erscheinen.

VIII. Ergebnis

Die Wirkungen der für das U.S.-amerikanische Modell der Venture Capital-Finanzierung typischen Vertragsregelungen lassen sich auch im deutschen Aktienrecht erzielen. Hierbei können die U.S.-amerikanischen Regelungen jedoch nicht unreflektiert, einem Vertragsmuster vergleichbar in das Aktienrecht umgesetzt werden. Vielmehr müssen in mehreren Punkten alternative Regelungswege eingeschlagen werden, die einen gewissen Mehraufwand im Vergleich zum amerikanischen Vorbild zur Folge haben. Besondere Bedeutung erlangt hier die unterschiedliche Verfassung der Unternehmensleitung in der U.S.-amerikanischen *corporation* und der deutschen Aktiengesellschaft. Während das *board*-System der *corporation* den Gesellschaftern einen unmittelbaren Zugriff auf die Geschäftsleitung gestattet, ist dies bei der dualistischen Verfassung der Aktiengesellschaft nicht möglich. Hier wirkt sich aus, daß das gesetzgeberische Leitbild der Aktiengesellschaft von einem Großunternehmen mit breitem Aktionärskreis ausgeht. Daher sind zunächst kleine, geschlossene Gesellschaften darauf angewiesen, die starre Verfassung der Aktiengesellschaft durch schuldrechtliche Vereinbarungen und Stimmbindungen zwischen den Aktionären ihren Bedürfnissen anzupassen. Vor diesem Hintergrund erscheint es bei einer weiteren Deregulierung des Aktienrechts wünschenswert, daß auch die Belange solcher Unternehmen stärkere Berücksichtigung finden, die bereits bei Gründung oder kurze Zeit später das Rechtskleid der AG annehmen wollen, weil ein zeitnaher Börsengang wesentliche Voraussetzung für den Erfolg des Unternehmenskonzeptes ist.[305]

---

301 Siehe dazu *Martens*, ZHR 147 (1983), 377, 384 ff.

302 *Geßler*, FS Stimpel, S. 771, 779 ff.

303 Siehe dazu *Mertens*, in KölnKomm., § 76 Rdn. 51 m.w.N.

304 Siehe oben § 3 VIII 2 c).

305 Siehe auch *Baums* (Hrsg), Bericht der Regierungskommission Corporate Governance, Rdn. 132, wo de lege ferenda vorgeschlagen wird zu prüfen, ob in nicht börsennotierten Gesellschaften ermöglicht werden sollte, durch Satzungsregelung erweiterte Rechte der Aktionäre vorzusehen.

Die Möglichkeiten des Rechtsformwechsels kurz vor einem geplanten Börsengang vermag dagegen keine gleichwertige Alternative zu bieten. Der Kapitalmarkt und insbesondere institutionelle Investoren bewerten es positiv, wenn die Unternehmensleitung eines Börsenkandidaten bereits über einen längeren Zeitraum bewiesen hat, daß sie in der Lage ist, das Unternehmen den Anforderungen des Aktienrechts entsprechend zu führen.

§ 5 Wagniskapitalunternehmen als GmbH

I. Allgemeines

Die GmbH ist die in Deutschland verbreitetste Unternehmensrechtsform. Sie findet überwiegend in der mittelständischen Wirtschaft Gebrauch, aber auch Großunternehmen bedienen sich dieser Rechtsform. Die Attraktivität der GmbH ist nicht zuletzt darauf begründet, daß sie die beschränkte Haftung für alle ihre Gesellschafter als Vorzug der Kapitalgesellschaft mit einer weitreichenden Gestaltungsfreiheit für das Innenverhältnis der Gesellschafter verbindet. Gerade letzteres ermöglicht die Verwirklichung von unterschiedlichsten Modellen der Unternehmensleitung, die von eher deutlich den Personengesellschaften angenäherten, eigentümergeprägten Lösungen bis hin zur Unternehmenssteuerung durch weitestgehend von den Gesellschaftern unabhängigen, mit vorstandsgleichen Rechten ausgestatteten Fremdmanagern reichen kann. Diese Flexibilität scheint die GmbH schon auf den ersten Blick für Vertragsgestaltungen zu prädestinieren, deren Eigenart es ist, besonderen Interessenlagen gerecht zu werden.

Als Kehrseite der flexiblen Ausgestaltung ihres Innenverhältnisses ist sicherlich auch zu sehen, daß der GmbH eine Kapitalmarktfähigkeit abgesprochen wird. Dementsprechend sind auch Versuche, ihr zumindest mittelbar eine Öffnung für das breite Anlegerpublikum zu schaffen, gescheitert.[306] Ein Wagniskapitalunternehmen in der Rechtsform der GmbH hat daher auf dem Weg zum *Going public* mit dem Wechsel in eine börsenfähige Rechtsform jedenfalls eine Hürde mehr zu nehmen, als ein Wettbewerber, der schon als AG organisiert ist.

Die GmbH ist deshalb nur dann eine Alternative zur AG, wenn diese Hürde überwunden werden kann und sich keine weiteren Schwierigkeiten für Ausgestaltungen einer Wagniskapitalfinanzierung ergeben. Im Folgenden wird zunächst der letzten Frage nachgegangen, bevor die Problematik der Umwandlung in eine börsenfähige Rechtsform erörtert wird.

II. Sicherung des Einflusses und Stimmrechtsregelung

1. Kompetenzordnung und Rechte der Gesellschafter

a) Allzuständigkeit der Gesellschafterversammlung

Die Kompetenzordnung der GmbH ist geprägt durch das Prinzip der Allzuständigkeit der Gesellschafterversammlung. Die Gesellschafterversammlung hat neben ihren im Gesetz ausdrücklich genannten Einzelzuständigkeiten das Recht, nahezu jede Gesellschaftsangelegenheit an sich zu ziehen oder durch

---

[306] Einen konkreten Vorschlag für eine mittelbare Öffnung für das Anlegerpublikum wurde durch die vom Ministerium für Wirtschaft, Mittelstand und Technik Baden–Württemberg eingesetzte Arbeits-gruppe „Zweiter Börsenmarkt" erarbeitet. Siehe *Vollmer*, WM 1991, Sonderbeilage 2, S. 2 ff.; *ders.*, Börsenhandel mit GmbH– oder KG–Anteilen sowie Veränderung des Aktienrechts („Kleine AG"), in *Gebhardt / Gerke / Steiner*, Handbuch des Finanzmanagements, Kapitel 16.

Weisung gemäß § 37 Abs. 1 GmbHG für andere Organe (insbesondere Geschäftsführer) im Innenverhältnis bindend zu entscheiden.[307] Dagegen steht den Geschäftsführern über die ihnen kraft Gesetzes unabdingbar zugewiesenen Aufgaben (z.B. Vertretung § 37 Abs. 2 GmbHG, Erhaltung der Kapitalgrundlage gemäß §§ 30, 33 GmbHG, Buchführung und Bilanzierung gemäß §§ 41, 42 GmbHG) kein Mindestbereich an autonomem Geschäftsführungsermessen zu.[308] Damit erhalten die Wagniskapitalfinanziers als GmbH-Gesellschafter anders als Aktionäre bei der AG die Möglichkeit, unmittelbar Einfluß auf die Geschäftsführung zu nehmen. Jedoch bleiben die Geschäftsführer trotz der Allzuständigkeit der Gesellschafterversammlung so weit und so lange primär zuständig, wie die Gesellschafterversammlung von ihrem Heranziehungsrecht keinen Gebrauch macht.[309] Die Satzung kann einen Katalog von Geschäften enthalten, bei denen die Geschäftsführer nur nach Weisung der Gesellschafter handeln dürfen.[310] Ob die Geschäftsführer bei Fehlen einer Satzungsregelung dennoch eine Vorlagepflicht trifft oder ob sie ohne Weisung der Gesellschafterversammlung selbst entscheiden können, ist umstritten.[311] Eine Vorlagepflicht wird jedenfalls in Anlehnung zum Aktienrecht für außergewöhnliche Geschäftsführungsangelegenheiten (Holzmüller–Entscheidung) gelten.[312]

b) Personalkompetenz

Als wichtiges Instrument der Einflußsicherung steht grundsätzlich der Gesellschafterversammlung gemäß § 46 Nr. 5 GmbHG die Personalkompetenz zu. Die Gesellschafterversammlung entscheidet über die Bestellung und Abberufung der Geschäftsführer grundsätzlich mit einfacher Mehrheit, §§ 46 Nr. 5, 47 Abs. 1, 48 Abs. 1 GmbHG.[313] Nach § 38 Abs. 1 kann sowohl der Fremdgeschäftsführer als auch ein Gesellschafter-Geschäftsführer jederzeit durch Mehrheitsbeschluß abberufen werden, ohne daß ein wichtiger Grund vorliegen müßte.[314] Diese im Vergleich zum Aktienrecht erleichterte Abberufungsmöglichkeit stärkt die Personalkompetenz als Instrument zur Einflußsicherung deutlich.[315]

---

[307] *Hachenburg / Hüffer*, GmbHG, § 46 Rdn. 117, 118; *Zöllner*, in *Baumbach / Hueck*, GmbHG, § 46 Rdn. 60 a, 60 b.

[308] *Scholz / Schneider*, GmbHG, § 37 Rdn. 37 f; *Konzen*, NJW 1989, 2977, 2979; *Hachenburg / Mertens*, GmbHG, § 37 Rdn. 16; *Rowedder / Koppensteiner*, GmbHG, § 37 Rdn. 19; einschränkend *Lutter / Hommelhoff*, GmbHG, § 37 Rdn. 18, lassen eine „Degradierung" der Geschäftsführer zum reinen Exekutivorgan nur durch die Satzung zu; noch restriktiver *Zöllner*, in *Baumbach / Hueck*, GmbHG, § 37 Rdn. 9 ff.

[309] *Hachenburg / Hüffer*, GmbHG, § 46 Rdn. 117.

[310] *Hachenburg / Mertens*, GmbHG, § 37 Rdn. 17.

[311] vgl. dazu. *Zöllner*, in *Baumbach / Hueck*, GmbHG, § 46 Rdn. 60 a.

[312] *Zöllner*, in *Baumbach / Hueck*, GmbHG, § 46 Rdn. 60 a.

[313] ausführlich *Baums*, Der Geschäftsleitervertrag, S. 80 ff. für die Bestellung und S. 306 ff. für die Abberufung.

[314] *Baums*, Der Geschäftsleitervertrag, S. 313.

[315] Vgl. *Baums*, Der Geschäftsleitervertrag, S. 300.

c) Informationsrecht des Gesellschafters

Der GmbH-Gesellschafter ist gemäß § 51 a GmbHG mit einem umfassenden, individuellen Informationsrecht ausgestattet.[316] Dem Informationsrecht liegt der Gedanke zugrunde, daß zwischen der Gesellschaft und ihren Gesellschaftern keine Geheimnisse bestehen können, so daß es auch nicht beschränkt werden kann.[317] Jedoch wird die Einrichtung eines Informationssystems als zulässig angesehen, um eine geordnete Information der Gesellschafter zu gewährleisten und die Funktionsfähigkeit der Geschäftsführung vor unkoordiniertem Informationsverlangen zu schützen.[318] Ein Informationssystem muß den beiden Funktionen des Informationsrechtes – der Vorbereitung unternehmerischer Entscheidungen und der Kontrolle der Geschäftsführung – Rechnung tragen.

Die Kontrolle der Geschäftsführung kann auf ein Berichtswesen entsprechend des § 90 AktG gestützt werden.[319] Dabei stellen die dem § 90 AktG entsprechenden Informationspflichten lediglich die Mindestanforderung dar, um die individuellen Informationsansprüche der Gesellschafter zu erfüllen. Das Informationssystem kann selbstverständlich darüber hinaus z.B. monatliche Zwischenberichte verlangen.[320]

Ein solches Berichtswesen verhindert, daß die Gesellschafter beliebige Punkte (z.B. Produktionszahlen, Liquiditätslage, Forschungsstand etc.), über die in diesen Berichten kontinuierlich informiert wird, „vorwegerfragen". Soweit mit den Berichten der Informationspflicht ordnungsgemäß nachgekommen wird, müssen die Gesellschafter die regelmäßige Information abwarten.[321] Davon unberührt bleibt die Möglichkeit, nach erfolgter Information Zusatz- und Ergänzungsfragen zu den berichteten Punkten zu stellen. Diese können auch anhand des Einsichtsrechts überprüft werden.

2. Stimmrechtsregelung – Allgemeines

Die GmbH-Gesellschafter entscheiden über Angelegenheiten der Gesellschaft im Rahmen einer Gesellschafterversammlung durch Beschluß mit einfacher Mehrheit der abgegebenen Stimmen, soweit der Gesellschaftsvertrag keine abweichende Regelung trifft, § 47 Abs. 1 GmbHG.

Für Satzungsänderungen ist gemäß § 53 Abs. 2 S. 1 GmbHG zwingend eine ¾-Mehrheit der abgegebenen Stimmen erforderlich.[322] Das Stimmgewicht eines Geschäftsanteils bemißt sich nach Regel des § 47 Abs. 2 GmbHG. Danach gewähren jede 50 Euro eines Geschäftsanteils eine Stimme.[323] Damit besteht auch bei der GmbH für die nur eine Minderheitenstellung einnehmenden

---

[316] *Lutter / Hommelhoff*, GmbHG, § 51 a Rdn. 4 ff.; *Zöllner*, in *Baumbach / Hueck*, GmbHG, § 51 a Rdn. 4 ff. u. 15 ff.; *Scholz / Schmidt*, GmbHG, § 51 a Rdn. 19.

[317] *Lutter / Hommelhoff*, GmbHG, § 51 a Rdn. 2.

[318] *Zöllner*, in *Baumbach / Hueck*, GmbHG, § 51 a Rdn. 3; ausführlich dazu *Lutter*, ZGR 11 (1982), 1, 5 ff.; *Grunewald*, ZHR 146 (1982), 211, 225 f.

[319] *Lutter*, ZGR 11 (1982), 1, 7.

[320] *Lutter*, ZGR 11 (1982), 1 ff.

[321] *Grunewald*, ZHR 146 (1982), 211, 226; *Lutter*, ZGR 11 (1982), 1, 8.

[322] Allgemeine Ansicht, siehe nur *Zöllner*, in *Baumbach / Hueck*, GmbHG, § 53 Rdn. 32; *Hachenburg / Ulmer*, GmbHG, § 53 Rdn. 52.

[323] *Hachenburg / Hüffer*, GmbHG, § 47 Rdn. 58 f.

Wagniskapitalfinanziers die Gefahr, bei wichtigen Entscheidungen in Gesellschaftsangelegenheiten in der Abstimmungen zu unterliegen.
Diesem Umstand muß durch besondere Stimmrechts- und Beschlußgestaltungen Rechnung getragen werden.

a) Stimmrechts- und Beschlußgestaltungen

Die Gestaltungsfreiheit für das Innenverhältnis der Gesellschaft gilt gemäß §§ 45 Abs. 1, 2 GmbHG auch für die Ausgestaltung der Stimmrechtsregelung.[324]
Für besonders wichtige Beschlußgegenstände kommt zunächst in Betracht, das gesetzliche Mehrheitserfordernis des § 47 Abs. 1 GmbHG anzuheben.[325] Die Mehrheitserfordernisse können für diese Beschlußgegenstände so angesetzt werden, daß den Wagniskapitalfinanziers ein Vetorecht zukommt. Im GmbH-Recht können zugunsten einzelner Gesellschafter auch Mehrstimmrechte eingeführt werden.[326] Danach ist es möglich, bestimmten Gesellschaftern unabhängig von ihrer Kapitalbeteiligung eine Position einzuräumen, die ihnen Sperrminoritäten verleiht.
Soll grundsätzlich an den gesetzlichen Mehrheitserfordernissen festgehalten werden, können für die Wagniskapitalfinanziers auch Zustimmungsrechte für bestimmte Beschlußgegenstände in der Satzung geregelt werden.[327]
Der Satzung bleibt es überlassen, ob die gestärkten Stimmrechte an die jeweilige Person des Gesellschafters oder an den Geschäftsanteil gebunden werden.[328] Eine Bindung an die Person des Gesellschafters läßt das Sonderrecht bei Übertragung des Geschäftsanteils grundsätzlich erlöschen. Ist das Sonderrecht dagegen an den Geschäftsanteil gebunden, so rückt auch dessen Erwerber in die bevorrechtigte Rechtsstellung ein.
Für Wagniskapitalfinanziers kann es von Vorteil sein, die Bindung an den Geschäftsanteil zu wählen. Sie können dann, falls erforderlich, ihre Beteiligung auf einen anderen von ihnen gemanagten Fonds übertragen, ohne zur Aufrechterhaltung ihres gestärkten Stimmrechts der Zustimmung der Gründergesellschafter zu bedürfen. Hierbei sollte jedoch im Interesse der Gründergesellschafter vorgesehen werden, daß eine Übertragung des Geschäftsanteils unter Wahrung des gestärkten Stimmrechts nur an Nachfolgeinstitutionen der Wagniskapitalfinanziers möglich ist. Andernfalls bestünde für die Gründergesellschafter die Gefahr, mit neuen Gesellschaftern konfrontiert zu werden, denen sie eine gestärkte Stimmrechtsmacht nie eingeräumt hätten. Da es sich bei den gestärkten Stimmrechten auch um Sonderrechte im Sinne von § 35 BGB handelt, hätten die Gründergesellschafter auch nicht die Möglichkeit, den neuen Gesellschaftern gegen deren Willen die gestärkten Stimmrechte zu entziehen.

---

[324] Siehe dazu *Hachenburg / Hüffer*, GmbHG, § 47 Rdn. 89; *Mayer*, GmbHR 1990, 61, 62 ff.; *Lutter / Hommelhoff*, GmbHG, § 47 Rdn. 4.
[325] *Zöllner*, in *Baumbach / Hueck*, GmbHG, § 47 Rdn. 15.
[326] *Rowedder / Koppensteiner*, GmbHG, § 47 Rdn. 16; *Scholz / Winter*, GmbHG, § 14 Rdn. 21; *Scholz / Schmidt*, GmbHG, § 47 Rdn. 11.
[327] *Scholz / Schmidt*, GmbHG, § 47 Rdn. 12; *Vogel*, Gesellschafterbeschlüsse und Gesellschafterversammlung, S. 39.
[328] Vgl. *Vogel*, Gesellschafterbeschlüsse und Gesellschafterversammlung, S. 37.

Ein gewisser Schutz vor willkürlicher Ausübung der gestärkten Stimmrechte besteht darin, daß die gesteigerten Einwirkungsmöglichkeiten auf die Willensbildung der Gesellschaft mit erhöhten Treupflichten korrespondieren. Dies kann eine mißbräuchliche Stimmrechtsausübung durch die begünstigten Gesellschafter verhindern.[329]

b) Stimmrechtsvereinbarungen

Die Zulässigkeit von Stimmbindungen unter den Gesellschaftern ist auch für die GmbH nach allgemeiner Meinung grundsätzlich anerkannt.[330] Stimmbindungen unter den Gesellschaftern können die gesellschaftsvertraglichen Stimmrechtsregelungen ergänzen oder auch ersetzen. Die schuldrechtlichen Stimmbindungen können wegen der ihnen fehlenden Publizität und ihrer formlosen Begründung und Aufhebung durchaus vorteilhaft sein. Da sie jedoch nur die Vertragsparteien binden, sollte für den Fall der Einzelrechtsnachfolge geregelt werden, daß Nachfolgeinstitutionen der Wagniskapitalfinanziers in den Genuß dieser Stimmrechtsvereinbarungen kommen. Hierzu könnten die Gründergesellschafter z.B. bereits in der Stimmrechtsvereinbarung selbst deren Fortgeltung bei bestimmten Übertragungen zustimmen.

c) Weitere Möglichkeiten der Einflußsicherung durch Sonderrechte

Bestimmte Geschäftsanteile, einzelne Gesellschafter oder Gesellschaftergruppen können durch den Gesellschaftsvertrag mit besonderen Verwaltungsrechten, wie z.B. dem Recht auf Geschäftsführung, auf Bestellung der Geschäftsführer oder Entsendungsrechte in andere Gesellschaftsorgane ausgestattet werden.[331]
Den Wagniskapitalfinanziers kann daher das Recht auf Bestellung und Abberufung der Geschäftsführer eingeräumt werden. Damit ist eine dem *control-switch* entsprechende Regelung für Schieflagen oder Krisen der Gesellschaft möglich. Als Schieflagen können z.B. das mehrfache Verfehlen von *milestones* oder ein Verlust des Stammkapitals in bestimmter Höhe im Gesellschaftsvertrag definiert werden.
Auch das grundsätzlich den Gesellschaftern in ihrer Gesamtheit zustehende Weisungsrecht nach § 37 Abs. 1 GmbHG kann als Sonderrecht einem einzelnen Gesellschafter oder einer Gesellschaftergruppe übertragen werden.[332] Dies darf jedoch nicht dazu führen, daß die Gesellschafterversammlung sich vollends

---

[329] *Hachenburg / Hüffer*, GmbHG, § 47 Rdn. 24; *Scholz / Schmidt*, GmbHG, § 47 Rdn. 26.
[330] Siehe nur *Scholz / Schmidt*, GmbHG, § 47 Rdn. 39 mwN.; *Lübbert*, Abstimmungsvereinbarungen, S. 96 ff.
[331] *Hueck*, in *Baumbach / Hueck*, GmbHG, § 14 Rdn.17; *Lutter / Hommelhoff*, GmbHG, § 14 Rdn. 27.
[332] *Hachenburg / Mertens*, GmbHG, § 37 Rdn. 14 ff.; *Lutter / Hommelhoff*, GmbHG, § 37 Rdn. 19 ff.; *Scholz / Schneider*, GmbHG, § 37 Rdn. 32; *Hachenburg / Raiser*, GmbHG, § 14 Rdn. 19; *Konzen*, NJW 1989, 2977, 2979; einschränkend *Zöllner*, in *Baumbach / Hueck*, GmbHG, § 37 Rdn. 14, der die Übertragung nur durch Satzung als zulässig ansieht.

ihres Weisungsrechts entkleidet. Eine Übertragung ist daher auf einzelne Gesellschafter nur für konkret eingegrenzte Einzelfälle möglich.[333]
Den Wagniskapitalfinanziers kann danach für Geschäftsführungsmaßnahmen, die ihnen besonders wichtig sind, das Weisungsrecht übertragen werden.

3. Einflußsicherung durch Beirat

Das GmbH-Recht läßt auch die Installierung weiterer Gesellschaftsorgane durch den Gesellschaftsvertrag zu.[334]

a) Kompetenzverlagerung auf einen Beirat

Ein solches zusätzliches Gesellschaftsorgan wird häufig als Beirat oder Verwaltungsrat bezeichnet. Diesem Organ können Kompetenzen der Geschäftsführer und der Gesellschafter weitreichend übertragen werden.[335] Damit wird deutlich, daß es sich hierbei nicht um ein Organ handelt, das dem aktienrechtlichen Aufsichtsrat entsprechend auf bloße Kontrolltätigkeiten beschränkt ist. Die Installierung eines bloßen Aufsichtsorgans würde den Wagniskapitalfinanziers keinen weiteren Nutzen stiften. Ein weiteres Organ, das über die Kontrollfunktion hinaus auch mit Geschäftsführungs- und Gesellschafterrechten ausgestattet ist, kann dagegen sehr sinnvoll sein. Mit einem so ausgestatteten Organ kann z.B. verhindert werden, daß bei einer größeren Zahl von Gründergesellschaftern und einer Beteiligung von mehreren unterschiedlichen Wagniskapitalfinanziers die Funktionsfähigkeit der Gesellschafterversammlung beeinträchtigt wird. Auch kann Gesellschaftern, denen aufgrund ihres ansonsten geringeren Stimmrechtsanteils eine wirkungsvolle Mitarbeit in der Gesellschafterversammlung versagt bliebe, ein Entsendungsrecht für dieses Gremium als Sonderrecht eingeräumt werden. Auf diese Weise lassen sich die Rechte eines Minderheitsgesellschafters deutlich stärken.
Bei der Kompetenzzuweisung an ein solches Organ ist zu beachten, daß der Kompetenzentzug bei den Geschäftsführern seine Grenzen in deren gesetzlichen Pflichtaufgaben findet.
Den Gesellschaftern sind als Restkompetenz die ihnen kraft Gesetzes zustehenden Pflichten (z.B. Einfordern von Nachschüssen), Satzungsänderungen als auch andere die Gesellschafterstruktur verändernde Maßnahmen zwingend zu belassen. Darüber hinaus sind die den Gesellschaftern individuell zustehenden Mitwirkungsrechte (Auskunftsrecht, Anfechtungsrecht, Gesellschafterklage) unentziehbar.
Die Satzung sollte erkennen lassen, ob die Kompetenz dieses Organs lediglich konkurrierend oder verdrängend zu derjenigen der Gesellschafterversammlung tritt: Im ersten Fall kann die Gesellschafterversammlung Entscheidungen kassieren und selbst entscheiden, im zweiten steht ihr lediglich eine Rückfallkompetenz bei Handlungsunfähigkeit des Beirates zu. Die Delegation

---

[333] *Hachenburg / Mertens*, GmbHG, § 37 Rdn. 22; *Lutter / Hommelhoff*, GmbHG, § 37 Rdn. 21; a.A. wohl *Zöllner*, in *Baumbach / Hueck*, GmbHG, § 37 Rdn. 14, der eine Übertragung auch in dem gleichem Umfang für zulässig hält, wie das Weisungsrecht ansonsten der Gesellschafterversammlung zusteht.
[334] *Lutter / Hommelhoff*, GmbHG, § 52 Rdn. 62; *Scholz / Schneider*, GmbHG, § 52 Rdn.39.
[335] Siehe umfassende Aufzählung bei *Hachenburg / Raiser*, GmbHG, § 52 Rdn. 338.

von Kompetenzen und die Existenz dieses Organs kann natürlich immer durch Satzungsänderung rückgängig gemacht werden.[336]

b) Beirat mit Gesellschaftsfremden

Inwieweit Kompetenzen der Gesellschafterversammlung auf den Beirat übertragen werden dürfen, wird teilweise in Abhängigkeit von der Zugehörigkeit Gesellschaftsfremder gesehen.[337] Die Übertragung der Personalkompetenz und von Kontroll-, Zustimmungs- und Weisungsrechte auf ein mit Gesellschaftsfremden besetztes Organ wird zumindest als problematisch angesehen. Die Übertragung von Kompetenzen auf den Beirat finde jedenfalls dort ihre Grenzen, wo der Fremdeinfluß die Verbandssouveränität bedroht.[338] Andere sehen in der Zugehörigkeit Gesellschaftsfremder keinen Grund, die Kompetenzen des Beirats zu begrenzen.[339] Das GmbH-Gesetz untersagt weder eine Besetzung des Beirats mit Dritten, noch begrenzt es eine solche. Die Satzungsautonomie ist insoweit nicht eingeschränkt. Anders als das Personengesellschaftsrecht, das dem Prinzip der Selbstorganschaft verpflichtet sei, finde sich eine solche Schranke bei der GmbH nicht.[340]

Ein mit Gesellschaftsfremden besetzter Beirat kann gerade im Bereich der Wagnisfinanzierung von wesentlicher Bedeutung sein. Gesellschaftsfremde können bei Unstimmigkeiten zwischen den Gründerunternehmer und den Wagniskapitalfinanziers vermitteln. Die Gründerunternehmer als Gesellschafter-Geschäftsführer werden Entscheidungen eines auch mit neutralen Dritten besetzten Gremiums eher akzeptieren, als Weisungen der Wagniskapitalfinanziers. Ein mit gesellschaftsfremden Dritten besetzter Beirat bietet die Möglichkeit, ausgewiesene Technologie-Experten, Branchenkenner oder sonstige Personen mit einem besonderen Fachwissen oder mit Zugang zu bestimmten Netzwerken einzubinden. So kann ein optimal besetzter Beirat die Humanressourcen der Gesellschaft mit Gesellschaftsfremden erweitern. Bei wichtigen Entscheidungen können Pattsituationen zwischen Gründergesellschaftern und Wagniskapitalfinanziers vermieden werden, wenn beide Gesellschaftergruppen der Stimme(n) des oder der Gesellschaftsfremden bedürfen, um eine Entscheidung gegen den Willen des jeweils anderen durchzusetzen.

---

[336] *Hachenburg / Raiser*, GmbHG, § 52 Rdn, 345 f.; ausführlich *Rohleder*, Die Übertragbarkeit von Kompetenzen auf GmbH–Beiräte, S. 158 ff.

[337] *Scholz / Schmidt*, GmbHG, § 45 Rdn. 13; eine ausführliche Darstellung der unterschiedlichen Meinungen gibt *Rohleder*, Die Übertragbarkeit von Kompetenzen auf GmbH-Beiräte, S. 76 ff.; *Härer*, Erscheinungsformen und Kompetenzen des Beirats in der GmbH, S. 154 ff.

[338] *Voormann*, Der Beirat im Gesellschaftsrecht, S. 118; *Wiedemann*, FS Schilling, S. 105, 117.

[339] *Konzen*, NJW 1989, 2977, 2980; *Hachenburg / Raiser*, GmbHG, § 52 Rdn. 318; *Härer*, Erscheinungsformen und Kompetenzen des Beirats in der GmbH, S. 166; *Rowedder / Koppensteiner*, GmbHG, § 45 Rdn.10.

[340] *Hachenburg / Raiser*, GmbHG, § 52 Rdn. 318.

Die Einbindung von Gesellschaftsfremden schafft eine Unabhängigkeit von den Mehrheitsverhältnissen in der Gesellschafterversammlung und kann so eine sachlich richtige Entscheidung begünstigen.[341]

Die Bedenken gegen Gesellschaftsfremde in Beiräten lassen sich mit den umfassenden Gesellschafterkompetenzen ausräumen: So kann die Gesellschafterversammlung als actus contrarius zur Bestellung der Beiratsmitglieder diese auch abberufen[342] oder durch Satzungsänderung den Beirat ganz beseitigen.

c) Rechte und Besetzungsmodalitäten des Beirats

Dem Beirat müssen zur Erfüllung der ihm übertragenen Kontroll- und Geschäftsführungskompetenzen Informationsrechte eingeräumt werden. Diese können entsprechend dem Informationsrecht der Gesellschafter ausgestaltet sein. Das individuelle Informationsrecht der Gesellschafter bleibt davon unberührt.[343]

Die Bestimmung der Beiratsmitglieder kann zunächst aufgrund von Entsendungsrechten der Gesellschafter als Sonderrechte im Gesellschaftsvertrag geregelt werden.[344] Weitere Beiratsmitglieder können durch die Gesellschafterversammlung gewählt werden.[345]

Auch die Gründergesellschafter können als Gesellschafter-Geschäftsführer in einem Beirat integriert werden. Zwar wird von der herrschenden Meinung die Einbeziehung von Geschäftsführern in einen fakultativen Aufsichtsrat abgelehnt, weil sich niemand selber kontrollieren könne.[346] Dem ist grundsätzlich auch zuzustimmen. Für den Beirat kann dieser Grundsatz jedoch keine zwingende Geltung beanspruchen. Dessen Aufgaben sollen sich gerade nicht in der Kontrolle der Geschäftsführung erschöpfen. Ist einem fakultativen Aufsichtsrat allein die Überwachung der Geschäftsführung übertragen, würde ein Stimmausschluß für die Gesellschafter-Geschäftsführer deren Einbeziehung in das Gremium sinnlos machen. In diesem Fall käme ein Stimmrechtsausschluß für den Gesellschafter-Geschäftsführer als milderes Mittel gegenüber dem völligen Ausschluß aus diesem Gremium kaum in Betracht. Hat dagegen ein Beirat über die Kontrollaufgabe hinaus weitere Funktionen, kann eine effektive Kontrolle der Geschäftsführung auch durch einen Stimmausschluß der Gesellschafter-Geschäftsführer in Kontrollangelegenheiten gewährleistet werden. Die Einbindung der Gesellschafter-Geschäftsführer in das Gremium bleibt weiterhin sinnvoll.[347] Ein solcher Beirat ähnelt dem U.S.-amerikanischen

---

[341] *Leopold / Fromman*, Eigenkapital für den Mittelstand, S. 151.

[342] *Scholz / Schmidt*, GmbHG, § 45 Rdn. 13; *Voormann*, Der Beirat im Gesellschaftsrecht, S. 119.

[343] *Grunewald*, ZHR 146 (1982), 211, 225.

[344] Vgl. *Scholz / Winter*, GmbHG, § 14 Rdn. 21; *Scholz / Schmidt*, GmbHG, § 45 Rdn. 13.

[345] *Hachenburg / Raiser*, GmbHG, § 52 Rdn. 324;*Lutter /Hommelhoff*, GmbHG, § 52 Rdn. 6.

[346] OLG Frankfurt WM 1981, 1089; *K. Schmidt*, GesR, § 36 IV.1.; *Zöllner*, in *Baumbach / Hueck*, GmbHG, § 52 Rdn. 17, 26; *Rowedder / Koppensteiner*, GmbHG, § 52 Rdn. 8; differenzierend zwischen Aufsichtsrat und Beirat *Lutter / Hommelhoff*, GmbHG, § 52 Rdn. 10 u. Rdn. 66.

[347] *Rohleder*, Die Übertragbarkeit von Kompetenzen auf GmbH-Beiräte, S. 127; *Scholz / Schneider*, GmbHG, § 52 Rdn.160; *Hachenburg / Raiser*, GmbHG, § 52 Rdn. 326; anders als

board of directors bei der *corporation*, in dem neben den *inside directors* auch *outside directors* vertreten sein können.[348]

Im übrigen gilt für die Anzahl, Bestellung, Amtszeit der Beiratsmitglieder die Satzungsfreiheit.[349] Den Wagniskapitalfinanziers kann demnach für den Fall und die Dauer von Unternehmenskrisen zugestanden werden, weitere Beiratsmitglieder zu entsenden. Auch auf diese Weise kann eine dem *control-switch* vergleichbare Regelung im Beirat geschaffen werden.

Der statutarische Beirat stellt in der GmbH ein besonders geeignetes Instrument zur Wahrnehmung und Absicherung des Einflusses der Wagniskapitalfinanziers dar.

III. Gestaffelte Finanzierung (Staged financing)

Um die erwünschten Wirkungen der gestaffelten Finanzierung zu erzielen, müssen die Wagniskapitalfinanziers als GmbH-Gesellschafter ihre Finanzierungsentscheidung frei treffen können. Der im Gesellschaftsvertrag gemäß § 3 Abs. 1 Nr. 4 GmbHG anzugebende Betrag der Stammeinlage bezeichnet die Verpflichtung des GmbH-Gesellschafters, zur Kapitalaufbringung der Gesellschaft beizutragen.[350] Als weitere körperschaftliche Verpflichtungen können sich Nebenleistungspflichten (§ 3 Abs. 2 GmbHG) und Nachschußpflichten (§ 26 Abs. 1 GmbHG) ebenfalls aus dem Gesellschaftsvertrag ergeben.

1. Nebenleistungspflichten und Nachschußpflichten

Im GmbH-Recht können beliebig weitere einmalige oder wiederkehrende Leistungspflichten, die über die eigentliche Einlagepflicht hinausgehen, als sog. Nebenleistungspflichten an die Mitgliedschaft gebunden sein.[351] Nebenleistungen können sowohl von der Gesellschafterversammlung als auch von einem anderen Gesellschaftsorgan, wie z. B. den Geschäftsführern eingefordert werden.[352]

Dagegen sind Nachschußpflichten auf Geldleistungen begrenzt, die kraft Satzung über die Stammeinlagen hinaus zur Vermehrung des Vermögens der GmbH zu erbringen sind.[353] Die Einforderung von Nachschüssen setzt stets einen Gesellschafterbeschluß voraus (§ 26 Abs. 1 GmbHG).[354]

Beide Verpflichtungen sind mit der Mitgliedschaft verbunden. Ein GmbH-Gesellschafter kann daher über die eigentliche Einlagepflicht oder den Kaufpreis

---

für den Aufsichtsrat lassen auch *Lutter / Hommelhoff*, GmbHG, § 52 Rdn. 66, dies für den Beirat zu.

348 *Voormann*, Der Beirat im Gesellschaftsrecht, S. 137; *Rohleder*, Die Übertragbarkeit von Kompetenzen auf GmbH-Beiräte, S. 127; *Scholz / Schneider*, GmbHG, § 52 Rdn. 160.

349 *Zöllner*, in *Baumbach / Hueck*, GmbHG, § 52 Rdn. 21 u. 28 ff.; *Lutter / Hommelhoff*, GmbHG, § 52 Rdn. 64 ff.

350 *Rowedder / Rittner*, GmbHG, § 3 Rdn. 17; *Hachenburg / Ulmer*, GmbHG, § 3 Rdn. 45.

351 *Lutter / Hommelhoff*, GmbHG, § 3 Rdn. 37; *Hueck*, in *Baumbach / Hueck*, GmbHG, § 3 Rdn. 33.

352 *Scholz / Emmerich*, GmbHG, § 26 Rdn. 6a.

353 *Hueck*, in *Baumbach / Hueck*, GmbHG, § 26 Rdn. 2 u. 4.

354 *Lutter / Hommelhoff*, GmbHG, § 26 Rdn. 4.

hinaus von der Gesellschaft in Anspruch genommen werden. Der für die Einforderung von Nachschüssen nach § 26 Abs. 1 GmbHG erforderliche Beschluß bedarf der einfachen Mehrheit.[355] Eine Nachschußpflicht kann danach ebenso wie eine Nebenverpflichtung auch gegen den Willen eines Minderheitsgesellschafters eingefordert werden.

Die Wagniskapitalfinanziers müssen daher darauf achten, daß der Gesellschaftsvertrag keine Nebenleistungs- und Nachschußpflichten bereits vor ihrer Beteiligungsaufnahme enthält. Anderenfalls könnten sie in der Möglichkeit, ihre Finanzierungsentscheidung frei auszuüben, eingeschränkt sein. Die Gefahr, unüberschaubare Verpflichtungen einzugehen, besteht dabei jedoch nicht. Gemäß § 55 Abs. 2 S. 2 GmbHG müssen solche Verpflichtungen der notariell aufgenommenen oder beglaubigten Übernahmeerklärung des Übernehmers zu entnehmen sein.

Sollen Nebenleistungspflichten oder Nachschußpflichten erst nachträglich in die Satzung aufgenommen werden, ist ein satzungsändernder Gesellschafterbeschluß nötig. Dieser ist mit mindestens ¾-Mehrheit der abgegebenen Stimmen zu fassen und bedarf darüber hinaus der Zustimmung aller Gesellschafter, deren Pflichten erweitert werden sollen.[356]

2. Verpflichtung zur Teilnahme an Kapitalerhöhungen

Die GmbH-Gesellschafter könnten des weiteren kraft gesellschafterlicher Treupflicht zur Teilnahme an weiteren Finanzierungsrunden verpflichtet und somit in ihrer Finanzierungsentscheidung beschränkt sein. In Rechtsprechung und Literatur ist anerkannt, daß der GmbH-Gesellschafter aufgrund der Treupflicht zur Zustimmung für eine Kapitalerhöhung verpflichtet sein kann.[357] Eine Pflicht zur Übernahme neuer Stammeinlagen im Zuge der Kapitalerhöhung läßt sich demgegenüber grundsätzlich nicht aus der Treuepflicht ableiten. Dem steht die gesetzliche Wertung des § 53 Abs. 3 GmbHG und § 707 BGB entgegen.[358] Der GmbH-Gesellschafter bleibt daher auch dann in seiner Finanzierungsentscheidung frei, wenn er einem Kapitalerhöhungsbeschluß zugestimmt hat.

3. Recht auf Teilnahme an weiteren Finanzierungsrunden

Das GmbH-Gesetz enthält keine Vorschrift, die entsprechend dem § 186 AktG ein Bezugsrecht auf neue Geschäftsanteile bei Kapitalerhöhungen regelt. Die herrschenden Meinung nimmt heute dennoch an, daß ein GmbH-Gesellschafter nicht beliebig von der Gesellschaftermehrheit von der Teilnahme an einer Kapitalerhöhung ausgeschlossen werden kann. Dies wird teilweise aus dem

---

[355] *Scholz / Emmerich*, GmbHG, § 26 Rdn. 14 a; *Hueck*, in *Baumbach / Hueck*, GmbHG, § 26 Rdn. 7.

[356] *Hachenburg / Müller*, GmbHG, § 26 Rdn. 28; *Lutter / Hommelhoff*, GmbHG, § 26 Rdn. 6; *Scholz / Emmerich*, GmbHG, § 3 Rdn. 42; *Rowedder / Rittner*, GmbHG, § 3 Rdn. 30.

[357] BGH NJW 1987, 189, 190; *Hachenburg / Ulmer*, GmbHG, § 55 Rdn. 31; *K. Schmidt*, GesR, § 37 V.1.a)bb), S. 1167; *Scholz / Winter*, GmbHG, § 14 Rdn. 60.

[358] *Zöllner*, in *Baumbach / Hueck*, GmbHG, § 55 Rdn. 23; *Lutter / Hommelhoff*, GmbHG, § 55 Rdn. 14; für seltene Ausnahmefälle bejahen *Scholz / Priester*, GmbHG, § 55 Rdn. 69 und *Hachenburg / Ulmer*; GmbHG, § 55 Rdn. 31 eine Verpflichtung kraft Treupflicht.

Gleichbehandlungsgrundsatz und der Treupflicht hergeleitet[359] oder auf ein ungeschriebenes gesetzliches Bezugsrecht in Analogie zu § 186 AktG gestützt[360]. An den Ausschluß eines Gesellschafters von der Teilnahme an einer Kapitalerhöhung stellen die beiden Ansichten unterschiedliche Anforderungen: Wird ein ungeschriebenes gesetzliches Bezugsrecht analog zu § 186 AktG angenommen, muß der Bezugsrechtsausschluß im Kapitalerhöhungsbeschluß mit der für diesen mindestens erforderlichen ¾-Mehrheit der abgegebenen Stimmen beschlossen werden.[361] Der Bezugsrechtsausschluß ist in analoger Anwendung der aktienrechtlichen Grundregel (Erforderlichkeit, Geeignetheit und Angemessenheit) nur wirksam, wenn er durch ein überwiegendes Interesse der Gesellschaft gerechtfertigt ist.[362]
Soweit ein gesetzliches Bezugsrecht analog § 186 AktG verneint wird, darf der GmbH-Gesellschafter auch nur dann von einer Teilnahme an der Kapitalerhöhung ausgeschlossen werden, wenn der Grundsatz der Erforderlichkeit und der Verhältnismäßigkeit gewahrt wird.[363] Als formelle Voraussetzung soll jedoch teilweise schon der Zulassungsbeschluß (§ 55 Abs. 2 GmbHG) ausreichen, der den jeweiligen Gesellschafter nicht berücksichtigt. Dieser kann mit einfacher Stimmenmehrheit gefaßt werden.[364]
Namentlich *Ulmer* hält trotz der Ablehnung eines gesetzlichen Bezugsrechts die Übertragung des qualifizierten Mehrheitserfordernisses aus § 186 Abs. 3 S. 2 AktG auf den einige oder alle Alt-Gesellschafter nicht berücksichtigenden Zulassungsbeschluß für richtig.[365]
Die heute überwiegende Meinung fordert danach, unabhängig vom rechtstechnischen Weg der zum Schutz der Teilnahme eines GmbH-Gesellschafters an einer Kapitalerhöhung beschritten wird, die qualifizierte ¾-Mehrheit analog § 186 Abs. 3 AktG.[366]

In der GmbH kann demnach der Gesellschafter frei über seine Teilnahme an weiteren Finanzierungsrunden entscheiden. Die mit der gestaffelten Finanzierung erwünschten Wirkungen lassen sich somit auch im GmbH-Recht

---

[359] So die früher ganz herrschende Meinung, siehe nur *Hachenburg / Ulmer*, GmbHG, § 55 Rdn. 39 ff.; *Rowedder / Zimmermann*, GmbHG, § 55 Rdn. 30 ff.
[360] Im Vordringen befindliche Meinung, siehe auch *Scholz / Priester*, GmbHG, § 55 Rdn 41 ff., *Lutter / Hommelhoff*, GmbHG, § 55 Rdn. 7 ff.; *K. Schmidt*, GesR, § 37 V.1.a)ee), S. 1170.
[361] *Scholz / Priester*, GmbHG, § 55 Rdn. 52 ff.; *Lutter / Hommelhoff*, GmbHG, § 55 Rdn. 22; *Zöllner*, in *Baumbach / Hueck*, GmbHG, § 55 Rdn. 13 fordert darüber hinaus für den Beschluß eine ¾-Kapitalmehrheit.
[362] *Scholz / Priester*, GmbHG, § 55 Rdn. 52, 64 m.w.N. in Fn. 98.
[363] *Rowedder / Zimmermann*, GmbHG, § 55 Rdn. 31; *Hachenburg / Ulmer*, GmbHG, § 55 Rdn. 46.
[364] *Rowedder / Zimmermann*, GmbHG, § 55 Rdn. 32.
[365] *Hachenburg / Ulmer*, GmbHG, § 55 Rdn. 40; dagegen *Rowedder / Zimmermann*, GmbHG, § 55 Rdn. 32, der für den Zulassungsbeschluß einfache Mehrheit genügen lassen will.
[366] *Hachenburg / Ulmer*, GmbHG, § 55 Rdn. 36, 40; *Scholz / Priester*, GmbHG, § 55 Rdn. 52, 59; *Lutter / Hommelhoff*, GmbHG, § 55 Rdn. 22; *K. Schmidt*, GesR, § 37 V.1.ee); *Zöllner*, in *Baumbach / Hueck*, GmbHG, § 55 Rdn. 13; *Heidenhain / Meister*, in Münchener Vertragshandbuch, IV. 84 Anm. 11;

erzielen. Anders als im Aktienrecht können die Gesellschafter diese Freiheit jedoch nicht nur schuldrechtlich, sondern auch gesellschaftsrechtlich durch weitere Regelungen beschränken.

IV. Dividendenvorzug

1. Allgemeines

GmbH-Vorzugsgeschäftsanteile sind ohne Zweifel zulässig, obwohl sie anders als in § 11 AktG im GmbHG nicht ausdrücklich erwähnt werden.[367] Dies muß schon wegen der im GmbH-Recht grundsätzlich bestehenden Satzungsautonomie der Gesellschafter (§ 45 Abs. 1 GmbHG) gelten. Sonderrechte können als dauernde Regelung des Gesellschaftsverhältnisses nur im Gesellschaftsvertrag begründet werden.[368] Werden Vorzugsgeschäftsanteile nicht schon in der ursprünglichen Satzung bei Gründung der Gesellschaft geschaffen, so ist ihre spätere Einführung Satzungsänderung. Diese bedarf über das qualifizierte Mehrheitserfordernis in § 53 Abs. 2 GmbHG der Zustimmung sämtlicher Gesellschafter, die durch die Änderung benachteiligt werden.[369] Die inhaltliche Ausgestaltung der Vorzugsgeschäftsanteile steht grundsätzlich im Belieben der Gesellschafter.[370]

2. Gewinnvorab

Die Gewinnverteilung wird nach der gesetzlichen Regel in § 29 Abs. 3 S. 1 GmbHG im Verhältnis der Geschäftsanteile vorgenommen. Dieser Verteilungsmaßstab ist nach Satz 2 derselben Vorschrift dispositiv. Auch eine ungleiche Ausgestaltung der Gewinnbeteiligung ist zulässig, so daß bestimmte Gesellschafter bevorzugt werden können.[371]

Ein Dividenden- oder Gewinnvorzug kann z.B. darin bestehen, daß bestimmten Gesellschaftern vorweg von dem verteilungsfähigen Gewinn ein Gewinnvorab gebührt. Erst der Rest des verbleibenden Gewinns ist dann nach der gesetzlichen Regel oder nach einem anderen Maßstab unter den Gesellschaftern zu verteilen.[372] Danach kann den Wagniskapitalfinanziers ein Gewinnvorzug in Höhe eines bestimmten Prozentsatzes ihres Investments gewährt werden, bevor auch die Gründergesellschafter an der Gewinnverteilung teilnehmen.

---

[367] *Hachenburg / Ulmer*, GmbHG, § 5 Rdn. 162; *Scholz / Winter*, GmbHG, § 14 Rdn. 63; *Hueck*, in *Baumbach / Hueck*, GmbHG, § 3 Rdn. 32 mwN.

[368] *Scholz / Winter*, GmbHG, § 14 Rdn. 20; *Hueck*, in *Baumbach / Hueck*, GmbHG, § 3 Rdn. 38; *Hachenburg / Ulmer*, GmbHG, § 5 Rdn. 161.

[369] *Hachenburg / Ulmer*, GmbHG, § 5 Rdn. 163; *Hueck*, in *Baumbach / Hueck*, GmbHG, § 14 Rdn. 15; *Scholz / Winter*, GmbHG, § 14 Rdn. 20.

[370] *Hachenburg / Ulmer*, GmbHG, § 5 Rdn. 166.

[371] *Hueck*, in *Baumbach / Hueck*, GmbHG, § 29 Rdn. 52; *Lutter / Hommelhoff*, GmbHG, § 3 Rdn. 21.

[372] *Scholz / Emmerich*, GmbHG, § 29 Rdn. 78; siehe auch *Sudhoff*, Der Gesellschaftsvertrag der GmbH, S. 382; *Hachenburg / Ulmer*, GmbHG, § 5 Rdn. 167.

3. Nachzahlungsrechte

Der Dividendenvorzug kann für Jahre, in denen kein Gewinn ausgeschüttet werden kann, auch mit einem Nachzahlungsrecht ausgestattet werden.[373] Dieses für stimmrechtslose Aktien zwingend vorgeschriebene Nachzahlungs- oder Nachbezugsrecht ist im GmbH-Recht zwar nicht geregelt, ist aber dennoch als zulässig anerkannt.[374] Ein Vorzugsgeschäftsanteil kann danach auch im GmbH-Recht mit einem kumulierenden Dividendenvorzug ausgestaltet werden.

4. Schutz des Dividendenvorzugs vor Aushöhlung

a) Aushöhlung durch Geschäftsführung

Der Dividendenvorzug teilt auch im GmbH-Recht als besondere Ausgestaltung des allgemeinen Gewinnbezugsrechts dessen Eigenschaft als unselbständiges Mitgliedschaftsrecht. In diesem sogenannten Gewinnstammrecht ist bereits der in § 29 Abs. 1 und Abs. 2 GmbHG vorgesehene periodisch entstehende Einzelanspruch auf den Jahresüberschuß oder Bilanzgewinn eingebettet.[375] Der schuldrechtliche Anspruch auf Gewinnauszahlung entsteht für den einzelnen Gesellschafter erst durch den Beschluß über die Ergebnisverwendung.[376] Dieser klagbare Zahlungsanspruch setzt einen festgestellten Jahresüberschuß oder Bilanzgewinn und einen Beschluß über die Ergebnisverwendung voraus.[377] Insoweit unterscheidet sich die Rechtslage in der GmbH nicht von der in der AG. In der GmbH ist jedoch die Feststellung des Jahresabschlusses stets den Gesellschaftern vorbehalten, sofern der Gesellschaftsvertrag keine abweichende Regelung trifft.[378] Die Geschäftsführer können zwar im Rahmen der ihnen zwingend zugewiesenen Bilanzaufstellung (§ 42 a Abs. 1 GmbHG) bereits Erträge in eine Rücklage einstellen (arg. § 29 Abs. 1 S. 2, Abs. 2). Die grundsätzliche Kompetenz der Gesellschafter für die Rücklagenbildung ändert sich dadurch jedoch nicht. Der durch die Geschäftsführer aufgestellte Jahresabschluß ist lediglich ein Vorschlag und kann von den Gesellschaftern bei der Feststellung nach freiem Ermessen im Rahmen der Grundsätze ordnungsgemäßer Bilanzierung umgestaltet werden.[379]

---

[373] *Sudhoff*, Der Gesellschaftsvertrag der GmbH, S. 382; *Rowedder / Pentz*, GmbHG, § 29 Rdn. 108.

[374] *Hachenburg / Ulmer*, GmbHG, § 5 Rdn. 167; RGZ 82, 138, 140.

[375] *Hachenburg / Goerdeler / Müller*, GmbHG, § 29 Rdn. 6; *Rowedder / Pentz*, GmbHG, § 29 Rdn. 20, 22.

[376] Ganz herrschende Meinung, siehe *Hueck*, in *Baumbach / Hueck*, GmbHG, § 29 Rdn. 49; *Zöllner*, ZGR 17 (1988), 392, 419; *Hachenburg / Goerdeler / Müller*, GmbHG, § 29 Rdn. 6; *Scholz / Schmidt*, GmbHG, § 46 Rdn. 26; a.A. *Hommelhoff*, FS Rowedder, S. 183 ff.

[377] *Hachenburg / Goerdeler / Müller*, GmbHG, § 29 Rdn. 4 mit den weiteren Voraussetzungen.

[378] *Rowedder / Koppensteiner*, GmbHG, § 46 Rdn. 3.

[379] *Lutter / Hommelhoff*, GmbHG, § 46 Rdn. 4; Rowedder / *Koppensteiner*, GmbHG, § 46 Rdn. 5; *Hachenburg / Goerdeler / Müller*, GmbHG, § 29 Rdn. 27; i.E. auch *Renkl*, GmbHR 1989, 66, 67, der zwar von einer Zuständigkeit der Geschäftsführer zur Rücklagenbildung spricht, aber letztlich doch die Verwendungskompetenz den Gesellschaftern „im Gewand des Festellungsbeschlusses“ zuspricht.

Die Wagniskapitalfinanziers als GmbH-Gesellschafter haben somit grundsätzlich nicht eine übermäßige Rücklagenbildung durch die Verwaltung zu fürchten.

b) Durch Mitgesellschafter

Die Aushöhlung des Dividendenvorzugs kann bei der GmbH jedoch durch die Mitgesellschafter drohen: Sowohl der Beschluß über die Feststellung des Jahresüberschusses als auch der Beschluß über die Ergebnisverwendung sind mangels abweichender Vereinbarung im Gesellschaftsvertrag mit einfacher Mehrheit zu fassen.[380] Die regelmäßig mehrheitlich beteiligten Gründerunternehmer können danach im Rahmen der Feststellung einen materiellen Gewinn minimieren (Ausübung der Ansatz-, Bewertungs-, und Ausweiswahlrechte für den Jahresabschluß)[381] oder entgegen den Interessen der Wagniskapitalfinanziers den festgestellten Jahresüberschuß thesaurieren.[382] Im GmbH-Recht ist zwar eine feste Verzinsung der Geschäftsanteile auch zu Lasten der Rücklagen oder eines Gewinnvortrags anders als im Aktienrecht (§ 57 Abs. 2 AktG) zulässig.[383] Danach ließe sich der Dividendenvorzug in der GmbH durch die Vereinbarung von festen Zinsen schützen. Einer festen Verzinsung der Geschäftsanteile stehen jedoch grundlegende Bedenken aus der Natur der Wagnisfinanzierung entgegen. Die positiven Anreize und die Interessenharmonisierung einer am Wertzuwachs orientierten Vergütung der Wagniskapitalfinanziers würden durch eine feste Verzinsung unterlaufen werden. Die Interessen der Wagniskapitalfinanziers können bei der GmbH aufgrund der Zuständigkeit der Gesellschafter für die Gewinnfeststellung und für die Gewinnverwendung durch eine Erhöhung der Mehrheitserfordernisse für die jeweiligen Beschlüsse oder durch Zustimmungsvorbehalte geschützt werden. Bei diesen Regelungen erhalten sie ein Vetorecht. Mit entsprechenden Stimmbindungen kann ihnen sogar die Möglichkeit eingeräumt werden, eigene Vorstellungen durchzusetzen.

Ergänzend kann auch im GmbH-Recht durch die Verpflichtung zur Bilanzierung nach den anlegerorientierten U.S.-amerikanischen Bilanzierungsvorschriften (US-GAAP) für die Stimmrechtsausübung ein genaues Bild über die Vermögens- und Ertragssituation verschafft werden.

---

[380] *Scholz / Schmidt*, GmbHG, § 46 Rdn. 17, 29; *Rowedder / Pentz*, GmbHG, § 29 Rdn. 104.

[381] Zur Zulässigkeit und Möglichkeit der Bildung stiller Reserven siehe *Scholz / Emmerich*, GmbHG § 29 Rdn. 68.

[382] In beiden Fällen wird den Mehrheitsgesellschaftern im Rahmen der zulässigen Bilanzierung als auch der Gewinnverwendung nur durch die Gesellschaftertreuepflicht Grenzen gesetzt, eine dem § 254 AktG entsprechende Anfechtungsmöglichkeit enthält das GmbHG nicht, siehe *Hachenburg / Goerdeler / Müller*, GmbHG, § 29 Rdn. 33 ff., 62.

[383] Heute herrschende Meinung siehe *Scholz / Emmerich*, GmbHG, § 29 Rdn. 88; *Rowedder / Pentz*, GmbHG, § 29 Rdn. 122; *Hachenburg / Goerdeler / Müller*, GmbHG, § 29 Rdn. 118 mit Nachweisen auf die früher vertretene Ansicht.

5. Rücklagenbildung durch Verzicht auf Dividendenausschüttung

Das GmbH-Recht kennt, anders als das Aktienrecht (§§ 58, 150 AktG), keine zwingenden Vorschriften zur Rücklagenbildung.[384] Dieser Umstand läßt Vereinbarungen über die Bildung von Rücklagen zur Stärkung der Eigenkapitalausstattung in einem besonderen Maße angezeigt erscheinen. Nach der Aufgabe des früheren Vollausschüttungsgebots ist der Gestaltungsspielraum des Satzungsgebers nahezu unbegrenzt. Nach § 29 Abs. 2 GmbHG kann schon die einfache Gesellschaftermehrheit grundsätzlich beliebige Gewinnanteile in die Rücklage einstellen.[385]

a) Satzungsverpflichtung zur Rücklagenbildung

Im Gesellschaftsvertrag kann für die Bilanzaufstellung die Bildung von Rücklagen in bestimmter oder bestimmbarer Höhe geregelt werden. So kann die Entscheidungsfreiheit der Gesellschafterversammlung für den Beschluß über die Ergebnisverwendung nach § 29 Abs. 2 GmbHG beschränkt werden.[386] In diesem Fall wird die Bilanz gemäß §§ 268, 270 Abs. 2 HGB bereits unter vollständiger oder teilweiser Verwendung des Jahresüberschusses aufgestellt.[387] Damit kann durch Satzungsanordnung entsprechend der gesetzlichen Rücklage bei der AG eine Mindestrücklage (§ 150 AktG) sichergestellt werden. Durch eine solche Regelung läßt sich auch die Kompetenz der einfachen Gesellschaftermehrheit hinsichtlich einer weiteren Rücklagenbildung beschränken. Wegen § 53 Abs. 3 GmbHG und unter dem Gesichtspunkt des Minderheitenschutzes wird dann ein einstimmiger Beschluß gefordert, wenn im Rahmen der Gewinnverwendung zusätzliche Rücklagen gebildet werden sollen. Ansonsten hätte die einfache Mehrheit (§§ 46 Nr. 1, 47 Abs. 1 GmbHG) es in der Hand, trotz der statutarisch begrenzten Rücklagenbildung gleichwohl den Jahresüberschuß oder den Bilanzgewinn zu Lasten des Gewinnanspruchs der Gesellschafterminderheit von der Verteilung auszuschließen.[388] Das Erfordernis eines einstimmigen Beschlusses ist aber nicht zwingende Folge einer solchen Regel. Nur wenn aus dem Gesellschaftsvertrag klar hervorgeht, daß die Regelung die Rücklagenbildung beschränken soll, läßt sich dieses annehmen. Denkbar ist nämlich auch, daß lediglich eine Mindestrücklage entsprechend der gesetzlichen Rücklage bei der AG gemäß § 150 AktG geschaffen werden soll. Im letzteren Fall ist dem Gesellschaftsvertrag nichts gegen eine weitere Thesaurierungsentscheidung der einfachen Gesellschaftermehrheit im Rahmen der Gewinnverwendung zu entnehmen.

---

[384] *Walk*, Die zweckmäßige Gewinnverwendungsklausel in der GmbH, § 17, S. 175; *Hueck*, in *Baumbach / Hueck*, GmbHG, § 29 Rdn. 23; *Scholz / Emmerich*, GmbHG, § 29 Rdn. 65 ff.

[385] *Scholz / Emmerich*, GmbHG, § 29 Rdn. 70. *Hueck*, in *Baumbach / Hueck*, GmbHG, § 29 Rdn. 23; *Lutter / Hommelhoff*, GmbHG, § 29 Rdn. 25.

[386] siehe ausführliche Darstellung der Gestaltungsmöglichkeiten bei *Walk*, Die zweckmäßige Gewinnverwendungsklausel in der GmbH, § 17 ff.; *Hommelhoff / Priester*, ZGR 15 (1986), 463, 497 ff.; *Hachenburg / Goerdeler / Müller*, GmbHG, § 29 Rdn. 61.

[387] *Hachenburg / Goerdeler / Müller*, GmbHG, § 29 Rdn. 61.

[388] *Rowedder / Rowedder*, GmbHG (3. Aufl.), § 29 Rdn. 31.

b) Stimmbindung bei Gewinnverwendungsbeschluß

Alternativ zu einer Satzungsregelung können für die Beschlüsse über die Bilanzfeststellung und die Ergebnisverwendung Stimmbindungen unter den Gesellschaftern getroffen werden.

Ist den Geschäftsführern die Feststellung des Jahresabschlusses[389] und die Entscheidung über die Gewinnverwendung im Gesellschaftsvertrag übertragen[390], können die Gesellschafter durch Weisung gemäß § 37 Abs. 1 GmbHG die Bildung von Rücklagen anordnen.[391] Auch für den einer Weisung zugrundeliegenden Gesellschafterbeschluß können Stimmbindungen vereinbart werden.

In der GmbH kann die Rücklagenbildung somit sowohl durch statutarische Regelung als auch durch schuldrechtliche Stimmrechtsvereinbarung geregelt werden.

c) Ausschüttungs-Rückhol-Verfahren

Soweit die Ausschüttung von Gewinnen gegenüber der Thesaurierung von Gewinnen bevorzugt wird[392], ist für die Innenfinanzierung einer Kapitalgesellschaft das Ausschüttungs-Rückhol-Verfahren zu beachten.[393] Die zunächst unter Ausnutzung des günstigeren Ausschüttungssteuersatzes an die Gesellschafter ausgeschütteten Erträge werden anschließend aufgrund einer Verpflichtung der Gesellschafter wieder in die Gesellschaft zurückgeführt.[394] Diese Verpflichtung läßt sich schuldrechtlich gegenüber der Gesellschaft als auch gegenüber den Mitgesellschaftern (§ 328 BGB) begründen.[395] Im Gegensatz zur Aktiengesellschaft sind bei der GmbH auch statutarische Lösungen möglich. Eine Lösung über eine Nebenleistungspflicht ist hierbei

---

[389] nach herrschender Meinung zulässig, siehe *Zöllner*, in *Baumbach / Hueck*, GmbHG, § 46 Rdn. 11; *Scholz / Schmidt*, GmbHG, § 46 Rdn. 46; *Hommelhoff / Priester*, ZGR 15 (1986), 463, 476 f.; *Liebs*, DB 1986, 2421, 2424; kritisch *Hachenburg / Hüffer*, GmbHG, § 46 Rdn. 22.

[390] Auch dies wird von der herrschenden Meinung als zulässig angesehen, siehe vorstehende Fn.; ablehnend *Hachenburg / Hüffer*, GmbHG, § 46 Rdn. 23; ebenso *Zöllner*, in *Baumbach / Hueck*, GmbHG, § 46 Rdn. 62.

[391] Weisungen an die Geschäftsführer können abgesehen von den gesetzlich zwingend vorgeschriebenen Pflichtaufgaben jegliches Geschäftsführungsverhalten zum Gegenstand haben, *Rowedder / Koppensteiner*, GmbHG, § 37 Rdn. 26.

[392] Für den Veranlagungszeitraum 1999 ist der Steuersatz für einbehaltene Erträge bereits von 45 % auf 40 % gesenkt worden. Damit ist die Bevorzugung der ausgeschütteten Gewinne bereits reduziert worden. Eine völlige Abschaffung des gespaltenen Körperschaftssteuersatzes wird durch das StSenkG herbeigeführt.

[393] *Hueck*, in *Baumbach / Hueck*, GmbHG, § 29 Rdn. 65 m.w.N. Zur Berechnung des kritischen Einkommensteuersatzes des jeweiligen Gesellschafters bei dem das Ausschüttungs-Rückhol-Verfahren steuerlich vorteilhaft ist, siehe *Walk*, Die zweckmäßige Gewinnverwendungsklausel in der GmbH, S. 237 ff.

[394] *Hommelhoff / Priester*, ZGR 15 (1986), 463, 515 ff.

[395] *Hachenburg / Ulmer*, GmbHG, § 55 Rdn. 90; *Walk*, Die zweckmäßige Gewinnverwendungsklausel in der GmbH, S. 243 ff.

wegen ihrer größeren Flexibilität derjenigen über eine Nachschußpflicht vorzuziehen.[396]

Eine gesellschaftsrechtliche Lösung bietet den Vorteil, daß sie nicht nur den aktuellen Gesellschafterkreis bindet, sondern unterschiedslos auch deren Gesamt- und Einzelrechtsnachfolger.[397]

6. Schutz der Rücklage

Für die Rücklagen stellt sich auch in der GmbH die Frage, ob diese vor einer den Interessen der Wagniskapitalfinanziers zuwiderlaufenden Verwendung geschützt werden müssen.

a) Auflösung der Rücklagen

Die Gesellschafterversammlung ist mangels abweichender Regelung im Gesellschaftsvertrag für die Auflösung sowohl von Kapitalrücklagen als auch von Gewinnrücklagen zuständig.[398]

Vorbehaltlich anderer Satzungsbestimmungen können Rücklagen grundsätzlich durch einfachen Beschluß der Gesellschafterversammlung aufgelöst werden.[399]

Die Auflösung satzungsmäßiger Rücklagen und solcher mit Zweckbindung bedarf jedoch der für Satzungsänderungen erforderlichen Mehrheit.[400] Soweit die grundsätzliche Zuständigkeit der Gesellschafterversammlung für die Auflösung von Rücklagen beibehalten wird, werden die Wagniskapitalfinanziers durch erhöhte Mehrheitserfordernisse für Auflösungsbeschlüsse ausreichend geschützt. Das Nachbezugsrecht schützt sie vor einer Rücklagenauflösung mit anschließender Gewinnverteilung zu ihren Ungunsten.[401]

b) Kapitalerhöhung aus Gesellschaftsmitteln

Grundsätzlich können alle offenen Rücklagen, gleichgültig, ob Kapital- oder Gewinnrücklagen in Stammkapital umgewandelt werden, § 57 d GmbHG.[402]

Gewinnrücklagen, die zu einem bestimmten Zweck gebildet sind, dürfen nur in Stammkapital umgewandelt werden, wenn dies mit ihrem Zweck vereinbar ist. Dies ordnet § 57 d Abs. 3 GmbHG als Parallelvorschrift zu § 208 Abs. 2 S. 2 AktG an. Eine zweckgebundene Gewinnrücklage kann grundsätzlich dann umgewandelt werden, wenn sie für aktivierungsfähige Maßnahmen und nicht für vermögensmindernde Aufwendung gebildet worden ist.[403]

---

[396] *Hueck*, in *Baumbach / Hueck*, GmbHG, § 29 Rdn. 66; *Hachenburg / Ulmer*, GmbHG, § 55 Rdn. 92.

[397] *Hachenburg / Ulmer*, GmbHG, § 55 Rdn. 90; *Crezelius*, ZIP 1991, 499, 500.

[398] *Baumbach / Schulze-Osterloh*, HGB, § 42 Rdn. 167 u.172; Förschle / Kofahl, in: Beck´scher Bilanzkom., § 272 Rdn. 74 u. 108.

[399] *Scholz / Emmerich*, GmbHG, § 29 Rdn. 74.

[400] *Scholz / Emmerich*, GmbHG, § 29 Rdn. 75; Förschle / Kofahl., in: Beck´scher Bilanzkom., § 272 Rdn. 96.

[401] Vgl. dazu die entsprechende aktienrechtlichen Darstellung, § 4 III 5 a).

[402] *Scholz / Priester*, GmbHG, § 57 d Rdn. 3-5; *Zöllner*, in *Baumbach / Hueck*, GmbHG, § 57 d Rdn. 8.

[403] *Scholz / Priester*, GmbHG, § 57 d Rdn. 16; *Zöllner*, in *Baumbach / Hueck*, GmbHG, § 57 d Rdn. 8.

Die neuen Geschäftsanteile stehen wie im Aktienrecht den Gesellschaftern zwingend im Verhältnis ihrer bisherigen Geschäftsanteile zu, § 57 j GmbHG.[404] Eine unmittelbare als auch mittelbare Abweichung von der streng proportionalen Zuteilung der neuen Geschäftsanteile ist wie im Aktienrecht verboten, § 57 j GmbH. Die Stammgesellschafter können nicht im Erhöhungsbeschluß schon zur Übertragung ihrer neuen Geschäftsanteile verpflichtet werden. Die Wagniskapitalfinanziers als Vorzugsgesellschafter der GmbH gegenwärtigen somit das entsprechende Problem, das sich ihnen als Vorzugsaktionäre stellt. Jedoch sind die Wagniskapitalfinanziers bei der GmbH schon durch die zwingende ¾-Mehrheit für den satzungsändernden Kapitalerhöhungsbeschluß stärker geschützt.[405]
Der Grundsatz des § 57 j GmbHG steht individuellen Verpflichtungen, die eine Übertragung der jungen Geschäftsanteile auch schon vor der Kapitalerhöhung aus Gesellschaftsmitteln regeln, nicht entgegen.[406] Den Wagniskapitalfinanziers können danach auch als GmbH-Gesellschafter Kaufoptionen auf die neuen Gesellschaftsanteile der Gründerunternehmer eingeräumt werden. Diese Verpflichtung zur Abtretung künftiger Geschäftsanteile unterliegen auch dem Formerfordernis des § 15 Abs. 4 GmbHG.[407]

c) Umwandlung in AG

Die für ein IPO zwingende Rechtsform der Aktiengesellschaft läßt die Behandlung der Rücklage zunächst unter dem Gesichtspunkt der Umwandlung der GmbH in eine Aktiengesellschaft in den Vordergrund treten. Hier ist zu entscheiden, ob die Rücklage zunächst in der Aktiengesellschaft beibehalten werden soll oder ob sie vor der Umwandlung aufzulösen ist. In der GmbH können Rücklagen – vorbehaltlich entgegenstehender Satzungsregelungen – grundsätzlich durch einfachen Gesellschafterbeschluß aufgelöst werden.[408] In der Aktiengesellschaft unterliegen zwar die gesetzlichen Rücklagen i.S.d. § 150 Abs. 1 AktG und die Kapitalrücklagen i.S.d. § 272 Abs. 2 Nrn. 1-3 HGB den Beschränkungen der §§ 150 Abs. 3 u. 4 AktG,[409] nicht aber die hier in Rede stehenden Kapitalrücklagen nach § 272 Abs. 2 Nr. 4 HGB (im Falle des Ausschüttungs-Rückhol-Verfahrens) und die anderen Gewinnrücklagen nach § 272 Abs. 3 HGB.[410] Die Verwaltung kann über diese vorbehaltlich der Bestimmungen in der Satzung frei disponieren.[411] Unter dem Gesichtspunkt einer stärkeren gesetzlichen Beschränkung der Verwendungsmöglichkeiten ist es nicht erforderlich, die Rücklagen vor der Umwandlung der GmbH in die Aktiengesellschaft aufzulösen. Für eine Auflösung der Rücklagen vor der

---

[404] *Zöllner*, in *Baumbach / Hueck*, GmbHG, § 57 j Rdn. 1; *Lutter / Hommelhoff*, GmbHG, § 57 j Rdn. 1 u. 3.
[405] *Lutter / Hommelhoff*, GmbHG, § 57 c Rdn. 8.
[406] *Scholz / Priester*, GmbHG, § 57 j Rdn. 4, m.w.N.
[407] *Hachenburg / Zutt*, GmbHG, § 15 Rdn. 84.
[408] *Bohl*, in *Küting / Weber*, Handbuch der Rechnungslegung, § 42 Rdn. 39 ff.; *Baetge*, Bilanzen, S. 424.
[409] Baetge, Bilanzen, S. 426 f.
[410] Siehe aktienrechtliche Darstellung.
[411] *Wöhe*, Bilanzierung und Bilanzpolitik, S. 614; Baetge, Bilanzen, S. 430.

Umwandlung spricht die mit dem Formwechsel verbundene Verschiebung der organschaftlichen Zuständigkeit von der Gesellschafterversammlung in der GmbH zur Verwaltung in der AG. Daraus resultiert ein stärkeres Schutzbedürfnis der Rücklage vor Maßnahmen der Verwaltung, auf welche die Wagniskapitalfinanziers häufig keinen unmittelbaren Einfluß haben.
Ist nach der Umwandlung alsbald ein *going public* geplant, ist es sinnvoll, die Rücklage zwecks Durchführung einer Kapitalerhöhung aufzulösen. Dies bewirkt eine stärkere Kapitalbindung und hat damit für potentielle Investoren eine positive Signalwirkung.

d) Schutz bei Liquidation

Das Dividendennachzahlungsrecht kann auch für die Liquidation der GmbH die frei werdenden Mittel aus der Rücklagenauflösung nicht für die Vorzugsgesellschafter sichern.[412] Verbleibt nach der vorrangigen Befriedigung der Gläubiger noch Vermögen, so wird dies ohne abweichende Regelung der Satzung gemäß § 72 S. 1 GmbHG entsprechend dem Verhältnis der Geschäftsanteile unter den Gesellschaftern verteilt. Sollen die nach der Gläubigerbefriedigung verbleibenden Mittel vorrangig den Vorzugsgesellschaftern zustehen, bedarf es einer besonderen Regelung in der Satzung.

7. Liquidationsvorzug

Der Gesellschaftsvertrag kann nach § 72 S. 2 GmbHG vom gesetzlichen Verteilungsverhältnis abweichen. Der damit eröffnete Gestaltungsspielraum läßt sowohl zu, daß auf einzelne Geschäftsanteile vorab ein bestimmter Betrag entfällt als auch, daß einzelne Geschäftsanteile mit einer höheren Liquidationsquote ausgestattet sind.[413] So kann auch im GmbH-Recht dem Interesse der Wagniskapitalfinanziers Rechnung getragen werden. Diese haben ihre Geschäftsanteile regelmäßig mit hohen Aufgeldern erworben. Eine Verteilung des Liquidationserlöses anhand des Nominalbetrags der Geschäftsanteile würde diesem Umstand nicht gerecht. Den Wagniskapitalfinanziers kann somit zunächst ihr Investment zuzüglich der als Rücklage aufgelaufenen Beträge aus ihrem Dividendenverzicht ausgeschüttet werden. Erst wenn sie insoweit befriedigt sind, partizipieren auch die Stammgesellschafter an der Verteilung eines verbleibenden Liquidationsüberschusses.

V. Umtauschrechte

Ein dem U.S.-amerikanischen conversion right entsprechender Umtausch der Vorzugsgeschäftsanteile in Stammgeschäftsanteile ist auch bei der GmbH nicht möglich. Neue Geschäftsanteile können auch im GmbH-Recht nur gegen Einlagen (§§ 55 ff) oder Umwandlung von Rücklagen (§§ 57 c ff) geschaffen werden.

---

[412] Vgl. dazu die Ausführungen zum Aktienrecht, § 4 III 5 c).

[413] *Scholz / Schmidt*, GmbHG, § 72 Rdn. 14; *Scholz / Winter*, GmbHG, § 14 Rdn. 22; *Hachenburg / Hohner*, GmbHG, § 72 Rdn. 10.

Somit ist auch bei der GmbH zwischen der bloßen Umwandlung (Aufgabe der Vorzugsrechte) und einem Mechanismus (Call-Optionen) zu unterscheiden, der die gewünschten Anreizwirkungen und die Preisanpassung ermöglicht.

1. Umwandlung

Die Umwandlung in einen Stammgeschäftsanteil bedeutet die Aufhebung der Vorzugsrechte. Dafür ist grundsätzlich neben einem satzungsändernden Gesellschafterbeschluß gemäß § 53 GmbHG die Zustimmung der einzelnen betroffenen Gesellschafter erforderlich (§ 35 BGB).[414] Das GmbH-Recht zeigt sich insoweit strenger als das Aktienrecht. Dort genügt ein zustimmender Sonderbeschluß der Vorzugsgesellschafter gemäß § 179 Abs. 3 AktG.[415] Jedoch kann die Satzung der GmbH auch eine dem Aktienrecht entsprechende Regelung enthalten.[416] Die Stammaktionäre können mit einer Stimmrechtsbindung verpflichtet werden, die erforderliche Satzungsänderung zu beschließen. Damit steht den Vorzugsgesellschaftern ein Umwandlungsrecht zu. Die Stimmbindung kann auch nur für den Eintritt bestimmter Umstände gelten. Soweit die Stammgesellschafter die Umwandlung initiieren wollen, benötigen sie die Zustimmung von jedem einzelnen Vorzugsgesellschafter, dessen Vorzugsrechte betroffen sind. Für bestimmte Umstände, wie z.B. einem kurz bevorstehendem *IPO*, kann es sinnvoll sein, daß auch die Wagniskapitalfinanziers diese Zustimmung vorab erteilen.

2. Call-Option

Bei der Nachbildung der U.S.-amerikanischen *conversion rights* kommt zum Tragen, daß GmbH-Geschäftsanteile nicht auf einen aktiven Anteilhandel ausgelegt sind.[417] Anders als im Aktienrecht setzt sich der Anteilsbesitz eines Gesellschafters nicht aus einer Vielzahl einzeln verbriefter oder zumindest verbriefbarer Mitgliedschaften zusammen, sondern die Mitgliedschaft eines GmbH-Gesellschafters wird grundsätzlich durch nur einen Geschäftsanteil ausgedrückt (§§ 5 Abs. 2, 55 Abs. 4, 14 GmbHG).[418] Die Geschäftsanteile variieren daher häufig stark in ihren Nennbeträgen und sind auch nicht in Wertpapieren verkörpert.[419] Diese Eigenschaften des GmbH-Geschäftsanteils erschweren die Ausgestaltung der Call-Optionen. Der Umfang der Call-Optionen kann nicht wie im Aktienrecht als Anzahl der zu übertragenen Aktien anhand der *price protection formulae* bestimmt werden. Durch § 17 GmbHG wird darüber hinaus das Prinzip der Unteilbarkeit der Geschäftsanteile auch für die Zeit nach der Gründung grundsätzlich aufrechterhalten. Die gleichzeitige

---

[414] *Hachenburg / Raiser*, GmbHG, § 14 Rdn. 23; *Scholz / Winter*, GmbHG, § 14 Rdn. 25 ff.; *Hachenburg / Ulmer*, GmbHG, § 53 Rdn. 121.

[415] *Scholz / Priester*, GmbHG, § 53 Rdn. 132; siehe auch. *Hüffer*, AktG, § 179 Rdn. 41 ff.

[416] *Scholz / Priester*, GmbHG, § 53 Rdn. 132;

[417] Vgl. *Lutter / Hommelhoff*, GmbHG, § 17 Rdn. 1; *Scholz / Winter*, GmbHG, § 15 Rdn. 37.

[418] Hierin zeigt sich nicht zuletzt die für die Aktie im Unterschied zum GmbH-Geschäftsanteil bestehende Vergleichbarkeit mit den amerikanischen „*shares*“, siehe oben Darstellung der aktienrechtlichen Gestaltung; siehe auch *Lutter / Hommelhoff*, GmbHG, § 17 Rdn. 1; *Scholz / Winter*, GmbHG, § 17 Rdn. 1.

[419] *Scholz / Winter*, GmbHG, § 17 Rdn. 1.

Übertragung mehrerer Teile von Geschäftsanteilen eines Gesellschafters an den gleichen Erwerber ist nach § 17 Abs. 5 GmbHG unzulässig.
Dieses Gestaltungsproblem kann durch eine rechnerische Zerlegung der Geschäftsanteile gelöst werden. Von jedem Gesellschaftsanteil wird dazu angenommen, er zerfiele in eine Vielzahl von Geschäftsanteilen mit gleichen Nennbeträgen. Somit ist auf hypothetischer Ebene eine zur Aktiengesellschaft vergleichbare Lage geschaffen. Auf dieser Ebene läßt sich anhand der *price protection formulae* der Umfang (Anzahl der „Teilgeschäftsanteile") der Call-Option bestimmen. Für die tatsächliche Ausübung der Call-Option muß die Summe der Nennbeträge der hypothetischen „Teilgeschäftsanteile" gebildet werden. Diese Summe bestimmt dann den Nennwert des zu übertragenden (Teil-) Geschäftsanteils.
Die Satzung kann von der grundsätzlich zwingend erforderlichen Genehmigung gemäß § 17 Abs. 1 GmbHG für die Veräußerung an andere Gesellschafter eine Ausnahme machen, § 17 Abs. 3 GmbHG.[420]
Schließlich muß das Formerfordernis beachtet werden, das sowohl für die Verpflichtung zur Übertragung eines Geschäftsanteils (§ 15 Abs. 4 GmbHG) als auch für dessen Übertragung (§ 15 Abs. 3 GmbHG) selbst gilt. Die Gewährung einer „Option" auf einen Geschäftsanteil ist rechtlich nichts anderes als das bindende Angebot eines Gesellschafters an den Optionsberechtigten auf Abschluß eines Vertrages gemäß § 15 Abs. 4 GmbHG.[421] Diese Formvorschriften gelten entsprechend für Teilgeschäftsanteile.[422] Sind die Optionsrechte in den Gesellschaftsvertrag aufgenommen, ist das Formerfordernis schon durch dessen eigene Form erfüllt, § 2 GmbHG.[423]

VI. Rückverkaufsrechte

1. Zulässigkeit des Erwerbs eigener Geschäftsanteile

Ein Rückverkaufsrecht setzt voraus, daß die Gesellschaft eigene Geschäftsanteile erwerben darf. Die GmbH kann nach § 33 Abs. 2 GmbHG eigene, vollständig eingezahlte Geschäftsanteile unbeschränkt und ohne Zweckbindung aus dem ungebundenen Vermögen erwerben.[424] Damit unterliegt der Erwerb voll eingezahlter Geschäftsanteile wesentlich geringeren Anforderungen als der Erwerb voll eingezahlter Aktien.[425] Der Erwerb nicht voll eingezahlter Geschäftsanteile ist der GmbH dagegen anders als der Aktiengesellschaft zwingend verboten.[426] Die Differenzierung des § 33 GmbHG ergibt sich aus dem vorrangig verfolgtem Schutz der realen Kapitalaufbringung und Kapitalerhaltung. Im Aktienrecht soll dagegen grundsätzlich die Rückzahlung

---

420 *Scholz / Winter*, GmbHG, § 17 Rdn. 18; *Hachenburg / Zutt*, GmbHG, § 17 Rdn. 21.
421 *Hachenburg / Zutt*, GmbHG, § 15 Rdn. 53.
422 *Scholz / Winter*, GmbHG, § 15 Rdn. 54; *Hachenburg / Zutt*, GmbHG, § 15 Rdn. 27.
423 *Scholz / Winter*, GmbHG, § 15 Rdn. 55.
424 *Hachenburg / Hohner*, GmbHG, § 33 Rdn. 34; *Lutter / Hommelhoff*, GmbHG, § 33 Rdn. 5.
425 Vgl. die Regelungen der Ausnahmefälle des § 71 Abs. 1 Nrn. 1-8 AktG.
426 *Rowedder / Pentz*, GmbHG, § 33 Rdn. 5; *Hachenburg / Hohner*, GmbHG, § 33 Rdn. 1.

der Einlagen an die Aktionäre verhindert werden; auf die Entstehung einer Unterbilanz kommt es nicht an.[427]
Um den Erwerb eigener (voll eingezahlter) Geschäftsanteile finanzieren zu können, muß die GmbH über ausreichend ungebundenes Kapital verfügen. Für die gemäß § 272 Abs. 4 HGB erforderliche Rücklage dürfen weder das nominale Stammkapital noch andere im Gesellschaftsvertrag vorgeschriebene Rücklagen angegriffen werden, wenn sie Zahlungen an die Gesellschafter nicht zulassen.[428]

2. Interne Mitwirkung der Gesellschafterversammlung

Der Erwerb eigener Anteile verändert die Mehrheitsverhältnisse unter den Gesellschaftern und, was noch schwerer ins Gewicht fällt, die betreffenden Gesellschafter werden unter Rückzahlung ihrer Einlagen aus ihren gesellschaftlichen Pflichten entlassen.[429] Eine solche Veränderung der internen Verhältnisse ist nicht Aufgabe der Geschäftsführer. Darum wird für die Wirksamkeit einer derartigen Verpflichtung teilweise die Zustimmung der Gesellschafterversammlung[430] oder zumindest deren Informierung gefordert.[431] Der internen Mitwirkung der Gesellschafterversammlung kommt hier entscheidende Bedeutung zu: Die Vorschrift des § 37 Abs. 2 GmbHG, die den Verkehrsschutz bezweckt, greift zugunsten eines Gesellschafters nicht.[432] Die im Innenverhältnis bestehenden Beschränkungen der Geschäftsführer schlagen bei Geschäften der Gesellschaft mit ihren Gesellschaftern auch auf die Wirksamkeit im Außenverhältnis durch.[433] Die Wagniskapitalfinanziers müssen daher für ihre Rückverkaufsrechte die interne Mitwirkung der Gesellschafterversammlung sicherstellen. Sind die Rückverkaufsrechte in der Satzung als Sonderrechte geregelt, gilt dies als antizipierte Mitwirkung der anderen Gesellschafter. Für schuldrechtlich vereinbarte Rückverkaufsrechte kann die Zustimmung der Gesellschafterversammlung durch eine Stimmbindungsvereinbarung sichergestellt werden.

3. Put-Optionen gegenüber den Gründergesellschaftern

Die Rückverkaufsrechte gegenüber der Gesellschaft sollten durch Put-Optionen gegenüber den Gründergesellschaftern ergänzt werden. Dies sichert einen Ausweg für den Fall, daß die Zulässigkeitsvoraussetzungen des § 33 Abs. 2 GmbHG nicht erfüllt werden können. Zum anderen wird durch die persönliche

---

427 *Scholz / Westermann*, GmbHG, § 33 Rdn. 2.

428 *Scholz / Westermann*, GmbHG, § 33 Rdn. 17; *Lutter / Hommelhoff*, GmbHG, § 33 Rdn. 6.

429 *Hachenburg / Hohner*, GmbHG, Rdn. 35; *Lutter / Hommelhoff*, GmbHG, § 33 Rdn. 12 ; *Scholz / Westermann*, GmbHG, § 33 Rdn. 27.

430 *Hachenburg / Hohner*, GmbHG, § 33 Rdn. 35 für einen Beschluß mit qualifizierter Mehrheit.

431 *Lutter / Hommelhoff*, GmbHG, § 33 Rdn. 12 und *Scholz / Westermann*, GmbHG, § 33 Rdn. 27.

432 *Lutter / Hommelhoff*, GmbHG, § 33 Rdn. 12 u. § 15 Rdn. 27; *Scholz / Westermann*, GmbHG, § 33 Rdn. 27, vgl. auch *Scholz / Schneider*, GmbHG, § 35 Rdn. 27.

433 *Hachenburg / Hohner*, GmbHG, § 33 Rdn. 36 mit Hinweis auf die ständige Rechtsprechung des BGH, so auch BGH NJW 1988, 2241, 2243.

Verpflichtung die Anreizwirkung der Rückverkaufsrechte auf die Gründergesellschafter erhöht.

VII. Übertragungsbeschränkungen und Erwerbsvorrechte

1. Übertragungsbeschränkungen – Allgemeines

Das GmbH–Recht geht in § 15 Abs. 1 GmbHG vom Grundsatz der freien Übertragbarkeit der Geschäftsanteile aus. Die Wirksamkeit des schuldrechtlichen Kausalgeschäftes (§ 15 Abs. 3 GmbHG) als auch die des dinglichen Verfügungsgeschäftes (§ 15 Abs. 3 GmbHG) bedarf jedoch der notariellen Beurkundung.[434] Im Unterschied zum Aktienrecht unterliegt der Grundsatz der freien Übertragbarkeit der Geschäftsanteile im GmbH-Recht gemäß § 15 Abs. 5 GmbHG bis zur Mißbrauchsgrenze der vollen Disposition der Gesellschafter.[435] Die Übertragung der Geschäftsanteile kann zunächst gemäß § 15 Abs. 5 GmbHG an ein Zustimmungserfordernis geknüpft werden. Ohne die erforderliche Zustimmung ist das dingliche Rechtsgeschäft bis zur Erteilung der Genehmigung schwebend unwirksam und bei deren Verweigerung endgültig unwirksam.[436] Die Zuständigkeit für die Entscheidung über die Zustimmung kann der Gesellschaftsvertrag der Gesellschafterversammlung vorbehalten oder aber auch auf die Geschäftsführer, einen Beirat oder auch an einzelne Gesellschafter übertragen.[437] Den Wagniskapitalfinanziers könnte das Zustimmungsrecht auch als Sonderrecht übertragen werden.[438]

2. Kombination mit Erwerbsvorrechten

Die Vinkulierung kann mit Erwerbsvorrechten zugunsten der Wagniskapitalfinanziers so kombiniert werden, daß die Gründergesellschafter Liquidität erhalten können, ohne dabei ihre Gesellschaftsbeteiligung unkontrolliert reduzieren zu können, noch unerwünschte Dritte in die Gesellschaft eindringen können. Üben die Wagniskapitalfinanziers ihr Erwerbsvorrecht nicht oder nicht fristgerecht aus, so gilt ihre Zustimmung als erteilt.[439]

Ist das Erwerbsvorrecht als Vorkaufsrecht i.S.d. §§ 504 ff. BGB ausgestaltet, setzt dieses einen wirksam abgeschlossenen Kaufvertrag voraus. Der Vorkaufsberechtigte kann dann in dessen feststehende Bedingungen eintreten. Abweichend von dem gesetzlich geregelten Vorkaufsrecht (§§ 504 ff. BGB) können weitere Erwerbsvorrechte vereinbart werden.[440]

So kann statt dessen oder zusätzlich eine Andienungspflicht oder sogenannte Vorhand (*right of first refusal*) vorgesehen sein: Der verkaufswillige

---

[434] *Lutter / Hommelhoff*, GmbHG, § 15 Rdn. 11; *Altmeppen*, in *Roth / Altmeppen*, GmbHG, § 15 Rdn. 44 f.

[435] *Otto*, GmbHR 1996, 16, 17; *Kowalski*, GmbHR 1992, 347.

[436] *Lutter / Hommelhoff*, GmbHG, § 15 Rdn. 32; *Scholz / Winter*, GmbHG, § 15 Rdn. 100.

[437] *K. Schmidt*, FS Beusch, S. 759, 761; *Scholz / Winter*, GmbHG, § 15 Rdn. 91; *Hachenburg / Zutt*, GmbHG, § 15 Rdn. 115.

[438] Vgl. *Hachenburg / Raiser*, GmbHG, § 14 Rdn. 19.

[439] Vgl. *Hueck*, FS Larenz, S. 749, 751; *Kowalski*, GmbHR 1992, 347; *Otto*, GmbHR 1996, 16, 17.

[440] *Hachenburg / Raiser*, GmbHG, Anhang § 15 Rdn. 29.

Gesellschafter muß danach seinen Geschäftsanteil zunächst den verbleibenden Gesellschaftern anbieten, bevor er ihn an einen Dritten veräußern darf.[441] Bei dieser Gestaltung ist der Berechtigte nicht gezwungen, in die Bedingungen eines seinem Einfluß entzogenen Vertrages einzutreten.[442]
Für die Andienungspflicht oder Vorhand können im Gesellschaftsvertrag Preisregelungen getroffen werden, die deutlich hinter den Marktpreisen zurückbleiben.[443] So können z.B. zunächst nur Vinkulierungen verbunden mit Andienungspflichten gelten, um die Gründergesellschafter in der Gesellschaft zu halten. Erst wenn das Unternehmen eine Entwicklungsreife erreicht hat, die das Verbleiben der Gründerunternehmer in der Gesellschaft nicht mehr zwingend erfordert, greifen Vorkaufsrechte i.S.d. §§ 504 ff. BGB Platz.
Die Gründergesellschafter erhalten so den Anreiz, die Gesellschaft nicht vorzeitig zu verlassen. Sie werden sich weiterhin für die Wertsteigerung des Unternehmens einsetzen, da erst unter der Geltung der Vorkaufsrechtsregelung ein höherer Marktpreis zu erzielen ist.
Bei dieser Gestaltung besteht die Gefahr, daß ein verkaufswilliger Gründergesellschafter mit einem Dritten eine übertriebene Preisvereinbarung trifft, um die Zustimmung der Wagniskapitalfinanziers zu erzwingen. Ein solcher Mißbrauch der Zustimmungsverpflichtung bei Nichtausübung des Vorkaufsrecht kann mittels eines Mitverkaufsrechts (*co-sale rights*) verhindert werden. Das Mitverkaufsrecht berechtigt den Begünstigten, den Mitverkauf seiner eigenen Beteiligungen an den Dritten zu gleichen Konditionen verlangen zu können.[444] Dies ist zulässig, weil auch die Übernahme bestimmter Verpflichtungen durch den Erwerber als Voraussetzung i.S.d. § 15 Abs. 5 GmbHG möglich ist.[445] Durch die Kombination mit einem Mitverkaufsrecht läuft der Dritte bei einem überhöhten Kaufpreisangebot Gefahr, auch den Geschäftsanteil der Wagniskapitalfinanziers erwerben zu müssen.
Die Kombination aus Zustimmungspflicht und Vorkaufsrecht verhindert dagegen den umgekehrten Mißbrauchsfall eines zu niedrig angesetzten Preises.[446]

3. Gesellschaftsvertragliche Verdinglichung

Die Erwerbsvorrechte können auch als Nebenverpflichtung i.S.d. § 3 Abs. 2 GmbHG im Gesellschaftsvertrag geregelt werden.[447] Sie sind damit von einem

---

[441] *Otto*, GmbHR 1996, 16, 17; *Hueck*, FS Larenz, S. 749, 752; *Larenz*, DB 1955, 209, 210.

[442] Auch für das Vorkaufsrecht kann der Gesellschaftsvertrag hinsichtlich der inhaltlichen Ausgestaltungen des Kaufverhältnisses so umfangreiche Modifikationen vom Vertragsangebot des Dritten vorsehen, daß dieses nur noch als auslösendes Moment für das Erwerbsvorrecht dient. Siehe *Hueck*, FS Larenz, S. 749, 752.

[443] Solche Vereinbarungen sind erst dann unwirksam, wenn schon bei Vertragsschluß ein grobes Mißverhältnis zwischen dem vorgesehenen Preis und dem Verkehrswert der Anteile bestanden hat, siehe BGH WM 1994, 1523, 1528 ff.

[444] *Otto*, GmbHR 1996, 16, 17, 21; *ders.*, in *Assmann / Schütze*, Handbuch des Kapitalanlagerechts, § 26 Rdn. 175.

[445] *Scholz / Winter*, GmbHG, § 15 Rdn. 86; *Hachenburg / Zutt*, GmbHG, § 15 Rdn. 125.

[446] *Otto*, GmbHR 1996, 16, 17, 21.

[447] *Hueck*, FS Larenz, S. 749, 757.

Mitgliederwechsel unabhängig und erfüllen wegen der Formbedürfigkeit des Gesellschaftsvertrages gemäß § 2 Abs. 1 GmbHG auch das Formerfordernis des § 15 Abs. 4 GmbHG.[448]
Wird die Beachtung der Erwerbsvorrechte als weitere Voraussetzungen für die Wirksamkeit einer Anteilsübertragung nach § 15 Abs. 5 GmbHG vereinbart, erhalten diese ansonsten nur obligatorischen Rechte eine dingliche Sicherung.[449] Sollen nur einzelne Gesellschafter (Wagniskapitalfinanziers) begünstigt sein, so können die Erwerbsvorrechte auch als Sonderrechte gewährt werden.[450]

4. Ankauf- oder Übernahmerechte

Ankauf- oder Übernahmerechte setzen anders als Erwerbsvorrechte nicht die Verkaufsbereitschaft des verpflichteten Gesellschafters voraus. Vielmehr muß der Verpflichtete unter bestimmten Voraussetzungen auf Verlangen des Berechtigten seinen Geschäftsanteil an diesen selbst oder einen Dritten veräußern.[451]
Der Ankauf- oder Übernahmefall kann z.B. durch Fristablauf oder den Eintritt bzw. den Ausfall eines bestimmten Ereignisses ausgelöst werden.[452] Danach können Ankauf- oder Übernahmerechte auch als Mitverkaufsverpflichtungen entsprechend den U.S.-amerikanischen *drag-along rights* gestaltet werden. In diesem Fall löst ein näher spezifiziertes Kaufangebot von Dritten für die gesamte Gesellschaft das Ankauf- oder Übernahmerecht aus.
Die Zulässigkeit derartiger Rechte läßt sich nicht auf § 15 Abs. 5 GmbHG stützen, weil dieser die Veräußerungsbereitschaft des verpflichteten Gesellschafters voraussetzt. Jedoch können Mitverkaufsverpflichtungen als Nebenverpflichtung i.S.d. § 3 Abs. 2 GmbHG im Gesellschaftsvertrag verankert werden.[453] Diese können wiederum so ausgestaltet werden, daß nur bestimmte Gesellschafter die Erfüllung der Mitverkaufspflicht verlangen können. So kann auch die Stellung des Begünstigten aus einer Mitverkaufsverpflichtungen den Charakter eines Sonderrechts i.S.d. § 35 BGB erhalten.[454]

---

[448] *Noack*, Gesellschaftervereinbarungen bei Kapitalgesellschaften, S. 286 f.

[449] *Hueck*, FS Larenz, S. 749, 751; *Noack*, Gesellschaftervereinbarungen bei Kapitalgesellschaften, S. 291; siehe *Kowalski*, GmbHR 1992, 347, 349 ff. mit einer Darstellung möglicher Versuche die Erwerbsvorrechte zu umgehen, und entsprechenden Vermeidungsstrategien

[450] *Scholz / Winter*, GmbHG, § 14 Rdn. 22; *Hueck*, FS Larenz, S. 749, 758; *Hachenburg / Raiser*, GmbHG, § 14 Rdn. 19.

[451] *Hueck*, FS Larenz, S. 749, 752; *Larenz*, DB 1955, 209, 211; *Hachenburg / Ulmer*, GmbHG, § 34 Rdn. 115.

[452] *Hachenburg / Zutt*, GmbHG, Anhang § 15 Rdn. 29; *Noack*, Gesellschaftervereinbarungen bei Kapitalgesellschaften, S. 284.

[453] *Hueck*, FS Larenz, S. 749, 756; *Hachenburg / Ulmer*, GmbHG, § 34 Rdn. 117; *Noack*, Gesellschaftervereinbarungen bei Kapitalgesellschaften, S. 285.

[454] *Hachenburg / Raiser*, GmbHG, § 14 Rdn. 19.

VIII. Anspruch auf Börseneinführung

An deutschen Börsen können nur Aktien von Gesellschaften in der Rechtsform der Aktiengesellschaft oder der Kommanditgesellschaft auf Aktien gehandelt werden.[455]

Soll in einer GmbH der Anspruch auf Börseneinführung gewährt werden, so ist ein Verfahren in zwei Schritten erforderlich: Im ersten Schritt muß die GmbH in eine börsenfähige Rechtsform umgewandelt werden (AG oder KGaA). Als solche wird regelmäßig die Aktiengesellschaft wegen ihrer gegenüber der KGaA stärkeren Akzeptanz durch den Kapitalmarkt gewählt werden. Im zweiten Schritt müssen deren Aktien an einer Börse eingeführt werden.[456]

1. Die Umwandlung in eine Aktiengesellschaft

a) Beschluß- und Zustimmungserfordernisse

Für die Umwandlung der GmbH in eine Aktiengesellschaft bietet sich der Rechtsformwechsel gemäß der §§ 238 ff, 190 ff UmwG an.[457] Der Formwechsel bedarf gemäß § 240 Abs. 1 UmwG mindestens einer ¾-Mehrheit der in der Gesellschafterversammlung abgegebenen Stimmen.

Weitere Wirksamkeitsvoraussetzung des Umwandlungsbeschlusses ergeben sich aus den Zustimmungserfordernissen gemäß § 193 Abs. 2 UmwG und § 241 Abs. 2 UmwG.[458] So müssen dem Formwechsel die Gesellschafter zustimmen, deren Genehmigung für die Abtretung der Gesellschaftsanteile des formwechselnden Rechtsträgers erforderlich ist, § 193 Abs. 2 UmwG. Ebenso bedarf es der Zustimmung derjenigen Gesellschafter, denen die Satzung besondere Rechte zur Einflußnahme auf die Leitung der Gesellschaft einräumt, wie z.B. Bestellungs- und Benennungsrechte für die Geschäftsführung, aber auch Veto- und Mehrstimmrechte.[459] Dies gilt auch für Minderheitsrechte, die nicht ausdrücklich in § 50 Abs. 2 UmwG genannt sind.[460] Auch Erwerbsvorrechte zählen zu den individual schützenden Minderheitsrechten i. S. d. § 50 Abs. 2 UmwG, soweit sie materielle Satzungsbestandteile sind und einem Gesellschafter unentziehbar zustehen.[461]

b) Ermöglichung der Beschluß- und Zustimmungserfordernisse

Die Wagniskapitalfinanziers müssen den erforderlichen Mehrheitsbeschluß herbeiführen können. Hierzu werden sie wegen ihrer regelmäßigen Stellung als Minderheitsgesellschafter nur mittels einer Stimmbindungsvereinbarung in der Lage sein. Für die weiteren Zustimmungserfordernisse, die als eigenständige Wirksamkeitsvoraussetzungen unabhängig von dem Mehrheitsbeschluß

---

[455] *Baums*, ZIP 1997, 1942, 1943; *Harrer / Heinemann*, DStR 1999, 254.

[456] Zu den Rechtsfragen im zweiten Schritt vergleiche die Ausführungen oben § 4 VII.

[457] Die Vorbereitung und Durchführung des Formwechsels ist ausführlich dargestellt bei *Kiem*, in *Seibert / Kiem*, Handbuch der kleinen AG, Rdn. 209 ff.

[458] *Reichert*, GmbHR 1995, 176, 193 f.

[459] § 241 Abs. 2 i.V.m. § 50 Abs. 2 UmwG; siehe auch *Kiem*, in *Seibert / Kiem*, Handbuch der kleinen AG, Rdn. 239.

[460] *Happ*, in *Lutter*, UmwG, § 241 Rdn. 6.

[461] *Reichert*, GmbHR 1995, 176, 184; *Mayer*, in *Widmann / Mayer*, UmwG, § 50 Rdn. 67.

vorliegen müssen, ist ggf. auch Vorsorge zu treffen. In der Regel werden zwar nur den Wagniskapitalfinanziers derartige Zustimmungserfordernisse auslösende Rechte zustehen. Jedoch können Probleme auftreten, wenn mehrere Wagniskapitalfinanziers beteiligt sind und es zu Meinungsverschiedenheiten über das anstehende *IPO* oder den Formwechsel kommt. Die Zustimmungen werden regelmäßig in der Gesellschafterversammlung erteilt, die über den Formwechsel beschließt. Sie können aber auch zu einem früheren Zeitpunkt erteilt werden.[462] Eine solche vorweggenommene Zustimmung kann auch unter Bedingungen erteilt werden.[463] Eine mögliche Blockade des Formwechsels kann durch eine im voraus für den Ablauf einer bestimmten Frist oder das Vorliegen bestimmter objektiver Kriterien erteilte Zustimmung vermieden werden. Hierbei ist die notarielle Beurkundung der Zustimmungen gemäß § 193 Abs. 3 UmwG zu beachten.

c) Anpassungen der Gesellschaftervereinbarungen

Der Formwechsel führt trotz der rechtlichen Identität des Rechtsträgers zu einer Diskontinuität der Rechtsordnung. Die Rechtsverhältnisse der Gesellschaft zu ihren Gesellschaftern und der Gesellschafter untereinander unterliegen nach dem Formwechsel den Regeln der neuen Rechtsform. Diese neuen Regeln unterscheiden sich von den bisherigen zum Teil erheblich.[464] In der Aktiengesellschaft kann die gestärkte Stellung der Wagniskapitalfinanziers durch Mehrstimmrechte, Weisungsrechte und Zustimmungsvorbehalte nicht aufrechterhalten werden. Wird nach dem Formwechsel nicht unmittelbar ein *going public* durchgeführt, ist dieser geänderten Rechtslage Rechnung zu tragen. Dies wird ohne eine erhebliche Modifizierung und Ergänzung der Gesellschaftervereinbarungen, insbesondere der Stimmrechtsbindungen nicht vonstatten gehen. Diese vertraglichen Änderungen sollten vorgenommen sein, bevor in der Gesellschafterversammlung über die Umwandlung beschlossen wird. Der Abschluß dieser Gesellschaftervereinbarung könnte gesichert werden, indem er als eine Bedingung für die erforderlichen Zustimmungen nach §§ 193 Abs. 2, § 241 Abs. 2 UmwG ausgestaltet wird.

2. *Milestone*-Vereinbarung

Die rechtliche Durchsetzung von Stimmrechtsvereinbarungen hinsichtlich des Formwechsels kann jedoch mitunter wesentlich mehr Zeit in Anspruch nehmen, als für eine erfolgversprechende Umwandlung der Gesellschaft und deren anschließendes *going public* zur Verfügung steht. Daher ist als Alternative wieder eine *milestone*-Vereinbarung in Betracht zu ziehen. Scheitert der Formwechsel, weil der erforderliche Mehrheitsbeschluß nicht gefaßt wird oder ein Gesellschafter ein Vetorecht ausübt, sind die dafür verantwortlichen Gesellschafter verpflichtet, die Beteiligung der anderen Gesellschafter zu übernehmen oder die eigene zu veräußern, wenn dies gefordert wird. Ein fairer

---

462 *Happ*, in *Lutter*, UmwG, § 241 Rdn. 12; *Mayer*, in *Widmann / Mayer*, UmwG, § 50 Rdn.73.

463 *Staudinger / Gursky*, BGB, Vor § 182 Rdn. 46, § 183 Rdn. 5; *H.P. Westermann*, in MünchKomm., BGB, § 158 Rdn. 28.

464 *Decher*, in *Lutter*, UmwG, § 190 Rdn. 3.

Kaufpreis kann hierzu durch ein kombiniertes Erwerbs- und Verkaufsangebot zu gleichen Konditionen gewährleistet werden. Der Gesellschafter, der zuerst ein Kaufangebot abgibt, muß zu dem von ihm gebotenen Preis an den Mitgesellschafter verkaufen, wenn von diesem innerhalb einer festgesetzten Frist ein entsprechendes Gegenangebot erfolgt.[465] Hierbei ist der zuerst handelnde Gesellschafter hinsichtlich der Preisfindung mit einer höheren Unsicherheit belastet. Daher sollte der den Umwandlungsbeschluß ablehnende oder seine weitere Zustimmung verweigernde Gesellschafter zuerst ein Kaufangebot abgeben müssen. Auch bei dieser Gestaltung muß die vertragliche Regelung neben den Kaufvertragskonditionen bereits die dingliche Abtretung enthalten. Ansonsten bestünde wiederum die Gefahr einer zeitlichen Verzögerung durch eine gerichtliche Durchsetzung der Übertragungsverpflichtung.[466]

IX. Ergebnis

Das im wesentlichen frei gestaltbare Innenverhältnis der GmbH gestattet weitgehend die Nachbildung der typischen Vertragsregelungen des U.S.–amerikanischen Modells der Venture Capital-Finanzierung und kommt damit dem Regelungsbedürfnis der Parteien sehr viel stärker entgegen als das Aktienrecht. Insbesondere die Allzuständigkeit der Gesellschafterversammlung für die Gesellschaftsangelegenheiten bietet den Wagniskapitalfinanziers die Möglichkeit, sich eine unmittelbare Einflußnahme auf die Geschäftsführung vorzubehalten. Hierbei ist insbesondere hervorzuheben, daß einzelne Gesellschafter Be- und Abberufungsrechte erhalten können und ihnen das grundsätzlich der Gesellschaftergesamtheit zustehende Weisungsrecht teilweise übertragen werden kann.

Schwierigkeiten bereiten die Vorschriften des GmbH-Gesetzes, deren Intention es ist, den freien Handel mit GmbH-Geschäftsanteilen zu erschweren. Hier sind insbesondere die Formvorschriften[467] zu nennen, die bei Anteilsveräußerungen zu beachten sind, sowie die auf eine Unteilbarkeit der Geschäftsanteile abzielenden Regelungen[468]. Mit diesen Regelungen werden die bei Wagniskapitalfinanzierungen häufig als Anreizinstrumente verwendeten Kombinationen aus Call- und Put-Optionen verkompliziert und verteuert.

Die Umwandlung der GmbH in eine börsenfähige Gesellschaftsform macht zwar auf dem Weg zum *Going public* einen weiteren Zwischenschritt erforderlich. Dieser läßt sich jedoch über einen Formwechsel nach dem Umwandlungsgesetz unproblematisch ermöglichen.

---

[465] *Otto*, GmbHR 1996, 16, 20.
[466] *Otto*, GmbHR 1996, 16, 20.
[467] Vgl. § 15 Abs. 3 und Abs. 4 GmbHG.
[468] Vgl. § 17 GmbHG.

§ 6 Wagniskapitalunternehmen als GmbH & Co. KG

I. Allgemeines

Von den Personengesellschaften kommt in der Regel allein die GmbH & Co. KG als Rechtsform für ein Wagniskapitalunternehmen in Betracht. Nur bei dieser kann durch den Einsatz einer Kapitalgesellschaft als Komplementär für alle Gesellschafter die Haftung beschränkt werden. In der Rechtspraxis wird ganz überwiegend eine GmbH als Komplementär installiert. Die für die KG typische Aufteilung in zwei Arten von Gesellschaftern – Komplementäre und Kommanditisten – wird bei der GmbH & Co. KG also dahin spezifiziert, daß der GmbH als Komplementär die Geschäftsführung der Gesellschaft zufällt, während sich die Beteiligung der Kommanditisten im wesentlichen in der Finanzierung der Gesellschaft erschöpft. Die Geschäftsführung für die GmbH & Co. KG wird damit mittelbar durch die Geschäftsführer der Komplementär-GmbH wahrgenommen. Den Wagnisfinanziers, die neben ihrer Stellung als Kommanditist auch an der Komplementär-GmbH beteiligt sind, stehen dieselben Mittel zur Sicherung ihres Einflusses auf die Geschäftsführung zu wie im Falle der Beteiligung an einem Start up-Unternehmen in der Rechtsform der GmbH.

Auf die GmbH & Co. KG findet das KG-Recht Anwendung, so daß sie im Innenverhältnis gegenüber den Kapitalgesellschaften durch eine umfassende Gestaltungsfreiheit geprägt ist.[469]

II. Sicherung des Einflusses und Stimmrechtsregelungen

Bevor auf Möglichkeiten zur Sicherung des Einflusses der Wagniskapitalfinanziers und auf die dazu erforderlichen Stimmrechtsregelungen eingegangen werden kann, stellt sich ein Problem, das aus der Installierung einer GmbH als Komplementär resultiert.

1. Willensbildung auf zwei Ebenen

Die Willensbildung vollzieht sich bei der GmbH & Co KG in den zwei Gesellschaften des einheitlichen Unternehmens, der Komplementär-GmbH als Geschäftsführungsorgan und der KG als Unternehmensträgerin. Diese Funktionstrennung ist jedoch nicht ohne Überschneidungen: Die Komplementär-GmbH ist grundsätzlich auch ohne Kapitalanteil in der Kommanditgesellschaft gemäß §§ 161 Abs. 2, 119 Abs. 1 HGB stimmberechtigt.

Die ansonsten von der Geschäftsführung ausgeschlossenen Kommanditisten besitzen bei außergewöhnlichen Geschäften gemäß § 164 S. 1 HGB nicht nur ein Widerspruchsrecht, sondern nach herrschender Meinung ein Zustimmungsrecht.[470]

Hinzu kommt, daß in den beiden Gesellschaftsformen für Gesellschafterentscheidungen unterschiedliche Erfordernisse bestehen: Während in der GmbH

---

[469] Vgl. § 163 HGB.

[470] *Baumbach / Hopt*, HGB, § 164 Rdn. 2; *Schlegelberger / Martens*, HGB, § 164 Rdn. 16; beide m.w.N.

sowohl bei Geschäftsführungsmaßnahmen als auch bei Satzungsänderungen Mehrheitsbeschlüsse die Regel sind,[471] herrscht in der Kommanditgesellschaft der Grundsatz der Einstimmigkeit.[472]
Damit birgt die GmbH & Co. KG die Gefahr, daß wichtige Geschäftsführungsmaßnahmen oder erforderliche Änderungen des Gesellschaftsvertrages durch widersprüchliche Entscheidungen auf den beiden Gesellschaftsebenen blockiert werden.

a) Handhabung des Problems

Die Rechtspraxis versucht diesem Problem entweder durch die sogenannte personengleiche GmbH & Co. KG oder die sogenannte Einheitsgesellschaft vorzubeugen.
Obwohl die Zulässigkeit der Einheitsgesellschaft mittlerweile zumindest mittelbar durch das Gesetz in § 172 Abs. 6 HGB anerkannt ist, werden gegen ihre Funktionsfähigkeit teilweise erhebliche Bedenken vorgebracht.[473]
Die ohne weiteres zulässige personengleiche GmbH & Co. KG erfordert identische Beteiligungsverhältnisse in den beiden Gesellschaften. Damit ist insbesondere bei Veränderungen im Gesellschafterbestand oder bei Kapitalmaßnahmen ein erheblicher gestalterischer Aufwand verbunden.
Für beide Lösungsansätze gilt, daß mit ihnen eine Beteiligung von Arbeitnehmern als Kommanditisten nur um den Preis einer gleichzeitigen Beteiligung an der Komplementär-GmbH möglich ist. Dies wird wegen der umfangreichen Informationsrechte der GmbH-Gesellschafter gemäß § 51 a GmbHG nicht in jedem Fall gewünscht sein.[474]
Beide Gestaltungsansätze können hier wegen den mit ihnen verbundenen Konsequenzen keine interessengerechte Lösung bieten.

b) Konsequente Trennung

Eine Lösung des Problems – widersprüchliche Gesellschafterentscheidungen auf den beiden Ebenen der Willensbildung – sollte vielmehr in einer konsequenten Trennung der Entscheidungsebenen gesucht werden.
Die überwiegende Ansicht in der Literatur hält es für zulässig, die Komplementär-GmbH ohne Kapitalanteil in der KG in dieser vom Stimmrecht auszuschließen. Der BGH nimmt jedenfalls für den Fall der personengleichen GmbH & Co. KG die Zulässigkeit des Stimmrechtsausschlusses für die Komplementär-GmbH an.[475] Teilweise wird die Zulässigkeitsgrenze in den Schranken für Mehrheitsentscheidungen gesehen.[476] Dieser Ansicht kann bei

---

[471] Vgl. §§ 46, 47 Abs. 1 GmbHG; § 53 Abs. 2 S. 1 GmbHG.
[472] Vgl. §§ 161 Abs. 2, 119 Abs. 1 HGB.
[473] *K. Schmidt*, GesR, § 56 II.3.e); *Scholz / Schmidt*, GmbHG, Anhang § 45 Rdn. 61; *Sudhoff*, Der Gesellschaftsvertrag der GmbH & Co, S. 64 ff.; ausführlich *Fleck*, FS Semler, der jedoch i.E. deren Funktionsfähigkeit annimmt; a.A. *Esch*, BB 1991, 1129 ff.
[474] Vgl. § 5 II. 1 c).
[475] BGH NJW 1993, 2100, wobei jedoch die Frage einer generellen Zulässigkeit für die Komplementär-GmbH ausdrücklich offen gelassen wird.
[476] Siehe *Ulmer*, in Großkomm., HGB, § 119 Rdn. 68 ff. m.w.N. in Fn. 171, 172.

kernbereichsrelevanten Entscheidungen durch antizipierte Zustimmungen im Gesellschaftsvertrag Rechnung getragen werden.[477]
Auch das Zustimmungsrecht der Kommanditisten für außerordentliche Geschäftsführungsmaßnahmen gemäß § 164 S. 1 HGB kann im Gesellschaftsvertrag ausgeschlossen werden.[478] Damit werden auch eventuelle Bedenken gegen die Beteiligung von Arbeitnehmern als Kommanditisten reduziert.
Mit dieser konsequenten Trennung werden Überschneidungen der Ebenen der Willensbildung und damit die Gefahr sich widersprechender Entscheidungen vermieden.

2. Stimmrechtsregelungen auf der Ebene der KG

Der Ausschluß des Zustimmungsrechts der Kommanditisten muß für die Wagniskapitalfinanziers, die ihre Finanzierungsfunktion über Kommanditeinlagen erfüllen, durch eine parallele Beteiligung an der Komplementär-GmbH kompensiert werden. Hierzu ist keine identische Beteiligungsquote wie in der KG erforderlich, da ihnen durch gesteigerte Verwaltungsrechte und Zustimmungsvorbehalte in der Komplementär-GmbH ausreichend Einfluß auf die Geschäftsführung verschafft werden kann.[479]
Ist damit den Entscheidungen im Bereich Geschäftsführung ausreichend Rechnung getragen, so bedürfen die Entscheidungen, die im Hinblick auf die Grundlagen der Gesellschaft zu treffen sind, einer besonderen Betrachtung. Diese Entscheidungen sind Gegenstand der Ebene des Gesellschaftsvertrags der KG, so daß hier, da die Komplementär-GmbH vom Stimmrecht ausgeschlossen ist, Stimmrechtsregelungen zwischen den Kommanditisten in Rede stehen.

a) Prinzip der Einstimmigkeit

In der KG gilt für alle Gesellschaftsangelegenheiten, so auch für die Grundlagengeschäfte, das Prinzip der Einstimmigkeit gemäß §§ 161 Abs. 2, 119 Abs. 1 HGB. Diese Geschäfte erfordern grundsätzlich die Zustimmung sowohl der Komplementäre als auch der Kommanditisten. Hier reduziert sich der Kreis der Zustimmungsberechtigten auf die Kommanditisten, da das Stimmrecht der Komplementär-GmbH vertraglich ausgeschlossen ist. Dieses Prinzip der Einstimmigkeit bietet zwar auch den Wagniskapitalfinanziers einen sicheren Schutz vor Maßnahmen der Gesellschaftermehrheit. Die Kehrseite dieses Schutzes ist jedoch, daß insbesondere bei einem größeren Kreis von Kommanditisten, der sich aus mehreren Gründergesellschaftern und Wagniskapitalfinanziers zusammensetzen kann, die Durchführung von wichtigen Grundlagengeschäften verzögert oder sogar verhindert werden kann. Dieses Problem kann sich verschärfen, wenn eine größere Zahl von Arbeitnehmern als Kommanditisten beteiligt werden soll.

---

[477] *Ulmer*, in Großkomm., HGB, § 119 Rdn. 69.
[478] *Schilling*, in Großkomm., HGB, § 164 Rdn. 7; *Schlegelberger / Martens*, HGB, § 164 Rdn. 23.
[479] Siehe oben § 5 II 2; wobei Esch, NJW 1988, 1553 ff., die Möglichkeit der GmbH-Gesellschafter verneint, Weisungen im Hinblick auf die Geschäftsführung in der KG zu geben.

Dieses Problem kann zum einen durch Stimmrechtsvereinbarungen angegangen werden. Dabei bliebe das Prinzip der Einstimmigkeit unberührt. Zum anderen kann auch vom Prinzip der Einstimmigkeit gemäß §§ 161 Abs. 2, 119 Abs. 1 HGB zugunsten einer Mehrheitsregelung im Gesellschaftsvertrag abgerückt werden.[480]

b) Zulässigkeit und Grenzen von Mehrheitsregelungen

Die Frage, unter welchen Voraussetzungen ein Personengesellschafter Mehrheitsentscheidungen gegen seinen Willen gelten lassen muß, ist immer noch nicht abschließend geklärt. Herkömmlich sah die Rechtsprechung diese Frage des Minderheitenschutzes durch den sogenannten „Bestimmheitsgrundsatz" beantwortet: Danach sollen allgemeine Mehrheitsklauseln nur für Geschäftsführungsbeschlüsse gelten. Solche Mehrheitsklauseln, die ausdrücklich auch Vertragsänderungen umfassen, sollen nur für derartige Änderungen der Organisation der Gesellschaft Geltung haben, die nicht auch die persönliche Rechtsstellung der einzelnen Gesellschafter betreffen.[481] Sollen auch Mehrheitsbeschlüsse möglich sein, die in die persönliche Rechtsstellung der einzelnen Gesellschafter eingreifen, so seien dafür Klauseln erforderlich, bei denen der Gesellschaftsvertrag den einzelnen Beschlußgegenstand zweifelsfrei erkennen läßt. Dies erfordere jedoch nicht eine im Einzelnen gegenständliche Festlegung.[482] Diese Rechtsprechung und der ihr folgende Teil der Literatur[483] haben dennoch zur Aufnahme ausufernder Kataloge von Beschlußgegenständen für Mehrheitsentscheidungen in die Gesellschaftsverträge geführt. Der beabsichtigte Minderheitenschutz hat sich durch diese unübersichtlichen Regelungen in sein Gegenteil verkehrt, was die Kritik am Bestimmtheitsgrundsatz ständig zunehmen hat lassen.[484] Angesichts dieser Kritik nähert sich zusehends die Rechtsprechung der Literaturansicht an, die ein Abrücken vom Bestimmtheitsgrundsatz als Mittel zum Minderheitenschutz fordert.[485] Sowohl für die Publikums-KG[486] als auch für die mitgliederstarke, kapitalistisch strukturierte Kommanditgesellschaft[487] hat die Rechtsprechung die Abkehr vom Bestimmtheitsgrundsatz bereits vollzogen. Der Minderheitenschutz sei vielmehr durch verschiedene materiell-rechtliche Schranken (Belastungsverbot,

---

[480] Siehe nur BGH NJW 1995, 194, 195 mit weiteren Rechtssprechungsnachweisen; *Baumbach / Hopt*, HGB, § 119 Rdn. 2; *Ulmer*, in Großkomm., HGB, § 119 Rdn. 31; *Schlegelberger / Martens*, HGB, § 119 Rdn. 14.

[481] BGH NJW 1953, 102, 103; BGH NJW 1967, 2157, 2158.

[482] BGH NJW 1953, 102, 103.

[483] Siehe nur *Schlegelberger / Martens*, HGB, § 119 Rdn. 18 m.w.N.

[484] *Brändel*, FS Stimpel, S. 95 ff.; *Leenen*, FS Larenz, S. 371 ff.; *Ulmer*, in Großkomm., HGB, § 119 Rdn. 36; *ders.*, in MünchKomm., BGB, § 709 Rdn. 74; *Hüffer*, ZHR 151 (1987), 396, 407; *Schilling*, in Großkomm., HGB, § 163 Rdn. 4; *Hennerkes / Binz*, BB 1983, 713, 714.

[485] Der BGH wendet den Bestimmtheitsgrundsatz weder auf die Publikums-KG (BGHZ 71, 53, 58 f.) noch auf die mitgliederstarke, körperschaftlich organisierte KG (BGHZ 85, 350, 355 f.) an und stellt ihn auch für die gesetzestypische KG in Frage (BGH NJW 1995, 194, 195), ohne jedoch abschließend Stellung zu beziehen.

[486] BGHZ 66, 82, 85 f.; BGHZ 71, 53, 58.

[487] BGHZ 85, 350, 355 ff.

Gleichheitsgrundsatz, Kernbereichslehre) zu verwirklichen. Dem Bestimmtheitsgrundsatz solle, wenn überhaupt, nur noch formelle Bedeutung zukommen.[488]

Angesichts dieser Entwicklung und der dargelegten Kritik sprechen gute Gründe gegen eine weitere Anwendung des Bestimmtheitsgrundsatzes. Der BGH hat zwar bislang eine Entscheidung für die typische Personengesellschaft offengelassen.[489] Auch legen die Instanzgerichte den Bestimmtheitsgrundsatz ihren Entscheidungen immer noch zugrunde.[490] Jedoch hat der BGH die Kernbereichslehre als Instrument des Minderheitenschutzes vor belastenden Mehrheitsentscheidungen ausdrücklich anerkannt.[491] Der BGH hat sich damit zu einer der Grundlagen der den Bestimmtheitsgrundsatz ablehnenden Ansicht bekannt.

Im folgenden ist daher zu untersuchen, ob Vertragsänderungen, die dem Mehrheitsentscheid zugänglich sein sollen, dem Kernbereich der Mitgliedschaft zuzurechnen sind. Ist dies der Fall, muß eine Änderungsbefugnis der Mehrheit den Anforderungen einer antizipierten Zustimmung entsprechen.

c) Ausgestaltung der Mehrheitsregelung

Die Frage, wie eine der Kernbereichslehre entsprechende Mehrheitsklausel in der Vertragspraxis aussehen soll, ist damit aber noch nicht beantwortet. Nimmt man die ausufernden Beschlußkataloge als Ausgangspunkt der Kritik, um die Anforderungen an eine Mehrheitsklausel zu bestimmen, so muß eine Mehrheitsklausel, die neben Geschäftsführungsmaßnahmen auch allgemeine Vertragsveränderungen nennt, sowohl Satzungsänderungen hinsichtlich der Organisation der Gesellschaft als auch alle anderen Änderungen der Satzung abdecken.[492] *K. Schmidt* hat für die personengleiche GmbH & Co. KG den Vorschlag gemacht, eine Klausel ausreichen zu lassen, die lediglich auf die Anforderungen für Mehrheitsentscheidungen im GmbH-Recht verweist.[493] Dem Regelungsbereich einer solchen Mehrheitsklausel blieben Entscheidungen entzogen, die zu einer Erhöhung der Beitragspflicht und sonstigen Eingriffen in den Kernbereich der Mitgliedschaft führen. In diesem Bereich sind Änderungen durch Mehrheitsentscheid nur aufgrund von Klauseln zulässig, die einer antizipierten Zustimmung genügen.[494] Der Gesellschaftsvertrag muß hierfür den

---

[488] Siehe dazu *Ulmer*, in Großkomm., HGB, § 119 Rdn. 37 f.; *Löffler*, NJW 1989, 2656 ff.; *Hüffer*, ZHR 151 (1987), 407, 408; *K. Schmidt*, ZHR 158 (1994), 204, 224 sieht den Bestimmtheitsgrundsatz als ein in seinen Grenzen funktionsfähiges und aufrechtzuerhaltenes Prinzip an.

[489] BGHZ 71, 53, 57 f.; BGHZ 132, 263, 268.

[490] OLG München BB 1994, 1466.

[491] BGH NJW 1995, 194, 195.

[492] *Brändel*, FS Stimpel, S. 95, 103; *Hüffer*, ZHR 151 (1987), 396, 408; ebenso wohl auch *Weipert*, in Münchener Handbuch des Gesellschaftsrechts, § 10 Rdn. 60 ff. und *Leenen*, FS Larenz, S. 371, 380 f.

[493] *K. Schmidt*, ZHR 158 (1994), 205, 207.

[494] Vgl. Ulmer, in Großkomm., HGB, § 119 Rdn. 42; *Hüffer*, ZHR 151 (1987), 396, 408; *Weipert*, in Münchener Handbuch des Gesellschaftsrechts, § 10 Rdn. 62; *Leenen*, FS Larenz, S. 371, 386.

Beschlußinhalt bereits so weit präzisieren, daß der Eingriff in den Kernbereich nach Art und Umfang bestimmbar ist; die bloße Bezeichnung des Beschlußgegenstandes genügt diesem Erfordernis nicht.[495] Die Anforderungen an eine antizipierte Zustimmung übersteigen damit die einer Klausel i.S.d. Bestimmtheitsgrundsatzes.

d) Qualifizierte Mehrheitserfordernisse

Für die Mehrheitsregelungen ist festzulegen, welchen Anforderungen die Mehrheitsentscheidungen genügen müssen und wie diese zu bestimmen sind. Ohne eine Bestimmung im Gesellschaftsvertrag ist nach der dispositiven Regel des § 119 Abs. 2 HGB die Mehrheit im Zweifel nach der Zahl der Gesellschafter zu bestimmen. Diese Regel gewährt jedem Gesellschafter ungeachtet seines finanziellen Engagements das gleiche Stimmgewicht und läßt die einfache Gesellschaftermehrheit genügen. In der Vertragspraxis ist es daher üblich, die Stimmenmehrheit anhand der Kapitalanteile zu bemessen.[496] Das Stimmgewicht des einzelnen Gesellschafters richtet sich hierbei nicht nach dessen veränderlichen gesamten Kapitalanteil, sondern nach einem festen Kapitalanteil, der hierzu auf einem gesonderten Kapitalkonto verbucht wird.[497]

Für den Fall, daß die Wagniskapitalfinanziers den überwiegenden Kapitalbeitrag leisten, kann vorgesehen werden, daß ihre Einlage auf zwei Kapitalkonten verteilt wird. Nur der auf dem ersten Kapitalkonto verbuchte Anteil der Einlage wird zur Berechnung der Stimmrechtsmacht herangezogen. Auf diese Weise kann eine generelle Stimmrechtsübermacht der Wagniskapitalfinanziers verhindert werden, um die Identifikation der Gründergesellschafter mit dem Unternehmen und damit deren Motivation nicht zu reduzieren.

Die berechtigten Interessen der Wagniskapitalfinanziers können durch qualifizierte Mehrheitserfordernisse gewahrt werden. Diese sind so zu bestimmen, daß den Wagniskapitalfinanziers nach Maßgabe ihres ersten festen Kapitalkontos für alle oder besonders wichtige Satzungsänderungen eine Sperrminorität zusteht. Eine solche Regelung führt nicht auf umständliche Art und Weise das gesetzliche Prinzip der Einstimmigkeit wieder ein. Vielmehr erlaubt diese Regelung, Zustimmungserfordernisse auf einzelne Beschlußgegenstände zu beschränken.

Zur Berechnung der Stimmrechtsmacht kann entsprechend § 47 Abs. 2 GmbHG vereinbart werden, daß jede 50 Euro des Guthabens auf dem ersten festen Kapitalkonto eine Stimme gewähren.[498]

e) Zustimmungsvorbehalte

Neben den qualifizierten Mehrheitserfordernissen kann das passive Einflußinteresse einzelner Kommanditisten auch mit Zustimmungsvorbehalten

---

[495] *Hüffer*, ZHR 151 (1987), 396, 408; *Ulmer*, in Großkomm., HGB, § 119 Rdn. 42.

[496] *Schlegelberger / Martens*, HGB, § 119 Rdn. 60; *Ulmer*, in Großkomm., HGB, § 119 Rdn. 51; *Heymann / Emmerich*, HGB, § 119 Rdn. 28.

[497] Siehe *Huber*, ZGR 17 (1988), 1, 43.

[498] *Ulmer*, in Großkomm., HGB, § 119 Rdn. 51.

in Form von Sonderrechten gesichert werden.[499] Diese Zustimmungsvorbehalte können qualifizierte Mehrheitserfordernisse ersetzen oder auch ergänzen. Letzteres kommt insbesondere dann in Betracht, wenn einzelne Beschlußgegenstände von besonderer Bedeutung für die Wagniskapitalfinanziers sind und ihnen entweder von vornherein oder aber durch die weitere Beteiligung anderer Investoren in späteren Finanzierungs-runden wegen ihrer dann verringerten Beteiligungsquote keine Sperrminorität mehr zusteht.
Eine aktive Einflußnahme ist weder aufgrund von qualifizierten Mehrheitserfordernissen noch durch Zustimmungsvorbehalte möglich.

f) Mehrstimmrechte

Im Recht der Personengesellschaften sind Gesellschaftsanteile mit erhöhtem Stimmrecht (sog. Mehrstimmrechte) anders als im Aktienrecht (§ 12 Abs. 2 AktG) grundsätzlich zulässig.[500] Die Grenze für die Zulässigkeit von Mehrstimmrechten findet sich dort, wo mit diesen der Gesellschaftsvertrag geändert werden kann und die übrigen Gesellschafter in eine gegen die guten Sitten verstoßende Abhängigkeit geführt würden.[501] Jedoch werden Mehrstimmrechte, mit denen auch der Gesellschaftsvertrag geändert werden kann, nicht per se als sittenwidrig und unzulässig angesehen.[502] Dies folgt schon daraus, daß die Rechtsprechung[503] und die überwiegende Meinung in der Literatur[504] auch Stimmrechtsausschlüsse als zulässig ansehen. Ein Stimmrechtsausschluß beschneidet anders als Mehrstimmrechte nicht nur die Erfolgswirksamkeit des Stimmrechts der nicht privilegierten Gesellschafter, sondern läßt sie den Entschluß der stimmberechtigten Gesellschafter vielmehr schweigend hinnehmen. Der Stimmrechtsausschluß ist daher die einschneidendere Maßnahme.
Ein solcher Stimmrechtsausschluß soll zulässig sein, soweit Beschlüsse nicht in den Kernbereich der Mitgliedschaft des vom Stimmrecht ausgeschlossenen Gesellschafters eingreifen.[505] Bis zu dieser Grenze müssen dann auch Mehrstimmrechte zulässig sein.[506]

---

499 Vgl. *Weipert*, in Münchener Handbuch des Gesellschaftsrechts, § 10 Rdn. 41; siehe auch *Ulmer*, in Großkomm., HGB, § 119 Rdn. 51; *Schlegelberger / Martens*, HGB, § 119 Rdn. 38.
500 BGH NJW 1956, 1198, 1200; *von Gerkan*, in *Röhricht / Graf von Westphalen*, HGB, § 119 Rdn. 32; *Weipert*, in Münchener Handbuch des Gesellschaftsrechts, § 10 Rdn. 39; *Reuter*, in MünchKomm., BGB, Bd. 1, § 35 Rdn. 4; *Staudinger / Weick*, BGB, § 35 Rdn. 5, 8.
501 BGH NJW 1956, 1198, 1200; *Baumbach / Hopt*, HGB, § 163 Rdn. 8.
502 *Baumbach / Hopt*, HGB, 119 Rdn. 14.
503 BGH NJW 1956, 1198, 1199 f.
504 *Ulmer*, in MünchKomm, BGB, § 709 Rdn. 58; *ders.*, in Großkomm., HGB, § 119 Rdn. 69, mit Nachweisen für die Gegenansicht in Fn. 168; *K. Schmidt*, GesR, § 21 II.1c); *Baumbach / Hopt*, HGB, § 163 Rdn. 5; *von Gerkan*, in *Röhricht / Graf von Westphalen*, HGB, § 119 Rdn. 32; *Ulmer*, in Großkomm., HGB, § 119 Rdn. 69.
505 BGH NJW 1956, 1198, 1200; *Baumbach / Hopt*, HGB, § 163 Rdn. 6; *Schlegelberger / Martens*, HGB, § 119 Rdn. 37; *Ulmer*, in Großkomm., HGB, § 119 Rdn. 69.
506 Siehe auch *Weipert*, in Münchner Handbuch des Gesellschaftsrechts, § 10 Rdn. 23; *Baumbach / Hopt*, HGB, 119 Rdn. 14.

Werden die Mehrfachstimmrechte auch noch gegenständlich auf bestimmte Beschlußgegenstände begrenzt und steht ihre Geltung unter dem Vorbehalt des Eintritts oder des Ausbleibens bestimmter Ereignisse (*milestones*), so ist eine sittenwidrige Abhängigkeit der nicht begünstigten Gesellschafter nicht zu befürchten.
Ein gegenständlich begrenztes Mehrstimmrecht kompensiert vielmehr lediglich teilweise die Einbuße an Stimmrechtsmacht, die der Wagniskapitalfinanzier dadurch hinnimmt, daß nur ein Teil seines Kapitalanteils zur Bemessung der Stimmrechtsmacht herangezogen wird. Die Wagniskapitalfinanziers können mit Mehrstimmrechten aktiv Einfluß auf die Veränderungen der Grundlagen der Gesellschaft nehmen.

g) Schuldrechtliche Stimmbindung

Die Zulässigkeit von Stimmbindungen unter den Gesellschaftern steht auch im Recht der Personengesellschaften außer Streit. Die Stimmbindung kann grundsätzlich unbeschränkt auf alle Arten von Abstimmungen ausgedehnt werden.[507] Die Grenzen der zulässigen Bindung ergeben sich aus den allgemeinen Schranken (§§ 134, 138 BGB), dem Schutz des Kernbereichs der Mitgliedschaft, der gesellschaftsrechtlichen Treuepflicht und aus Stimmverboten und Stimmpflichten.[508] Für geschäftsführende Gesellschafter wird darüber hinaus vertreten, daß diese im Bereich der Geschäftsführung, die sie eigenverantwortlich und im ausschließlichen Gesellschaftsinteresse wahrnehmen müssen, sich keiner Bindung unterwerfen dürfen.[509] Dies kann hier unberücksichtigt bleiben. Auf der Ebene der KG werden die Stimmbindungen ohnehin nicht auf Angelegenheiten der Geschäftsführung gerichtet sein, da diese ausschließlich der Komplementär-GmbH obliegt. Stimmbindungen können daher zur Sicherung und Stärkung des Einflusses der Wagniskapitalfinanziers auf der Ebene der Kommanditgesellschaft ohne weiteres genutzt werden.

III. Gestaffelte Finanzierung (*Staged Financing*)

Die Finanzierung der GmbH & Co KG findet über die Kommanditbeteiligungen statt. Die Komplementär–GmbH erbringt keine Einlage und hält auch keinen Kapitalanteil.[510] Die Entscheidung über eine Erhöhung der Beitragspflicht ist damit allein von den Kommanditisten zu treffen. Die Frage der Beitragserhöhung wird übereinstimmend dem Kernbereich der Mitgliedschaft zugeordnet.[511] Soweit der Gesellschaftsvertrag vorsieht, daß über

[507] *Ulmer*, in Großkomm., HGB, § 119 Rdn. 74.
[508] *Schilling*, in Großkomm., HGB, § 163 Rdn. 12; *Ulmer*, in MünchKomm., BGB, § 717 Rdn. 23; *Baumbach / Hopt*, HGB, § 119 Rdn. 17; *Schlegelberger / Martens*, HGB, § 119 Rdn. 49.
[509] *Schlegelberger / Martens*, HGB, § 119 Rdn. 49; *Ulmer*, in MünchKomm., BGB, § 717 Rdn. 23; *ders.*, in Großkomm., HGB, § 119 Rdn. 74 m.w.N. auch für die Gegenauffassung in Fn. 187.
[510] *Riegger*, in Münchener Vertragshandbuch, III. 7, Anm. 8.
[511] *Hüffer*, ZHR 151 (1987), 397, 408; *Ulmer*, in Großkomm. HGB, § 119 Rdn. 42; *von Gerkan*, in *Röhricht / Graf von Westphalen*, HGB, § 119 Rdn. 29; *Baumbach / Hopt*, HGB, § 119 Rdn. 36; *Mecke*, BB 1988, 2258, 2264.

Kapitalerhöhungen durch Mehrheitsbeschluß entschieden werden kann, verpflichtet ein solcher Mehrheitsbeschluß noch keinen Gesellschafter, seinen Beitrag zu erhöhen. Ein Gesellschafter kann daher ohne seine Zustimmung nicht zur Teilnahme an einer Kapitalerhöhung verpflichtet werden.[512] Auch bei der grundsätzlich im Gesellschaftsvertrag vorgesehenen Zulassung von Mehrheitsbeschlüssen für Vertragsänderungen ist sichergestellt, daß die Wagniskapitalfinanziers weiterhin frei über eine Erhöhung ihrer Beiträge entscheiden können. Der Gesellschaftsvertrag kann jedoch auch die Erhöhung der Einlagen verpflichtend durch Mehrheitsbeschluß regeln. Eine solche Vertragsklausel muß den strengen Anforderungen einer antizipierten Zustimmung genügen. Sie muß eindeutig Ausmaß und Grenzen der mehrheitlichen Änderungen erkennen lassen.[513] In der normalen KG ist eine solche Regelung durch Mehrheitsbeschluß nur bis zu einer festen Obergrenze verpflichtend.[514]
Die Wagniskapitalfinanziers sind damit grundsätzlich in ihrer Finanzierungsentscheidung frei. Sie können aber im Gesellschaftsvertrag verpflichtend die Teilnahme an zukünftigen Kapitalerhöhungen mit festgelegten Höchstbeträgen zusagen. Diese Zusagen lassen sich natürlich auch an das Erreichen bestimmter *milestones* knüpfen.

IV. Vorzugsbeteiligung

Der Grundsatz der Vertragsfreiheit im Innenrecht der KG läßt neben den schon behandelten Mehrstimmrechten auch für einzelne Gesellschafter gestärkte Vermögensrechte als zulässig erscheinen.

1. Vorzugsdividende

Die gesetzliche Gewinnverteilung sieht zunächst für alle Gesellschafter einen gleichmäßigen Gewinnvorab in Höhe von 4% ihrer Kapitalanteile vor.[515] Ein noch verbleibender Gewinn ist gemäß § 168 Abs. 2 HGB in einem angemessenen Verhältnis zwischen den Gesellschaftern zu verteilen.[516] Die gesetzliche Gewinnverteilung des § 168 HGB gilt jedoch nur insoweit, als der Gesellschaftsvertrag keine abweichende Regelung trifft.[517] In der Vertragspraxis wird abweichend von der gesetzlichen Regel des § 168 HGB der Gewinn unter den Kommanditisten regelmäßig entsprechend dem Verhältnis ihrer Kapitalanteile verteilt.[518]

---

[512] BGHZ 66, 82, 85 (für die Publikums KG); *K. Schmidt*, ZHR 158 (1994), 205, 227.

[513] *Ulmer*, in Großkomm., HGB, § 119 Rdn. 42; *Löffler*, NJW 1989, 2656, 2661; *Hüffer*, ZHR 151 (1987), 396, 408; *K. Schmidt*, ZHR 158 (1994), 204, 226 f.; *Mecke*, BB 1988, 2258, 2263.

[514] *Sudhoff*, Gesellschaftsvertrag der GmbH & Co., S. 52; *Schilling*, in Großkomm., HGB, Anhang § 161 Rdn. 27; *Hennerkes / Binz*, BB 1983, 713, 716.

[515] § 168 Abs. 1 i.V.m. § 121 Abs. 1, 2 HGB.

[516] *Schlegelberger / Martens*, HGB, § 168 Rdn. 7.

[517] *Baumbach / Hopt*, HGB, § 168 Rdn. 4; *Schlegelberger / Martens*, HGB, § 168 Rdn. 20.

[518] *Heymann / Horn*, HGB, Bd. 2, § 168 Rdn. 8; *von Gerkan*, in *Röhricht / Graf von Westphalen*, HGB, § 168 Rdn. 20.

a) Erhöhter Dividendenvorab

Eine bloß am Verhältnis der Kapitalanteile orientierte Gewinnverteilung würde dem finanziellen Engagement der Wagniskapitalfinanziers nicht genügend Rechnung tragen. Sie würden danach weiterhin mit den Gründergesellschaftern entsprechend ihrer Beteiligung verhältnismäßig gleich behandelt.

Für eine interessengerechte Gewinnverteilung soll das schon für die Bemessung des Stimmrechts als Maßstab angelegte feste Kapitalkonto zugrunde gelegt werden.[519] Damit werden auch Unsicherheiten bei der Gewinnverteilung vermieden, die ansonsten entstünden, wenn der grundsätzlich veränderliche Kapitalanteil debitorisch würde.[520] Ist mit dem festen Kapitalkonto eine zuverlässige Berechnungsgrundlage geschaffen, stellt sich die Frage, ob die Wagniskapitalfinanziers vor den Gründergesellschaftern mit einem erhöhten Prozentsatz an der Gewinnverteilung partizipieren können.

Wie die Regelung des § 168 Abs. 2 HGB bereits zeigt, ist bei Beachtung des Gebots der Angemessenheit eine vertragliche Gewinnverteilung möglich, nach der die Gesellschafter nicht zwingend gleich behandelt werden müssen. Vielmehr kann von der gesetzlichen Gewinnverteilung auf vielfache Art und Weise abgewichen werden:[521] So kann die Einlage fest verzinst werden oder ein garantierter Gewinnanteil zugesagt werden, der in Jahren ohne Gewinn zu Lasten der Kapitalanteile anderer Gesellschafter gezahlt werden muß.[522] Eine solche gewinnunabhängige Ausgestaltung würde jedoch den Prinzipien der Wagnisfinanzierung zuwiderlaufen.

Unter dem Gesichtspunkt der Angemessenheit scheint es aber zulässig, den Wagniskapitalfinanziers einen höheren Prozentsatz bei der Gewinnverteilung einzuräumen als den Gründergesellschaftern. Die Wagniskapitalfinanziers bringen im wesentlichen das erforderliche Kapital auf, um die Geschäftsidee zu verwirklichen und tragen damit überwiegend das finanzielle Risiko. Bei einer Aufteilung der Einlage der Wagniskapitalfinanziers auf zwei Kapitalkonten, von denen nur das erste als Bemessungsgrundlage dient, scheint ein erhöhter Prozentsatz geradezu geboten. Eine Vorausdividende zu einem erhöhten Prozentsatz ist daher angemessen.

b) Nachbezugsrecht

Auch ein kumulierender Dividendenvorzug entsprechend dem § 139 Abs. 1 AktG ist möglich. Ein derartiges Nachbezugsrecht stellt gegenüber einer zulässigen gewinnunabhängigen Verzinsung eine geringere Belastung für die Gesellschaft dar, so daß auch hiergegen keine Bedenken bestehen.

Für eine Teilnahme der Wagniskapitalfinanziers an einer Gewinnverteilung über ihren Gewinnvorab hinaus sollte jedoch die Verteilung auf das Verhältnis der

---

[519] vgl. *Huber*, ZGR 17 (1988), 1, 43 ff.

[520] *Schlegelberger / Martens*, HGB, § 168 Rdn. 24; *von Falkenhausen*, in Münchener Handbuch des Gesellschaftsrechts, § 21 Rdn. 30 ff.

[521] *von Falkenhausen*, in Münchener Handbuch des Gesellschaftsrechts, § 21 Rdn. 12 ff.

[522] *Baumbach / Hopt*, HGB, § 168 Rdn. 4; *Schilling*, in Großkomm., HGB, § 168 Rdn. 5; *Heymann / Horn*, HGB, § 168 Rdn. 8; *Schlegelberger / Martens*, HGB, § 168 Rdn. 21; in BGH WM 1975, 662 wird die Zulässigkeit einer solchen Regelung vorausgesetzt.

festen Kapitalkonten (I) beschränkt sein. Andernfalls könnte der Einwand erhoben werden, daß sie doppelt begünstigt würden, womit der Grundsatz der Angemessenheit verletzt sein könnte.

2. Schutz des Dividendenvorzugs

Der so ausgestaltete Dividendenvorzug gewährt noch keinen Anspruch des begünstigten Gesellschafters auf Gewinnausschüttung in Form eines Gläubigerrechts. Die Entstehung des Gewinnanspruchs setzt zunächst eine Ergebnisermittlung im Rahmen der Aufstellung des Jahresabschlusses und die Feststellung des Jahresabschlusses voraus. Hinzutreten muß das Auszahlungsverlangen des Gesellschafters.[523] Das HGB kennt insoweit keine Regelung, die dem Beschluß über die Gewinnverwendung im Kapitalgesellschaftsrecht entspricht.[524]

Damit stellt sich auch für den Dividendenvorzug des Kommanditisten die Frage des Schutzes vor einer Aushöhlung durch kreative Bilanzierungspolitik.

Die Aufstellung des Jahresabschlusses ist in der Kommanditgesellschaft Aufgabe des oder der geschäftsführenden Gesellschafter, also im Regelfall der Komplementäre.[525] Im Falle der GmbH & Co. KG obliegt die Aufstellung des Jahresabschlusses den Geschäftsführern der Komplementär-GmbH.[526] Die mit der Abschlußaufstellung befaßten Geschäftsführer können von den Ansatz- und Bewertungswahlrechten gemäß der §§ 246 ff HGB Gebrauch machen und haben somit im Rahmen ihres kaufmännischen Ermessens Einfluß auf die Höhe des der Gesellschafterversammlung vorzuschlagenden Jahresergebnisses. Hierbei unterliegen sie den Weisungen der GmbH-Gesellschafter oder ggf. eines GmbH-Beirats.[527] Damit besteht für die Wagniskapitalfinanziers als Gesellschafter der Komplementär-GmbH bereits bei der Aufstellung des Jahresabschlusses die Möglichkeit, ihre Interessen zu wahren.

Die Feststellung des Jahresabschlusses, die den Jahresabschluß für die Gesellschafter erst verbindlich macht, ist kein Geschäftsführungsakt, sondern Grundlagengeschäft. Danach ist zur Feststellung des Jahresabschlusses grundsätzlich gemäß § 119 Abs. 1 HGB die Zustimmung aller Gesellschafter einschließlich der Kommanditisten erforderlich.[528] Die Feststellung des Jahresabschlusses kann als Grundlagengeschäft in laufenden Angelegenheiten auch auf Grund einer Mehrheitsklausel durch einen entsprechenden Mehrheitsbeschluß getroffen werden.[529]

---

[523] *Ulmer*, FS Lutter, S. 935, 948.

[524] Siehe *Ulmer*, FS Lutter, S. 935, 945 ff.

[525] *Sudhoff / Schulte*, Personengesellschaften, S. 135 Rdn. 56; *von Gerkan*, in *Röhricht / Graf von Westphalen*, HGB, § 167 Rdn. 2.

[526] *Rowedder / Koppensteiner*, GmbHG, § 37 Rdn. 56;

[527] S.o. GmbH-Recht.

[528] BGH ZIP 1996, 750, 751; grundlegend dazu bereits *Ulmer*, FS Hefermehl, S. 207, 210 ff.; *Schulze-Osterloh*, BB 1995, 2519, 2524, *Schilling*, in Großkomm., HGB, § 167 Rdn. 3 ff. mit ausdrücklicher Aufgabe der früheren h.M., die den Kommanditisten kein Mitwirkungsrecht bei der Feststellung des Jahresabschlusses zuerkennen wollte; *von Gerkan*, in *Röhricht / Graf von Westphalen*, HGB, § Rdn. 3; a.A. *Heymann / Horn*. HGB, § 167 Rdn. 2.

[529] *Ulmer*, in Großkomm., HGB, § 119 Rdn. 45, § 120 Rdn. 18

Soll dagegen durch einen Gesellschafterbeschluß über die Bildung von offenen Rücklagen entschieden werden, stellt dies einen Eingriff in das Gewinnbezugsrecht des einzelnen Gesellschafters dar. Dieser bedarf grundsätzlich als Grundlagenentscheidung mit Kernbereichsrelevanz der Zustimmung sämtlicher Gesellschafter.[530] Ohne eine Regelung im Gesellschaftsvertrag, die den Anforderungen an eine antizipierte Zustimmung genügt, können offene Rücklagen nur mit Zustimmung aller Gesellschafter gebildet werden.[531]

Die Interessen der Wagniskapitalfinanziers werden bei der Aufstellung des Jahresabschlusses durch deren Rechte als Gesellschafter der Komplementär-GmbH gewahrt. Für den Fall, daß die Feststellung des Jahresabschlusses und die Bildung offener Rücklagen durch eine Mehrheitsentscheidung im Gesellschaftsvertrag zugelassen werden soll, ist ein die Interessen der Wagniskapitalfinanziers wahrendes Mehrheitserfordernis zu verlangen.

Der Dividendenvorzug der Wagniskapitalfinanziers ist dann gegen eine Aushöhlung durch eine kreative Bilanzierung ausreichend geschützt.

3. Rücklagenbildung durch Verzicht auf Dividendenauszahlung

Das Recht der Personengesellschaften kennt weder einen Zwang zur Rücklagenbildung, noch stellt es durch nachgiebiges Recht eine spezielle Institution zur Reservenbildung bereit.[532] Um die Kapitalbasis der Gesellschaft auf längere Zeit durch einbehaltene Gewinne zu verbreitern, können unterschiedliche Lösungen ergriffen werden.

a) Darlehenskonto, Rücklagenkonto

Den Kommanditisten sind gemäß § 167 Abs. 2 HGB Gewinne auszuzahlen oder auf separaten Sonderkonten („Privatkonto“ oder „Darlehenskonto“) gutzuschreiben, soweit sie ihre Einlagen voll erbracht haben und diese nicht wieder durch Verluste gemindert sind.[533] Die Gutschriften auf diesen Sonderkonten stellen Forderungen der Kommanditisten gegen die Gesellschaft

---

[530] *Ulmer*, in Großkomm., HGB, § 120 Rdn. 40; ob auch die Bildung stiller Reserven durch die Ausübung von Bewertungs- und Steuerwahlrechte der Entscheidung der Gesellschaftergesamtheit vorbehalten ist, wird teilweise unterschiedlich gesehen. Siehe *Ulmer*, FS Lutter, S. 935, 941 ff., der dies nur sehr begrenzt annimmt; dagegen wird eine weitere Kompetenz der Gesellschaftergesamtheit angenommen von BGHZ 132, 263, 275 f.; ebenso *Schulze-Osterloh*, BB 1995, 2519, 2521 f.; eine vermittelnde Haltung nimmt *Schön*, FS Beisse, S. 471, 484 ff. ein.

[531] BGH JZ 1996, 856, 859; *Priester*, FS Quack, S. 373, 392 f.; *Ulmer*, in Großkomm., HGB, § 120 Rdn. 42; strenger *Schlegelberger / Martens*, HGB, § 168 Rdn. 22, der Mehrheitsentscheidung nur für erforderliche Rücklagen als zulässig ansieht.

[532] BGH BB 1976, 948, 949; *H. Westermann*, FS von Caemmerer, S. 657, 658; *Huber*, GS Knobbe–Keuk, S. 203.

[533] *Heymann / Horn*, HGB, § 167 Rdn. 6; *von Gerkan*, in *Röhricht / Graf von Westphalen*, HGB, § 167 Rdn. 10 ff.

dar,[534] und können ohne entgegenstehende Abreden grundsätzlich in den gesetzlichen Fristen des § 609 BGB gekündigt werden.[535]
Abweichend von der gesetzlichen Regel des § 609 BGB können Entnahmebeschränkungen geschaffen werden, nach denen die aufgelaufenen Gewinne ganz oder teilweise für die Zeit der Beteiligung nicht entnommen werden können.[536] Auch diese Entnahmebeschränkungen ändern jedoch nichts an dem Forderungscharakter der Gutschriften.[537]
Die einbehaltenen Gewinne können aber auch auf einem Rücklagenkonto gutgeschrieben werden. Der Unterschied zu den Darlehenskonto besteht darin, daß deren Guthaben auch für eine spätere Verlustdeckung herangezogen werden können. Die Guthaben auf den Rücklagenkonten stellen wegen ihrer Verlustabdeckungsfunktion echtes Risikokapital dar.[538] Die Gesellschafter haben keinen Anspruch auf Auszahlung dieser Guthaben.[539]
Hier soll durch die Einbehaltung von Gewinnen die Risikokapitalausstattung des Beteiligungsunternehmens gefördert werden, so daß die Rücklagenbildung der Darlehensvariante vorzuziehen ist.

b) Grundlage für Rücklagenbildung

Als Grundlage für die Rücklagenbildung kann der Gesellschaftsvertrag die Einstellung eines bestimmten Anteils des Gewinns in die Rücklage festlegen, oder einen jährlich zu fassenden Mehrheitsbeschluß zulassen.[540] Soll die Rücklagenbildung durch Mehrheitsbeschluß zulässig sein, muß die entsprechende Vertragsklausel Ausmaß und Grenzen der Mehrheitskompetenz im Sinne einer antizipierten Zustimmung genau festlegen.[541] Eine allgemeine Mehrheitsklausel wurde vom BGH ausdrücklich nur für den Fall der wirtschaftlich notwendigen Rücklagen als ausreichend angesehen, soweit diese notwendig sind, um das Unternehmen der Gesellschaft für die Zukunft lebens- und widerstandsfähig zu erhalten.[542]
Ein jährlicher Mehrheitsbeschluß ist gegenüber der festen Anordnung der Rücklagenbildung im Gesellschaftsvertrag die flexiblere Lösung. Eine feste Regelung scheint hier dennoch vorteilhafter. Die Vorzugsdividende der

---

[534] *Huber*, ZGR 17 (1988), 1, 29, 35 f.; *Heymann / Horn*, HGB, § 167 Rdn. 7.
[535] *Schlegelberger / Martens*, HGB, § 169 Rdn. 22; *Huber*, ZGR 17 (1988), 1, 33.
[536] *Schlegelberger / Martens*, HGB, § 169 Rdn. 22
[537] BGH WM 1978, 342, 343 f.; *Schlegelberger / Martens*, HGB, § 169 Rdn. 22; *von Gerkan*, in *Röhricht / Graf von Westphalen*, HGB, § 120 Rdn. 15.
[538] *von Gerkan*, in *Röhricht / Graf von Westphalen*, HGB, § 169 Rdn. 15.
[539] *Huber*, GS Knobbe-Keuk, S. 203, 209 f.
[540] *H. Westermann*, FS von Caemmerer, S. 657, 662; *Schilling*, in Großkomm., HGB, § 169 Rdn. 8; *Schlegelberger / Martens*, HGB, § 169 Rdn. 21 f.
[541] *Ulmer*, in Großkomm., HGB, § 120 Rdn. 42, § 122 Rdn. 36; *Hopt*, FS Odersky, S. 799, 816; so wohl auch *Schön*, FS Beisse, S. 471, 483, der in Fn. 55 darauf hinweist, daß die Entscheidung des BGH in BB 1976, 948 ff. nicht verallgemeinerungsfähig ist; *K. Schmidt*, GesR, § 16 III.3.a)bb) u. dd).
[542] BGH BB 1976, 948, 949; ihm folgend *H. Westermann*, FS von Caemmerer, S. 657, 663; *Schilling*, in Großkomm., HGB, § 169 Rdn. 9; *Huber*, GS Knobbe-Keuk, S. 203, 208 f.; Binz / Sorg, DB 1996, 969, 971; kritisch Schön, FS Beisse, S. 471, 484 ff.

Wagniskapitalfinanziers soll diesen nicht einen bevorzugten Liquiditätsrückfluß während der Beteiligungsdauer verschaffen. Nur für den Fall ihres Ausscheidens aus der Gesellschaft oder deren Auflösung soll sie ihnen eine bevorzugte Mindestverzinsung vor den Gründerunternehmern sichern.
Dieser Zweck der Vorzugsdividende wird mit einer vertraglichen Anordnung zur Rücklagenbildung den Gründergesellschaftern gegenüber verdeutlicht. Die Gründergesellschafter werden daher die Vorzugsdividenden der Wagniskapitalfinanziers und die mit diesen verbundenen berechtigten Interessen eher akzeptieren.
Für die Rücklagenbildung kann anstatt eines gemeinsamen Rücklagenkontos aller Gesellschafter für jeden Gesellschafter Rücklagenausweis auf einem gesonderten Konto erfolgen.[543] Die individuelle Führung der Rücklagenkonten begründet weder einen Anspruch auf Auszahlung des Guthabens,[544] noch wird der an den festen Kapitalkonten orientierte Beteiligungsschlüssel verändert.[545] Die Guthaben auf den Rücklagenkonten stellen grundsätzlich in Fällen der Auseinandersetzung und der Abfindung lediglich einen unselbständigen Hilfsposten bei der Ermittlung des Auseinandersetzungs- oder Abfindungsguthabens dar.[546]

4. Schutz der Rücklage

a) Auflösung der Rücklage

Für die Auflösung der Rücklage ist als actus contrarius zur Rücklagenbildung zuständig, wer zu deren Bildung berufen ist. Ist die Rücklage auf Grund einer Anordnung im Gesellschaftsvertrag gebildet, so kann sie nur durch eine Änderung des Gesellschaftsvertrages aufgelöst werden.
Als Grundlage für die Auflösung der Rücklage genügt eine einfache Mehrheitsklausel für Vertragsänderungen, da an die Guthaben auf den Rücklagenkonten grundsätzlich keine Rechte und Pflichten anknüpfen.[547] Die Auflösung der Rücklagen ist anders als deren Bildung auch kein Eingriff in das kernbereichsrelevante Gewinnbezugsrecht, vielmehr wird ein solcher wieder aufgehoben. Damit steht die Rücklagenauflösung grundsätzlich im Ermessen der einfachen Gesellschaftermehrheit.
Als buchungstechnische Folge der Rücklagenauflösung werden die freigegebenen Beträge dem „Privatkonto" oder dem „freien Darlehenskonto" des Gesellschafters gutgeschrieben, von dessen Rücklagenkonto sie stammen.[548]

---

543 *Huber*, ZGR 17 (1988), 1, 89 ff., *ders.*, GS Knobbe–Keuk, S. 203, 209; *Ulmer*, in Großkomm., HGB, § 120 Rdn. 73; *Priester*, Vertragsgestaltung bei der GmbH & Co., S. 66; *Schön*, FS Beisse, S. 471, 482; *von Falkenhausen*, in Münchener Handbuch des Gesellschaftsrechts, § 19 Rdn. 63; a.A. wohl *H. Westermann*, FS von Caemmerer, S. 657, 669.
544 *Huber*, ZGR 17 (1988), 1, 91.
545 Soweit dies, wie üblich, gesellschaftsvertraglich vorgesehen ist, siehe nur *Heymann / Emmerich*, HGB, § 120 Rdn. 30; *Ulmer*, in Großkomm., HGB, § 120 Rdn. 64 ff.
546 *Huber*, GS Knobbe–Keuk, S. 203, 216.
547 *H. Westermann*, FS von Caemmerer, S. 657, 670; *Huber*, GS Knobbe–Keuk, S. 203, 217;
548 *Huber*, GS Knobbe–Keuk, S. 203, 212.

Danach kommt die Rücklagenauflösung nur dem Gesellschafter zugute, für den ein entsprechendes Guthaben auf seinem Rücklagenkonto ausgewiesen war. Hierin liegt u.a. der Sinn des gesonderten Ausweises der Rücklagenkonten.
Danach ist die Auflösung der Rücklagen zwecks Ausschüttung bei entsprechender Mehrheitsklausel im Gesellschaftsvertrag zwar ohne oder gegen die Stimmen der Wagniskapitalfinanziers möglich. Nachteile können ihnen daraus aber nicht erwachsen.

b) Verrechnung mit Verlusten

Die Geschäftsführung kann mit der Rücklage ebenso verfahren wie mit dem übrigen Vermögen, soweit der Gesellschaftsvertrag nicht durch eine besondere Zweckbestimmung etwas anderes vorschreibt.[549] Die Rücklage kann daher auch ohne besondere Regelung im Gesellschaftsvertrag mit zukünftigen Verlusten verrechnet werden.[550] Mit einer Zweckbestimmung kann jedoch eine Anlageart bestimmt werden, die den Zugriff auf den Rücklagenwert für den vorgesehenen Zweck sicherstellt.[551] So kann die Rücklage durch eine Zweckbestimmung vor einer Verrechnung mit zukünftigen Gesellschaftsverlusten geschützt werden. Bei festen Kapitalkonten erfordert eine solche Regelung zusätzlich ein Verlustvortragskonto, um die laufenden Verluste aufzunehmen.[552]

c) Kapitalerhöhung aus Gesellschaftsmitteln

Als Kapitalerhöhung aus Gesellschaftsmitteln stellt sich bei der Kommanditgesellschaft die Umbuchung des Guthabens von einem Rücklagenkonto auf das Festkapitalkonto dar.[553] Sind die Festkapitalkonten wie hier maßgeblich für Gewinnverteilung und Stimmrechte, so ist wegen der Kernbereichsrelevanz der Umbuchung die Zustimmung aller Gesellschafter erforderlich.[554] Eine Mehrheitsentscheidung ist somit nur auf Grund einer Klausel zulässig, die den Anforderungen an eine antizipierte Zustimmung genügt.[555]
Eine Umwandlung der Rücklage in „Festkapital“ ist gegen den Willen der Wagniskapitalfinanziers nicht möglich.
Sollen Rücklagen in „Festkapital“ umgewandelt werden, so gilt auch bei der Personengesellschaft der Grundsatz, daß alle Gesellschafter entsprechend ihrer Beteiligung proportional an der Kapitalerhöhung zu beteiligen sind.[556] Dieser Grundsatz kann jedoch nur dort Gültigkeit beanspruchen, wo die Gesellschafter

---

549 *H. Westermann*, FS von Caemmerer, S. 657, 661.
550 *Huber*, ZGR 17 (1988), 1, 93.
551 *H. Westermann*, FS von Caemmerer, S. 657, 661.
552 Vgl. *Riegger*, in Münchener Vertragshandbuch, III. 3, Anm. 5, S. 186; kritisch dazu *Huber*, ZGR 17 (1988), 1, 86 ff.
553 *Huber*, ZGR 17 (1988), 1, 83; *ders.*, GS Knobbe-Keuk, S. 203, 218; *von Gerkan*, in *Röhricht / Graf von Westphalen*, HGB, § 174 Rdn. 48; siehe auch *Ulmer*, in Großkomm., HGB, § 121 Rdn. 24.
554 *Ulmer*, in Großkomm., HGB, § 121 Rdn. 24; *von Gerkan*, in *Röhricht / Graf von Westphalen*, HGB, § 122 Rdn. 12; siehe dazu auch *Huber*, ZGR 17 (1988), 1, 50.
555 *Ulmer*, in Großkomm., HGB, § 120 Rdn. 68; das Einverständnis aller Gesellschafter fordert ebenso *Heymann / Emmerich*, HGB, § 120 Rdn. 29.
556 *Huber*, GS Knobbe-Keuk, S. 203, 218.

auch proportional zur Bildung der Rücklage beigetragen haben.[557] Das ist hier nicht der Fall. Die Rücklagen werden durch den vertraglichen Auszahlungsverzicht des Gewinnvorzugs der Wagniskapitalfinanziers gespeist. Dies veranschaulicht auch der gesonderte Ausweis der Rücklagen auf den Rücklagenkonten der einzelnen Gesellschafter. Der Grundsatz der proportionalen Teilnahme an einer Kapitalerhöhung aus Gesellschaftsmitteln greift hier somit nicht. Anders als im Recht der Kapitalgesellschaften (§ 212 AktG, § 57 j GmbHG) existiert im Personengesellschaftsrecht auch keine zwingende Norm, um die Einhaltung dieses Grundsatzes dennoch zu verlangen. Mit Zustimmung aller betroffenen Gesellschafter kann daher von der proportionalen Teilnahme an der Kapitalerhöhung abgewichen werden.[558] Diese Zustimmung kann unter den Anforderungen der Kernbereichslehre gemeinsam mit der Zustimmung zur Umwandlung im voraus erteilt werden.[559]

d) Schutz bei Umwandlung / IPO

Die GmbH & Co KG wird notwendigerweise vor einem *IPO* in eine Aktiengesellschaft umgewandelt. Bei der Umwandlung stellt sich damit auch hier die Frage nach einer Absicherung der Rücklage. Bei der Aktiengesellschaft ist eine quotenabweichende Teilnahme an einer Kapitalerhöhung aus Gesellschaftsmitteln nicht möglich. Mit dem Rechtsformwechsel in die Aktiengesellschaft würde diese Möglichkeit also eingebüßt werden. Ist ohnehin alsbald nach dem Rechtsformwechsel ein *IPO* geplant, sollten die Guthaben auf den Rücklagenkonten noch in der GmbH & Co KG in „Festkapital" umgewandelt werden. Bei einem Formwechsel der GmbH & Co KG gemäß der §§ 190 ff, §§ 214 ff UmwG kann ohne Zustimmung der betroffenen Gesellschafter das Beteiligungsverhältnis nicht verändert werden.[560] Die Wagniskapitalfinanziers müssen entsprechend ihrer Guthaben auf den festen Kapitalkonten am Nennkapital der Aktiengesellschaft beteiligt werden. Hierbei ist zu beachten, daß das Nennkapital der Aktiengesellschaft nicht durch das Kommanditkapital, sondern durch das Reinvermögen der KG bestimmt wird (§ 220 Abs. 1 UmwG).[561]

Ist nach dem Formwechsel ein IPO nicht alsbald geplant, kann eine Umwandlung der Rücklagen in Festkapital unerwünscht sein, wenn diese zu einer Mehrheitsbeteiligung der Wagniskapitalfinanziers führt. Dauert dieser Zustand zu lange an, könnten sich die Einsatzbereitschaft und Identifikation der Gründergesellschafter mit dem Unternehmen vermindern. In diesem Fall sollten die Rücklagen über den Formwechsel hinaus aufrechterhalten werden. Bei den Kapitalgesellschaften gehen die Vorschriften über die Rechnungslegung von einem einheitlichen Ausweis der Rücklagen aus.[562] Soll die quotenabweichende

---

[557] *Priester*, GS Knobbe-Keuk, S. 293, 299 f.

[558] So auch *Huber*, GS Knobbe-Keuk, S. 203, 218.

[559] Vgl. *Ulmer*, in Großkomm., HGB, § 119 Rdn. 40 ff.

[560] vgl. *Decher*, in *Lutter*, UmwG, § 202 Rdn. 19; *Meister / Klöcker*, in *Kallmeyer*, UmwG, § 194 Rdn. 34.

[561] *Kallmeyer*, GmbHR 1995, 888, 889.

[562] *Priester*, GS Knobbe-Keuk, S. 293, 304.

Zuordnung der Rücklage auch in der Aktiengesellschaft aufrechterhalten,[563] so muß die mit dem Umwandlungsbeschluß gemäß § 218 Abs. 1 UmwG festzustellende Satzung eine entsprechende Regelung enthalten.

e) Schutz bei Liquidation

Die Rücklage ließe sich zwar auch noch im Stadium der Liquidation durch eine entsprechende Zweckbestimmung vor der Verrechnung mit Verlusten schützen. Damit wäre die Rücklage jedoch nicht mehr als Risikokapital zu qualifizieren. Sie würde einen unentziehbaren Darlehensanspruch des Gesellschafters darstellen, der lediglich bis zum Zeitpunkt der Liquidation einer Entnahmebeschränkung unterliegt.[564] Dies ist aber nicht gewollt. Für den Fall, daß in der Liquidation nach der vorrangigen Gläubigerbefriedigung noch Gesellschaftsvermögen übrigbleibt, sind die Interessen der Wagniskapital-finanziers durch eine entsprechende Ausgestaltung des Liquidationsvorzugs zu wahren.

5. Liquidationsvorzug

Der gesetzlichen Regelung der §§ 161 Abs. 2, 155 HGB zufolge wird das verbleibende Vermögen entsprechend dem Verhältnis der Kapitalanteile, wie sie sich aus der Schlußbilanz ergeben, verteilt.[565] Soweit die Kapitalanteile sämtlicher Gesellschafter aktiv sind, entspricht die Summe der Ziffern aller Kapitalanteile dem Betrag des verteilungsfähigen Vermögens. Jeder Gesellschafter kann dann einen Betrag beanspruchen, der der Ziffer seines Kapitalanteils entspricht.[566]

Zwar trägt schon die gesetzliche Regel des § 155 Abs. 1 HGB dem stärkeren finanziellen Engagement der Wagniskapitalfinanziers bei Bestimmung ihres Liquidationsanteils Rechnung. Der Liquidationsanteil des Kommanditisten bestimmt sich durch den Saldo aller seiner Beteiligungskonten,[567] während bei den Kapitalgesellschaften ein gezahltes Agio nur mittelbar bei der Verteilung des restlichen Vermögens berücksichtigt wird.[568] Jedoch kann die gesetzliche Regel auch bei entsprechend hohem Liquidationserlös weder die Rückzahlung der Einlagen noch eine Mindestverzinsung in Form der aufgelaufenen Vorzugsdividenden für die Wagniskapitalfinanziers sicherstellen.

Der Verteilungsmaßstab des § 155 Abs. 1 HGB ist nicht zwingend.[569] Die Gesellschafter können im Gesellschaftsvertrag selbst oder sogar noch während

---

[563] Zur Zulässigkeit einer solchen Regelung siehe *Priester*, GS Knobbe-Keuk, S. 293, 297 ff.

[564] Vgl. *Huber*, ZGR 17 (1988), 1, 88.

[565] Zur Berechnung des Liquidationsergebnisses siehe *Schmid*, in Münchener Handbuch des Gesellschaftsrechts, § 53 Rdn. 34 ff.

[566] Vgl. *Habersack*, in Großkomm., HGB, § 155 Rdn. 7; *Butzer*, Jura 1994, 628, 634.

[567] Neben den Guthaben auf dem Festkapitalkonto sind auch Guthaben auf dem Rücklagenkonto bei Ausscheiden des Gesellschafters oder Liquidation der Gesellschaft Bestandteil seines Abfindungs- oder Auseinandersetzungsanspruchs, siehe *Huber*, GS Knobbe-Keuk, S. 203, 216 f.; *ders.*, ZGR 17 (1988), 1, 91 f.

[568] An den Kapitalrücklagen in die gemäß § 272 Abs. 2 Nr. 1 HGB das Agio einzustellen ist, sind die Aktionäre und GmbH-Gesellschafter nur entsprechend ihrer Beteiligungsquote beteiligt.

[569] *Heymann / Sonnenschein*, HGB, § 155 Rdn. 7.

der Liquidation durch Weisung an die Liquidatoren gemäß § 152 HGB abweichende Regelungen treffen.[570] Das Weisungsrecht des § 152 HGB kann auch einem einzelnen Gesellschafter übertragen werden.[571] Die Beteiligung am Liquidationserlös ist jedoch dem Kernbereich der Mitgliedschaft zuzurechnen, so daß von der gesetzlichen Regel des § 155 HGB immer nur mit Zustimmung der betroffenen Gesellschafter abgewichen werden darf.[572] Die Abweichung von der gesetzlichen Regel sollte daher bereits im Gesellschaftsvertrag enthalten sein. Die Regelung kann bestimmen, daß zunächst den Wagniskapitalfinanziers ihre Einlage und die aufgelaufenen, nicht ausgeschütteten Dividenden aus dem Liquidationserlös auszuzahlen ist, bevor auch die Gründergesellschafter an der Verteilung des Liquidationserlöses teilnehmen. Soweit danach weiteres Vermögen vorhanden ist, kann dieses im Verhältnis der Kapitalanteile verteilt werden.

V. Umtauschrechte

1. Allgemeines

Einen „Reservefonds für Mitgliedschaftsrechte“ nach U.S.-amerikanischem Vorbild, der für einen Umtausch (Stamm-) Kommanditanteile vorhalten könnte, kennt auch das Recht der Kommanditgesellschaft nicht. Eine Kommanditgesellschaft kann im Gegensatz zu den Kapitalgesellschaften auch keine eigenen Anteile erwerben und diese bis zu einem Umtausch im eigenen Vermögen halten. Die „Übertragung“ eines Gesellschaftsanteils an die Gesellschaft führt vielmehr zum Wegfall der Mitgliedschaft: Der Veräußerer scheidet aus der Gesellschaft aus und sein Anteil am Gesamthandsvermögen wächst den verbleibenden Gesellschaftern zu.[573]

Zur Bedienung eines Umtauschrechts kann daher weder auf einen „Reservefonds für Mitgliedschaftsrechte“ zurückgegriffen werden, noch kann die Gesellschaft zu diesem Zweck bestehende Beteiligungen erwerben.

Ein weiterer Unterschied zur Beteiligung an einer Kapitalgesellschaft liegt in der Einheitlichkeit der Beteiligung an einer Personengesellschaft. Während bei Kapitalgesellschaften einzelne Anteile (Aktien oder Geschäftsanteile) trotz Vereinigung in einer Hand ihre rechtliche Selbständigkeit behalten, kann der Gesellschafter einer Personengesellschaft immer nur Inhaber einer Beteiligung sein.[574] Dies resultiert aus der schuldrechtlichen Verbundenheit der Mitglieder einer Personengesellschaft und dem Grundsatz, daß niemand mit sich selbst in Vertragsbeziehungen stehen kann.[575]

---

[570] *Habersack*, in Großkomm., HGB, § 155 Rdn. 4.

[571] *Schlegelberger / Schmidt*, HGB, § 152 Rdn. 14

[572] *Habersack*, in Großkomm, HGB, § 155 Rdn. 4; *Schlegelberger / Martens*, HGB, § 119 Rdn. 27.

[573] *Ulmer*, in Großkomm., HGB, § 105 Rdn. 95.

[574] *Schilling*, in Großkomm., HGB, § 161 Rdn. 38; *Schlegelberger / Schmidt*, HGB, § 105 Rdn. 47.

[575] Ganz h.M. BGHZ 24, 106, 108, 113; BGH NJW 1987, 3184, 3186; *Ulmer*, in Großkomm., HGB, § 105 Rdn. 71; *K. Schmidt*, GesR, § 45 I., S. 1308; a.A. *Esch*, BB 1993, 664 ff.; *Lüttge*,

Die mit den Umtauschrechten gewünschten Anreizwirkungen und Preisanpassungen lassen sich daher nur durch eine Erhöhung der bereits von den Wagniskapitalfinanziers gehaltenen Beteiligung erreichen. Dies muß ohne eine zusätzliche Leistung der Wagniskapitalfinanziers vonstatten gehen.

2. Erhöhung des Kommanditanteils

Die Erhöhung eines Kommanditanteils kann durch eine „Kapitalerhöhung aus Gesellschaftsmitteln",[576] oder im Wege der Abtretung durch Zuerwerb eines (Teil-) Kommanditanteils von einem Mitgesellschafter erreicht werden.
Bei Abtretung eines (Teil-) Kommanditanteils müssen die Kapitalkonten des Zedenten in noch zu bestimmender Höhe auf den Zessionar umgeschrieben werden.[577]
Eine Kapitalerhöhung aus Gesellschaftsmitteln kann durch Umbuchung des entsprechenden Betrags auf das Kapitalkonto I erfolgen, wozu auf das Kapitalkonto II, welches das „Agio" aufnimmt, oder auf das Rücklagenkonto des Begünstigten zurückgegriffen werden kann.[578]

a) (Teil-) Abtretung

Die gesamte Beteiligung an einer Personengesellschaft kann ebenso wie auch nur ein Bruchteil durch Abtretung übertragen werden, soweit dies bereits im Gesellschaftsvertrag zugelassen ist oder der Übertragung alle Gesellschafter zustimmen.[579]
Für die Teilabtretung wird teilweise vertreten, daß die allgemeine Zustimmung zu Anteilsübertragungen im Gesellschaftsvertrag nicht genügt, weil diese zu einer Vermehrung der Mitgliederzahl und damit auch zum Entstehen zusätzlicher Verwaltungsrechte führe.[580]
Bei den hier in Rede stehenden Teilübertragungen von einem Gesellschafter auf einen Mitgesellschafter kommt es jedoch nicht zu einer Vermehrung der Verwaltungsrechte. Es ist jedoch durchaus sinnvoll, auch den Fall einer Teilübertragung an Dritte von vornherein im Gesellschaftsvertrag zuzulassen.
Die Mitgesellschafter können auch durch eine Stimmbindung verpflichtet werden, einer Anteilsübertragung auf Verlangen eines Gesellschafters zuzustimmen.[581] Diese schuldrechtliche Lösung bietet zwar Schutz vor einer

---

NJW 1994, 5 ff.; eingehende Kritik zu der abweichenden Auffassung bei *Sieveking*, FS Schippel, S. 505 ff.

[576] Den Wagniskapitalfinanziers kann unter Beachtung der Anforderungen der Kernbereichslehre das Recht eingeräumt werden, ihre Beteiligung aus Gesellschaftsmittel zu erhöhen, siehe oben § 6 IV. 4. c).

[577] *Huber*, GS Knobbe-Keuk, S. 203, 218 f., *ders.*, ZGR 17 (1988), 1, 84.

[578] Vgl. *Huber*, GS Knobbe-Keuk, S. 203, 217 f.; *ders.*, ZGR 17 (1988), 1, 83.

[579] BGHZ 44, 229, 231; *Ulmer*, in Großkomm., HGB, § 105 Rdn. 209, 302 ff., 324 f.; *Schilling*, in Großkomm., HGB, § 161 Rdn. 39; *K. Schmidt*, GesR, § 45 III.2.b); *Piehler*, in Münchener Handbuch des Gesellschaftsrechts, § 33 Rdn. 2 ff., 9.

[580] *Ulmer*, in Großkomm., HGB, § 105 Rdn. 324 f.; *Piehler*, in Münchener Handbuch des Gesellschaftsrechts, § 33 Rdn. 9.

[581] Vgl. *Ulmer*, in Großkomm., HGB, § 119 Rdn. 73 f.; *von Gerkan*, in *Röhricht / Graf von Westphalen*, HGB, § 119 Rdn. 38.

mehrheitlichen Änderung des Gesellschaftsvertrages, besitzt aber ohne weitere Vorkehrung keine Bindungswirkung für die Einzelrechtsnachfolger der Parteien.

b) Verpflichtung zur Übertragung

Mit den zuvor dargestellten Regelungen sind die Beteiligungen zwar übertragbar gestellt worden, eine Verpflichtung der Gründergesellschafter zur Übertragung an die Wagniskapitalfinanziers ist damit noch nicht begründet.
Diese Verpflichtung, die schon im Zeitpunkt des Abschlusses des Beteiligungsvertrags zulässig sein muß, kann wiederum als Optionsrecht (Gestaltungsrecht) ausgestaltet werden.
Die Höhe des „Nennwertes" des (Teil-) Gesellschaftsanteils kann mit Hilfe der *price protection formulas* bestimmt werden. Hierzu muß auch die einheitliche Kommanditbeteiligung einer hypothetischen Stückelung in gleich große (Teil-) Kommanditanteile unterzogen werden.[582]
Die Optionsregelung ist danach bei Heranziehung der *price protection formulas* zur Bestimmung des Umfangs der zu übertragenen Beteiligung hinreichend bestimmt.
Dieses Optionsrecht kann im Gesellschaftsvertrag selbst oder in einer gesonderten Gesellschaftervereinbarung begründet werden.

c) Haftungskonsequenzen

Entscheidend für eine Erhöhung des Kommanditanteils durch Abtretung oder durch eine „Kapitalerhöhung aus Gesellschaftsmitteln" könnten die mit diesen Varianten verbundenen Haftungskonsequenzen sein.
Die Teilabtretung eines Kommanditanteils führt zu einer entsprechenden Aufteilung der Haftsumme zwischen dem Zedenten und dem Zessionar.[583] Damit erhöht sich zwar die Haftsumme des Erwerbers um die des hinzuerworbenen Anteils,[584] jedoch geht mit der Abtretung auch das Recht des Veräußerers, sich mit haftungsbefreiender Wirkung auf seine Einlageleistung gemäß § 171 Abs. 1 Hs. 2 HGB zu berufen, auf den Erwerber über.[585] Der Übergang dieses Rechts setzt natürlich voraus, daß im Zeitpunkt der Abtretung die Einlageleistung vollständig erbracht und auch nicht an den Veräußerer zurückgeflossen war (§ 172 Abs. 4 HGB). Andernfalls würde der Erwerber gemäß § 173 HGB den Alt- und Neugläubigern haften.[586]
Der Veräußerer kann sich trotz vollständiger Einlageleistung nur dann mit Erfolg auf die haftungsbefreiende Wirkung berufen, wenn im Handelsregister vermerkt ist, daß der herabgesetzte Teil seiner Einlage durch Einzelrechtsnachfolge auf den Erwerber übergegangen ist.[587]

---

582 Zum weiteren Verfahren oben 2. Kap., 2. Teil, B, IV, 2.

583 *Schlegelberger / Schmidt*, HGB, §§ 174, 175 Rdn. 3.

584 *von Gerkan*, in *Röhricht / Graf von Westphalen*, HGB, § 173 Rdn. 33.

585 Vgl. *Piehler*, in Münchener Handbuch des Gesellschaftsrechts, § 33 Rdn. 39, 47; *Schilling*, in Großkomm., HGB, § 173 Rdn. 6.

586 *Schilling*, in Großkomm., HGB, § 173 Rdn. 8; *von Gerkan*, in *Röhricht / Graf von Westphalen*, HGB, § 173 Rdn. 13.

587 Diese Haftungsfolge wird zum Teil als Rechtsscheinhaftung nach § 15 Abs. 1 HGB angesehen, so *Schilling*, in Großkomm., HGB, § 173 Rdn. 9; *Schlegelberger / Schmidt*, HGB,

Die „Kapitalerhöhung aus Gesellschaftsmitteln“ führt als bloße Umbuchung eines Guthabens vom Kapitalkonto II auf das Kapitalkonto I nicht zu einer erhöhten Haftung im Außenverhältnis.[588] Eine Ausdehnung der Haftung kann jedoch vereinbart werden. Zu einer unmittelbaren persönlichen Haftung des Kommanditisten führt dies aber nicht, weil die Einlagen auf dem Kapitalkonto II oder dem Rücklagenkonto bereits i.S.d. § 171 Abs. 1 Hs. 2 HGB geleistet wurden.[589]
Die unterschiedlichen Haftungskonsequenzen sprechen für die Lösung über eine „Kapitalerhöhung aus Gesellschaftsmitteln“. Jedoch läßt sich auch bei der Teilabtretung eine Ausdehnung des Haftungsrisikos durch sorgfältige Gestaltung vermeiden. Im übrigen ist die Möglichkeit der „Kapitalerhöhung aus Gesellschaftsmitteln“ auf das Vorhandensein einer entsprechenden Rücklage beschränkt. Daher sollten beide Möglichkeiten bei der Gestaltung des Umtauschrechts berücksichtigt werden.

d) Umwandlung des „Vorzugsgesellschaftsanteils“

Die Umwandlung eines „Vorzugsgesellschaftsanteils“ in einen „Stammgesellschaftsanteil“ setzt die Aufgabe der Vorzugsrechte voraus. Diese Rechte sind zwar, soweit sie im Gesellschaftsvertrag begründet sind, Sonderrechte im Sinne von § 35 BGB.[590] Dies hindert jedoch nur ihren Entzug gegen den Willen ihrer Inhaber, nicht aber den willentlichen Verzicht der Inhaber.[591] Die einseitige Aufgabe ihrer Vorzugsstellung durch die Wagniskapitalfinanziers scheint auf den ersten Blick ohne weiteres möglich zu sein. Diese gilt aber nur so lange, wie dadurch nicht in die Rechtsstellung der Gründergesellschafter eingegriffen wird. Dies ist aber bei der Aufgabe von Vorzugsrechten, deren Teilnahme am Gewinn und am Liquidationserlös häufig auf den Vorzug limitiert sind, gerade der Fall. Für die Wagniskapitalfinanziers ist das Recht, einseitig auf ihren Vorzug verzichten zu können, nur dann relevant, wenn für sie die unlimitierte Teilnahme an den Gewinnen und Liquidationserlösen lukrativer ist, als die Aufrechterhaltung ihrer Vorzugsstellung. In diesen Fällen bedeutet der Verzicht auf die Vorzugsstellung jedoch einen Eingriff in den Kernbereich der Mitgliedschaft der Stammgesellschafter. Er muß daher unter Beachtung der Anforderungen an eine antizipierte Zustimmung im Gesellschaftsvertrag zugelassen werden.

---

§ 173 Rdn. 35; a.A. *Huber*, ZGR 13 (1984), 146, 153 ff., 157, der bei Fehlen des Rechtsnachfolgevermerks einen Formmangel annimmt, der eine entsprechende Anwendung des § 172 Abs. 4 HGB zur Folge hat; ebenso wohl auch BGHZ 81, 82, 89.

[588] *Huber*, ZGR 17 (1988), 1, 83; *Schlegelberger / Schmidt*, HGB, §§ 171, 172 Rdn. 22.

[589] Vgl. *Huber*, ZGR 17 (1988), 1, 83; *ders.*, GS Knobbe-Keuk, S. 203, 217.

[590] Vgl. *Ulmer*, in Großkomm., HGB, § 119 Rdn. 53; *Reuter*, in MünchKomm., BGB, § 35 Rdn. 5.

[591] *Schlegelberger / Martens*, HGB, § 119 Rdn. 27.

VI. Rückverkaufsrechte

1. Allgemeines

Der Rückerwerb eigener Gesellschaftsanteile ist bei Personengesellschaften im technischen Sinn nicht möglich.[592] Daher ist nach einer vergleichbaren Alternative zu suchen, die den Wagniskapitalfinanziers ein Ausscheiden gegen Abfindung ermöglicht. In der Kommanditgesellschaft ist grundsätzlich, anders als bei den Kapitalgesellschaften, die Rückzahlung von Einlagen durch die Gesellschaft weder eingeschränkt (vgl. §§ 30, 31 GmbHG) noch verboten (vgl. § 57 AktG). Für den Sonderfall der GmbH & Co. KG nehmen der BGH in ständiger Rechtsprechung[593] und die h.M. in der Literatur[594] an, daß Zuwendungen an einen Kommanditisten auch gegen § 30 GmbHG verstoßen können. Auch wenn die GmbH nicht an der KG beteiligt ist, kann unter dem Gesichtspunkt der Komplementär-Haftung das Stammkapital der GmbH angegriffen werden, wenn die Zuwendung an den Kommanditisten das Gesellschaftsvermögens der KG unter die Stammkapitalziffer der GmbH senkt.[595]

2. Kündigungs- und Abfindungsklausel

Eine Möglichkeit für die Wagniskapitalfinanziers, sich aus dem Engagement bei dem Beteiligungsunternehmen zu lösen könnte, in einer Kündigung ihrer Beteiligung bestehen. Dem Kommanditist steht grundsätzlich ein unentziehbares Kündigungsrecht gemäß §§ 161 Abs. 2, 132 HGB i.V.m. § 723 Abs. 1, Abs. 3 BGB zu.[596] Seit dem Inkrafttreten des Handelsrechtsreformgesetzes scheidet der kündigende Gesellschafter mit Ablauf der Kündigungsfrist aus der Gesellschaft aus.[597] Die Gesellschaft wird mangels abweichender Regelung im Gesellschaftsvertrag unter den übrigen Gesellschaftern fortgesetzt.[598] Der Anteil des ausscheidenden Gesellschafters am Gesamthandsvermögen wächst den übrigen Gesellschaftern anteilig zu.[599] Der ausgeschiedene Gesellschafter hat gemäß § 738 Abs. 1 S. 2 BGB gegen die Gesellschaft einen Anspruch auf Abfindung in

---

[592] Vgl. *Ulmer*, in Großkomm., HGB, § 105 Rdn. 95.

[593] BGHZ 60, 324, 328; BGHZ 67, 171, 174; BGHZ 76, 326, 336; BGHZ 110, 342, 346.

[594] *Baumbach / Hopt*, HGB, § 172 a Rdn. 33; *Schilling*, in Großkomm., HGB, § 172 a Rdn. 17; *Schlegelberger / Schmidt*, HGB, §§ 171, 172 Rdn. 132; *von Gerkan*, in *Röhricht / Graf von Westphalen*, HGB, § 172 Rdn. 63 ff.

[595] *Baumbach / Hopt*, HGB, § 172 a Rdn. 33; *von Gerkan*, in *Röhricht / Graf von Westphalen*, HGB, § 172 Rdn. 66.

[596] *Schlegelberger / Schmidt*, HGB, § 132 Rdn. 28; *Piehler*, in Münchener Handbuch des Gesellschaftsrechts, § 36 Rdn. 12;

[597] Vgl. § 131 Abs. 3 S. 2 HGB n.F.

[598] § 131 Abs. 3 S. 1 Nr. 3 HGB n.F.

[599] Vgl. §§ 161 Abs. 2, 105 Abs. 2 HGB i.V.m. § 738 Abs. 1 S. 1 BGB; siehe auch *Piehler*, in Münchener Handbuch des Gesellschaftsrechts, § 38 Rdn. 5; *Schlegelberger / Schmidt*, HGB, § 138 Rdn. 40.

Höhe des Betrages, der ihm bei der Auseinandersetzung zukommen würde.[600] Abweichend von dieser gesetzlichen Regel sind sogenannte Abfindungsklauseln, die Modalitäten und die Höhe der Abfindung regeln, grundsätzlich zulässig.[601] Dem kündigenden Gesellschafter kann somit auch ein Abfindungsanspruch auf Rückzahlung seiner Einlage nebst einer angemessenen Verzinsung in Höhe der aufgelaufenen und nicht ausgezahlten Vorzugsdividenden gewährt werden.[602]

Um den Bestand der Gesellschaft nicht zu gefährden, kann für die Abfindungszahlung auch ein Zahlungsaufschub oder auch eine Ratenzahlung vereinbart werden.[603]

Mit der Kombination aus Kündigungs- und Abfindungsklausel lassen sich grundsätzlich die Wirkungen eines „Rückverkaufsrecht" nachbilden.

Mit Auszahlung des Auseinandersetzungsguthabens oder einer Abfindung lebt jedoch gemäß des § 172 Abs. 4 Satz 1 HGB die Haftung des ausgeschiedenen Kommanditisten wieder auf.[604] Diese Haftungsfolge kann nicht durch einen Freistellungsanspruch im Innenverhältnis vermieden werden.[605]

Ein „Rückverkaufsrecht" kann damit durch eine Kombination aus Abfindungs- und Kündigungsklausel nur in den Grenzen der §§ 30, 31 GmbHG und unter Hinnahme der Haftung gemäß §§ 172 Abs. 4 S. 1, 171 Abs. 1 HGB nachgebildet werden.

3. Put-Option gegenüber den Gründergesellschaftern

Die Ausübung einer Put-Option gegenüber den Gründergesellschaftern führt zu einer Kaufpreiszahlung aus deren Privatvermögen, so daß keine Rückgewähr der Einlage vorliegt.[606] Den Veräußerer treffen bei richtiger Kennzeichnung der Rechtsnachfolge im Handelsregister grundsätzlich keine Haftungsfolgen, wenn er seine Einlage vollständig erbracht hat.

Der herrschenden Meinung zufolge lebt die Haftung des Rechtsvorgängers jedoch wieder auf, wenn die Einlage dem Rechtsnachfolger zurückgezahlt wird.[607] Diese Haftungsfolge wird mit dem allgemeinen Grundsatz begründet,

---

[600] Zur Berechnung des gesetzlichen Abfindungsanspruchs siehe *Piehler*, in Münchener Handbuch des Gesellschaftsrechts, § 39 Rdn. 3 ff.; *Schlegelberger / Schmidt*, HGB, § 138 Rdn. 42 ff.

[601] *K. Schmidt*, GesR, § 50 IV.2.; *Schlegelberger / Schmidt*, HGB, § 138 Rdn. 60.

[602] So auch *Sigle*, ZGR 28 (1999), 659, 664 f.

[603] *Piehler*, in Münchener Handbuch des Gesellschaftsrechts, § 39 Rdn.16; *Heymann / Emmerich*, HGB, § 138 Rdn. 42.

[604] *Schilling*, in Großkomm., HGB, § 172 Rdn. 14; *von Gerkan*, in *Röhricht / Graf von Westphalen*, HGB, § 172 Rdn. 33; *Heymann / Horn*, HGB, § 172 Rdn. 19.

[605] BGH WM 1976, 809; *von Gerkan*, in *Röhricht / Graf von Westphalen*, HGB, § 172 Rdn. 33.

[606] Vgl. *Heymann / Horn*, HGB, § 172 Rdn. 19; *Schlegelberger / Schmidt*, HGB, §§ 171, 172 Rdn. 71; ebenso *Schilling*, in Großkomm., HGB, § 172 Rdn. 13.

[607] BGH NJW 1976, 751, 752; *Heymann / Horn*, HGB, § 172 Rdn. 20; *Schilling*, in Großkomm., HGB, § 173 Rdn. 8 mwN.; a.A. *K. Schmidt*, Einlage und Haftung, S. 112; *Schlegelberger / Schmidt*, HGB, § 173 Rdn. 33; *Huber*, Vermögensanteil, Kapitalanteil und Gesellschaftsanteil an Personalgesell-schaften des Handelsrechts, S. 400; *Baumbach / Hopt*, HGB, § 173 Rdn. 12; mit ausführlicher Kritik auch *Michel*, ZGR 22 (1993), 118, 121 ff.;

daß kein Gläubiger sich gegen seinen Willen einen anderen Schuldner aufzwingen lassen muß.[608] Dem wird jedoch entgegengehalten, daß gemäß § 425 BGB haftungsverschärfende Tatsachen bei Gesamtschuldnern nur gegen denjenigen wirken, in dessen Person sie eingetreten sind. Dem zufolge verstoße die herrschende Meinung mit der Haftungsfolge für den Veräußerer gegen das Gesetz.[609] Außerdem begründe eine Rechtsnachfolge wohl zwar, daß der Rechtsnachfolger frühere Handlungen seines Rechtsvorgängers gegen sich gelten lassen muß, nicht aber der Rechtsvorgänger an spätere Handlungen seines Rechtsnachfolgers gebunden sei.[610]

Besonders kritisch wird der allgemeine Grundsatz des Gläubigerschutzes als Begründung der herrschenden Meinung gesehen. Im Haftungssystem der KG wird das Vertrauen darauf, daß ein bestimmter Kommanditist neben der Gesellschaft haftet, gerade nicht geschützt. Dies zeigen schon die allgemein anerkannten Rechtsfolgen bei Umbuchung einer Einlage und die haftungsbefreiende Einlageleistung.[611] Schließlich vermenge die herrschende Meinung die durchaus unterschiedlichen Begriffe Schuld und Haftung, indem sie Rechtssätze aus dem Verhältnis zwischen Schuldner und Gläubiger auf das Verhältnis zwischen Haftendem und dem durch die Haftung Begünstigten anwende.[612]

Trotz dieser beachtlichen Argumente besteht, solange die höchstrichterliche Rechtsprechung an ihrer Ansicht festhält, ein erhebliches Haftungsrisiko für den Veräußerer, wenn dem Erwerber die Einlage zurückgezahlt wird. Damit kann auch durch die Verwendung von Put-Optionen bei der Nachbildung von „Rückverkaufsrechten" ein Haftungsrisiko nicht völlig ausgeschlossen werden.

VII. Übertragungsbeschränkungen

Bei den Personenhandelsgesellschaften sind die Gesellschaftsanteile grundsätzlich nicht frei übertragbar.[613] Bis zur Erteilung oder Verweigerung der Zustimmung durch alle Mitgesellschafter ist die Verfügung über den Gesellschaftsanteil schwebend unwirksam.[614] Die Zustimmung kann im Einzelfall durch die Gesellschafter oder allgemein auch schon im Gesellschafts-

---

ebenfalls an der Auffassung des BGH zweifelnd *von Gerkan*, in *Röhricht / Graf von Westphalen*, HGB, § 173 Rdn. 15.

[608] BGH NJW 1976, 751, 752; *Schilling*, in Großkomm., HGB, § 173 Rdn. 8.

[609] *Huber*, Vermögensanteil, Kapitalanteil und Gesellschaftsanteil an Personalgesellschaften des Handelsrechts, S. 400.

[610] *Huber*, Vermögensanteil, Kapitalanteil und Gesellschaftsanteil an Personalgesellschaften des Handelsrechts, S. 400; ebenso wohl *Schlegelberger / Schmidt*, HGB, § 173 Rdn. 33.

[611] *Michel*, ZGR 22 (1993), 118, 123 ff.; *K. Schmidt*, Einlage und Haftung, S. 112 f.

[612] *Michel*, ZGR 22 (1993), 118, 123 ff.

[613] siehe dazu nur *K. Schmidt*, GesR, § 45 III.2.

[614] *Schlegelberger / Schmidt*, HGB, § 173 Rdn. 24; *Ulmer*, in MünchKomm., BGB, § 719 Rdn. 22; *Piehler*, in Münchener Handbuch des Gesellschaftsrechts, § 33 Rdn. 2.

vertrag gegeben werden.[615] Die gesetzliche Regel entspricht einer Vinkulierung.[616]

1. Andienungspflichten, Mitverkaufsrechte

Anstelle einer generellen Zulassung der Übertragungsmöglichkeit kann diese auch nur für den Fall, daß bestimmte Voraussetzungen erfüllt sind, beschränkt erteilt werden.[617] Eine solche Voraussetzung könnte eine Andienungspflicht der Gründergesellschafter zugunsten der Wagniskapitalfinanziers sein. Erst wenn diese auf den Erwerb des Gesellschaftsanteils verzichten, ist eine Veräußerung an Dritte zulässig.[618]
Das gesetzliche Zustimmungserfordernis soll die Gesellschafter einer Personengesellschaft wegen des höchstpersönlichen Charakters ihres Zusammenschlusses vor dem Eindringen nicht erwünschter Dritter schützen.[619] Es steht daher im Einklang mit dem Sinn und Zweck des gesetzlichen Zustimmungserfordernisses, daß ein Dritter, der einen Gesellschaftsanteil erwerben will, ein Angebot zur Übernahme aller Gesellschaftsanteile zu den gleichen Konditionen machen muß (*co-sale right*). Ein Unterlaufen des *co-sale rights* durch ein unangemessen niedriges Angebot kann mittels einer Kombination mit einem Vorkaufsrecht verhindert werden.[620]
In jedem Fall ist sicherzustellen, daß kein Kommanditanteil ohne den entsprechenden Geschäftsanteil an der Komplementär-GmbH und umgekehrt übertragen werden kann.[621] Dies läßt sich auch als weitere Voraussetzung für die Zulassung der Anteilsübertragung im Gesellschaftsvertrag regeln. Andernfalls bestünde die Gefahr, daß ein Gesellschafter der Komplementär-GmbH weiterhin mittelbar Einfluß auf die Geschicke der Kommanditgesellschaft nehmen könnte, ohne an dieser beteiligt zu sein.

2. Mitverkaufsverpflichtungen

Mitverkaufsverpflichtungen lassen sich nicht auf das gesetzliche Zustimmungserfordernis bei der Übertragung von Personengesellschaftsanteilen stützen. Wie schon im Falle einer Vinkulierung nach § 15 Abs. 5 GmbHG kann auch das gesetzliche Zustimmungserfordernis bei der Kommanditgesellschaft nur fruchtbar gemacht werden, wenn einem veräußerungswilligen Gesellschafter eine Pflicht auferlegt werden soll.[622] Dagegen dienen Mitverkaufsverpflichtungen gerade dazu, sich einer Veräußerung widersetzende Gesellschafter zum Verkauf ihres Gesellschaftsanteils zwingen zu können.

---

615 *Schilling*, in Großkomm., HGB, § 173 Rdn. 6.
616 Zum Vergleich der Rechtsgrundlagen bei Kommanditgesellschaft / GmbH siehe *Hueck*, FS Larenz, S. 749, 758.
617 *Huber*, Vermögensanteil, Kapitalanteil und Gesellschaftsanteil an Personalgesellschaften des Handelsrechts, S. 389; *Piehler*, in Münchener Handbuch des Gesellschaftsrechts, § 33 Rdn. 3.
618 vgl. *Hueck*, FS Larenz, S. 749, 753.
619 *Ulmer*, in MünchKomm., BGB, § 719 Rdn. 21; *K. Schmidt*, GesR, § 45 III.2.b).
620 *Otto*, GmbHR 1996, 16, 21.
621 Siehe dazu *Hueck*, FS Larenz, S. 749, 753; *K. Schmidt*, GesR, § 56 IV.1.b).
622 Vgl. *Hueck*, FS Larenz, S. 749, 756 für Ankaufsrechte in der GmbH.

a) Regeln über die Ausschließung ohne wichtigen Grund

Gegen derartige Mitverkaufsverpflichtungen wird im Personengesellschaftsrecht teilweise eingewandt, sie würden gegen die Regeln über die Ausschließung eines Gesellschafters ohne wichtigen Grund verstoßen.[623] Nach ständiger Rechtsprechung des BGH sind Klauseln, die einen Gesellschafter verpflichten, auf Verlangen eines anderen Gesellschafters oder der Gesellschaftermehrheit seine Gesellschafterstellung ohne Vorliegen eines wichtigen Grundes aufzugeben, unzulässig.[624] Dies wird damit begründet, daß die von dem Ausschließungsrecht bedrohten Gesellschafter unter einen Druck gesetzt werden, der ihre Entscheidungsfreiheit beeinträchtigt. Diese Gesellschafter würden angesichts der jederzeit möglichen Hinauskündigung ihre Rechte aus Gesetz oder Gesellschaftsvertrag nicht wahrnehmen und damit der Willkür des oder der berechtigten Gesellschafter ausgesetzt sein.[625]

b) Bestimmung fester Tatbestandsmerkmale

Ohne die Diskussion über diese Rechtsprechung erneut führen zu wollen,[626] ist hier nach einer Gestaltung zu suchen, die eine Mitverkaufsverpflichtung nicht in Widerspruch zu der Rechtsprechung über die Ausschließung ohne wichtigen Grund bringt. Hierzu hat der BGH selbst einen Weg für die Vertragspraxis aufgezeigt.[627] Der BGH lehnt das Vorliegen eines im freien Ermessen stehenden Ausschließungsrechts ab, wenn die Vertragsklausel an den Eintritt eines festen Tatbestandes anknüpft und sich der Ausschließungsberechtigte binnen kurzer Zeit nach dessen Eintritt entscheiden muß, ob er die Gesellschaft mit dem Verpflichteten fortsetzen will.[628]

Ein solcher fester Tatbestand kann auch ein Kaufangebot von dritter Seite sein, dessen Mindestkonditionen bereits im Gesellschaftsvertrag festgelegt sind.[629] Erhält der Berechtigte der Mitverkaufsverpflichtung ein Kaufangebot für das ganze Unternehmen, muß er sich in der festgelegten kurzen Frist entscheiden, ob er das Angebot annehmen und sein Recht aus der Mitverkaufsverpflichtung ausüben will. Eine „Willkürherrschaft" des Berechtigten wird durch eine solche Regelung vermieden. Die im Gesellschaftsvertrag festgelegten Mindestkonditionen sorgen dafür, daß die Schutzwirkungen des festen Tatbestandes „Kaufangebot von dritter Seite" nicht mittels eines unangemessen niedrigen Kaufangebots unterlaufen werden. Ein Unterschreiten der Mindestkonditionen kann zugelassen werden, wenn dem verpflichteten Gesellschafter für diesen Fall

---

623 *H.P. Westermann / Klingberg*, FS Quack, S. 545, 553; krit. zu den richterlichen Regeln zur Aus-schließung ohne wichtigen Grund *H. Westermann*, FS II Larenz, S. 723, 726 ff.

624 BGHZ 68, 212, 215; BGH NJW 1979, 104; BGHZ 81, 263, 266 ff.; BGHZ 105, 213, 216 f.; BGHZ 107, 351, 353.

625 Vgl. BGHZ 81, 263, 266 ff.; BGHZ 105, 213, 217.

626 Siehe dazu *Sigle*, FS Semler, S. 767, 770, mwN. in Fn. 7 und Fn. 8.

627 So, wenn auch in einem anderen Zusammenhang *Sigle*, FS Semler, S. 767, 771.

628 BGHZ 105, 213, 217, siehe auch *Palandt / Thomas*, BGB, § 737 Rdn. 5; *Baumbach / Hopt*, HGB, § 140 Rdn. 31.

629 Weitere, neben dem Verkauf des Unternehmens im ganzen mögliche Tatbestände siehe bei *Sigle*, FS Semler, S. 767, 771.

ein Vorkaufsrecht eingeräumt wird. So kann auch auf veränderte Marktverhältnisse flexibel reagiert werden.
Eine derart ausgestaltete Mitverkaufsverpflichtung vermeidet Bedenken, die auf die Regeln über die Ausschließung eines Gesellschafters ohne wichtigen Grund gestützt werden.

VIII. Anspruch auf Börseneinführung

Der Gesellschafter einer GmbH & Co. KG, dem das Recht eingeräumt werden soll, eine Börseneinführung verlangen zu können, muß zunächst die Umwandlung der Gesellschaft in eine börsenfähige Rechtsform herbeiführen können. Ist dies möglich, so kann die Börseneinführung selbst in der bereits für die Aktiengesellschaft dargestellten Weise erreicht werden.[630] Für die Umwandlung der GmbH & Co. KG in eine AG bieten sich insbesondere zwei Wege an.[631]

1. Formwechsel nach Umwandlungsgesetz

Der Formwechsel einer GmbH & Co. KG in eine Kapitalgesellschaft unterliegt den allgemeinen Vorschriften der §§ 192 – 212 UmwG und den besonderen Vorschriften der §§ 215 – 225 UmwG.[632]

a) Identität des Gesellschafterkreises

Der Formwechsel einer GmbH & Co. KG, bei der die Komplementär-GmbH keinen Kapitalanteil an der Kommanditgesellschaft hält, bereitet Schwierigkeiten. Diese resultieren aus dem Gebot der Mitgliederidentität des Umwandlungsgesetzes: Die Anteilsinhaber des formwechselnden Rechtsträgers sind mit der Eintragung des Formwechsels nach den für die neue Rechtsform geltenden Vorschriften beteiligt, soweit ihre Beteiligung nicht nach den Regeln des Fünften Buches entfällt.[633] Einen Gesellschafter ohne kapitalmäßige Beteiligung kennt das Recht der Kapitalgesellschaften nicht. Damit stellt sich die Frage, wie bei einem Formwechsel einer GmbH & Co. KG, deren Komplementär-GmbH keinen Kapitalanteil besitzt, die Identität des Gesellschafterkreises aufrechtzuerhalten ist. Hierzu werden in der Literatur unterschiedliche Ansichten vertreten: Teilweise wird vorgeschlagen, der Komplementär-GmbH vor dem Formwechsel einen Zwergkommanditanteil zu übertragen. Nach vollzogenem Formwechsel soll die ehemalige Komplementär-GmbH aufgelöst und die von ihr gehaltene Beteiligung an dem formgewechselten Rechtsträger dem ursprünglichen Inhaber des (Zwerg-) Kommanditanteils ausgekehrt werden.[634]

---

[630] Siehe obe, § 4 VII.
[631] Siehe *Kiem*, in *Seibert / Kiem*, Handbuch der kleinen AG, Rdn. 280 ff. mit einer Darstellung weiterer Umwandlungsmöglichkeiten.
[632] *Kallmeyer*, GmbHR 1995, 888, 889.
[633] Vgl. § 202 Abs. 1 Nr. 2 S. 1 UmwG; siehe auch *K. Schmidt*, GmbHR 1995, 695.
[634] *Decher*, in *Lutter*, UmwG, § 202 Rdn. 17; *Meister / Klöckner*, in *Kallmeyer*, UmwG, § 191 Rdn. 14.

Daneben wird auch ein zeitgleich mit dem Formwechsel vorgenommener Austritt der Komplementär-GmbH als zulässig angesehen.[635]
Ein weiterer Lösungsweg wird in einem „quotenabweichenden Formwechsels zu Null“ gesehen,[636] der faktisch auch zum Ausscheiden der Komplementär-GmbH führt.
Schließlich nehmen Stimmen zu, die den Grundsatz der zwingenden Mitgliederidentität gänzlich in Zweifel ziehen.[637] Der Wille des Gesetzgebers sei danach nur darauf gerichtet gewesen, einen Zwangsausschluß (squeeze out) mißliebiger Mitgesellschafter durch eine Mehrheitsgruppe zu verhindern, wie er im alten Umwandlungsrecht noch möglich war.[638] Einem solchen Verständnis des § 202 UmwG würde ein einvernehmliches Ausscheiden eines Gesellschafters im Laufe der Umwandlung nicht entgegen stehen.[639] Dieses Verständnis erscheint vorzugswürdig.[640] Aus Gründen der Rechtssicherheit ist aber bis zu einer eindeutigen Klärung der Frage, der ersten Ansicht – der Übertragung eines Zwergkommanditanteils an die Komplementär-GmbH – zu folgen.[641] Um die Komplementär-GmbH mit dem erforderlichen Zwergkommanditanteil auszustatten, kann den Wagniskapitalfinanziers das Recht eingeräumt werden, ihr diesen anläßlich eines Formwechsels zu übertragen (Put-Option).

b) Qualifiziertes Mehrheitserfordernis

Der Formwechsel wird gemäß § 193 Abs. 1 S. 2 UmwG zwingend in einer Gesellschafterversammlung beschlossen, wobei der Beschluß nach § 217 Abs. 1 S. 1 UmwG grundsätzlich Einstimmigkeit erfordert.[642] Der Gesetzgeber hat nunmehr durch die Klarstellung in § 217 Abs. 1 S. 3 UmwG den Streit darüber beseitigt, ob für einen Mehrheitsbeschluß die ¾-Mehrheit der Stimmen aller Gesellschafter oder nur diejenige der abgegebenen Stimmen nötig ist. Er hat sich zugunsten der letzten Ansicht entschieden.[643]

c) Inhalt der Mehrheitsklausel

Weiterhin umstritten bleibt die Frage, welche inhaltlichen Anforderungen die Mehrheitsklausel für Umwandlungen im Gesellschaftsvertrag erfüllen muß. Dabei zerfällt auch die am Bestimmtheitsgrundsatz festhaltende Ansicht in zwei

---

635 *K. Schmidt*, GmbHR 1995, 693 ff.; *Kallmeyer*, GmbHR 1995, 888 ff.; *ders.*, GmbHR 1996, 80 ff.; *Kiem*, in *Seibert / Kiem*, Handbuch der kleinen AG, Rdn. 278; *Dirksen*, in *Kallmeyer*, UmwG, § 218 Rdn. 11.
636 *Priester*, DB 1997, 560 ff.
637 *Bärwald / Schabacker*, ZIP 1998, 1293 ff.; *Wiedemann*, ZGR 28 (1999), 568, 577 ff.
638 *Wiedemann*, ZGR 28 (1999), 568, 578.
639 *Wiedemann*, ZGR 28 (1999), 568, 578; ebenso *Priester*, DB 1997, 560, 563.
640 So auch *Decher*, in *Lutter*, UmwG, § 202 Rdn. 18.
641 So auch *Dirksen*, in *Kallmeyer*, § 218 Rdn. 12, der auch die erforderliche Vorgehensweise darstellt.
642 *Priester*, in *Lutter*, Kölner Umwandlungstage: Verschmelzung, Spaltung, Formwechsel, S. 115; *Joost*, in *Lutter*, UmwG, § 217 Rdn. 11; *Dirksen*, in *Kallmeyer*, UmwG, § 217 Rdn. 7.
643 *Joost*, in *Lutter*, UmwG, § 217 Rdn. 14; einen Überblick zum füheren Streit gibt *Dirksen*, in *Kallmeyer*, UmwG, § 217 Rdn. 10.

Lager: Teilweise wird verlangt, daß die Mehrheitsklausel die jeweilige Art der Umwandlung aufführen müsse,[644] während andere es als ausreichend ansehen, daß die Mehrheitsklausel auf alle Maßnahmen nach dem Umwandlungsgesetz verweist.[645] Der BGH hat die Auffassung vertreten, daß eine Mehrheitsklausel für Umwandlungen weder bereits den künftigen Umwandlungsbeschluß zu enthalten hat, noch den Inhalt der Satzung der Kapitalgesellschaft bestimmen muß.[646]

Wenn der Formwechsel einer GmbH & Co. KG in eine Aktiengesellschaft als ein Eingriff in den Kernbereich der Mitgliedschaft zu werten ist, kann sich eine Mehrheitsklausel nicht auf die Nennung der einzelnen, zulässigen Umwandlungsformen beschränken.

Eine der Kernbereichslehre genügende Mehrheitsklausel muß Art und Ausmaß des Eingriffs hinreichend konkretisieren.[647] Danach müßte die Mehrheitsklausel, den Beschluß und die Satzung der künftigen Kapitalgesellschaft bereits in den wesentlichen Punkten konkretisieren.

Teilweise werden Umwandlungsbeschlüsse als den Kernbereich der Mitgliedschaft berührend angesehen.[648] *Ulmer* nimmt dagegen bei Umstrukturierungen nicht zwingend eine Kernbereichsrelevanz an. Nur bei besonderer Nachhaltigkeit der Maßnahme will er entsprechend der Kernbereichslehre am Erfordernis der Zustimmung aller Gesellschafter festhalten.[649] Die Fälle, in denen er eine derartige Nachhaltigkeit annimmt, sind hier nicht einschlägig.[650] Hier würden jedoch durch den Formwechsel Mehrstimmrechte oder besondere Geschäftsführungsrechte der Wagniskapitalfinanziers rechtsformbedingt wegfallen. Diese Rechte sind sicherlich dem Kernbereich der Mitgliedschaft zuzurechnen. Jedoch sieht das Gesetz für solche Fälle des Wegfalls von Sonderrechten einzelner Gesellschafter durch den Formwechsel gemäß §§ 193 Abs. 2, 241 Abs. 2 i.V.m § 50 Abs. 2 UmwG ohnehin die Zustimmung der betroffenen Gesellschafter zum Umwandlungsbeschluß vor. Schon dieser gesetzliche Schutz für Rechte, die dem Kernbereich der Mitgliedschaft zuzurechnen sind, rechtfertigt die Annahme, daß auch der Gesetzgeber den Formwechsel grundsätzlich nicht als Eingriff in den Kernbereich der Mitgliedschaft ansieht. Mithin ist davon auszugehen, daß der Formwechsel als solcher keine kernbereichsrelevante Maßnahme darstellt. Damit genügt für eine Mehrheitsentscheidung auch eine

---

[644] *Joost*, in *Lutter*, UmwG, § 217 Rdn. 11; *Dirksen*, in *Kallmeyer*, UmwG, § 217 Rdn. 8.

[645] *Binnewies*, GmbHR 1997, 727, 732; ebenso *H. Schmidt*, FS Brandner, S. 133, 144 ff., der jedoch wegen der bislang fehlenden Entscheidung des Bundesgerichtshofs die Frage als offen betrachtet und der Kautelarpraxis weiterhin die Aufnahme der einzelnen Umwandlungsarten in die Mehrheitsklausel empfiehlt (S. 148).

[646] BGHZ 85, 350, 360.

[647] Vgl. *Ulmer*, in Großkomm., HGB, § 119 Rdn. 42.

[648] *H. Schmidt*, FS Brandner, S. 133, 144; *Priester*, ZGR 19 (1990), 420, 439.

[649] *Ulmer*, in Großkomm., HGB, § 119 Rdn. 43; siehe auch *Hennerkes / Binz*, BB 1983, 713, 716, die eine Zustimmung aller Gesellschafter zum Formwechsel nicht grundsätzlich verlangen; ebenso für Umwandlungen allgemein BGHZ 85, 350, 354.

[650] *Ulmer*, in Großkomm., HGB, § 119 Rdn. 43 nennt als solche Maßnahmen die Konzerneingliederung, Betriebsaufspaltung, Veräußerung wesentlichen Betriebsvermögens.

einfache Klausel für Vertragsänderungen. Diese muß natürlich dem Mehrheitserfordernis des § 217 Abs. 1 S. 3 UmwG genügen.

d) Herbeiführung des Umwandlungsbeschlusses

Der Umwandlungsbeschluß läßt sich von den Wagniskapitalfinanziers nur herbeiführen, wenn sie ihre Stimmrechtsmacht entsprechend dem qualifizierten Mehrheitserfordernis des § 217 Abs. 1 S. 3 UmwG aufwerten. Hierzu können ihnen im Gesellschaftsvertrag Mehrstimmrechte eingeräumt werden[651] oder die Gründergesellschafter durch schuldrechtliche Stimmrechtsvereinbarungen gebunden werden.

2. Die Kombinationslösung

Neben dem einphasigen Formwechsel nach dem Umwandlungsrecht läßt sich das Ziel der Umwandlung einer GmbH & Co. KG in eine AG durch ein Verfahren in zwei Schritten erreichen.

a) Die Anwachsungsmodelle

Der *numerus clausus* der Umwandlungsarten des Umwandlungsgesetzes läßt die nach allgemeinem Zivil- und Handelsrecht möglichen Methoden der „Umwandlung" eines Rechtsträgers unberührt.[652] Als Alternative zum Formwechsel kann weiterhin auf die Anwachsungsmodelle ausgewichen werden.[653] Zu unterscheiden ist das einfache Anwachsungsmodell von dem sogenannten erweiterten Anwachsungsmodell: Beim einfachen Anwachsungsmodell treten alle Kommanditisten aus der GmbH & Co. KG ohne Abfindung aus und das Vermögen wächst der (Komplementär-) GmbH als alleinigem Gesellschafter zu.[654] Das erweiterte Anwachsungsmodell sieht eine Kapitalerhöhung der (Komplementär-) GmbH vor, in deren Verlauf die (neuen) GmbH-Gesellschafter die erhöhten (neuen) Stammeinlagen gegen Einbringung ihrer Kommanditanteile übernehmen.[655] Das erweiterte Anwachsungsmodell hat den Vorteil, daß es die erheblichen steuerlichen Gestaltungsmöglichkeiten der §§ 20, 24 UmwStG eröffnet. Diese erlauben bei der Einbringung von Mitunternehmeranteilen gegen Gewährung von Gesellschaftsanteilen das Wahlrecht, das eingebrachte Vermögen zum Buchwert, zum Teilwert oder zu einem beliebigen Zwischenwert anzusetzen. Die beim einfachen Anwachsungsmodell zwingend erfolgende Aufdeckung stiller Reserven kann so vermieden werden.[656] Die Kommanditgesellschaft wird in beiden Fällen ohne Liquidation beendet.[657]

---

[651] Siehe *Joost*, in *Lutter*, UmwG, § 217 Rdn. 15.

[652] *Ganske*, Umwandlungsrecht, S. 44.

[653] *Decher*, in *Lutter*, UmwG, § 190 Rdn. 17; *Ganske*, Umwandlungsrecht, S. 43.

[654] Vgl. § 161 Abs. 2 HGB i.V.m. § 738 BGB

[655] *Finken / Decher*, AG 1989, 391, 393; *Decher*, in *Lutter*, UmwG, § 190 Rdn. 17; *Jeschke / Schnorbus*, in *Hennerkes / Kirchdörfer*, Unternehmenshandbuch Familiengesellschaften, S. 146 f.; *K. Schmidt*, GmbHR 1995, 693, 696.

[656] *Jeschke / Schnorbus*, in *Hennerkes / Kirchdörfer*, Unternehmenshandbuch Familiengesellschaften, S. 150.

[657] *Decher*, in *Lutter*, UmwG, § 190 Rdn. 17.

b) Lösung des Identitätsproblems

Mit der Kombination aus Anwachsungsmodell und Formwechsel können die Probleme aus dem Identitätsgebot beim Formwechsel einer GmbH & Co. KG vermieden werden.[658] Im ersten Schritt ist hierzu die GmbH & Co. KG „auf" ihre Komplementär-GmbH im Wege der Anwachsung „umzuwandeln". In einem zweiten Schritt ist dann ein Formwechsel der GmbH nach Umwandlungsgesetz in eine Aktiengesellschaft vorzunehmen.[659] Damit ist die Klippe der Wahrung der Personenidentität ohne Widersprüche genommen.

Möglich ist auch, daß vor der geplanten Umwandlung eine AG als weitere Gesellschafterin in die KG eintritt; die Kommanditisten scheiden dann durch Übertragung ihrer Kommanditanteile auf die AG aus und die Komplementär-GmbH kündigt ihre Komplementärstellung.[660] Für diesen Zweck kann ohne zeitliche Verzögerung auf eine Vorrats- oder Mantelgesellschaft zurückgegriffen werden. Deren Zulässigkeit ist seit der Entscheidung des BGH vom 16. März 1992[661] nunmehr von der herrschenden Meinung anerkannt.[662]

c) Durchsetzungsmöglichkeit für die Wagniskapitalfinanziers

Im Wege der Stimmbindung können die Gründergesellschafter verpflichtet werden, den erforderlichen Kapitalerhöhungsbeschluß in der Komplementär-GmbH zu fassen. Die Einbringung des Kommanditanteils als Sacheinlage kann durch eine Nebenverpflichtung gemäß § 3 Abs. 2 GmbHG in der Satzung der Komplementär-GmbH sichergestellt werden.[663] Um die erforderliche ¾-Mehrheit für den Umwandlungsbeschluß gemäß § 240 Abs. 1 S. 1 UmwG sicherzustellen, können wiederum Stimmbindungsvereinbarungen getroffen werden.[664]

Der Formwechsel der GmbH & Co. KG in eine Aktiengesellschaft kann danach durch diese Kombinationslösung herbeigeführt werden. Hierdurch können die Unwägbarkeiten, die aus den immer noch nicht abschließend geklärten Anforderungen für Mehrheitsklauseln in der Personengesellschaft und aus dem gesetzgeberischen Gebot der Personenidentität beim Formwechsel nach dem Umwandlungsgesetz resultieren, vermieden werden.

IX. Ergebnis

Noch stärker als bei der GmbH verfügt das vom Personengesellschaftsrecht geprägte Innenrecht der GmbH & Co. KG über Gestaltungsspielräume für den Gesellschaftsvertrag. Diese Gestaltungsspielräume erlauben eine Umkehr der vom Gesetzgeber für die Kommanditgesellschaft vorgesehenen Geschäfts-

---

658 *K. Schmidt*, GmbHR 1995, 693, 696.

659 *Finken / Decher*, AG 1989, 391, 393.

660 Vgl. *Jeschke / Schnorbus*, in *Hennerkes / Kirchdörfer*, Unternehmenshandbuch Familiengesell-schaften, S. 146; in Anbetracht dieser Möglichkeit ist *Kallmeyer*, GmbHR 1995, 888, 889 zu widersprechen, der eine Nutzbarmachung des Anwachsungsmodells für eine Umwandlung der GmbH & Co. KG in eine AG nicht für möglich hält.

661 BGH ZIP 1992, 689, 692 ff.

662 Dazu zuletzt *Meller–Hannich*, ZIP 2000, 345, 346 m.w.N. für die herrschende Meinung.

663 Vgl. *Lutter / Hommelhoff*, GmbHG, § 3 Rdn. 18.

664 *Hennerkes / Jeschke*, in *Wieselhuber & Partner*, Börseneinführung mit Erfolg, S. 12.

leitungsvefassung. Danach können die normalerweise nur kapitalistisch beteiligten Kommanditisten mit umfangreichen Verwaltungsrechten ausgestattet werden. Dies gestattet, die Kommanditisten-Stellung der Wagniskapitalfinanziers ihren Bedürfnissen entsprechend auszugestalten. Über eine paralle Beteiligung an der Komplementär-GmbH lassen sich die für die Wagniskapitalfinanziers erforderlichen Informations- und Einflußmöglichkeiten auf die Geschäftsführung auch ohne zu starke Veränderungen der gesetzestypischen Geschäftsleitungsverfassung der KG gestalten.
Die Übertragung der KG-Gesellschaftsanteile ist bei GmbH & Co. KG formlos möglich und daher im Vergleich zur GmbH einfach und günstig.
Im Hinblick auf ein *Going public* teilt die GmbH & Co. KG mit der GmbH das Handicap, erst in eine börsenfähige Gesellschaftsform umgewandelt werden zu müssen.
Nicht zu unterschätzen sind die gestalterischen Anforderungen, die sich aus der Typenmischung von GmbH und KG hinsichtlich der Harmonisierung der Willensbildung auf den beiden Gesellschaftsebenen ergeben. Hieraus können Verständnisprobleme resultieren, die den rechtlich unerfahrenen Unternehmensgründer sicherlich keine geringeren Anstrengungen abverlangen, als es eine dem Aktienrecht entsprechende Unternehmensleitung erfordert.
Die Problematik der Mehrheitsklauseln für die Willensbildung bei der Vornahme von Grundlagengeschäften zieht sich wie ein roter Faden durch die gesamte rechtliche Gestaltung. Da hier immer noch eine Rechtssicherheit schaffende höchstrichterliche Entscheidung fehlt, besteht ein erhebliches Gefahrenpotential für die Bestandskraft wichtiger Regelungen. Dies muß insbesondere vor dem Hintergrund so sensibler Regelungsbereiche wie der Umwandlung in eine andere Gesellschaftsform zur Vorsicht mahnen.

X. Zusammenfassung

Die Wirkungen der Regelungen, die im U.S.-amerikanischen Modell dazu dienen sollen, die aus dem Finanzierungsverhältnis zwischen den Wagniskapitalfinanziers und den Gründergesellschaftern bzw. den Start up-Unternehmen resultierenden Agency-Probleme zu reduzieren, können auch in den deutschen Gesellschaftsformen erzielt werden. Hierbei läßt sich kein Pauschalurteil zugunsten oder zu Lasten der einen oder anderen Gesellschaftsform fällen. GmbH und GmbH & Co. KG gewähren einen geeigneten Spielraum, um insbesondere Möglichkeiten zur Einflußnahme der Wagniskapitalfinanziers auf die Geschäftsführung gesellschaftsrechtlich zu gestalten. Bei der AG muß wegen der zwingenden Kompetenzordnung des Aktienrechts häufiger auf schuldrechtliche Gestaltungen ausgewichen werden. Bei der GmbH & Co KG zeigt sich, daß die gewünschte umfassende Haftungsbeschränkung für alle Gesellschafter nur um den Preis der nicht wenig komplizierten Verzahnung der beiden Gesellschaftsformen zu erhalten ist. Dies sowie weitere personengesellschaftsrechtliche Besonderheiten wie z.B. die immer noch nicht abschließend geklärte Frage der Ausgestaltung von Vertragsklauseln für Mehrheitsbeschlüsse läßt schwer nachvollziehen, warum

gerade die AG häufig für Unternehmensgründer als zu kompliziert qualifiziert wird.
Einige allerdings nicht besonders schwer ins Gewicht fallende Manko der GmbH kann in den Formerfordernissen bei der Übertragung von Geschäftsanteilen gesehen werden. Des weiteren haben als GmbH und auch als GmbH & Co. KG geführte Start up-Unternehmen auf dem Weg zum *Going public* mit der Umwandlung in eine börsenfähige Rechtsform eine Hürde mehr zu nehmen als in der Rechtsform der AG geführte Unternehmen. Diese Hürde ist zumindest bei als GmbH & Co. KG geführten Start up-Unternehmen nicht zu unterschätzen. Trotz der gesetzlichen Regelung des Formwechsels bereitet diese Umwandlungsform immer noch erhebliche Probleme. Hierbei darf nicht unberücksichtigt bleiben, daß auch in Deutschland das *going public* immer häufiger als Königsweg für den Beteiligungsaustieg der Wagniskapitalfinanziers angesehen wird. Gerade bei Unternehmen des Telekomunikations- und Internetsektors, die keine kostenintensive Grundlagenforschung über einen längeren Zeitraum erfordern, sondern vielmehr eine möglichst schnelle Marktdurchdringung anvisieren, kann sich die AG als Rechtsform bereits ab Gründung empfehlen. Dies ermöglicht ein *going public* ohne weitere Zwischenschritte, um dann den organisierten Kapitalmarkt zur Deckung des für die Marktdurchdringung benötigten Kapitals in Anspruch zu nehmen. Außerdem stellen die börsennotierten Aktien eine geeignete Akquisitionswährung für eine die Liquidität schonende Unternehmenserweiterung durch Aufkäufe von Wettbewerbern und komplementären Anbietern bereit.
Ein weiterer nicht zu unterschätzender Problemkreis ergibt sich bei GmbH und GmbH & Co. KG aus dem Fehlen eines gesetzlich standardisierten Instruments der Mitarbeiterbeteiligung, die einen festen Bestandteil der Vergütungssysteme von liquiditätsschwachen Start up-Unternehmen der High Tech-Branchen darstellt.[665]
Damit zeigt sich, daß auch bei der Wagnisfinanzierung die Rechtsformwahl für das Start up-Unternehmen eher einer Einzellfallentscheidung vorbehalten bleiben wird.

[665] Siehe das folgende Kapitel.

Die Vereinbarungen über die Vergütung für das Management des Wagniskapitalunternehmens berühren zwar eigentlich nicht dessen Verhältnis zu den Wagniskapitalfinanziers, jedoch werden deren Grundlagen regelmäßig auch im Rahmen des Beteiligungsvertrages gelegt. Der Grund hierfür liegt darin, daß die Ausgestaltung der Managementvergütung einen wesentlichen Baustein zur Interessenharmonisierung zwischen den Wagniskapitalfinanziers und dem Management des Beteiligungsunternehmens darstellt. Damit gewinnt die Managementvergütung erhebliche Bedeutung für den Erfolg des Investments der Wagniskapitalfinanziers. Die Vergütungsregelungen für das Management der Beteiligungsunternehmen müssen insbesondere zwei Anforderungen gerecht werden: Sie müssen den regelmäßig finanzschwachen Unternehmen ermöglichen, qualifiziertes Management zu rekrutieren, ohne dabei ihre Liquidität zu stark zu belasten. Die Vergütungsregelung soll dazu beitragen, das Management dazu anzuhalten, sich nach besten Kräften für die Steigerung des Unternehmenswertes einzusetzen.[666] Dies ist deshalb von besonderer Bedeutung, weil neben den Gründerunternehmern, die ohnehin wegen ihrer Beteiligung am Unternehmen an einer Steigerung des Unternehmenswertes interessiert sind,[667] das Management regelmäßig mit weiteren, nicht dem Gründerkreis angehörenden Managern ergänzt wird. Diesen Anforderungen kann ein Vergütungssystem entsprechen, das bei bewußt gemäßigter Barentlohnung im wesentlichen eine sofortige oder spätere Beteiligung am Gesellschaftskapital gewährt und sich insoweit an der Wertentwicklung des Beteiligungsunternehmens orientiert.[668] Typischerweise wird vereinbart, daß die zusätzliche Vergütung z.B. vom Erreichen einer bestimmten Beteiligungsrendite im Vergleich zum Branchendurchschnitt (target oder benchmark) und dem Verbleib des jeweiligen Managers im Unternehmen für eine bestimmte Dauer (golden handcuff) abhängt.

§ 7 Unternehmenswertorientierte Vergütungssysteme in den USA

I. Mögliche Gestaltungsformen

Eine an der Entwicklung des Unternehmenswertes orientierte Managementvergütung wird in den USA durch sogenannte *stock purchase plans, stock*

---

[666] *Barrall / Epstein*, in *PLI*, Venture Capital 1991, 321, 322; *Fackler / Frank*, Employee Benefit Plans, in: *Harroch*, Partnership & Joint Venture Agreements, § 14.02 (1); siehe zur Anreizwirkung von Aktien und Aktienoptionen auch *Baums*, FS Claussen, S. 3, 6 ff.; *Kohler*, ZHR 161 (1997), 246, 254 ff.

[667] Jedoch bestehen zwischen den Gründerunternehmern und Managern, die nur an einem einzigen Unternehmen beteiligt sind, und den regelmäßig diversifizierten, institutionellen Investoren auch weiterhin Interessendivergenzen, siehe dazu *Baums*, FS Claussen, S. 3, 7 in Fn. 23 mwN.

[668] Siehe dazu *Petillion / Hull*, Representing Start-Up Companies, § 8.01; *Barrall / Epstein*, in *PLI*, Venture Capital 1991, 321, 323; *Aufmuth*, in *PLI*, Venture Capital 1989, 121 ff.

options, stock appreciation rights (SARs) und *phantom stock plans* erzielt[669]. Während die beiden erstgenannten Vergütungssysteme auf eine tatsächliche sofortige oder auch spätere Beteiligung des Managements am Unternehmen angelegt sind, lassen SARs und *phantom stock* die Manager mittels schuldrechtlicher Vereinbarungen an der Wertsteigerung des Unternehmens teilnehmen. *Phantom stock plans* gewähren den Managern hypothetische Gesellschaftsanteile, die tatsächlich nur in Buchpositionen bestehen. *Phantom stock* gibt den Managern zu einem künftigen Zeitpunkt einen Anspruch auf Barauszahlung der während der Laufzeit des Plans mit den tatsächlichen Gesellschaftsanteilen erzielten Rendite.[670] Bei den SARs ist der Auszahlungsanspruch auf die Wertsteigerung einer bestimmten Anzahl von Aktien begrenzt.[671]

II. Typische Ausgestaltung bei Start up-Unternehmen

Die Eignung von *phantom stock* und SARs für die Vergütung des Managements von Start up-Unternehmen erscheint jedoch zweifelhaft, da beide Vergütungssysteme zu einem Liquiditätsabfluß führen.
Mit *stock purchase plans* oder *stock option plans* kann dieser Nachteil vermieden werden. Soweit die Manager für die Gesellschaftsanteile, die sie im Rahmen dieser Vergütungssysteme erhalten, etwas bezahlen, fließt dem Unternehmen sogar weitere Liquidität zu. Im Rahmen von *stock purchase plans* werden dem Management Gesellschaftsanteile mit einem erheblichen Abschlag von ihrem tatsächlichen Wert zum Kauf angeboten. Die *stock option plans* gewähren dem Management das Recht, über einen bestimmten Zeitraum Gesellschaftsanteile zu einem festgelegten Preis zu kaufen.[672] Die sich aus diesen Vergütungssystemen ergebenden Verpflichtungen, den hierzu berechtigten Managern Gesellschaftsanteile zu verschaffen, kann die Gesellschaft mit Hilfe von *authorized but unissued shares* oder *treasury shares* erfüllen.[673] Sowohl die *stock purchase plans* als auch die *stock option plans* sehen sogenannte *vesting schedules* vor, nach denen die Begünstigten zur Rückübertragung der Gesellschaftsanteile oder auch der Optionen verpflichtet sind, wenn sie das Unternehmen vorzeitig verlassen. Diese Verpflichtungen zur Rückübertragung erlöschen sukzessiv im Laufe der sogenannten *vesting period.* Erst nach deren Ablauf erlangt der Begünstigte gesichert das Eigentum an den Gesellschaftsanteilen.[674]

---

669 Siehe demnächst einen umfassenden Überblick zum U.S.-amerikanischen Recht bei *Eggert*, Aktienoptionen für Führungskräfte – ein Vergleich des U.S.-amerikanischen und des deutschen Rechts, Uni. Diss. Jena 2002.

670 *Petillion / Hull*, Representing Start-Up Companies, § 8.05; *Merkt*, U.S.-amerikanisches Gesell-schaftsrecht, Rdn. 522.

671 *Aufmuth*, in *PLI*, Venture Capital 1989, 431, 452; *Merkt*, U.S.-amerikanisches Gesellschaftsrecht, Rdn. 522.

672 *Kraus*, Executive Stock Options and Stock Appreciation Rights, § 2.01(1)(a).

673 Siehe *Merkt*, U.S.-amerikanisches Gesellschaftsrecht, Rdn. 374.

674 *Aufmuth*, in *PLI*, Venture Capital 1989, 431, 443.

III. Steuerliche Behandlung

Zu unterscheiden sind die sogenannten *„incentive stock options“* (ISO) und die sogenannten *„non qualified stock options“* (NSO). Die ISO genießen gegenüber den NSO besondere steuerliche Begünstigungen, wofür sie jedoch in ihrer Ausgestaltung gewissen Beschränkungen unterworfen sind.[675] So unterliegen ISO z.B. hinsichtlich der Festlegung ihres Ausübungspreises bestimmten Einschränkungen, wonach dieser den Marktpreis der zugrunde liegenden Gesellschaftsanteile im Zeitpunkt der Optionseinräumung nicht unterschreiten darf.[676] Für Beschäftigte, deren Beteiligung an der Gesellschaft mehr als 10% der Stimmrechte ausmacht, muß der Ausübungspreis sogar 110% des Marktwertes der Gesellschaftsanteile im Zeitpunkt der Optionseinräumung betragen.[677] Dafür unterliegen ISO weder bei ihrer Einräumung, noch bei ihrer Ausübung einer Besteuerung. Soweit vor dem Verkauf der Gesellschaftsanteile die ISO bereits zwei Jahre gehalten worden sind und dann ein weiteres Jahr mit dem Verkauf der Gesellschaftsanteile abgewartet wird, unterliegen auch die daraus resultierenden Veräußerungsgewinne nur der günstigen Kapitalgewinnsteuer.

Die nicht regulierten NSO genießen keine besonderen steuerlichen Begünstigungen. Kann ihnen bereits bei Einräumung ein feststellbarer Marktwert beigemessen werden, so sind sie als gewöhnliches Einkommen zu versteuern.[678] Jedoch läßt sich gerade bei Optionen auf Gesellschaftsanteile von Start up-Unternehmen argumentieren, daß ein Marktwert kaum festzustellen ist. Danach wird grundsätzlich erst die durch die Optionsausübung ausgelöste Übertragung der Gesellschaftsanteile besteuert.[679] Dies kann jedoch zur Folge haben, daß der ehemalige Inhaber der NSO wegen der zwischenzeitlichen Wertsteigerung eine erhebliche Steuerbelastung hinnehmen müßte, die er unter Umständen nur durch den Verkauf seiner Gesellschaftsanteile tragen könnte. Soweit jedoch auch die aus der Ausübung der NSO erlangten Gesellschaftsanteile einem Verfallsrisiko unterliegen, was in der Regel dadurch begründet wird, daß unter bestimmten Voraussetzungen der Gesellschaft ein Anspruch auf Rückübertragung zusteht, kann auch hier ein steuerliches Wahlrecht ausgeübt werden.[680] Optiert der NSO-Inhaber für eine Besteuerung im Zeitpunkt der Optionsausübung, so kommt eine spätere Veräußerung der Gesellschaftsanteile in den Genuß der günstigen Besteuerung für Kapitalgewinne.[681]

---

675 Siehe *Barrall / Epstein*, Using equity and equity based plans to compensate executives of venture capital companies, in *PLI*, Venture Capital 1991, 321, 332; *Kraus*, Executive Stock Options and Stock Appreciation Rights, § 3.02(3).

676 I.R.C. § 422(b)(4).

677 *Fackler / Frank*, Employee Benefit Plans, in *Harroch*, Partnership & Joint Venture Agreements, § 14.06 (2).

678 I.R.C. §§ 83 (a), 83 (e).

679 *Cavitch*, Business Organisations with tax planning, § 133.04 (4), *Barrall / Epstein*, in *PLI*, Venture Capital 1991, 321, 335.

680 Vgl. I.R.C. § 83 (b).

681 Siehe *Aufmuth*, in *PLI*, Venture Capital 1989, 431, 445.

Damit läßt sich sowohl für die ISO als auch die NSO bei entsprechender Gestaltung im wesentlichen die günstige Besteuerung für Kapitalgewinne erreichen. Dies macht die Vergütung mit *stock options* außerordentlich attraktiv für die Optionsinhaber wie auch für das Unternehmen.

§ 8 Gestaltungsmöglichkeiten in Deutschland

I. Allgemeines, schuldrechtliche Vergütungsregelungen

Auch in Deutschland sind schuldrechtliche Vergütungsregelungen wie SARs und Phantom-Aktien ohne weiteres möglich.[682] Gegen die Verwendung dieser schuldrechtlichen Vergütungssysteme bei Venture Capital-Finanzierungen spricht auch hier deren negative Auswirkung auf die Liquiditätslage des Beteiligungsunternehmens.[683]

Im folgenden wird daher, bevor auch auf Mitarbeiter-Beteiligungsmodelle bei der GmbH und GmbH & Co. KG eingegangen wird, allein die Möglichkeit von Aktienoptionen für das Management behandelt.

Der Übertragung einer bestimmten Anzahl von Aktien sind Aktienoptionen vorzuziehen, da sich mit ihnen die gewünschten Anreizwirkungen noch verstärken lassen und ihre Auswirkungen auf die Liquidität der Manager günstiger sind.[684]

II. Aktienoptionen

Die bei Ausübung von Aktienoptionen erforderlichen Aktien kann sich die Gesellschaft entweder durch den Aufkauf bereits ausgegebener Aktien oder durch die Ausgabe junger Aktien aus einer Kapitalerhöhung beschaffen.

1. Rückkauf eigener Aktien

Der Rückkauf eigener Aktien ist der Gesellschaft ausnahmsweise in den Fällen des § 71 Abs. 1 AktG in beschränktem Umfang erlaubt. Die Bedienung von Aktienoptionen, die an Vorstandsmitglieder ausgegeben worden sind, war dort bis 1998 nicht als zulässiger Erwerbsgrund vorgesehen. Zwar war in § 71 Abs. 1 Nr. 2 AktG der Erwerb eigener Aktien zur Bedienung von Mitarbeiter-Aktienoptionen erlaubt. Diese Ausnahme konnte jedoch für Vorstandsmitglieder, denen wegen ihrer Organzugehörigkeit die Qualifikation als Arbeitnehmer versagt blieb, nicht genutzt werden.[685] In § 71 Abs. 1 Nr. 8 AktG ist durch das KonTraG der Erwerb eigener Aktien bis zu einer Höchstgrenze von 10 % des Grundkapitals ohne gesetzliche Zweckvorgabe erlaubt worden. Diese Erwerbsmöglichkeit kann nun genutzt werden, um auch die an Vorstandsmitglieder ausgegebenen Aktien zu bedienen. Ein Nachteil der

---

682 *Baums*, FS Claussen, S. 3, 6 mwN. in Fn. 21, 22.

683 So auch *Kau / Leverenz*, BB 1998, 2269, 2271.

684 *Baums*, FS Claussen, S. 3, 6 ff. mit einem Vergleich der Vergütung durch Einräumung von Aktien und Aktienoptionen.

685 *Baums*, FS Claussen, S. 3, 33; *Hüffer*, ZHR 161 (1997), 214, 220.

Bedienung von Aktienoptionen durch Aktienrückkäufe ist jedoch, daß dies zu langfristigen Kapitalbindungen und damit zu Zinsverlusten führt.[686]
Dem Rückkauf eigener Aktien steht bei Start up-Unternehmen auch ein faktisches Problem im Wege: Die Aktien befinden sich regelmäßig allein in den Händen der Gründerunternehmer und der Wagniskapitalfinanziers; einen Markt für die Aktien gibt es noch nicht. Der Aktienrückkauf setzt also eine Reduzierung der Beteiligung der Gründerunternehmer und / oder der Wagniskapitalfinanziers voraus. Dies kann u.U. nicht gewünscht sein. Das gleiche gilt für den Fall, daß sich Gründergesellschafter und / oder Wagniskapitalfinanziers verpflichten, unmittelbar – also ohne Rückkauf durch die Gesellschaft – Aktienoptionen von weiteren Vorstandmitgliedern zu bedienen.

2. Schaffung junger Aktien

Der Weg über die reguläre Kapitalerhöhung gegen Einlagen (§§ 182 ff. AktG) ist nicht gangbar, um Aktienoptionen zu bedienen.[687] Der Weg über das genehmigte Kapital (§§ 202 ff. AktG) ist zwar möglich, aber unpraktikabel.[688] Das praxisbewährte Mittel ist das bedingte Kapital (§§ 192 ff. AktG). Bis zum Inkrafttreten des KonTraG mußte freilich eine Hilfskonstruktion benutzt werden, da die in § 192 Abs. 2 AktG a.F. abschließend genannten Zwecke[689] die Bedienung von Aktienoptionen an Vorstandsmitglieder nicht vorsahen. Um diesem Hindernis auszuweichen, wurde der Weg über §§ 192 Abs. 2 Nr. 1, 221 Abs. 1 AktG eingeschlagen: Den Vorstandsmitgliedern mußten zunächst Gläubigerrechte in Form von Wandel- und Optionsschuldverschreibungen eingeräumt werden, an die Bezugsrechte auf junge Aktien gekoppelt waren.[690] Das KonTraG sieht nunmehr in § 192 Abs. 2 Nr. 3 AktG n.F. die Möglichkeit vor, eine bedingte Kapitalerhöhung zum Zwecke der Bedienung von schlichten Bezugsrechten (*naked warrants*) durchzuführen.[691] Begünstigte können Vorstandsmitglieder und Geschäftsführer sein.[692] Der Umweg über § 192 Abs. 2 Nr. 1 AktG braucht also nicht mehr genommen zu werden.

3. Steuerliche Behandlung

Nachdem durch das KonTraG die aktienrechtliche Gestaltung von Aktienoptionen erheblich vereinfacht wurde, werden in ihrer steuerlichen Behandlung, insbesondere in der im internationalen Vergleich hohen

---

686 *Claussen*, AG 1996, 481, 491, ebenso *Seibert*, in: *Pellens* (Hrsg.), Unternehmenswertorientierte Entlohnungssysteme, S. 29, 34.
687 Siehe auch *Kau / Leverenz*, BB 1998, 2269, 2273.
688 *Baums*, FS Claussen, S. 3, 34 f.
689 Str., die Zulässigkeit weiterer Zwecke, wie z.B. die Schaffung genehmigten Kapitals zur Bedienung von *naked warrants* wird bejaht von *Claussen*, Bank- und Börsenrecht, 1996, § 9 Rdn. 183; *Karollus*, in GHEK, AktG, § 221, Rdn. 28, 29; *Steiner*, WM 1990, 1776; dagegen *Lutter*, in KölnKomm., AktG, § 221, Rdn.185; *Hefermehl / Bungeroth*, in GHEK, AktG, § 192, Rdn. 28, 29; *Martens*, AG 1996, 346.
690 *Baums*, FS Claussen, S. 3, 35 ff.; *Hüffer*, ZHR 161 (1997), 214, 222.
691 Siehe *Kau / Leverenz*, BB 1998, 2269, 2272 f.
692 *Seibert*, in: *Pellens*, Unternehmenswertorientierte Entlohnungssysteme, S. 31, 37.

Steuerbelastung der Optionsberechtigten deutliche Wettbewerbsnachteile für die deutschen Unternehmen gesehen.[693] Die hohe steuerliche Belastung beruht in Deutschland auf zweierlei Umständen. Zum einen ist die Ausgabe von Aktienoptionen nach der Rechtsprechung sowie der Position der Finanzverwaltung und der heute ganz herrschenden Meinung in der Literatur unter die Einkünfte aus nichtselbstständiger Arbeit zu subsumieren.[694] Dies führt dazu, daß für die Besteuerung der Aktienoptionen der regelmäßig hohe persönliche Einkommensteuersatz der Manager zugrunde zu legen ist.[695] Schon dadurch wird die bezweckte positive Anreizwirkung der Aktienoptionen erheblich reduziert. Als weiterer Nachteil wird gesehen, daß Rechtsprechung[696] und Verwaltung[697] bei nicht marktgängigen Optionen den Zufluß von Arbeitslohn erst im Zeitpunkt der Optionsausübung annehmen, so daß erst dann die Besteuerung vorgenommen wird.[698] Dies trifft auf von Start up-Unternehmen ausgegebene Aktienoptionen zu, da diese regelmäßig unter erheblichen Verfügungsbeschränkungen und Verfallsklauseln gewährt werden und auch ein externer Markt für diese Optionen jedenfalls nicht besteht.

Hier soll der Streit nicht aufgegriffen werden, ob eine Besteuerung bei Einräumung der Option oder erst bei deren Ausübung richtig ist oder welche dieser beiden Regelungsweisen für den Optionsinhaber vorteilhafter ist. Vielmehr ist mit *Eschbach*[699] anzunehmen, daß die Vorteilhaftigkeit der beiden Besteuerungszeitpunkte von der individuellen Risikopräferenz des einzelnen Optionsinhabers abhängt. Denn soweit eine Besteuerung schon im Zeitpunkt der Optionseinräumung vorgenommen wird, hat der Optionsinhaber zwar die Chance, wesentlich weniger Steuern zu zahlen als bei der Optionsausübung, die Option kann jedoch auch durch Kursverfall oder sonstige Umstände wertlos werden. In diesem Fall hätte der Optionsinhaber die Steuern für einen nur fiktiven Vorteil gezahlt. Diese Gefahr besteht bei einer Besteuerung im Zeitpunkt der Optionsausübung nicht.[700]

Es wäre de lege ferenda daher sinnvoll, davon Abstand zu nehmen, den Inhabern von Aktienoptionen staatlicherseits vorzuschreiben, wann die Vorteile aus den Aktienoptionen versteuert werden müssen.[701] Dazu könnte eine dem U.S.-amerikanischen Recht vergleichbare Wahlmöglichkeit geschaffen werden.

---

693 Siehe *Baulig*, Vom Freistaat fitgespritzt, in: Financial Times Deutschland v. 9.11.2000, S. 11.

694 Siehe *Herzig*, in: *Pellens*, Unternehmenswertorientierte Entlohnungssysteme, S. 162, 166.

695 Vgl. *Herzig*, in: *Pellens*, Unternehmenswertorientierte Entlohnungssysteme, S. 166, 176 f.

696 Vgl. BFH v. 10.03.1972, VI R 278/68, BStBl II 1972, 596, 597, BFH/NV 1986, 306, 308; weitere Hinweise bei *Dautel*, BB 2000, 1757, 1762 in Fn. 87.

697 BMF, 28.8.1998 – IV B 6 – S. 2332 – 29/98, NWB Fach 1, 1998, 318.

698 Diese Auffassung wird teilweise von der Literatur geteilt, aber auch abgelehnt. Einen Überblick zum Streitstand gibt *Herzig*, in: *Pellens*, Unternehmenswertorientierte Entlohnungssysteme, S. 162, 168 ff.

699 *Eschbach*, DStR 1999, 1869 ff.

700 *Eschbach*, DStR 1999, 1869, 1871 f.

701 *Herzig*, in: *Pellens*, Unternehmenswertorientierte Entlohnungssysteme, S. 166, 180 gibt Anregungen, wie diese Wahlmöglichkeit bereits de lege lata eventuell durch besondere Gestaltungen der Optionsbedingungen erhältlich ist.

III. Wertorientierte Vergütung bei GmbH und GmbH & Co. KG

Für die GmbH und die GmbH & Co. KG existiert kein gesetzlich geregeltes Vergütungsinstrument, daß den Aktienoptionen vergleichbar wäre. Alternative Vergütungsmodelle wie Gewinnbeteiligungen über Tantiemen, Mitarbeiter-Darlehen[702], stille Beteiligungen und Genußrechte sind zwar allesamt als erfolgsorientierte Vergütung denkbar, bieten aber in der Regel nicht die gewünschte Beteiligung am Wertzuwachs des Unternehmens.[703] Nur für die stille Beteiligung in ihrer atypischen Ausgestaltung[704] und für Genußrechte[705] kann eine Partizipation am Wertzuwachs des Unternehmens vereinbart werden. Hier soll jedoch die Aufnahme in den Gesellschafterkreis als Grundform einer jeden Beteiligung am Wertzuwachs eines Unternehmens betrachtet werden.

1. Aufnahme in den Gesellschafterkreis schon bei Einstellung

a) Allgemeines

Die Gründergesellschafter können besonders wichtige Mitarbeiter (*key-employees*) schon bei deren Einstellung oder nach einer Probezeit in den Gesellschafterkreis aufnehmen, indem diesen ein Kommanditanteil oder ein GmbH-Geschäftsanteil eingeräumt wird. Durch die Aufnahme in den Gesellschafterkreis kann jedenfalls eine Identifikation des Managers mit dem Unternehmen erreicht werden. Die Intensität der Identifikation wird von der Substanz der übertragenen Beteiligung hinsichtlich deren Höhe und deren rechtlichen Ausgestaltung beeinflußt. Hierbei kann unterstellt werden, daß bei nur geringer Beteiligungshöhe und schwachen rechtlichen Befugnissen (z.B. kein Stimmrecht, abgeschwächte Informationsrechte) auch die Identifikation des Mitarbeiter-Gesellschafters mit dem Unternehmen nur schwach ausgeprägt ist. Dennoch sind gerade diese zwei Gesichtspunkte maßgeblich bei der Entscheidung der Gründerunternehmern über die Mitarbeiterbeteiligung. Denn je nach Höhe und rechtlicher Ausgestaltung der Mitarbeiterbeteiligung wird ihre eigene Position im Unternehmen beeinflußt. Insbesondere bei der GmbH ist die gesetzlich stark ausgestaltete Gesellschafterstellung mit dem umfassenden Stimmrecht (§§ 46, 47 GmbHG) und dem weitreichenden Informationsrecht (§ 51 a GmbHG) häufig nicht gewollt.[706] Das Stimmrecht eines GmbH-Gesellschafters läßt sich zwar auch ohne die aktienrechtliche Konsequenz eines Dividendenvorzugs ausschließen.[707] Jedoch ist das Informationsrecht nach § 51 a GmbHG unabdingbar. Soweit nur Mitarbeiter auf der Ebene der Geschäftsleitung beteiligt werden sollen, ist es zwar richtig, daß diesen ohnehin die wesentlichen Informationen zugänglich sind. Dieses Argument verliert jedoch

---

[702] Das Mitarbeiter-Darlehen kann als partiarisches Darlehen eine gewinnabhängige Verzinsung vorsehen.

[703] Siehe Darstellung bei *Fox / Hüttche / Lechner*, GmbHR 2000, 521 ff.

[704] Vgl. *Fox / Hüttche / Lechner*, GmbHR 2000, 521, 524 ff.

[705] Vgl. *Fox / Hüttche / Lechner*, GmbHR 2000, 521, 527 f.

[706] Siehe *Fox / Hüttche / Lechner*, GmbHR 2000, 521,529.

[707] Vgl. *Kau / Leverenz*, BB 1998, 2269, 2275.

mit der Ausweitung der Mitarbeiterbeteiligung auf untere Hierarchieebenen an Überzeugungskraft.
Bei der GmbH & Co. KG stellen sich in dieser Hinsicht keine Probleme. Das Stimmrecht wie auch das Informationsrecht des Kommanditisten ist im gesetzlichen Regelfall ohnehin sehr schwach ausgestaltet.
Ein weiteres Erschwernis für die Mitarbeiter-Gesellschafterbeteiligung ist bei der GmbH die notarielle Formbedürftigkeit sowohl des Verpflichtungs- als auch des Übertragungsgeschäfts hinsichtlich eines GmbH-Geschäftsanteils.[708] Die Mitarbeiterbeteiligung wird dadurch umständlicher und es entstehen zusätzliche Kosten. Dies kommt insbesondere bei der Einbindung breiterer Mitarbeiterkreise in das Vergütungssystem zum Tragen.[709] Zusätzlicher Verwaltungsaufwand ist mit der Neufassung des § 40 Abs. 1 GmbHG verbunden. Danach sind die Geschäftsführer verpflichtet, bei jeder Änderung des Gesellschafterbestandes unverzüglich eine Gesellschafterliste zum Handelsregister einzureichen.[710] Eine Gesellschafterliste muß nicht nur beim Gesellschafterwechsel eingereicht werden, sondern auch Änderungen des Beteiligungsumfangs, wie auch Namens- und Wohnortsänderungen der Gesellschafter lösen die Einreichungspflicht aus.[711]
Die Einräumung einer Beteiligung als Kommanditist ist dagegen formlos möglich, jedoch erfordern nicht zuletzt die haftungsrechtlichen Konsequenzen eines Wechsels im Bestand der Kommanditisten die Eintragung im Handelsregister (Nachfolgevermerk).[712]

b) Steigerung der Anreizwirkung

Die Beteiligung an der Wertsteigerung des Unternehmens soll so ausgestaltet sein, daß die positiven Anreizwirkungen der wertorientierten Vergütung (Leistungssteigerung, Unternehmenstreue) möglichst stark ausgeprägt sind. Bei Aktienoptionen wird daher die Ausübungsmöglichkeit z.B. an das Erreichen bestimmter Leistungsziele und an die Dauer der Unternehmenszugehörigkeit gebunden.[713] Ist der Mitarbeiter schon in den Gesellschafterkreis aufgenommen, so haben die Gründergesellschafter den Mitarbeiter-Gesellschaftern sozusagen bereits einen „Vertrauensvorschuß" geleistet. Um zu verhindern, daß dieser Vertrauensvorschuß enttäuscht wird, kann es sich empfehlen, die Anreizwirkungen dadurch zu verstärken, daß bei Verfehlen bestimmter Leistungsziele oder bei (freiwilliger oder unfreiwilliger) Beendigung der Mitarbeiterstellung die Gesellschafterstellung teilweise oder ganz wieder entzogen werden könnte.

aa) Entzug der Beteiligung

Hierbei ist die bereits in anderem Zusammenhang erwähnte Rechtsprechung zu beachten, wonach ein Gesellschafterausschluß, der im freien Belieben eines

[708] §§ 15 Abs. 3, Abs. 4 GmbHG.
[709] So auch *Fox / Hüttche / Lechner*, GmbHR 2000, 521, 528.
[710] Siehe *Priester*, DNotZ 1998, 691, 709.
[711] *Lutter / Hommelhoff*, GmbHG, § 40 Rdn. 3; *Scholz / Schneider*, GmbHG, § 40 Rdn. 8 ff.
[712] Vgl. § 162 HGB.
[713] Vgl. *Baums*, FS Claussen, S. 3, 5 ff..

anderen Gesellschafters oder einer Gesellschaftermehrheit steht, unzulässig ist. Ein solches Ausschlußrecht kann weder im Gesellschaftsvertrag noch durch schuldrechtliche Vereinbarung getroffen werden. Dieser im Personengesellsschaftsrecht entwickelte Grundsatz wird mittlerweile auch auf die GmbH angewendet.[714]

bb) Anknüpfen an feste Tatbestandsmerkmale

Um Bedenken im Hinblick auf diese Rechtsprechung an der Zulässigkeit eines Ausschlußrechtsrechts vorzubeugen, ist dessen Ausübung wiederum an feste Tatbestandsmerkmale zu knüpfen und eine angemessene (kurze) Ausübungsfrist zu bestimmen.[715] Durch eine solche Ausgestaltung wird das eigentlich Anstößige eines Ausschlußrechts, nämlich dessen Mißbrauch als Machtinstrument für eine Willkürherrschaft über die ausschlußbedrohten Mitgesellschafter, vermieden.[716] Als feste Tatbestandsmerkmale werden z.B. auch der Rückgang von Gewinn oder Umsatz und das nachhaltige Verfehlen gemeinsam festgelegter Planziele als zulässig angesehen, um einen vorrangig für die Führung der Geschäfte verantwortlichen Manager aus der Gesellschaft ausschließen zu können.[717] Kritische Stimmen sehen ein Ausschlußrecht, das an „feste Tatbestandsmerkmale" anknüpft nur dann als wirksam an, wenn über die formale Festlegung der „festen Tatbestandsmerkmale" deren Verwirklichung einen Gesellschaftsausschluß auch sachlich rechtfertigen kann.[718] Die hier in Betracht kommenden Tatbestandsmerkmale, das Verfehlen bestimmter Leistungsziele und die Beendigung der Tätigkeit des Mitarbeiter-Gesellschafters für das Unternehmen, rechtfertigen einen (teilweisen) Gesellschaftsausschluß.[719] Die Einräumung der Mitarbeiter-Gesellschafterstellung dient hier gerade dem Leistungsanreiz und dem Wunsch, den Mitarbeiter für eine bestimmte Zeit an das Unternehmen zu binden. Diese Zielsetzung ist dem Mitarbeiter bewußt. Es ist offenkundig, daß er die ihm zunächst formal eingeräumte Gesellschafterstellung erst noch verdienen muß. Erfüllt ein Mitarbeiter-Gesellschafter die für seine Aufnahme in den Gesellschafterkreis maßgeblichen und im vorhinein festgelegten Erwartungen nicht, ist sein Ausschluß gerechtfertigt.

[714] BGH NJW 1990, 2622, 2623; für eine atypische stille Gesellschaft siehe auch BGH NJW 1994, 1156, 1157.

[715] Vgl. BGH NJW 1989, 834, 835;

[716] BGH NJW 1989, 834, 835, so auch schon *Hennerkes / Binz*, NJW 1983, 73, 79.

[717] Vgl. *Piehler*, in Münchener Handbuch des Gesellschaftsrechts, § 67 Rdn. 54; siehe auch *Sigle*, FS Semler, S. 767, 784.

[718] Siehe *Behr*, ZGR 19 (1990), 370, 383 ff.; ebenso *Ulmer*, in MünchKomm., BGB, § 737 Rdn.17.

[719] Hinsichtlich des Tatbestandsmerkmals der Beendigung des Arbeitsverhältnisses ist jedoch zu beachten, daß die Gesellschaft nicht schon dieses ohne „sachlichen Grund" beendet hat. Vgl. BGH NJW 1983, 2380, 2381, siehe auch *Kellermann / Stodolkowitz*, Höchstrichterliche Rechtsprechung zum Personengesellschaftsrecht, S. 48; ebenso *Piehler*, Beteiligung leitender Mitarbeiter an einer GmbH, S. 321, 328.

cc) Technische Gestaltung

Der (auch teilweise) Ausschluß des Mitarbeiter-Gesellschafters kann technisch sowohl bei der GmbH[720] als auch bei der GmbH & Co. KG über Call-Optionen erreicht werden.[721] Durch sukzessives Erlöschen der Call-Optionen bei Erreichen bestimmter Leistungsziele und dem Ablauf bestimmter Verbleibezeiten im Unternehmen kann ein gerechter Interessenausgleich geschaffen werden.

dd) Abfindungsbeschränkungen

Im Falle ihrer Ausübung stellt sich bei den Call-Optionen die Frage, ob hinsichtlich einer zu leistenden „Abfindung" die gleichen Grundsätze anzuwenden sind, die sonst bei ausscheidenden Gesellschaftern zu beachten sind. Hierbei geht zwar die ganz herrschende Meinung in Rechtsprechung und Literatur davon aus, daß Abfindungen beschränkt werden können, um sowohl den Kapitalabfluß aus der Gesellschaft zu begrenzen als auch, um die Berechnung der Abfindungshöhe zu vereinfachen.[722] Dagegen werden jedoch gesellschaftsvertragliche Regelungen, nach denen ein Gesellschafter ohne jegliche Abfindung ausscheidet, grundsätzlich als sittenwidrig und damit als unzulässig angesehen.

Daran ändere sich nach Auffassung des BGH auch nichts, wenn die Mittel zum Erwerb der Beteiligung dem Gesellschafter schenkweise überlassen worden sind, da dem Schenker keine besonderen gesellschaftsrechtlichen Privilegien zustünden.[723] In der sog. „Benteler"-Entscheidung hat der BGH jedoch dem Schenker einer Gesellschaftsbeteiligung die Möglichkeit zuerkannt, die unentgeltliche Rückübertragung der Gesellschaftsbeteiligung verlangen zu können, wenn er von einem gesetzlichen oder vertraglichen Widerrufsrecht Gebrauch machen kann. Das Schenkungsrecht bleibe insoweit von den gesellschaftsrechtlichen Beziehungen unberührt.[724]

Die Call-Optionen sollen hier als eine Verpflichtung zur unentgeltlichen Rückübertragung ausgestaltet sein, um die gewünschten Anreizwirkungen zu stärken. Dies könnte im Einklang mit der „Benteler"-Entscheidung zulässig sein, wenn die Einräumung der Mitarbeiterbeteiligung schenkungsweise erfolgt und die Voraussetzungen, unter denen die Call-Optionen ausgeübt werden können, sich als vertragliche Widerrufsgründe darstellen.

Der Einräumung einer Mitarbeiter-Beteiligung könnte im Hinblick auf die Verpflichtung zur Mitarbeit das für eine Schenkung erforderliche Kriterium der Unentgeltlichkeit fehlen. Die Verpflichtung zur Mitarbeit ergibt sich hier jedoch nicht aus der regelmäßig rein kapitalistisch ausgestalteten Stellung als Kommanditist oder GmbH-Gesellschafter, sondern aus dem Arbeitsvertrag des

---

[720] Alternativ oder auch zusätzlich kann in der Satzung die Einziehung (§ 34 GmbHG) oder Kaduzierung (§ 21 GmbHG) des Geschäftsanteils zugelassen werden. Vgl. BGH GmbHR 1984, 74; *von Reinersdorff*, WIB 1994, 414, 415.

[721] Siehe auch *Fox / Hüttche / Lechner*, GmbHR 2000, 521, 531.

[722] *Lutter / Hommelhoff*, GmbHG, § 34 Rdn. 45 mwN.

[723] BGH NJW 1989, 2685, 2686.

[724] BGH ZIP 1990, 1061, 1064; zustimmend *K. Schmidt*, BB 1990, 1992, 1995; *Wiedemann / Heinemann*, DB 1990, 1649, 1654 f.; ablehnend *Mayer*, ZGR 24 (1995), 93, 107 f.

jeweiligen Mitarbeiter-Gesellschafters. Anders als bei der Einräumung einer Beteiligung als OHG-Gesellschafter oder als Komplementär, die den Zuwendungsempfänger gesellschaftsrechtlich zur Mitarbeit verpflichtet, ist hier eine Schenkung wegen der arbeitsvertraglichen Verpflichtung zur Mitarbeit nicht schon in Zweifel zu ziehen.[725]
Dennoch werden zusätzliche Zuwendungen des Arbeitgebers an einen Arbeitnehmer regelmäßig nicht als Schenkung betrachtet, gleichviel, ob es sich dabei um eine nachträgliche Entlohnung oder auch um einen Ansporn für künftige Dienste handelt.[726]
Letztendlich kann hier die Frage, ob die Einräumung der Gesellschaftsbeteiligung als Schenkung anzusehen ist, offenbleiben.
Mit der „Benteler"-Entscheidung hat der BGH zu erkennen gegeben, die gesellschaftsrechtlichen Beziehungen zweier Gesellschafter zueinander von dem Rechtsverhältnis zu unterscheiden, das diese angesichts der Übertragung der Gesellschaftsbeteiligung vereinbart haben.[727] Dann muß es in Anbetracht der Privatautonomie bei Beachtung der Grenzen aus § 138 BGB und § 242 BGB auch möglich sein, daß sich ein Mitarbeiter-Gesellschafter schuldrechtlich verpflichtet, die eingeräumte Beteiligung unter bestimmten Umständen unentgeltlich zurückzuübertragen.
Dies hält auch *Mayer*, der dem Trennungsgedanken des BGH ansonsten ablehnend gegenübersteht, für zulässig, wenn die Mitgliedschaft eine Dauer von fünf Jahren nicht übersteigt und der Zuwendungsempfänger zu einer zwischenzeitlich eingetretenen Wertsteigerung nicht erheblich beigetragen hat.[728]
Die Call-Option sollen sollen hier gerade dann greifen, wenn der Mitarbeiter-Gesellschafter die mit ihm vereinbarten Leistungsziele nicht erreicht. Auch das zeitliche Moment kann mit der Maßgabe aufgenommen werden, daß das Recht, eine unentgeltliche Rückübertragung zu verlangen, nach einer Beteiligungsdauer von fünf Jahren erlischt.

c) Zwischenergebnis

Danach läßt sich durch die Aufnahme von Mitarbeitern in den Gesellschafterkreis sowohl bei der GmbH als auch bei der GmbH & Co. KG ein wertorientiertes Vergütungssystem schaffen. Mit Hilfe von Call-Optionen lassen sich für den Fall, daß festgelegte Leistungsziele nicht erreicht werden, mit Aktienoptionen vergleichbare Anreizwirkungen erzielen. Bei der GmbH ist zu beachten, daß auch die Call-Optionen dem Formzwang des § 15 Abs. 4 GmbHG unterliegen. Es ist daher zu überlegen, den Mitarbeiter nicht unmittelbar an der Gesellschaft zu beteiligen, sondern ihm eine Unterbeteiligung an einem

---

725 Kritisch zur Ansicht der Rechtsprechung, die bei Einräumung einer derartigen Gesellschafter-stellung eine Schenkung verneint *Wiedemann / Heinemann*, DB 1990, 1649, 1651; ebenso *Kollhosser*, in MünchKomm., BGB, § 516 Rdn. 71 ff.

726 *Staudinger / Cremer*, BGB, § 516 Rdn. 60; *Kollhosser*, in MünchKomm., BGB, § 516 Rdn. 20; *Palandt / Putzo*, BGB, § 516 Rdn. 9a; *Wiedemann / Heinemann*, DB 1990, 1649, 1651.

727 So auch *Piehler*, Beteiligung leitender Mitarbeiter an einer GmbH, S. 321, 334.

728 *Mayer*, ZGR 24 (1995), 93, 108.

Geschäftsanteil einzuräumen.[729] Diese Unterbeteiligung stellt eine BGB-Innengesellschaft des unmittelbaren GmbH-Gesellschafters mit dem Unterbeteiligten dar.[730] Die Vorteile einer solchen Unterbeteiligung liegen in ihrer formlosen Übertragbarkeit und den nur eingeschränkten Informationsrechten des Unterbeteiligten, die sich nach § 233 HGB richten.[731] Soweit als Argument gegen die Unterbeteiligung deren fehlende Marktgängigkeit angeführt wird,[732] ist dem entgegenzuhalten, daß ebenso GmbH-Geschäftsanteile wie auch Kommanditbeteiligungen kaum als marktgängig bezeichnet werden können.

2. Zukünftige Aufnahme in den Gesellschafterkreis

a) Option auf bestehende Beteiligungen

Das rechtlich verbindliche Versprechen, eine zukünftige Aufnahme in den Gesellschafterkreis verlangen zu können (Option), ist, soweit es an den Eintritt bestimmter Bedingungen (Erreichen von Leistungszielen, Verbleibedauer im Unternehmen) geknüpft ist, das ideale Vergütungsinstrument. Eine solche Option entfaltet Anreize für positives Verhalten der Mitarbeiter ohne die Gefahr, daß ein „Vertrauensvorschuß" enttäuscht wird.

Die Gestaltung einer solchen Option bereitet weder bei der GmbH noch bei der GmbH & Co. KG Schwierigkeiten, soweit sie sich auf bereits bestehende Gesellschaftsbeteiligungen beziehen. In beiden Fällen kann sowohl für das schuldrechtliche Versprechen (die eigentliche Option) als auch für den dinglichen Vertrag (Abtretung) auf ein langfristig bindendes Angebot oder auch auf einen aufschiebend bedingten Vertrag zurückgegriffen werden. Bei der GmbH sind wiederum die Formvorschriften des § 15 GmbHG zu beachten.

b) Option auf noch zu schaffende Beteiligung bei der GmbH & Co. KG

Für die GmbH & Co. KG kann eine solche Option ohne Probleme auch auf eine erst noch zu schaffende Beteiligung gerichtet sein. Dazu kann ein langfristig bindendes Angebot auf Abschluß eines Beitrittsvertrages gegeben oder ein Beitrittsrecht in Form eines aufschiebend bedingten Beitrittsvertrags vereinbart werden. In beiden Fällen kann der Optionsberechtigte seine Beteiligung einseitig zustande bringen.

c) Fehlen einer bedingten Kapitalerhöhung im GmbH-Recht

Zur Schaffung neuer GmbH-Mitgliedschaften bedarf es wie auch im Aktienrecht mehrerer Akte. Neben dem Abschluß eines Übernahmevertrages und dem Beschluß über die Kapitalerhöhung ist die Eintragung der Durchführung der Kapitalerhöhung im Handelsregister erforderlich. Im GmbH-Recht fehlen aber

---

[729] So auch *Schäfer*, in: *Weitnauer*, Handbuch Venture Capital, S. 267 Rdn. 77; ähnlich *Fox / Hüttche / Lechner*, GmbHR 2000, 521, 529 die vorschlagen, einen gesonderten Geschäftsanteil auf eine GbR zu übertragen, an der dann die Mitarbeiter beteiligt werden.

[730] Bei atypischen Ausgestaltungen ist auch eine Beteiligung an den stillen Reserven möglich, vgl. *Semler*, in: Münchener Vertragshdb., Bd. 1, VIII. 9 Anm. 2.

[731] H.M.; siehe *Semler*, in: Münchener Vertragshdb., Bd. 1, VIII.8 Anm. 3 u. 5; *Ulmer*, in MünchKomm., BGB, Vor § 705 Rdn. 73 u. 75 mwN.

[732] So *Fox / Hüttche / Lechner*, GmbHR 2000, 521, 529.

anders als im Aktienrecht Regelungen[733], die ein längeres zeitliches Auseinanderfallen von Beschluß und Durchführung der Kapitalerhöhung erlauben.[734]
Danach läßt sich vorab zwar ein langfristiges Angebot auf Abschluß eines Übernahmevertrages abgeben oder auch selbst ein aufschiebend bedingter Übernahmevertrag schließen. Die Gesellschaft ist jedoch durch den Abschluß eines Übernahmevertrages weder dazu verpflichtet, den erforderlichen Kapitalerhöhungsbeschluß zu fassen, noch dessen Eintragung im Handelsregister zu veranlassen. Vielmehr steht der Übernahmevertrag selbst unter dem Vorbehalt des Wirksamwerdens der Kapitalerhöhung durch deren Eintragung.[735]
Mit der Ausübung des Optionsrechts erhält der Optionsberechtigte keine Möglichkeit, auch die zur Schaffung neuer GmbH-Mitgliedschaften erforderliche Kapitalerhöhung durchführen zu lassen. Das ist im Aktienrecht anders, weil mit der bedingten Kapitalerhöhung die Möglichkeit besteht, den erforderlichen Kapitalerhöhungsbeschluß zeitlich vorzuverlegen. Im Aktienrecht bringt der Optionsberechtigte bei der bedingten Kapitalerhöhung mit der Abgabe seiner Bezugserklärung i.S.d. § 198 Abs. 1 AktG den Zeichnungsvertrag zustande, der die AG verpflichtet, Mitgliedschaftsrechte im vereinbarten Umfang zuzuteilen.[736]

d) Schuldrechtliche Verpflichtung der GmbH-Gesellschafter

Bei der GmbH ist daher neben dem Zustandebringen eines Übernahmevertrags die Verpflichtung der GmbH-Gesellschafter erforderlich, einen entsprechenden Kapitalerhöhungsbeschluß zu fassen und die Durchführung der Kapitalerhöhung zur Eintragung in das Handelsregister zu bringen.[737]
Ob eine solche Verpflichtung der GmbH-Gesellschafter zur Vornahme einer Kapitalerhöhung gegenüber Dritten im Wege einer Stimmbindung zulässig ist, ist im Hinblick auf das Prinzip der Satzungsautonomie umstritten.[738] Dem Einwand der Verletzung der Satzungsautonomie wird teilweise ent-gegengehalten, die Stimmbindung unter den Gesellschaftern sei ein zulässiger Vertrag zugunsten Dritter.[739] Warum aber ein solcher Vertrag zugunsten Dritter, der dem Dritten ein eigenes und unentziehbares Forderungsrecht auf die Durchführung einer Kapitalerhöhung gewährt, anders zu beurteilen sein soll als eine unzulässige Stimmbindung gegenüber einem Dritten, bleibt unbegründet.
Es ist vielmehr zu überlegen, ob hier nicht Umstände gegeben sind, die einen Schutz der Satzungsautonomie ausnahmsweise nicht angezeigt erscheinen lassen. Dem Grundsatz der Satzungsautonomie liegt die Überlegung zugrunde, daß kein Dritter Einfluß auf die Geschicke der Gesellschaft haben soll, ohne

---

[733] Siehe die Vorschriften über die bedingte Kapitalerhöhung (§§ 192 ff. AktG).
[734] H.M., siehe nur *Lutter / Hommelhoff*, GmbHG, § 55 Rdn. 10. u. 16 mit weiteren Hinweisen.
[735] BGH GmbHR 1999, 287.
[736] *Hüffer*, AktG, § 198 Rdn. 4.
[737] Vgl. *Nitschke*, Wagnisfinanzierung, S. 123 f.
[738] Darstellung des Streits bei *Nitschke*, Wagnisfinanzierung, S.125 ff.
[739] So *Fox / Hüttche / Lechner*, GmbHR 2000, 521, 533 in Fn. 117 unter falscher Berufung auf OLG Celle GmbHR 1991, 580 f.

auch die aus der Mitgliedschaft resultierenden Verpflichtungen und wirtschaftlichen Risiken mitzutragen.[740] Die Kapitalerhöhung soll hier einem „Noch“-Dritten ermöglichen, in die Gesellschaft einzutreten. Neben den mitgliedschaftlichen Rechten und wirtschaftlichen Chancen hat er dann aber auch die Verpflichtungen aus der Mitgliedschaft und die wirtschaftlichen Risiken mitzutragen.[741]

Eine Gefährdung der Satzungsautonomie scheint hier auch deswegen nicht gegeben, weil es sich bei der Verpflichtung zur Kapitalerhöhung um eine konkrete, festumrissene Maßnahme handelt. Die Gesellschafter verlagern damit ihre Entscheidung bloß vor und stellen sie nicht in das Gutdünken eines Dritten.[742]

Danach läßt sich auch bei der GmbH eine Option auf zukünftig noch zu schaffende Geschäftsanteile gestalten.[743] Erforderlich ist, daß neben das eigentliche Optionsrecht eine Stimmbindung der Gesellschafter tritt, einen entsprechenden Kapitalerhöhungsbeschluß herbeizuführen, und die Gesellschaft zur Eintragung der durchgeführten Kapitalerhöhung verpflichtet wird.

IV. Zusammenfassung

Ein den U.S.-amerikanischen *stock options* entsprechendes standardisiertes Instrument der wertorientierten Vergütung existiert im deutschen Recht mit den Aktienoptionen nur für die Aktiengesellschaft. Bei der GmbH und der GmbH & Co. KG läßt sich zwar durch die Aufnahme des Mitarbeiters in den Gesellschafterkreis auch eine gewisse Interessenharmonisierung erreichen. Zum einen beinhaltet diese Möglichkeit aber teilweise eine an dem Ziel der wertorientierten Vergütung gemessene überschießende Rechtsstellung des Mitarbeitergesellschafters.[744] Zum anderen geht mit der unmittelbaren Aufnahme des Mitarbeiters in den Gesellschafterkreis die Gefahr einher, daß der hierdurch gewährte Vertrauensvorschuß enttäuscht wird. Der erwünschte Anreizeffekt würde damit in Frage gestellt werden. Dieser Gefahr läßt sich dadurch begegnen, daß die unmittelbare Aufnahme des Mitarbeiters in den Gesellschafterkreis mit der Möglichkeit kombiniert wird, die Gesellschafterstellung wieder zu entziehen. Diese Möglichkeit läßt sich unter Berücksichtigung der Rechtsprechung zur Ausschließung eines Gesellschafters ohne wichtigen Grund gestalten.

Auch läßt sich bei der GmbH und bei der GmbH & Co. KG den Mitarbeitern eine Rechtsstellung einräumen, die ihnen vergleichbar zu Aktienoptionen die Möglichkeit eröffnet, durch einseitige Rechtsausübung in den Gesellschafterkreis aufgenommen zu werden. Hierzu ist bei der GmbH & Co. KG lediglich ein

---

[740] OLG Celle GmbHR 1991, 580 f.; *Priester*, FS Werner, S. 657, 663.

[741] So auch OLG Celle GmbHR 1991, 580 f.

[742] So auch OLG Celle GmbHR 1991, 580, 581; ebenso *Priester*, FS Werner, S. 657, 675; *Fleck*, ZGR 17 (1988), 104, 113; *Nitschke*, Wagnisfinanzierung, S. 126; noch weitergehend *Zöllner*, ZHR 161 (1991), 168, 182, der Stimmbindungen von Gesellschaftern im Hinblick auf Satzungsänderungen grundsätzlich für zulässig hält.

[743] So auch *Nitschke*, Wagnisfinanzierung, S. 124 ff.

[744] So insbesondere bei der GmbH mit dem umfassenden und unabdingbaren Informationsrecht gemäß § 51 aGmbHG.

langfristiges Angebot der übrigen Gesellschafter auf Abschluß eines Aufnahmevertrages als Kommanditist erforderlich. Bei der GmbH müssen neben einer solchen Optionsvereinbarung die GmbH-Gesellschafter verpflichtet werden, die erforderliche Kapitalerhöhung zu beschließen, und die Gesellschaft muß verpflichtet werden, diese Kapitalerhöhung zur Eintragung zu bringen.
Danach bestehen auch bei der GmbH und der GmbH & Co. KG Möglichkeiten einer wertorientierten Managementvergütung, die eine den *stock option* vergleichbare Anreizwirkung entfaltet. Diese sind aber wegen einer fehlenden gesetzlichen Standardisierung mit nicht unerheblichen Gestaltungsschwierigkeiten behaftet.

Dritter Teil: Das Refinanzierungsverhältnis

Im folgenden wird das Refinanzierungsverhältnis der Wagniskapitalfinanziers zu ihren Investoren dargestellt. Dies geschieht zum einen vor dem Hintergrund, daß die Kapitalbereitstellung in den USA und in Deutschland im Hinblick auf die dominierende Kapitalquelle in der Vergangenheit nahezu diametral verlief: Während in den USA die Pensionsfonds für sich beanspruchen konnten, die maßgebliche Kapitalquelle für Venture Capital zu sein und den Banken lediglich eine untergeordnete Bedeutung beizumessen war, wurde in Deutschland die Kapitalbereitstellung von der Kreditwirtschaft absolut dominiert. Dagegen konnte das Engagement von Pensionsfonds bis vor wenigen Jahren noch nicht einmal eine eigene Rubrik in der jährlichen Statistik des BVKs rechtfertigen.

Dieser Unterschied im Investorenkreis wäre nicht weiter von besonderem Interesse, wenn er nicht lange Zeit für das in Deutschland unterentwickelte Segment der Frühphasen-Finanzierungen wesentlich mitverantwortlich gemacht worden wäre.

Für eine Untersuchung, die vordringlich die rechtliche Gestaltung von Finanzierungsverhältnissen im Blick hat, steht im Vordergrund, daß die unterschiedliche Zusammensetzung des Investorenkreises scheinbar mit einer unterschiedlichen Ausgestaltung des Finanzierungsverhältnisses korreliert. So könnten z.B. rechtliche oder steuerliche Rahmenbedingungn die maßgeblichen Investoren in Deutschland zu einer vom U.S.-amerikanischen Modell abweichenden Ausgestaltung des Refinanzierungsverhältnisses veranlaßt haben. Diese Annahme wird dadurch unterstützt, daß nach teilweise erheblichen Änderungen der Rahmenbedingungen für Wagniskapital in Deutschland, auf die im weiteren Verlauf noch einzugehen sein wird, sich auch Änderungen in der Zusammensetzung des Investorenkreises abzeichnen. So sind neben die bislang absolut dominierenden Investoren aus der Kreditwirtschaft ausländische Pensionsfonds und auch Versicherungsunternehmen[745] getreten.

Es soll auch nicht unbeleuchtet bleiben, ob durch die unterschiedliche Ausgestaltung der Refinanzierungsverhältnisse das lange Zeit nachrangige Interesse an den sogenannten Frühphasen-Finanzierungen in Deutschland mitbegründet gewesen sein könnte.[746]

Schließlich ist die vergleichende Betrachtung der Ausgestaltungen des Refinanzierungsverhältnisses auch deshalb angezeigt, weil Wagnisfinanzierungen in Deutschland, wie gerade angedeutet, zunehmend auch aus U.S.-amerikanischen Quellen gespeist werden. Dies läßt nach der Devise „wer das Geld gibt, bestimmt die Regeln“, Veränderungen auch in der Ausgestaltung des Refinanzierungsverhältnisses der Wagniskapitalfinanziers erwarten. Damit erhält die Darstellung des typischen Gestaltungsmusters der U.S.-

---

[745] Diese haben nach jahrelanger Zurückhaltung allein im Jahre 2000 DM 1,9 Mrd bereitgestellt, womit sie ihr Vorjahresengagement um 139,3% übertrafen und auf einen Anteil von über 17% bei den insgesamt neu zur Verfügung gestellten Mitteln kamen, siehe BVK-Jahresstatistik 2000, S. 4.

[746] Siehe *von Boehm-Bezing*, Eigenkapital für nicht börsennotierte Unternehmen durch Finanzintermediäre, S. 157 zur Kritik am vergleichsweise schwachen Interesse der deutschen Wagniskapitalgesellschaften an Frühphasen-Finanzierungen.

amerikanischen Wagniskapitalgesellschaften und die Frage nach dessen Übertragbarkeit in das deutsche Recht eine neue Bedeutung.

Erstes Kapitel: Fondsgestaltung in den USA

§ 9 Die Venture Capital Limited Partnerships

I. Historische Entwicklung

Venture Capital Investments werden heute in der Regel nicht direkt, sondern über Fondskonzeptionen, sogenannte *„pooled investment vehicles"*, vorgenommen.[747] Die *„American Research & Development Company* (ARD) war die erste Venture Capital-Gesellschaft, die im Gegensatz zu den früheren Konstruktionen nicht überwiegend aus den Vermögen einzelner wohlhabender Familien gespeist wurde. Sie war als eine *closed-end investment company* in der Rechtsform einer *corporation* unter dem *„Investment Company Act von 1940"* organisiert, deren Anteile an der New York Stock Exchange gehandelt wurden.[748] Die ARD wurde 1946 unter maßgeblicher Beteiligung von Professoren der Harvard Business School und des Massachusetts Institute of Technology (MIT) gegründet und von unabhängigen Managern betreut.[749]
Die Gründung der ersten Venture Capital Limited Partnership „Draper, Gaither, and Anderson" fiel in das Jahr 1958. Trotz einiger Nachahmer blieb dieses Modell während der 60er und 70er Jahre jedoch eher eine Ausnahme.[750] Spätere Venture Capital-Gesellschaften, sowie die Mehrheit der heute aktiven Gesellschaften haben jedoch nicht das Modell der ARD übernommen, sondern sind als *limited partnerships* organisiert.[751] Auf diese unabhängigen *Venture Capital Limited Partnerships* entfällt heute der überwiegende Anteil des der Venture Capital Branche bereitgestellten Kapitals.[752]

II. Das Grundkonzept der Venture Capital Limited Partnerships (VCLP)

In der Grundkonzeption einer VCLP nehmen die Manager des Fonds die Rechtsstellung der *general partners* ein. Die Investoren sind als *limited partners* beteiligt.[753] Regelmäßig organisieren sich die Manager selber in einer Management-Gesellschaft. Diese kann sowohl die Rechtsform einer *limited* oder

---

[747] *Weinberg*, The Financier Mai/1994, 35.
[748] *Bartlett*, Equity Finance, § 24.1, S. 354.
[749] *Bygrave / Timmons*, Venture Capital at the Crossroads, S. 16 ff.
[750] *Gompers / Lerner*, NBER Working Paper 6906, S. 5.
[751] 1988 waren zwei Drittel der Venture Capital Fonds als *limited partnerships* organisiert, siehe *Sahlman*, JFE 1990, 473, 487; *Bartlett*, Private Equity, § 24.1, S. 354.
[752] 1991 wurden 81 % des in Venture Capital Unternehmen investierten Kapitals von den unabhängigen Venture Capital Fonds aufgebracht, siehe *Case III / O'Grady*, in *Harroch*, Start-up & Emerging Companies, § 6, S. 6-16; siehe auch BVK-Jahrbuch 2000, S. 99 ff. Dort wird auf die 1999-Zahlen von Venture Economics verwiesen, wonach *independent funds* 104,9 Mrd.$ des gesamten *capital under management* i.H.v. 134,5 Mrd. $ auf sich vereinen, was einem Anteil von ca. 80 % entspricht.
[753] *Bartlett*, Private Equity, § 24.1, S. 354.

general partnership, aber auch einer corporation haben.[754] Diese Venture Capital (Management-) Gesellschaften betreuen regelmäßig mehrere unterschiedliche Venture Capital Fonds. Jeder dieser Fonds ist eine rechtlich selbständige *limited partnership*.[755] Die Installierung einer weiteren Gesellschaft als *general partner* ermöglicht Veränderungen in der personellen Zusammensetzung des Managements, ohne die Zustimmung der *limited partner* einholen zu müssen.[756]
Die Rechtsform der *limited partnership* wird für Venture Capital Fonds wegen ihrer starken Flexibilität, der Möglichkeit der Haftungsbeschränkung für die Investoren als *limited partner* und ihrer Steuerneutralität im Hinblick auf die Einkommensteuer des Bundes bevorzugt.[757] Darüber hinaus kann eine *limited partnership* die von ihr gehaltenen Gesellschaftsanteile an ihre Gesellschafter ausschütten (*distribution in kind*), ohne daß damit unmittelbar ein steuerlicher Tatbestand erfüllt würde. Erst bei der Realisierung eines Gewinns oder Verlusts durch den Verkauf der Anteile findet ein steuerlicher Vorgang statt.[758]
Als *general partner* der VCLP besitzt das Venture Capital-Management (die Wagniskapitalfinanziers) nahezu die unbeschränkte Leitungsmacht über den Fonds.[759] Im Gegenzug bringen sie jedoch nur einen Bruchteil des Kapitals auf. Daher besteht auch im Verhältnis der Investoren zu den Wagniskapitalfinanziers ein Delegationsverhältnis, womit sich für die Wagniskapitalfinanziers Entscheidungs- und Handlungsspielräume zu opportunistischen Verhalten bieten. Die Wagniskapitalfinanziers handeln als Agenten der Investoren, so daß auch die Investoren in diesem Verhältnis mit Agency-Problemen zu rechnen haben.[760] Daran zeigt sich, daß die Investoren bei der Vornahme von Venture Capital-Investments über einen besonderen Finanzintermediär Agency-Probleme, die sie bei einem direkten Investment in den Beteiligungsunternehmen zu gegenwärtigen hätten, nur dadurch vermeiden können, daß sie diese gegen solche im Verhältnis zu den Wagniskapitalfinanziers tauschen. Jedoch besitzen die Investoren, die z.B. im Falle der Pensionsfonds selbst die Rolle eines Intermediärs übernehmen, das erforderliche Know-How für den Umgang mit Finanzintermediären. Die Investoren tauschen damit durch ihre mittelbare Investmentstrategie ein ihnen unvertrautes gegen ein vertrautes Problemfeld.

---

[754] *Halloran* u.a, Limited Partnership Agreement, § 1, S. 1-7 f., mit Diskussion der unterschiedlichen Gestaltungsvarianten; siehe auch *Bartlett*, Private Equity, § 24.1, S. 359.
[755] *Sahlman*, JFE 1990, 473, 488.
[756] Der Tod oder das sonstige Ausscheiden eines *general partners* aus der Gesellschaft führt grund-sätzlich zu deren Auflösung, soweit der Gesellschaftsvertrag nichts anderes bestimmt. Die Aufnahme eines neuen *general partners* bedarf regelmäßig der Zustimmung aller *partners* (einschließlich der der *limited partners*), was unter Umständen zu Komplikationen führen kann. Siehe *Bartlett*, Equity Finance, § 24.3, S. 360.
[757] *Weinberg*, The Financier Mai/1994, 35; *Barton*, in PLI, The Legal Aspects of Venture Capital Investing, S. 63.
[758] *Sahlman*, JFE 1990, 473, 489.
[759] *Dauchy / Harmon*, The Computer Lawyer 1986, 1, 3.
[760] Vgl. *Baums / Gilson*, in Alternative Forms of Organisations, Vol. 1, S. 27; *Sahlman*, JFE 1990, 473, 493.

Die im folgenden dargestellten Regelungen adressieren neben diesen Agency-Problemen im wesentlichen Probleme, die aus den gesetzlichen Rahmenbedingungen resultieren.

§ 10 Regelungen zur Verhaltenssteuerung der Wagniskapitalfinanziers

Die vordringlichste Aufgabe des *limited partnership agreement* ist es, das Agency-Problempotential zu minimieren.[761] Die einzelnen Regelungen sind darauf gerichtet, die Interessen der Wagniskapitalfinanziers und der Investoren in Einklang zu bringen.[762] Bei sich deckenden Interessen werden die Wagniskapitalfinanziers ihre Entscheidungs- und Handlungsspielräume nicht zum Schaden der Investoren nutzen.[763]

I. Mitspracherechte der Investoren und besondere Gremien

Als *limited partner* ist den Investoren eine Teilnahme an der Leitung der VCLP weitgehend versagt, wenn sie nicht ihre beschränkte Haftung einbüßen wollen.[764] Insbesondere ist ihnen verwehrt, an den Investmententscheidungen in Form von Zustimmungsvorbehalten teilzunehmen.[765] Den Investoren stehen daher regelmäßig lediglich Mitspracherechte bei Änderung des Gesellschaftsvertrages, der vorzeitigen Liquidation und der Verlängerung der Lebensdauer des Fonds, sowie bei der Absetzung von einzelnen *general partners* zu.[766] Deswegen werden häufig zwei besondere Gremien installiert: Das sogenannte *„advisory committee“* und das sogenannte *„valuation committee“*.[767] Das *advisory committee* ist grundsätzlich mit von den *limited partners* unabhängigen Dritten besetzt, die wegen ihrer speziellen technischen Kenntnisse oder wegen ihres sonstigen Expertenwissens ausgesucht worden sind. Die Hauptaufgabe des *advisory committee* ist es, das Venture Capital-Management zu beraten.[768] Sind auch *limited partner* in das *advisory committee* berufen, so sind dessen Überwachungsbefugnisse im Vergleich zu einem konventionellen *board of directors* auf die Kontrolle bestimmter Gegenstände der Geschäftspolitik beschränkt. Eine Einmischung in das Tagesgeschäft würde zum Verlust der beschränkten Haftung der *limited partners* führen.[769]
Dem *valuation committee* obliegt die Bewertung des gesamten Portfolios und einzelner Investments. Dies hatte insbesondere hohe Bedeutung bei der Berechnung der Managementgebühr auf Grundlage des Anlagewertes des Portfolios.[770] Von den Mitgliedern des *valuation committee*, das regelmäßig mit

---

[761] *Gompers / Lerner*, JLE 1996, 463, 466.
[762] *Baums / Gilson*, in Alternative Forms of Organisations, Vol. 1, S. 27; *Sahlman*, JFE 1990, 473, 493.
[763] *Dauchy / Harmon*, The Computer Lawyer 11/1986, 1, 2.
[764] *Gompers / Lerner*, JLE 1996, 463, 469.
[765] *Baums / Gilson*, in: Alternative Forms of Organisations, Vol. 1, S. 27, *Halloran* u.a., in Halloran u.a, Venture Capital and Public Offering Negotiation, § 1, S. 1-102f.
[766] *Sahlman*, JFE 1990, 473, 490.
[767] *Bartlett*, Equity Finance, § 24.16, S. 381 ff.
[768] *Bartlett*, Equity Finance, § 24.16, S. 382.
[769] *Gompers / Lerner*, JLE 1996, 463, 476; *Sahlman*, JFE 1990, 473, 493.
[770] *Bartlett*, Equity Finance, § 24.16, S. 382.

drei Personen besetzt sein soll, werden zwei Mitglieder von den *general partners* bestimmt, wobei jedoch nur ein Mitglied ihrem Kreis entstammen darf. Die Mitglieder sind daher mehrheitlich unabhängige Dritte und *limited partners*.[771]

II. Abruf der Einlagen

Venture Capital Fonds können regelmäßig das ihnen zugesagte Kapital nicht in vollem Umfang sofort investieren. Es bedarf vielmehr in der Regel drei bis vier Jahre, bis alle Mittel investiert sind. Die *limited partners* erbringen ihre Einlagen daher in mehreren Zahlungen.[772] Wann und in welchem Umfang die Tranchen zu erbringen sind, kann entweder von vornherein durch einen Einzahlungs- oder Abrufplan („takedown schedules") bestimmt sein, oder aber die *general partners* können nach Bedarf die weiteren Mittel abrufen („just in time basis").[773]
Die *limited partners* bevorzugen die Leistung in Tranchen. Die augenblicklich nicht benötigten Mittel legen sie lieber selber an. So können sie sicherstellen, daß die Wagniskapitalfinanziers an der zwischenzeitlichen Anlage der Mittel in zumeist wenig anspruchsvollen, festverzinslichen Wertpapieren nicht in gleich hoher Weise partizipieren, wie bei den anspruchsvollen Venture Capital Investments. Daneben wird auf diese Weise den Anforderungen des *Employee Retirement Income Securities Act* (ERISA) für die Anerkennung als *Venture Capital Operating Company* (VCOC) Rechnung getragen.[774] Die Einlageleistung in Tranchen bewirkt des weiteren einen ähnlichen Effekt wie das *staging* im Finanzierungsverhältnis der Wagniskapitalfinanziers zum Beteiligungsunternehmen.[775] Zwar sehen sich die *limited partners* teilweise empfindlichen Strafen gegenüber, wenn sie ihren Einlageverpflichtungen nicht vertragsgemäß nachkommen. Diese können in einer Reduzierung der bislang erbrachten Einlageleistungen und proportional dazu in der Gewinnbeteiligung bestehen.[776] Unter Inkaufnahme dieser Vertragsstrafen können die Investoren aber weitere Zahlungen verweigern. Dieses, wenn auch nicht zu schneidige, Verweigerungsrecht trägt mit dazu bei, die *general partners* von opportunistischen Verhaltensweisen abzuhalten.

III. Vergütungsregelung

Die Vergütungsregelungen für die Wagniskapitalfinanziers müssen zum einen die laufenden Kosten für Gehälter und andere Betriebskosten (z.B. aus der Bewertung und der Betreuung der Portfoliounternehmen) decken.[777] Zum

---

[771] *Halloran* u.a., in Halloran u.a.,Venture Capital and Public Offering Negotiation, § 1, S. 1-140.
[772] *Bartlett*, Equity Finance, § 24.4, S. 360; *Sahlman*, JFE 1990, 473, 491.
[773] *Bartlett*, Equity Finance, § 24.4, S. 360; *Sahlman*, JFE 1990, 473, 491.
[774] Siehe unten § 11. IV. 3.
[775] *Baums / Gilson*, in: Alternative Forms of Organisations, Vol. 1, S. 26 (Fn. 55); *Sahlman*, JFE 1990, 473, 494.
[776] *Bartlett*, Equity Finance, § 24.4, S. 361; *Halloran* u.a., in Halloran u.a, Venture Capital and Public Offering Negotiation, § 1, S. 1-34; *Sahlman*, JFE 1990, 473, 491.
[777] *Dauchy / Harmon*, The Computer Lawyer 11/1986, 1, 5.

anderen dient die Managementvergütung dazu, die Interessen der Wagniskapitalfinanziers und der Investoren an einem maximalen Investmenterfolg des Fonds in Einklang zu bringen. Der Vergütungsregelung kommt damit maßgebliche Bedeutung bei der Reduzierung der Agency-Probleme zu.[778]

Die Venture Capital Branche versucht dieses Anforderungsprofil durch ein zweigleisiges Vergütungssystem zu erfüllen: Eine jährliche, feste Managementgebühr deckt die Betriebskosten. Darüber hinaus erhält das Venture Capital-Management einen bestimmten Prozentsatz der Gewinne (*carried interest*) der VCLP.[779]

1. Managementgebühr

Für die jährliche Managementgebühr hat sich ein Branchenstandard in Höhe von 2% - 3% des Vermögens der VCLP herausgebildet. Die Berechnungsbasis kann dabei jedoch durchaus variieren.[780] Überwiegend hat sich die Summe der gesamten zugesagten Mittel (*committed capital*) als Berechnungsgrundlage durchgesetzt.[781] Dagegen wurde früher die Managementgebühr aufgrund des geschätzten Werts des Fondsportfolios berechnet. Dieser Ansatz führte jedoch zu Bewertungsproblemen und veranlaßte die *general partners,* die bereitgestellten Mittel vorschnell zu investieren und Ausschüttungen an die *limited partner*s hinauszuzögern. Der geschätzte Wert des Fondsportfolios ist daher als Berechnungsgrundlage aufgegeben worden.[782]

Jedoch wird auch gegenüber dem heute als Berechnungsgrundlage dienenden *committed capital* Kritik geübt. Dieses biete z.B. für das Venture Capital-Management einen Anreiz, ihr Festeinkommen durch immer größere Fonds zu steigern. Dies habe ein nachlassendes Interesse an kleineren Investments in früheren Unternehmensphasen zur Folge. Größere Investments in reiferen Unternehmen würden bevorzugt, weil die Bewertung und die Betreuung einer Vielzahl von Beteiligungen an kleineren und jüngeren Unternehmen mehr Kosten verursacht als eine geringere Anzahl von großen Investments.[783]

Die Allokation des Kapitals auf wenige große Investments kann jedoch das Risiko für die Investoren durch weniger diversifizierte Portfolios steigern. Außerdem würde die positive Anreizwirkung des *carried interest* auf das Engagement des Venture Capital-Managements durch ein höheres vom

---

[778] *Baums / Gilson*, in Alternative Forms of Organisations, Vol. 1, S. 27, 28.

[779] *Sahlman*, JFE 1990, 473, 491.

[780] Als Berechnungsbasis kann das augenblicklich tatsächlich eingezahlte Kapital, die Summe der insgesamt zugesagten Mittel (committed capital), die Gesamtsumme aller Kapitalkonten der *partnership* oder der geschätzte Wert des Fondsportfolios zugrundegelegt werden; siehe dazu *Bartlett*, Equity Finance, § 24.8, S. 366.

[781] *Dauchy / Harmon*, The Computer Lawyer 11/1986, 1, 5; *Bartlett*, Equity Finance, § 24.8, S. 366; *Sahlman*, JFE 1990, 473, 491.

[782] *Dauchy / Harmon*, The Computer Lawyer 11/1986, 1, 5; *Bartlett*, Equity Finance, § 24.8, S. 366.

[783] *Bygrave / Timmons*, Venture Capital at the Crossroads, S. 319, die den Vorschlag machen, eine fixe Managementgebühr zu etablieren, die sich an den tatsächlichen wirtschaftlichen Bedürfnissen des Managements einer Venture Capital Partnership ausrichtet.

Investmenterfolg unabhängiges Festeinkommen geschwächt. Die Neigung zu größeren Fonds ist somit nicht nur für kapitalsuchende junge Unternehmen nachteilig, sondern auch für die Investoren.
Dieser negativen Wirkung des *committed capital* wird teilweise durch eine abfallende Staffelung der Managementgebühr begegnet. Bei dieser Staffelung wird an bestimmten Größenpunkten (*break points*) des *committed capital* der Prozentsatz der Managementgebühr gesenkt.[784]

2. Gewinnbeteiligung (*carried interest*)

Der *carried interest* sieht regelmäßig eine 20% Beteiligung der *general partners* an allen Gewinnen der VCLP vor.[785] Mit dieser Regelung erhalten die Wagniskapitalfinanziers einen starken Anreiz, ihre Arbeitskraft und das ihnen von den Investoren zur Verfügung gestellte Kapital zur maximalen Gewinnerzielung der VCLP einzusetzen.
Die hierbei kritische Frage ist, ab wann die *general partners* an der Gewinnverteilung partizipieren sollen.[786] In zunehmendem Maße beinhalten die *partnership agreements* sogenannte *hurdle rates* oder einen *preferred return*. Danach nehmen die *general partners* erst an der Gewinnverteilung teil, wenn das Portfolio einen bestimmten Wertzuwachs erreicht hat oder die Einlagen der *limited partners* mit einem bestimmten Prozentsatz (z.B. 9%) „verzinst" wurden.[787] Dieser Regelung liegt die Überlegung zugrunde, daß die *general partners* ihre Gewinnbeteiligung erst verdient haben, wenn ein gewisser Erfolg erzielt worden ist.[788]
Die Verwendung derartiger *hurdle rates* wird jedoch auch kritisch beurteilt. Sie begünstigen Anlagen mit kurzfristigen Erfolgshorizonten gegenüber den typischen Venture Capital Investments mit längerfristigen Erfolgshorizonten, weil die *general partners* bei diesen früher an der Gewinnverteilung teilnehmen können.[789] *Hurdle rates* können die *general partners* auch im Hinblick auf die sogenannten *distributions in kind* ungünstig beeinflussen. Mangels eigener Gewinnpartizipation neigen die *general partners* dazu, die Gesellschaftsanteile der aussichtsreichsten Portfoliounternehmen erst auszukehren oder zu veräußern, wenn die *hurdle rate* überschritten ist.[790]

---

784 Siehe zur möglichen Ausgestaltung *Halloran* u.a., in Halloran u.a., Venture Capital and Public Offering Negotiation, § 1, S. 1-97; *Bartlett*, Equity Finance, § 24. 8, S. 366.

785 Siehe *Sahlman*, JFE 1990, 473, 491, der auf eine Venture Economics Studie verweist, nach der 88 % der untersuchen *partnerships* eine Gewinnbeteiligung in dieser Höhe vorsahen; siehe auch *Baums / Gilson*, in Alternative Forms of Organisations, Vol. 1, S. 28.

786 *Dauchy / Harmon*, The Computer Lawyer 11/1986, 1, 4.

787 *Halloran* u.a., in Halloran u.a.,Venture Capital and Public Offering Negotiation, § 1, S. 1-47; siehe auch *Dauchy / Harmon*, The Computer Lawyer 11/1986, 1, 5, die diese Regelung auch als „pay-out provision" bezeichnen.

788 *Halloran* u.a., in Halloran u.a.,Venture Capital and Public Offering Negotiation, § 1, S. 1-47.

789 Kritisch *Dauchy / Harmon*, The Computer Lawyer 11/1986, 1, 5 und *Halloran* u.a., in Halloran u.a., Venture Capital and Public Offering Negotiation, § 1, S. 1-47; befürwortend *Bygrave / Timmons*, Venture Capital at the Crossroads, S. 318.

790 *Dauchy / Harmon*, The Computer Lawyer 11/1986, 1, 5; Bartlett, § 24. 11.

Teilweise wird vorgeschlagen, einen abgestuften *carried interest* einzuführen, um die Interessen der Venture Capitalists und der Investoren noch stärker zu harmonisieren. Hierbei soll die Gewinnbeteiligung der Venture Capitalists zunächst statt der üblichen 20% lediglich 10% betragen, und dann proportional mit den Gewinnen der VCPL bis zu einem Maximum von z.B. 40% ansteigen.[791] Wagniskapitalfinanziers, die eine solche Regelung akzeptieren, sind von ihrer überlegenen Investmentperformance überzeugt. Sie können ihr Einkommen nur über die übliche 20 / 80-Verteilung steigern, wenn es ihnen gelingt, den Gesamterfolg des Fonds über die festgelegten Prozentgrenzen zu heben. Wagniskapitalfinanziers, die ihrer Investmentperformance nicht so sicher gegenüberstehen, werden versuchen, an der üblichen 20/80-Verteilung festzuhalten. Diese Regelung übt mithin einen „*signalling*"-Effekt aus und reduziert so die Informationskosten der Investoren.[792]

IV. Gewinnausschüttungen

Das Venture Capital-Management wird regelmäßig verpflichtet, die realisierten Gewinne jährlich auszuschütten.[793] Diese Regelung trägt zum einen dem Umstand Rechnung, daß die *limited partners,* soweit sie nicht von der Besteuerung befreit sind, unabhängig von einer Gewinnausschüttung zur Besteuerung der realisierten Gewinne herangezogen werden.[794] Die Ausschüttungen dienen nicht zuletzt dazu, um durch das Investment verursachte Steuern begleichen zu können.[795]
Daneben werden mit der Verpflichtung zur Ausschüttung auch Agency-Probleme angesprochen, die sich aus der Verteilung der Gesellschaftskontrolle ergeben.[796] Die *general partners* könnten ohne eine vertragliche angeordnete Gewinnausschüttung nach eigenem Ermessen entscheiden, ob sie realisierte Gewinne ausschütten oder zwecks Reinvestition einbehalten wollen. Zu letzterem könnten sie insbesondere neigen, wenn noch der Wert des Fondsportfolios als Berechnungsgrundlage für die Managementgebühr dient. Die einbehaltenen und reinvestierten Gewinne würden dann zumindest die Berechnungsgrundlage konstant halten. Die *general partner*s könnten auch versuchen, mit der Reinvestition realisierter Gewinne die Lebensdauer der *limited partnership* zu verlängern. So könnten sie ihre Einnahmen aus der Managementgebühr weiter beziehen, ohne ihre Investmentperformance einer Marktbewertung stellen zu müssen.[797]

---

791 *Bygrave / Timmons*, Venture Capital at the Crossroads, S. 318.

792 *Bygrave / Timmons*, Venture Capital at the Crossroads, S. 318.

793 Siehe dazu *Sahlman*, JFE 1990, 473, 491, der auf eine Studie von Venture Economics verweist, wonach die Hälfte der untersuchten *partnership agreements* solche Vorschriften enthielten.

794 *Bartlett*, Equity Finance, § 24.12, S. 373.

795 *Halloran* u.a., in Halloran u.a., Venture Capital and Public Offering Negotiation, § 1, S. 1-63.

796 *Baums / Gilson*, in Alternative Forms of Organisations, Vol. 1, S. 29.

797 *Baums / Gilson*, in Alternative Forms of Organisations, Vol. 1, S. 29, 30; *Halloran* u.a., in *Halloran* u.a., Venture Capital and Public Offering Negotiation, § 1, S. 1-64.

In zunehmendem Maße enthalten die *partnership agreements* Regelungen, nach denen auch Gesellschaftsanteile an bereits börsennotierten Portfoliounternehmen oder an Portfoliounternehmen, deren Börseneinführung kurz bevorsteht, an die Investoren ausgekehrt werden müssen (*distribution in kind*). Auch damit soll verhindert werden, daß die *general partners* die Gesellschaftsanteile der Portfoliounternehmen im Bestand des Fonds halten. Insoweit bietet der *carried interest* den Anreiz, die Gesellschaftsanteile erst spät auszukehren, um möglichst lange an deren Wertsteigerungen zu partizipieren.[798]
Ein solches Verhalten läuft den Interessen der Investoren zuwider. Die Investoren sind zwar nicht willens und auch nicht in der Lage, illiquide Venture Capital-Anlagen zu betreuen und zu verwalten. Sie besitzen jedoch andererseits durchaus die Kompetenz, Anteile börsennotierter Gesellschaften in ihren eigenen Portfolios zu halten.[799] Die Entrichtung einer Managementgebühr für die Verwaltung und Betreuung börsennotierter Gesellschaftsanteile ist für sie ebenso wenig zu rechtfertigen, wie die Beteiligung des Venture Capital-Management an der weiteren Wertsteigerung bis zum Deinvestment. Dem Interesse der Investoren entspricht es vielmehr, die Gesellschaftsanteile der börseneingeführten Gesellschaften so bald wie möglich in ihr eigenes Portfolio zu übernehmen. Sie können dann entsprechend ihrer eigenen Bedürfnisse über das Deinvestment entscheiden.[800]
Soweit die Venture Capitalists verpflichtet sind, die Anteile an börsennotierten Gesellschaften auszukehren, folgt aber daraus der Anreiz, die Börseneinführung zu verzögern.[801] Darum wird teilweise der *carried interest* nicht wie üblich als eine 20/80-Gewinnverteilung für die realisierten Gewinne ausgestaltet, sondern vereinbart, daß entsprechend diesem Verhältnis Gesellschaftsanteile an den jeweiligen Portfoliounternehmen ausgekehrt werden.[802] Bei dieser Regelung können die Wagniskapitalfinanziers an einer weiteren Wertsteigerung der Portfoliountertnehmen partizipieren. Darüber hinaus werden Konflikte bei der Bewertung der Gesellschaftsanteile vermieden.
Die Ausschüttung von Gesellschaftsanteilen statt der üblichen Gewinnbeteiligung fördert das Ziel, die Interessen der *general partners* mit denen der *limited partners* an einer bald möglichen Börseneinführung der Portfoliounternehmen in Einklang zu bringen.[803]
Schließlich untersagen die meisten *partnership agreements* Ausschüttungen an die *general partners*, wenn die im Portfolio verbleibenden Gesellschaftsanteile einen bestimmten Prozentsatz (z.B. 120%) des Wertes der noch nicht zurückgezahlten Einlageleistungen nicht übersteigt. Damit sollen Gewinnausschüttungen an die *general partners* unterbunden werden, wenn die

---

798 *Bartlett*, Equity Finance, § 24.12, S. 374; *Halloran* u.a., in *Halloran* u.a., Venture Capital and Public Offering Negotiation, § 1, S. 1-64.
799 *Halloran* u.a., in *Halloran* u.a., Venture Capital and Public Offering Negotiation, § 1, S. 1-65; *Bartlett*, Equity Finance, § 24.12, S. 374.
800 *Dauchy / Harmon*, The Computer Lawyer 11/1986, 1, 4.
801 *Dauchy / Harmon*, The Computer Lawyer 11/1986, 1, 4
802 *Dauchy / Harmon*, The Computer Lawyer 11/1986, 1, 4; *Bartlett*, Equity Finance, § 24.12, S. 374.
803 *Dauchy / Harmon*, The Computer Lawyer 11/1986, 1, 4.

Gesamtentwicklung des Portfolios nicht positiv verläuft. So wird ein Sicherheitspolster für die Investoren aufgebaut.[804] Eine andere Möglichkeit ist, die Gewinnausschüttungen an die *general partners* bis zur Auflösung der VCLP auf einem Treuhandkonto zu verbuchen. Bei Auflösung der *partnership* steht dann fest, ob die *general partners* ihre Gewinnbeteiligung verdient haben oder nicht.[805]

V. Anlagegrenzen

Den Investoren ist daran gelegen, ihr Anlagerisiko durch ein diversifiziertes Fondsportfolio zu minimieren. In der Regel enthalten die *partnership agreements* daher Anlagegrenzen für die einzelnen Investments (z.B. 10 – 20% des *committed capital*).[806] Ohne eine solche Regelung könnten die *general partners* aufgrund ihres *carried interest*, dem regelmäßig nur eine verhältnismäßig geringe Verlustbeteiligung gegenübersteht,[807] geneigt sein, das Risiko und somit ihre Gewinnmöglichkeiten zu Lasten der Diversifizierung zu erhöhen.[808] Teilweise wird vorgeschlagen, diesem Problem dadurch zu begegnen, daß die übliche Gewinn-und Verlustbeteiligung (20% / 1%) in eine proportionale Gewinn- undVerlustbeteiligung (20% / 20%) geändert wird.[809] Den Wagniskapitalfinanziers würde so der Anreiz zu einer übermäßigen Risikosteigerung genommen.

VI. Vermeidung von Interessenskonflikten des Venture Capital-Management

Interessenkonflikte können sich aus Geschäftsüberschneidungen der Venture Capital-Finanziers und ihrer *affiliates* zu der VCLP ergeben. Als mögliche Bereiche für Interessenkonflikte kommen insbesondere deren Investmentaktivitäten, sowie andere geschäftliche Betätigungen außerhalb der VCLP und Transaktionen mit der VCLP in Betracht.[810]

1. Investmentaktivitäten der *general partners*

Die Investoren späterer Fonds werden vermeiden wollen, daß ihre Gelder dazu genutzt werden, um die schwache Performance vorangegangener Fonds durch überbewertete Investments in deren Portfoliounternehmen zu stützen.[811] Zwar könnte man Investments in Portfoliounternehmen vorangegangener Fonds grundsätzlich verbieten. Dies wäre jedoch eine sehr grobe Regelung mit unter Umständen unerwünschten Folgen. Denn es ist nicht auszuschließen, daß

---

[804] *Dauchy / Harmon*, The Computer Lawyer 11/1986, 1, 5.

[805] *Bartlett*, Equity Finance, § 24.12, S. 374.

[806] *Dauchy / Harmon*, The Computer Lawyer 11/1986, 1, 7.

[807] Die Verlustbeteiligung der *general partner*s ist regelmäßig auf ihren Kapitaleinsatz i.H.v. 1 % des gesamten Vermögens der VCLP begrenzt; hieran ändert auch ihre persönliche Haftung nichts, weil die VCLPs grundsätzlich kein Fremdkapital aufnehmen.

[808] *Gompers / Lerner*, JLE 1996, 463, 480.

[809] So *Bygrave / Timmons*, Venture Capital at the Crossroads, S. 318, im Hinblick auf die Reduzierung exzessiver Risikobereitschaft der *general partner*.

[810] Siehe dazu *Halloran* u.a., in *Halloran* u.a., Venture Capital and Public Offering Negotiation, § 1, S. 1-74; *Dauchy / Harmon*, The Computer Lawyer 11/1986, 1, 6.

[811] *Dauchy / Harmon*, The Computer Lawyer 11/1986, 1, 6.

derartige Investments trotz der höheren Bewertung für den späteren Fonds durchaus noch lukrativ sein können. Daher wird dazu übergegangen, solche Investments zuzulassen, wenn sie dem *advisory committee* offengelegt worden sind. Teilweise werden solche Investments auch unter einen Zustimmungsvorbehalt des *advisory committee* gestellt.[812]

Die Co-Investments der *general partners* als Privatpersonen mit der VCLP bergen gleich mehrere mögliche Interessenkonflikte. Soweit die *general partners* nach freiem Ermessen in beliebigem Umfang Co-Investments vornehmen können, werden sie tendenziell nur in den aussichtsreichsten Portfoliounternehmen investieren (sogenanntes „*cherry picking*"). Dies könnte die Investmentmöglichkeiten der VCLP beschränken. Ein zu starkes finanzielles Engagement der *general partners* in einzelnen Portfoliounternehmen kann zu Lasten der anderen Portfoliounternehmen in besonderem Maße deren Arbeitszeit und Betreuungsaufwand binden. Unter Umständen könnten die *general partners* auch nicht willens sein, ein Engagement der VCLP erforderlichenfalls zu beenden.[813]

Auch dieses Konfliktpotential läßt sich nur unbefriedigend mit einem generellen Verbot von Co-Investments lösen. Die *general partner*s würden dann ihr Geld und notwendigerweise auch einen Teil ihrer Zeit in anderweitige Investments investieren.[814] An einem reduzierten Engagement der *general partners* für die Angelegenheiten der VCLP würde dies nichts ändern. Viele Investoren bewerten es außerdem grundsätzlich als positiv, wenn die *general partners* gemeinsam mit dem Fonds ihr eigenes Geld einsetzen und riskieren. Dies fördert den angestrebten Interessengleichklang zwischen Venture Capital-Management und den Investoren. Schließlich werden sich nur schwierig für VCLP mit striktem Verbot von Co–Investments qualifizierte *general partners* gewinnen lassen.

Co-Investments sind daher unter der Auflage sinnvoll, daß zunächst der VCLP die optimale Beteiligungsposition verschafft werden muß, bevor auch die *general partners* ein begrenztes Co-Investment tätigen dürfen. Die Begrenzung kann z.B. durch einen bestimmten Prozentsatz des Gesamtinvestments der VCLP oder aber in Bezug auf das Gesamtvermögen der *general partners* festgelegt sein.[815] Zur Vermeidung des *cherry-picking* kann das Venture Capital-Management verpflichtet werden, einen bestimmten Betrag oder Prozentsatz in jedes Portfoliounternehmen zu investieren.[816] Zur Vermeidung günstigerer Erwerbsbedingungen müssen die *general partners* ihre Beteiligungen zeitgleich und zu den gleichen Konditionen mit der VCLP vornehmen.[817]

---

[812] *Halloran* u.a., in *Halloran* u.a., Venture Capital and Public Offering Negotiation, § 1, S. 1-74; *Dauchy / Harmon*, The Computer Lawyer 11/1986, 1, 6.

[813] *Gompers / Lerner*, JLE 1996, 463, 481.

[814] Siehe dazu *Dauchy / Harmon*, The Computer Lawyer 11/1986, 1, 6; *Bartlett*, Equity Finance, § 24.17, S. 383, 384.

[815] *Halloran* u.a., in *Halloran* u.a., Venture Capital and Public Offering Negotiation, § 1, S. 1-74.

[816] *Gompers / Lerner*, JLE 1996, 463, 482.

[817] *Halloran* u.a., in *Halloran* u.a., Venture Capital and Public Offering Negotiation, § 1, S. 1-77.

2. Anderweitige geschäftliche Betätigungen

In der Regel enthalten die *partnership agreements* Regelungen im Hinblick auf anderweitige geschäftliche Betätigungen der *general partners*. Diese Regelungen sollen sicherstellen, daß diese den wesentlichen Teil ihrer Arbeitszeit und ihrer Anstrengungen der VCLP widmen. Daneben soll möglichen Interessenkonflikten der *general partners* oder ihrer *affiliates* im Rahmen anderweitiger geschäftlicher Beziehungen zu der VCLP vorgebeugt werden.[818]

Insbesondere in den ersten Jahren erwarten die Investoren das volle Engagement des Venture Capital-Managements, um ihre bereitgestellten Gelder zu investieren. Daher wollen sie *fundraising*–Aktivitäten der *general partners* für neue Fonds grundsätzlich vermeiden. Diesem berechtigten Interesse der Investoren steht jedoch das Bedürfnis der Venture Wagniskapitalfinanziers gegenüber, periodisch neue Mittel einzuwerben, um einen konstanten Geschäftsbetrieb führen zu können. Als Kompromißlösung wird ein neues *fundraising* bis zum Ablauf einer bestimmten Frist (1-2 Jahre nach der Auflegung des Fonds) oder bis ein bestimmter Prozentsatz der bereitgestellten Mittel investiert ist, untersagt.[819]

Soweit die *general partners* oder ihre *affiliates* neben dem Venture Capital Geschäft noch anderen wirtschaftlichen Betätigungen wie z.B. dem Investment Banking nachgehen, bedürfen Geschäfte in diesen Bereichen mit der VCLP der vorherigen Bekanntgabe und / oder der Zustimmung eines nicht involvierten *general partner* oder des *advisory committee*.[820] Derartige Geschäfte dürfen nur zu Konditionen geschlossen werden, wie sie auch bei Geschäften mit Dritten (*at arm´s length*) ausgehandelt worden wären.

VII. Verkaufsbeschränkung des Gewinnanteils der *general partners*

Die Investoren wollen ihre Mittel durch bestimmte *general partners* managen lassen, die sie als Erfolgsschlüssel für die VCLP ansehen.[821] Daher untersagen die *partnerhip agreements* den *general partners* in der Regel, ihren Gewinnanteil ohne Zustimmung der *limited partners* zu veräußern. Auch der teilweise Verkauf des Gewinnanteils ist ohne Zustimmung der *limited partners* untersagt, weil schon dieser ein geringeres Interesse des *general partner* bei der Betreuung des Fonds befürchten läßt.[822] Ausnahmen von den Veräußerungsverboten können für den Fall vorgesehen werden, daß der Erwerber eine Nachfolgeorganisation des *general partner* ist.[823]

---

[818] *Halloran* u.a., in *Halloran* u.a., Venture Capital and Public Offering Negotiation, § 1, S. 1-75.

[819] *Dauchy / Harmon*, The Computer Lawyer 11/1986, 1, 7; *Gompers / Lerner*, JLE 1996, 463, 482.

[820] *Halloran* u.a., in *Halloran* u.a., Venture Capital and Public Offering Negotiation, § 1, S. 1-75.

[821] *Halloran* u.a., in *Halloran* u.a., Venture Capital and Public Offering Negotiation, § 1, S. 1-118.

[822] *Gompers / Lerner*, JLE 1996, 463, 482.

[823] *Halloran* u.a., in *Halloran* u.a., Venture Capital and Public Offering Negotiation, § 1, S. 1-119.

VIII. Austausch des *general partners* und „*vesting*" des *carried interest*

Nur wenige *partnership agreements* berechtigen die *limited partners* dazu, den *general partner* abzusetzen und durch einen neuen zu ersetzen.[824] Ein solches Ersetzungsrecht der *limited partners* wird namentlich von *Weinberg* als Anreiz für die *general partners* angesehen, sich noch gewissenhafter für die *partnership* einzusetzen.[825] Bei der Statuierung eines Ersetzungsrechts der *limited partners* muß beachtet werden, daß der *general partner* im Falle seiner Ersetzung nicht lediglich seinen Anspruch auf die Managementgebühr, sondern auch einen Teil seines *carried interest* einbüßt. Anderenfalls müßten die *limited partners* allein die Kosten für die Gewinnung eines neuen *general partner* tragen.[826] Um einen Teil des *carried interest* für die *partnership* zu sichern, wird dieser vergleichbar dem *common stock* der Entrepreneure und des Management im Portfoliounternehmen einem *vesting schedule* unterworfen.[827] Soweit der *carried interest* auch bei einem freiweilligen Ausscheiden einem *vesting schedule* unterliegt, erhalten die einzelnen *general partners* einen Anreiz, in der VCLP zu verbleiben (*golden handcuff*).

IX. Begrenzte Lebensdauer

Die Lebensdauer von VCLPs ist von vornherein begrenzt (gewöhnlich 10 Jahre). Regelmäßig werden jedoch Bestimmungen vorgesehen, die eine eingeschränkte Verlängerung (1-3 Jahre) ermöglichen.[828] Die übliche Lebensdauer einer VCLP ist vor dem Hintergrund zu sehen, daß gewöhnlich drei bis vier Jahre nötig sind, um deren Mittel vollständig zu investieren. Weitere drei bis sieben Jahre müssen zur Entwicklung der Portfoliounternehmen eingerechnet werden.[829] Die Möglichkeit, die Lebensdauer zu verlängern, gibt eine gewisse Flexibilität, die von entscheidender Bedeutung sein kann, wenn einige Portfoliounternehmen längerer Betreuung bedürfen oder ungünstige Marktbedingungen einen Beteiligungsausstieg nicht erlauben.[830]

Die begrenzte Lebensdauer kompensiert die Illiquidität des Investments in einer VCLP. Die Investoren wären ansonsten mangels eines liquiden Marktes für *partnership*-Gesellschaftsanteile der Gefahr ausgesetzt, einem erfolglosen Fonds

---

[824] Dies ist mittlerweile auch von Gesetzes wegen möglich, ohne die Haftungsbeschränkung der *limited partner* zu gefährden, siehe *Halloran* u.a., in *Halloran* u.a., Venture Capital and Public Offering Negotiation, § 1, S. 1-23, mit Verweis auf 6 Del. C. § 17 – 303(b)(8)(e); siehe auch *Bartlett*, Equity Finance, § 24.16, S. 381 (Fn.76), der mit Blick auf R.U.L.PA. § 303(b), gewisse Unsicherheiten hinsichtlich der Haftungsbeschränkung sieht.

[825] *Weinberg*, The Financier, Mai/1994, 35, 36.

[826] *Weinberg*, The Financier, Mai/1994, 35, 37.

[827] Siehe dazu *Gompers / Lerner*, JLE 1996, 463, 483; *Bartlett*, Equity Finance, § 24.13, S. 374.

[828] Nach einer Studie von Venture Economics aus dem Jahre 1987 standen in 52 % der untersuchten *limited partnership agreements* die Verländerung der Lebensdauer unter dem Zustimmungsvorbehalt der *limited partners*, siehe dazu *Sahlman*, JFE 1990, 473, 490.

[829] *Dauchy / Harmon*, The Computer Lawyer 11/1986, 1, 3.

[830] *Halloran* u.a., in *Halloran* u.a., Venture Capital and Public Offering Negotiation, § 1, S. 1-21; *Dauchy / Harmon*, The Computer Lawyer 11/1986, 1, 3.

ohne Ausstiegsmöglichkeit verhaftet zu sein.[831] Ohne die begrenzte Lebensdauer hätte ein Investment in einer VCLP gegenüber demjenigen in einer börsennotierten Venture Capital Company einen weiteren schweren Nachteil. Die begrenzte Lebensdauer stellt sicher, daß zu einem bestimmten Zeitpunkt die Investmenttätigkeit des Venture Capital-Management einer Marktbewertung unterzogen wird. Der Investmenterfolg kann bei Auflösung der VCLP anhand der Verkaufserlöse der Anteile an den Portfoliogesellschaften bestimmt werden. Für die Wagniskapitalfinanziers ist eine positive Marktbewertung ihrer Investmenttätigkeit wichtig, um bei einem späteren *fundraising* neue Mittel einwerben zu können und um sich bei erfolgversprechenden Beteiligungsunternehmen engagieren zu können.

Die Wagniskapitalfinanziers werden durch die Marktbewertung zu einem effizienten Umgang mit den ihnen anvertrauten Mitteln angehalten, die Gefahr von opportunistischem Verhalten (*moral hazard*) wird reduziert.[832]

§ 11 Einfluß gesetzlicher Rahmenbedingungen

Besonderen Einfluß auf die Ausgestaltung einer VCLP haben steuer- und aufsichtsrechtliche Regelungen.

Die VCLPs werden so konstruiert, daß sie die Anwendung der erheblichen Regulierungen des „Investment Company Act of 1940" und des „Investment Advisers Act of 1940" vermeiden.[833]

I. Investment Company Act of 1940 (*Company Act*)[834]

Der *Company Act* statuiert für Investmentgesellschaften zahlreiche Verpflichtungen und Verbote hinsichtlich ihrer Kapitalzusammensetzung und ihrer Geschäftstätigkeit. Venture Capital Fonds erfüllen typischerweise die Kriterien, die der *Company Act* an die Qualifikation als Investmentgesellschaft stellt.[835]

---

[831] Teilweise werden auch vorzeitige Kündigungsrechte, die durch einen bestimmten Prozentsatz der gewinnberechtigten *general-* und *limited partners* geltend gemacht werden können, vorgesehen. Kündigungsrechte einzelner Investoren werden die *general partners* dagegen regelmäßig nicht zulassen, da dies den Anschein erwecken könnte, sie hätten zu diesen Investoren gesonderte Beratungsbeziehungen, womit sie den Restriktionen des „Investment Advisory Act of 1940" unterfallen könnten. Siehe *Halloran* u.a., in *Halloran* u.a., Venture Capital and Public Offering Negotiation, § 1, S. 1-21.

[832] Hier wirkt die begrenzte Lebensdauer zusammen mit dem Mechanismus der sogenannten „market reputation", siehe dazu *Baums / Gilson*, in Alternative Forms of Organisations, Vol. 1, S. 29.

[833] *Weinberg*, The Financier Mai/1994, 35; eine ausführliche Darstellung der Regulierungen durch diese Gesetze gibt *Steck*, Regulierung von U.S.-amerikanischen Investmentgesellschaften (Investment Companies).

[834] Der „Investment Company Act" ist im United States Code unter der laufenden Nummer 15 zu finden, die stellvertretend für das Handelsrecht steht. In diesem Abschnitt befassen sich dann die §§ 77–80 mit dem Bundeswertpapierrecht. Der § 80 a beinhaltet die Vorschriften betreffend der „Investment Company", wobei die einzelnen Regelungen dann als „section" (§) bezeichnet werden.

[835] An investment company is any issuer which:

Mit dem erfolgreichen Betreiben eines Venture Capital Fonds wird es als unvereinbar angesehen, daß nicht mehr als 60% der Fondsmanager ein eigenes Interesse an der *investment company* haben dürfen.[836] Ebenso widerspricht das Verbot einer Gewinnbeteiligung des Fondsmanagements durch die Ausgabe von Optionen oder Gesellschaftsanteile dem Standard in der Venture Capital-Branche.[837] Schließlich werden auch die hohen Registrierungskosten und die aus der Registrierung folgenden laufenden Berichtspflichten als hinderlich angesehen.[838]
Die Venture Capital Fonds versuchen daher nicht als *investment company* im Sinne des *Company Act* qualifiziert zu werden. Hierzu nutzen sie eine Ausnahmeregel, nach der Venture Capital Fonds nicht als *investment company* angesehen werden, die nicht mehr als 100 wirtschaftliche Eigentümer haben und keinen öffentlichen Verkauf ihrer Anteile durchführen und einen solchen durchzuführen auch nicht anbieten.[839] Bis 1997 war die Nutzbarmachung dieser Ausnahmeregel jedoch durch die sogenannte *„attribution rule“* erschwert. Danach wurden auch die Gesellschafter eines Fondsinvestors, der mindestens 10% der stimmberechtigten Gesellschaftsanteile des Fonds hielt, als wirtschaftliche Eigentümer angesehen.[840] Insbesondere Fonds mit institutionellen Investoren wurden durch diese Regel belastetet. Institutionelle Investoren überschreiten häufig die 10% Grenze und haben selber weit mehr als hundert eigene Gesellschafter. Um diese Folge zu mildern, hatte die *Securities Exchange Commission* (SEC) davon abgesehen, den *Company Act* durchzustzen, wenn die Fonds-Beteiligung für den Investor keinen wesentlichen Vermögensbestandteil (5%) darstellte. Das Management der Venture Capital Fonds lief dennoch weiterhin Gefahr, daß unzufriedene Investoren den Gesellschaftsvertrag für nichtig erklären ließen, womit es seinen Vergütungsanspruch verlieren würde.[841] Die Venture Capital-Branche versuchte deshalb zu argumentieren, daß *limited partnership*-Gesellschaftsanteile nicht stimmberechtigt seien. Die 10% Beschränkung finde daher auf VCLPs keine Anwendung. Diese Argumentation lehnte die SEC jedoch ab. Diese sah auch bei nicht stimmberechtigten Gesellschaftsanteilen, die in einer Kapitalbeteiligung

---

„holds itself out as being engaged primarily, or proposes to engage primarily, in the business of investing, reinvesting, or trading in securities“, vgl. § 3(a)(1),
„is engaged or proposes to engage in the business of investing, owning, holding, or trading in securities, and owns or proposes to acquire investments securities having a value 40 per centum of the value of such issuer´s total assets (exclusive of Goverment securities and cash items) on an consolidated basis“, vgl. § 3(a)(3).

836 *Company Act* Sec. 2(a)(19), siehe *Testa*, Federal Regulation of Venture Capital Companies, S. 185, 189.

837 *Company Act* Sec. 18(d), 23(a) *Hewitt* u.a., Formation of the Venture Capital Funds, in *PLI*, Venture Capital 1991, S. 141, 143 f.

838 *Testa*, Federal Regulation of Venture Capital Companies, S. 185, 189.

839 Vgl. *Company Act* Sec. 3 (c) (1); siehe auch *Hewitt* u.a., Formation of the Venture Capital Funds, in *PLI*, Venture Capital 1991, S. 141, 149.

840 *Halloran*, in *Halloran* u.a., Venture Capital and Public Offering Negotiation, § 5, S. 5-4.

841 „Company Act“ Sec. 47 (b), siehe *Halloran*, in *Halloran* u.a., Venture Capital and Public Offering Negotiation, § 5, S. 5-5.

von mindestens 10% kumulierten, einen so wesentlichen wirtschaftlichen Einfluß gegeben, der dem von stimmberechtigten Gesellschaftsanteilen entspreche.[842] Nach einem ersten Einlenken der SEC[843] wurde die *attribution rule* 1996 durch den *National Securities Improvement Act* (*1996 Act*) erheblich entschärft. Nur solche Investoren, die selbst unter dem *Company Act* als Investmentgesellschaft registriert sind oder die Ausnahmeregelung des § 3 (c)(1), 3 (c)(7) in Anspruch nehmen, werden weiter durch die *attribution rule* erfaßt.[844] Venture Capital Fonds, die die Ausnahmeregelung des § 3 (c)(1) in Anspruch nehmen wollen, müssen weiterhin ihre Gesellschafterzahl auf 100 beschränken.[845] Hierzu sind weiterhin zwingende Rückkaufsregelungen und Übertragungsverbote in ihren Gesellschaftsverträgen erforderlich.

Eine weitere Ausnahme von der Beschränkung auf 100 wirtschaftliche Eigentümer sieht der *1996 Act* für Venture Capital Fonds vor, deren Investoren als sogenannte *qualified purchasers* zu qualifizieren sind. Dies sind bestimmte institutionelle Investoren mit einem Investmentvermögen von $ 25 Mio., soweit sie nicht ausschließlich zum Zwecke des Wertpapierkaufs unter der Ausnahmeregelung des § 3 (c)(7) gegründet worden sind und wohlhabende natürliche Personen mit einem Nettovermögen von mindestens $ 5 Mio.[846]

II. *Investment Adviser Act of 1940* (*Adviser Act*)

Der *Adviser Act* greift im wesentlichen zwei Aspekte der Investmentberatung auf: Die Vergütung der Investmentberater und Betrugshandlungen im Zusammenhang mit der Investmentberatung.[847] Das offenkundige Problem der Venture Capital-Branche ist das grundsätzliche Verbot von Vergütungsregelungen, die auf Kapitalgewinnen und Wertzuwachs basieren. Diese sind jedoch typisch für die Venture Capital-Branche.[848]

Um die Restriktionen des „*Adviser Act*“ zu vermeiden, nimmt die Venture Capital-Branche grundsätzlich den Standpunkt ein, daß die *general partners* einer VCLP keine Investmentberater seien. Ein Investmentberater i.S.d. „*Adviser Act*“ betreibt geschäftlich gegen Vergütung die Beratung anderer im Hinblick auf die Bewertung oder die Ratsamkeit eines Investments, des Kaufs oder Verkaufs von Wertpapieren.[849]

Die *general partners* einer VCLP seien dagegen vielmehr interne Manager, die das Investmentgeschäft des Fonds durchführen und kontrollieren. Indem sie

---

842 *Halloran*, in *Halloran* u.a., Venture Capital and Public Offering Negotiation, § 5, S. 5-5.

843 Siehe *Hewitt* u.a., Formation of Venture Capital Funds, in *PLI*, Venture Capital 1991, S. 141, 151.

844 *Halloran*, in *Halloran* u.a., Venture Capital and Public Offering Negotiation, § 5, S. 5-9.

845 *Halloran*, in Venture Capital and Public Offering Negotiation, § 5, S. 5-12.

846 *Halloran*, in Venture Capital and Public Offering Negotiation, § 5, S. 5-12 f.

847 *Mark*, in PLI, Introduction to Securities Law, S. 597, 599.

848 *Hewitt* u.a., Formation of Venture Capital Funds, in *PLI*, Venture Capital 1991, S. 141, 153.

849 „Adviser Act“ Sec 202(a)(11); siehe *Testa*, in *PLI*, Venture Capital Financing 1988, 185, 205.

selber an den Fonds beteiligt sind, üben sie diese Tätigkeit für sich selbst und nicht für einen anderen aus.[850]

Die SEC hat diese Ansicht der Venture Capital-Branche regelmäßig nicht geteilt. Sie stützte sich dabei auf eine Entscheidung des *„Court of Appeal for the Second Circuit"*.[851] Dieser hatte die *general partners* eines als *limited partnership* organisierten Investmentfonds als Investmentberater im Sinne des *„Adviser Act"* angesehen. Darüber hinaus hat dieser die Ansicht vertreten, daß die *general partner* nicht lediglich die *partnership* beraten würden, sondern jeden einzelnen *limited partner*. Die Ausnahmeregelung des *„Adviser Act"*, die dessen Anwendung auf Investmentberater mit nicht mehr als fünfzehn Beratungsklienten ausschließt, würde danach kaum mehr auf die *general partners* anzuwenden sein.[852] Hierbei fällt insbesondere ins Gewicht, daß die *general partners* branchenüblich mehrere Fonds gleichzeitig betreuen. Bei Addition deren *limited partner*s würde das Limit von fünfzehn Beratungsklienten schnell überschritten sein.

Die Venture Capital-Branche hielt dieser Auffassung entgegen, daß der Gerichtsentscheidung eine Fondskonzeption zugrunde liege, die von der typischen Ausgestaltung einer VCLP abweiche. Die *limited partners* einer typischen VCLP haben anders als in dem entschiedenen Fall weder ein individuelles Recht, jährlich ihre Beteiligung zu kündigen, noch würden laufend neue Investoren geworben. Schließlich treffen die *general partners* die Investmententscheidungen einer VCLP allein, ohne diese mit den *limited partner*s zu beraten.

Der *„Adviser Act"* gelte danach für externe Berater mit Klienten, denen es freistünde, einen Rat anzunehmen oder abzulehnen, oder auch ihre Beteiligung zu beenden. Dies treffe auf eine VCLP und ihre *general partners* als interne Manager nicht zu.[853]

Der Venture Capital-Branche zufolge lasse sich bei sorgfältiger Konzeption der VCLP unter Beachtung der zuvor genannten Punkte eine Qualifikation des *general partners* als *„investment adviser"* nicht rechtfertigen.[854] Soweit dennoch diese Qualifikation vorgenommen werde, sei ein Beratungsverhältnis jedenfalls nicht im Hinblick auf die einzelnen *limited partners* anzunehmen, sondern lediglich zu dem jeweiligen Fonds. Die Ausnahmeregelung des Sec 203 (b)(3) könnte daher weiter genutzt werden.[855]

An dem grundsätzlichen Dilemma der Wagniskapitalfinanziers, sich entweder den Restriktionen des *„Adviser Act"* zu unterwerfen oder aber ihre Vergütung zu riskieren, da alle Vereinbarungen, deren Regelungen den *„Adviser Act"* verletzen, nichtig sind, änderte dies nichts.[856]

---

[850] *Testa*, in *PLI*, Venture Capital Financing 1988, 185, 206.

[851] Abraham v. Fleschner, 568 F.2d 862 (2nd Circ. 1977).

[852] „Adviser Act" Sec 203 (b)(3).

[853] *Halloran*, in *Halloran* u.a., Venture Capital and Public Offering Negotiation, § 5, S. 5-16.

[854] Siehe *Halloran*, in *Halloran* u.a., Venture Capital and Public Offering Negotiation, § 5, S. 5-15 f.

[855] *Halloran*, in *Halloran* u.a., Venture Capital and Public Offering Negotiation, § 5, S. 5-17.

[856] „Adviser Act" Sec 215 (b); *Halloran*, in *Halloran* u.a., Venture Capital and Public Offering Negotiation, § 5, S. 5-15.

Der Gesetzgeber hat dieses Problem 1980 mit der Einführung der *„business development company“* (BDC) in den *„Adviser Act“* lösen wollen.[857] Diese basiert mit geringeren Anforderungen auf ihrem Bezeichnungsgegenstück des *„Company Act“*.[858] Mit der Qualifikation als BDC wird für die Zwecke des Sec 203 (b)(3) ausschließlich der Fonds selbst als Beratungsklient gezählt. Der einzelne Investor darf jedoch neben seiner Gesellschafterstellung kein gesondertes Beratungsverhältnis mit dem *general partner* haben. Den BDCs ist auch eine eingeschränkte leistungsbezogene Vergütung der *general partners* gestattet.[859] Seit 1985 erkennt die SEC allgemein ausschließlich die *limited partnerships* selbst als Beratungsklienten der *general partners* an. Weiterhin setzt dies aber voraus, daß kein weiteres Beratungsverhältnis des einzelnen Investors zu einem *general partner* besteht.[860]
Wegen dieser Einschränkung und der Probleme, die sich aus einem Verbund einer Venture Capital Gesellschaft mit einem registrierten Investmentberater ergeben können,[861] hat sich diese Regel bislang nicht völlig durchgesetzt. Vielmehr wird weiterhin die Anwendung der Entscheidung des „Court of Appeal“ auf VCLPs abgelehnt. Die Venture Capital-Branche hält an der Auffassung fest, daß die *general partners* einer VCLP bei typischer Ausgestaltung keine Investmentberater i.S.d. *„Adviser Act“* seien.[862]

III. Der Internal Revenue Code (I.R.C.)

1. Die steuerliche Behandlung als *„pass – through entity“*

Die steuerliche Behandlung der *limited partnership* ist einer der ausschlaggebenden Gründe für die Ausgestaltung der Venture Capital Fonds in dieser Rechtsform.[863] Die *limited partnership* als *pass-through entity* ermöglicht die Durchleitung des gesamten Einkommens zu den einzelnen Gesellschaftern.[864] Die Gesellschafter können dann von der günstigen *capital gain*-Besteuerung profitieren, ohne daß zuvor schon eine Besteuerung auf der Fondsebene stattfindet.[865] Die Reduzierung der Besteuerung von Veräußerungsgewinnen von zunächst 49,5% auf 28% in 1978 und schließlich auf 20% in 1980 hat wesentlich zur Belebung des Venture Capital-Marktes beigetragen.[866] Sind die

---

[857] § 202 (a)(22)

[858] Siehe dazu *Testa*, in *PLI*, Venture Capital Financing 1988, 185, 210.

[859] Adviser Act Sec 205; Die leistungsabhängige Vergütung darf 20 % der realisierten Kapitalgewinne in einer bestimmten Periode nicht überschreiten, wobei diese durch den Abzug aller realisierten Kapitalverluste und nicht realisierten Wertminderungen berechet werden. Siehe *Hewitt* u.a, in *PLI*, Venture Capital 1991, S. 141, 157.

[860] *Hewitt* u.a, in *PLI*, Venture Capital 1991, S. 141, 156.

[861] Siehe dazu *Hewitt* u.a, in *PLI*, Venture Capital 1991, S. 141, 156; *Halloran*, in *Halloran* u.a., Venture Capital and Public Offering Negotiation, § 5, S. 5-20.

[862] *Halloran*, in *Halloran* u.a., Venture Capital and Public Offering Negotiation, § 5, S. 5-15.

[863] *Dauchy / Harmon*, The Computer Lawyer 11/1986. 1,2.

[864] I.R.C. Sec. 701.

[865] *Burke*, in *PLI*, Venture Capital 1991, S. 123, 129.

[866] Siehe auch *Leopold / Frommann*, Eigenkapital für den Mittelstand, S. 228; *Weitnauer*, Handbuch Venture Capital, A.II.3. Rdn. 27, S. 16.

limited partners gar steuerbefreite Institutionen (Pensionsfonds, Stiftungen), können diese die Beteiligungsgewinne ohne jegliche Steuerbelastung vereinnahmen. Würden die Fonds dagegen als *corporation* ausgestaltet, so hätte dies auch auf der Ebene des Fonds eine Besteuerung zur Folge. Bei steuerpflichtigen Investoren würden die Gewinne demnach einer Doppelbesteuerung unterzogen. Die Ausgestaltung des Venture Capital Fonds als *corporation* würde die Nachsteuerrendite erheblich reduzieren.[867]

2. Qualifizierung der *limited partnership* als *pass-through entity*

Vor dem 1. Januar 1997 war der steuerliche Status einer *limited partnership* von einem materiellen Test nach den Regeln des I.R.S abhängig. Das formelle Kriterium der Inkorporation war nachrangig. Eine *limited partnership* wurde wie eine *corporation* und nicht als *pass-through entity* besteuert, wenn mehr als zwei der vier für *corporations* typischen Charakteristika von ihr erfüllt wurden.[868] Diese vier Charakteristika waren ein zentralisiertes Management, beschränkte Haftung, freie Übertragbarkeit der Gesellschaftsanteile und eine unbeschränkte Lebensdauer.[869] Das Bestehen dieses Tests bereitete insbesondere im Hinblick auf das zentralisierte Management und die beschränkte Haftung Schwierigkeiten.[870]

Mit der Einführung der sogenannten „*check the box*"- Regelung zum 1. Januar 1997 entfiel der Vier Punkte-Test des IRS. Nicht inkorporierte Gesellschaften werden nach der neuen Regelung solange automatisch als „*pass-through entity*" behandelt, wie nicht ausdrücklich eine Besteuerung als *corporation* gewählt wird.[871] Demgemäß brauchen *limited partnership agreements* keine Regelungen mehr zur Vermeidung der vier korporativen Charakteristika zu enthalten. Übertragungsbeschränkungen der Gesellschaftsanteile oder Regelungen hinsichtlich der Auflösung der Gesellschaft werden nur noch aufgenommen, soweit sie anderen wirtschaftlichen Zwecken dienen.[872]

3. Steuerliche Optimierung der Managementvergütung

Die Managementvergütung kann bei Ausgestaltung des Venture Capital Fonds als *limited partnership* steuerlich optimiert werden. Die Einräumung des *carried interest* ist für die *general partners* bei Beachtung der einschlägigen Rechtsprechung[873] und den Regelungen des IRS[874] steuerfrei, wenn diesem

---

[867] *Burke*, in *PLI*, Venture Capital 1991, S. 123, 129 f.

[868] „Treasury Regulation" § 301.7701-2(a) (1).

[869] *Brannan*, in: U.S.C. Tax Institute, Major Tax Planing, § 13, S.13-13.

[870] *Crandall / Volpe*, in *Harroch*, Partnership & Joint Venture Agreements, § 9, S. 9-8 f.; *Burke*, in *PLI*, Venture Capital 1991, S. 123, 130.

[871] *Crandall / Volpe*, in *Harroch*, Partnership & Joint Venture Agreements, § 9, S. 9-6.

[872] *Brannan*, in: U.S.C. Tax Institute, Major Tax Planing, § 13, S. 13-17.

[873] In „Diamond v. Commissioner, 56 T.C. 530 (1971), aff'd. F.2d 286 (7th Cir. 1974)" wurde der Erhalt eines Gewinnanteils an einer *limited partnership* der Besteuerung unterworfen, in anderen Entscheidungen wie auch in „Campbell v. Commissioner, 943 F.2d. 815 (8th Cir. 1991)" wurde von einer Besteuerung abgesehen, siehe dazu *Halloran* u.a., in *Halloran* u.a., Venture Capital and Public Offering Negotiation, § 1, S. 1-48 ff.

[874] *Bartlett*, Privat Equity, § 24.10, S. 372 mit Verweis auf Revenue Procedure 93–27.

lediglich ein spekulativer und nicht bereits ein bestimmbarer Wert beizumessen ist.[875] Ob ein solcher bestimmbarer Wert im Zeitpunkt der Einräumung bereits vorliegt, wird grundsätzlich anhand eines Liquidationswert-Tests festgestellt. Danach hat der *carried interest* lediglich spekulativen Wert, wenn der am Tag „eins" eingeräumte Gewinnanteil am Tag „zwei" bei hypothetischer Liquidation wertlos ist.[876] Trotz der so festgestellten Wertlosigkeit ist in der „Campbell"-Entscheidung ein erheblicher Wert für einen Gewinnanteil an einem erfolgversprechenden Fonds angenommen worden. Demnach sei einem Gewinnanteil selbst dann schon ein feststellbarer Wert beizumessen, wenn die Gewinnrealisierung auf den Liquidationszeitpunkt der *partnership* verschoben ist.[877]

Infolge dieser Rechtsprechung wichen viele Fonds von der „Standardformel" der 80:20 Gewinnverteilung ab. Den *limited partners* wurde statt dessen zunächst ein vorrangiger Gewinnanspruch eingeräumt (z.B. 7% auf ihr investiertes Kapital), bevor auch die *general partners* an der Gewinnverteilung partizipieren durften. Auf diese Weise soll die Spekulativität des Gewinnanteils des *general partners* erhöht werden und die Annahme eines bereits feststellbaren Wertes vermieden werden.[878]

Ist damit die Einräumung des Gewinnanteils steuerfrei, muß im weiteren der Einkommenszufluß auf Grund des Gewinnanteils beurteilt werden. Das den *general partners* zufließende Einkommen wird auf der Ebene der *partnership* in die entsprechenden Einkommensarten eingeordnet.[879] Der Gewinnanteil eines *general partners* einer VCLP ist daher im wesentlichen als *„long term capital gain*" zu qualifizieren.[880] Einer möglichen Qualifizierung als gewöhnliches Einkommen[881] kann dadurch begegnet werden, daß die *general partners* einen bedeutenden Betrag zum Kapital der *partnership* beitragen.[882] Die *general partner*s verpflichten sich daher in der Regel, eine Kapitalbeteiligung in Höhe von 1% des gesamten Kapitals der *partnership* aufzubringen Die *general partners* werden bei einer solchen Kapitalbeteiligung materiell als Gesellschafter und nicht bloß als Angestellte angesehen.[883] Somit kommen sie in

---

[875] *Halloran* u.a., in *Halloran* u.a., Venture Capital and Public Offering Negotiation, § 1, S. 1-49.

[876] *Bartlett*, Equity Finance, § 24.10, S. 370.

[877] So das erstinstanzliche Urteil des Tax Court in „Campbell v. Commissioner", siehe dazu *Bartlett*, Equity Finance, § 24.10, S. 371.

[878] *Burke*, in *PLI*, Venture Capital 1991, S. 123, 129.

[879] I.R.C. Sec. 702; siehe *Kahle*, Die Ertragsbesteuerung der Beteiligung an einer U.S.-Limited Partner-ship, S. 128.

[880] *Halloran* u.a., in *Halloran* u.a., Venture Capital and Public Offering Negotiation, § 1, S. 1-50.

[881] I.R.C. Sec 707 (a)

[882] Siehe *Halloran* u.a., in *Halloran* u.a., Venture Capital and Public Offering Negotiation, § 1, S. 1-50 ff. mit Verweis auf die Auslegung des I.R.C. § 707 (a) durch den Finanzausschuß des Senats.

[883] *Bartlett*, Equity Finance, § 24.6, S. 363; *Halloran* u.a., in *Halloran* u.a., Venture Capital and Public Offering Negotiation, § 1, S. 1-38, 39.

den Genuß der günstigen Besteuerung ihres Einkommens als *„capital gain“*.[884] Angestellte Manager einer *corporation* müssen dagegen ihre Vergütung als gewöhnliches Einkommen versteuern.[885]

IV. Employee Retirement Income Securities Act (*ERISA*)

Mit dem 1974 eingeführten *ERISA* wurden die Pensionsfonds zur Kapitalanlage verpflichtet. Zuvor konnten einige Pensionsfonds ihren aufgelaufenen Verbindlichkeiten wegen fehlender Deckung durch entsprechende Kapitalanlagen nicht gerecht werden.[886] Das U.S.-amerikanische System der Altersvorsorge ist heute maßgeblich auf das Kapitalanlageverfahren durch Pensionsfonds gestützt.[887] Die freiwillige Anlage in Pensionsfonds ist wesentlich steuerlich motiviert:[888] Die Arbeitnehmer müssen erst den Rentenbezug versteuern,[889] während die Arbeitgeber schon die Beitragsleistung steuerlich geltend machen können.[890] Schließlich sind die Anlagegewinne auf Ebene des Pensionsfonds steuerfrei.[891]

Mit einem kumulierten Anlagevolumen von über fünf Billionen Dollar sind Pensionsfonds heute die maßgeblichen Kapitalanleger in den USA.[892] Ihre Mittel legen sie überwiegend in Aktien und Schuldverschreibungen an.[893] Einer Studie des *Department of Labor* zufolge stammen im Jahre 2000 ca. 40% des Eigenkapitals der U.S.-amerikanischen *corporations* von Pensionsfonds.[894]

Ihre noch heute maßgebliche Bedeutung als Kapitalquelle für Venture Capital gewannen die Pensionsfonds jedoch erst 1979. Bis dahin bestanden Unsicherheiten bei der Auslegung des ERISA hinsichtlich des Sorgfaltsmaßstabes für die Fondstreuhänder. Der ERISA von 1974 wollte die Anlagetätigkeit der Pensionsfonds fördern, indem er den Sorgfaltsmaßstab durch eine flexible Definition umschrieb. Damit wurden die zuvor in unterschiedlichen

---

884 *Halloran* u.a., in *Halloran* u.a., Venture Capital and Public Offering Negotiation, § 1, S. 1-48 ff.; *Bartlett*, Privat Equity, § 24.10, S. 369 ff.

885 *Dauchy / Harmon*, The Computer Lawyer 11/1986, 1, 2.

886 Entscheidend zur Entwicklung und Einführung des ERISA hat der sogenannte „Studebaker Fall“ beigetragen, in dem es dem „Pension Fund“ des gleichnamigen Automobilherstellers nicht möglich war, bei Schließung einer seiner Niederlassungen den Pensionsansprüchen der gesamten Belegschaft gerecht zu werden. Siehe *Langbein / Wolk*, Pension and Employee Benefit Law, S. 62 ff. m.w.N.

887 1990 erhielten 44 % der Rentenbezieher im Alter über 65 Jahren Rentenleistungen von Pension Funds, die einem Anteil von 18 % der Gesamteinkünfte dieser Bevölkerungsgruppe ausmachten, siehe *Wiedenbeck / Osgood*, Employee Benefits, S. 114, 115 Table 3. und 4.

888 Siehe *Langbein / Wolk*, Pension and Employee Benefit Law, S. 149 f.

889 I.R.C. § 402(a).

890 I.R.C. § 404(a)(1),(2),(3).

891 I.R.C. § 501(a).

892 *Langbein / Wolk*, Pension and Employee Benefit Law, S. 1.

893 Von Pensionfonds stammt ca. ein Viertel des Eigenkapitals und die Hälfte des Fremdkapitals der U.S.-amerikanischen „corporations“, siehe *Langbein / Wolk*, Pension and Employee Benefit Law, S. 1. Dabei machen Eigenkapitaltitel ca. 42 % und Fremdkapitaltitel ca. 35 % des Gesamtinvestments der großen Pension Funds aus, siehe *Healey / O´Driscoll*, Pension World 1992, 23, 24.

894 *Cross*, Indiana Law Journal 1993, 931, Fn. 3.

Gesetzen enthaltenen Investmentbeschränkungen ersetzt. Entgegen seiner Intention beschränkte der ERISA jedoch dadurch zunächst die Bereitschaft der Fondstreuhänder, in Venture Capital zu investieren.[895] Der ERISA legt als Sorgfaltsmaßstab die sogenannte *„prudent man rule“*[896] zugrunde.[897] Die traditionelle *„prudent man rule“* stellte auf die Sicherheit des einzelnen Investments ab, so daß spekulative Investments in sogenannten „new and untried enterprises“ mit ihr nicht vereinbar waren.[898] Der ERISA greift zwar nicht ausdrücklich die Sicherheit des einzelnen Investments auf, jedoch blieb unklar, ob die *„prudent man rule“* im Sinne der Portfolio-Theorie auf das gesamte Portfolio oder traditionell bei jedem einzelnen Investment anzulegen sei.[899] Im letzteren Fall würden Venture Capital Investments jedenfalls nicht den Sorgfaltsanforderungen entsprechen.[900] Das *Department of Labor* löste diese Unsicherheit 1979 mit einer Direktive zugunsten der Portfolio Theorie auf.[901]

Die Präambel der Direktive enthält folgenden Passus:[902]
The Department is of the opinion that generally, the relative riskiness of a specific investment or investment course of action does not render such investment or investment course of action either per se prudent or imprudent, and the prudence of an investment decision should not be judged without regard to the role that the proposed investment or investment course of action plays within the overall plan portfolio. Thus, although securities issued by a small or new company may be riskier investment than securities issued by a „blue chip“ company, the investment in the former company may be entirely proper under the Act‘ s “prudence“ rule.

Diese Entscheidung des *Department of Labor* führte mit dazu, daß sich im Zeitraum von 1979 bis 1990 das der Venture Capital Industrie zur Verfügung gestellte Kapital versechsfacht hat.[903] Die Mittel für Venture Capital Investments stammten 1978 erst zu 15% von Pensionsfonds,[904] während es im Zeitraum von 1991 bis 1997 durchschnittlich 45% waren.[905] Venture Capital stellt heute für Pensionsfonds die favorisierte Anlageform im Bereich der sogenannten

---

[895] *Schillt*, Dream Makers and Deal Breakers, S. 80.
[896] Die traditionelle „prudent man rule“ ist 1830 in einer Entscheidung des Supreme Judicial Court of Massachusetts im Fall „Harvard College v. Amory" entwickelt worden und später durch andere Gerichtsentscheidungen bestätigt worden, sowohl 1935 als auch 1957 wurde sie in den „Restatement of Trust Law § 227" aufgenommen.
[897] ERISA § 404(a)(1)(B)
[898] Siehe dazu *Haskel*, N.C.L.Rev. 1990, 87, 88 ff.
[899] *Haskel*, N.C.L.Rev. 1990, 87, 104.
[900] *Baums / Gilson*, in Alternative Forms of Organisations, Vol. 1, S. 36; *Schillt*, Dream Makers and Deal Breakers, S. 80.
[901] *Haskel*, N.C.L.Rev.1990, 87, 105; *Hutchinson / Cole*, U.PA.L.Rev. 1980, 1340, 1356.
[902] 44 Fed. Reg. 37, 222 (June 16, 1979).
[903] *Lerner*, Fin. Econ. 1994, 293, 294; *Black / Gilson*, JFE 1998, 243, 270.
[904] *Baums / Gilson*, in Alternative Forms of Organisations, Vol. 1, S. 36.
[905] Zahlenmaterial aus Venture Capital Yearbook 1998.

„Alternative Investments" dar.[906] Einige Bundesstaaten verpflichten die öffentlichen Pensionsfonds durch sogenannte *„economically target investment"*-Programme, einen gewissen Prozentsatz ihrer Mittel in Venture Capital zu investieren.[907]
Dem ERISA kommt daher bei der Konzeption von VCLPs wesentliche Bedeutung zu. Der ERISA untersagt dem *„benefit plan investor"* [908] z.B. zahlreiche Transaktionen mit den Gesellschaften, in die er investiert.[909] Dem Treuhänder eines Pensionsfonds ist auch eine Gewinnbeteiligung verboten.[910]

1. *Plan Asset Regulation (Regulations)*

Um die Restriktionen des ERISA zu vermeiden, müssen die *general partners* verhindern, als Treuhänder der an der VCLP beteiligten Pensionsfonds qualifiziert zu werden. Ob nur das Investment in einer VCLP als Anlage des Pensionsfonds (*plan assets*) zu qualifizieren ist, oder aber auch deren einzelne Portfoliounternehmen, bestimmt sich nach den sogenannten *Regulations* des *Department of Labor* von 1987.[911] Ist dies der Fall, werden die *general partners* der VCLP als Treuhänder der Anlagen des Pensionsfonds angesehen und unterliegen den Beschränkungen des *ERISA*.[912] Ursprünglich wurde den *plan assets* eine enge Definition zugrunde gelegt.[913] Danach wurden die Investments einer Institution, an der ein Pensionsfonds beteiligt war, nur als *plan assets* angesehen, wenn die Umgehung der ERISA-Regelungen beabsichtigt war.[914] Nach der weiteren Definition der *Regulations* sind *plan assets* bereits anzunehmen, wenn die Institution, an der ein Pensionsfonds beteiligt ist, diesem einen Investmentservice erbringt.[915]

2. Ausnahmen

Dies gilt nicht, wenn der Pensionsfonds durch andere gesetzliche Bestimmungen wie z.B. durch den *Company Act* oder Marktregulierungskräfte (bei öffentlich

---

[906] „Alternatives Investments" machen durchschnittlich 3 % der Gesamtinvestments eines Pension Funds aus, wovon wiederum ca. 30 % für Venture Capital bereitgestellt werden, siehe *Healey / O'Driscoll*, Pension World 1992, 23, 24; *Martinson*, nimmt einen 5 %-Anteil am Gesamtinvestment der Pensionfonds an, in Financial Times v. 27.11.1998.

[907] *Cross*, Indiana Law Journal 1993, 931, 943 ff.

[908] Der Begriff *„benefit plan investor"* umfaßt alle in ERISA § 3 (3) genannten Institutionen.

[909] Siehe ERISA § 406 und I.R.C. § 4975, der eine jährliche 15 % Strafsteuer auf die Summe erhebt, die der verbotenen Transaktion zugrundeliegt.

[910] *Hewitt* u.a., in *PLI*, Venture Capital 1991, S. 141, 158; *Testa*, in *PLI*, Venture Capital Financing 1988, 185, 214 f.; *Testa* u.a., in *Halloran u.a.*, Venture Capital and Public Offering Negotiation, § 4, S. 4-3 ff.

[911] *Testa* u.a., in *Halloran u.a.*, Venture Capital and Public Offering Negotiation, § 4, S. 4-7; *Hewitt* u.a., in *PLI*, Venture Capital 1991, S. 141, 158; *Bartlett*, Equity Finance, § 24.22, S. 399 f.

[912] Dies hat z.B. die Beachtung des in ERISA § 404 (a) beschriebenen Sorgfaltsmaßstab und die Einhaltung der besonderen Treuepflichten zur Folge, deren Verletzung die persönliche Haftung des „fiduciary"(§ 409) bedeuten kann.

[913] Interpretive Bulletin 75 – 2 (29 C.F.R. § 2509.75 – 2).

[914] *Testa* u.a., in *Halloran u.a.*, Venture Capital and Public Offering Negotiation, § 4, S. 4-6.

[915] *Testa* u.a., in *Halloran u.a*, Venture Capital and Public Offering Negotiation, § 4, S. 4-6.

gehandelten Wertpapieren) ausreichend geschützt ist.[916] Des weiteren wird ein Schutz durch die treuhänderischen Pflichten des ERISA nicht für erforderlich gehalten, soweit der Pensionsfonds mit weniger als 25% des Wertes einer Anteilsgattung an einem Emittenten beteiligt ist.[917]
VCLP vermeiden jedoch regelmäßig die Anwendung der genannten gesetzlichen Regelungen, die eine Ausnahme von den *Regulations* erlauben würden, noch geben sie öffentlich gehandelte Beteiligungen aus.[918] Soweit sie auch nicht in der Lage oder nicht willens sind, eine wesentliche Beteiligung des Pensionsfonds zu vermeiden, wären ihre Anlagen grundsätzlich als *plan assets* anzusehen. Der ERISA enthält jedoch für Venture Capital Fonds, die sich als sogenannte *Venture Capital Operating Company* (VCOC) qualifizieren können, eine weitere Ausnahme.[919]

3. *Venture Capital Operating Company*

Die Qualifizierung als VCOC setzt eine Mindestanlage von 50% der Gesamtanlagen, berechnet nach Anschaffungskosten, in Venture Capital oder sogenannten *„derivative investments“* voraus.[920] Venture Capital Investments im Sinne der *„Regulations“* sind Beteiligungen an sogenannten *„operating companies“*, in denen der Venture Capital Fonds direkte, vertragliche Managementrechte besitzt. Diese müssen ihm eine wesentliche Teilnahme oder einen wesentlichen Einfluß auf die Geschäftsführung der *operating company* geben.[921] Die *Regulations* lassen mit dieser allgemeinen Umschreibung die genauen Anforderungen an ein Managementrecht offen. Nach ihrer Präambel ist jedenfalls das Recht, Mitglieder des *board of directors* zu bestimmen, als ein Managementrecht anzusehen. Auch regelmäßige informelle Besprechungen und Beratungen mit dem Management der Beteiligungsunternehmen können ein Managementrecht begründen.[922] Entscheidend ist, daß das Managementrecht individuell dem jeweiligen Venture Capital Fonds und nicht lediglich einer Gruppe mehrerer Wagniskapitalfinanziers zusteht. Im letzteren Fall würde keinem der Venture Capital-Finanziers ein direktes Managementrecht zustehen, wenn die Ausübung des Rechts nicht auf einen *„lead investor“* übertragen wird.[923]
Derivative investments sind Venture Capital Investments, deren ursprüngliche Managementrechte in Folge eines IPO, einer Verschmelzung oder Umwandlung erloschen sind. Entsprechendes gilt für solche Gesellschaftsanteile ohne

---

[916] *Testa* u.a., in *Halloran u.a.*, Venture Capital and Public Offering Negotiation, § 4, S. 4-6 f.
[917] *Hewitt* u.a., in *PLI*, Venture Capital 1991, S. 141, 158 f.
[918] Siehe oben 3. Teil, 1. Kap., D.
[919] Erstere ist im Venture Capital Zusammenhang nicht von Interesse, so daß auf eine nähere Behandlung hier verzichtet wird.
[920] Diese Voraussetzungen müssen auf jährlicher Basis in einem drei Monatszeitraum erfüllt werden, siehe *Testa*, in *PLI*, Venture Capital Financing 1988, 185, 216 f.; *Bartlett*, Equity Finance, § 24.22, S. 401.
[921] *Hewitt* u.a., in *PLI*, Venture Capital 1991, S. 141, 159 f.; *Testa* u.a., in *Halloran u.a.*, Venture Capital and Public Offering Negotiation, § 4, S. 4-15.
[922] *Testa* u.a., in *Halloran u.a.*, Venture Capital and Public Offering Negotiation, § 4, S. 4-16.
[923] *Testa*, in *PLI*, Venture Capital Financing 1988, 185, 215 f.

Managementrechte, die der Venture Capital Fonds im Austausch gegen die ursprünglichen Gesellschaftsanteile erhalten hat.[924] Damit wird dem Umstand Rechnung getragen, daß Venture Capital Fonds ihre Managementrechte in den genannten Situationen verlieren, bevor sie die Beteiligungen aus ihrem Portfolio entfernen.[925] Ohne die Einbeziehung der *derivative investments* in die Mindestanlage von 50 % in Venture Capital Investments liefe der Venture Capital Fonds Gefahr, seine Qualifikation als VCOC zu verlieren.[926] Mit der Möglichkeit der Anerkennung einer sogenannten „*distribution period*" wird die Aufrechterhaltung des 50% Investmenterfordernisses gesetzlich fingiert. In dieser Phase nimmt der Venture Capital Fonds Ausschüttungen an seine Investoren vor. Der Beginn der *distribution period* wird von dem Venture Capital Fonds selbst festgesetzt. Sie darf jedoch nicht eher beginnen als die Erlöse aus wenigstens 50% des maximalen Investmentbestandes ausgeschüttet sind.[927] Die *distribution period* endet, je nachdem welches Ereignis früher eintritt, mit dem Ablauf von 10 Jahren nach ihrem Beginn oder mit der Tätigung eines neuen Beteiligungsengagements.[928] Nach dem Ablauf der *distribution period* kann ein Venture Capital Fonds nicht mehr als VCOC angesehen werden.[929]

Um den Ausnahmetatbestand der VCOC zu erfüllen, werden im Gesellschaftsvertrag der VCLP Vorkehrungen getroffen: So wird regelmäßig bereits bei der Festlegung des Gesellschaftsgegenstands ein Investment in Unternehmen, die selbst Investmentservice erbringen und somit keine *operating companies* sind, untersagt.[930]

Ebenso muß zeitgleich mit der Kapitalbereitstellung sichergestellt sein, daß ein Venture Capital Investment getätigt werden kann. Anderenfalls würde der *plan investor* nicht in eine VCOC investieren. Ist ein qualifizierendes Investment nicht zeitgleich mit der Mittelbereitstellung möglich, müssen die Mittel des *plan investors* z.B. in einem Treuhandkonto geparkt werden.[931] Des weiteren wird der *general partner* verpflichtet, alle erforderlichen Handlungen zu ergreifen, um die Erfüllung der Ausnahmeregelungen der *Regulations* jederzeit sicherzustellen.[932] Für den Fall, daß der *general partner* diese Verpflichtung

---

[924] *Testa*, in *PLI*, Venture Capital Financing 1988, 185, 215 f.

[925] *Testa* u.a., in *Halloran u.a.*, Venture Capital and Public Offering Negotiation, § 4, S. 4-19.

[926] *Testa* u.a., in *Halloran u.a.*, Venture Capital and Public Offering Negotiation, § 4, S. 4-19 f.

[927] 29 C.F.R. § 2510.3-101(d)(2)(ii), wobei als „*proceeds*" auch „*in-kind*"-Ausschüttungen angesehen werden.

[928] 29 C.F.R. § 2510.3-101(d)(2)(ii).

[929] *Testa* u.a., in *Halloran u.a.*, Venture Capital and Public Offering Negotiation, § 4, S. 4-22.

[930] *Halloran* u.a., in *Halloran* u.a., Venture Capital and Public Offering Negotiation, § 1, S. 1-31.

[931] *Halloran* u.a., in *Halloran* u.a., Venture Capital and Public Offering Negotiation, § 1, S. 1-37 f.; *Testa* u.a., in *Halloran u.a.*, Venture Capital and Public Offering Negotiation, § 4, S. 4-20.

[932] *Halloran* u.a., in *Halloran* u.a., Venture Capital and Public Offering Negotiation, § 1, S. 1-94.

nicht erfüllt, kann vorgesehen werden, daß der *general partner* einen Käufer für den Gesellschaftsanteil des *plan investors* finden muß.[933]

V. Zusammenfassung

Der hochentwickelte U.S.-amerikanische Wagniskapitalmarkt wird heutzutage von *independent* VCLP dominiert. In diesen VCLPs übernehmen die Venture Capital-Manager die Funktion der *general partners*, wobei diese häufig selbst als *limited* oder *general partnerships* oder aber auch als eine *corporations* organisiert sind. Die Investoren sind an den VCLPs als *limited partners* beteiligt. Obwohl die Investoren in der Regel 99% des Kapitals der VCLPs aufbringen, kommt ihnen hinsichtlich des Tagesgeschäfts keine Mitwirkungsbefugnis zu. Lediglich bei Änderungen des Gesellschaftsvertrages, der vorzeitigen Liquidation oder der Verlängerung der Lebensdauer der VCLP sowie bei der Absetzung einzelner *general partner* steht ihnen ein Mitspracherecht zu. Die übliche Gewinnverteilung zwischen Investoren und Venture Capital-Management wird in einem Verhältnis von 80% zu 20% vorgenommen. Diese Gewinnverteilung beinhaltet für die Venture Capital-Manager einen bedeutenden Leistungsanreiz. Dieser Leistungsanreiz für die Venture Capital-Manager kann neben der günstigen steuerlichen Behandlung von Veräußerungserlösen und der entwickelten Börsenkultur, die auch sehr jungen Unternehmen ein *going public* ermöglicht, als mitursächlich für das starke Engagement der VCLPs in der Frühphasenfinanzierung angesehen werden. Über die Gewinnbeteiligung hinaus erhält der *general partner* eine Managementgebühr, die sich üblicherweise auf 2 – 3 % der gesamten Mittel, die der VCLP von ihren Investoren zugesagt wurden, beläuft.
Die VCLPs sind so gestaltet, daß sie die erheblichen gesetzlichen Restriktionen ihrer Geschäftstätigkeit durch den *Investment Company Act* und den *Investment Adviser Act* vermeiden, eine steueroptimale Gewinnverteilung ermöglichen und für Investments der Pensionsfonds als bedeutendste Kapitalquelle des U.S.-amerikanischen Kapitalmarkts offenstehen.

Zweites Kapitel: Fondsgestaltung in Deutschland

§ 12 *Captive* Wagniskapitalgesellschaften dominieren den deutschen Markt

Einen umfassenden und detaillierten Überblick zur historischen Entwicklung des deutschen Wagniskapitalmarkts, bei dem insbesondere auch auf die Gründung und die Arbeitsweise der Wagniskapitalgesellschaften eingegangen wird, geben *Leopold* und *Frommann*.[934] Dieser soll und kann hier nicht nachgezeichnet werden. Es soll jedoch nicht unerwähnt bleiben, daß die ersten Aktivitäten in Richtung der Betätigung von Wagniskapitalgesellschaften in den Jahren 1965/66 von den sogenannten Kapitalbeteiligungsgesellschaften unternommen

933 *Halloran* u.a., in *Halloran* u.a., Venture Capital and Public Offering Negotiation, § 1, S. 1-94.

934 *Leopold / Frommann*, Eigenkapital für den Mittelstand, S. 43 ff.

wurden.[935] Damit liegt die Geburtsstunde der ersten deutschen Gesellschaften, die sich auf dem Gebiet der Wagnisfinanzierung betätigt haben, zwanzig Jahre nach der Gründung der ARD in den USA, die dort den Beginn der Institutionalisierung des Wagniskapitalmarkts kennzeichnet.[936]
Schon die ARD, die ihr Startkapital zunächst im Wege des *fundraising* von institutionellen und privaten Investoren einwarb und sich später über die New York Stock Exchange finanzierte,[937] unterschied sich in der Finanzierung und in dem von ihren Investoren unabhängigen Management maßgeblich von den deutschen Kapitalbeteiligungsgesellschaften. Deren Gründungen waren vorwiegend auf die Initiative deutscher (öffentlicher und privater) Kreditinstitute zurückzuführen. Im Zeitraum von 1989 – 1998 hat das Kreditgewerbe im Durchschnitt ca. 60 % des für Wagnisfinanzierungen zur Verfügung gestellten Kapitals aufgebracht.[938] Dem vielgescholtenen Kreditgewerbe kommt neben seiner Pionierrolle demnach immer noch die vorherrschende Stellung als Investor zu.[939] Ohne dessen Initiativen und fortwährendes Engagement wären auch die heutigen Erfolge des Wagniskapitalmarktes nicht zu erreichen gewesen.[940]
Bei ihrem Engagement in den Kapitalbeteiligungsgesellschaften übernahmen die Kreditinstitute deren Finanzierung und stellten in der Regel auch das Management.[941] Diese Geschäftskonzeption, bei der die Wagniskapitalgesellschaft als Tochtergesellschaft in eine übergeordnete Organisations- bzw. Konzernstruktur ihres Kapitalgebers eingebunden ist, wird nach der Definition der *British Venture Capital Association* als *captive* Wagniskapitalgesellschaft bezeichnet.[942] Auch über die nächsten drei Jahrzehnte blieb dieses Modell der Wagniskapitalgesellschaft bestimmend für den deutschen Wagniskapitalmarkt. Die Dominanz der sogenannten *captive* Wagniskapitalgesellschaften in Deutschland läßt sich auch auf die Studien von *Zemke* (1995)[943] und *Schröder*

---

[935] *Leopold / Frommann*, Eigenkapital für den Mittelstand, S. 43 ff.

[936] *Bygrave / Timmons*, Venture Capital at the Crossroads, S. 16 f.; *Leopold / Frommann*, Eigenkapital für den Mittelstand, S. 220.

[937] Siehe *Bartlett*, Equity Finance, Vol. 2, § 24.1, S.354; *Bygrave / Timmons*, Venture Capital at the Crossroads, S. 18.

[938] Siehe BVK-Statistiken dieser Jahrgänge unter Fondsvolumen und seine Quellen für den Gesamtmarkt. Die Jahrgänge 1990 und 1989 unterscheiden noch nicht in BVK-Mitglieder und Gesamtmarkt. Für das Jahr 1999 enthält die BVK-Statistik nunmehr nur eine Übersicht der neu eingeworbenen Mittel (*new funds raised*). Auch hierbei nehmen die Kreditinstitute mit ca. 32 % den ersten Platz ein.

[939] Als ein Beispiel für diese Pionierrolle kann die 1975 erfolgte Gründung der Deutschen Wagnisfinanzierungsgesellschaft mbH (WFG) durch 27 Kreditinstitute unter Risikobeteiligung des Bundes genannt werden, wenn diese auch 1984 ihr aktives Beteiligungsgeschäft einstellte und 1988 durch die Deutsche Beteiligungsgesellschaft mbH, eine weitere Bankengründung, übernommen wurde.

[940] So auch *Leopold /Frommann*, Eigenkapital für den Mittelstand, S. 57 u. S. 173; *o.V.*, BVK-Jahr-buch 1999, S. 12.

[941] Vgl. *Leopold / Frommann*, Eigenkapital für den Mittelstand, S. 43 ff.

[942] British Venture Capital Association 1992, S. 18.

[943] *Zemke*, Die Unternehmensverfassung von Beteiligungskapitalgesellschaften, S. 85.

(1992)[944] stützen. *Zemke* kommt zu der signifikanten Feststellung, daß die Kapitalgeber der *captive* Wagniskapitalgesellschaften auch heute noch zu 93% deutsche Investoren sind, während die in Deutschland aktiven *independent* Wagniskapitalgesellschaften zu 76% internationale Investoren haben.[945] Vor dem Hintergrund, daß 1998 das insgesamt den Wagniskapitalgesellschaften bereitgestellte Kapital zu 77% aus nationalen Quellen stammte,[946] belegt auch *Zemkes* Feststellung die Dominanz der *captive* Wagniskapitalgesellschaften in Deutschland.

§ 13 Unterschiede der deutschen *captive* Wagniskapitalgesellschaften zu den U.S.-amerikanischen *independent VCLPs*

Die deutschen *captives* sind in der Regel als offene Fonds konzipiert.[947] Wie bereits angesprochen, unternehmen die *captive* Wagniskapitalgesellschaften kein *fundraising*, sondern erhalten ihre Mittel unbefristet von ihren Muttergesellschaften zeitgleich mit den Investmententscheidungen.[948] Die Investoren der *captives* nehmen maßgeblich Einfluß auf die Investitionsentscheidungen.[949] Dem Management der Wagniskapitalgesellschaften obliegt häufig nur die Aufgabe, den Markt nach Investmentgelegenheiten zu sondieren, während ein im wesentlichen von den Investoren besetztes Gremium über die Durchführung der Investments entscheidet.[950]
Ein weiterer erheblicher Unterschied der deutschen *captive*s zeigt sich in der Ergebnisverteilung. Anders als die U.S.-amerikanischen *independent* Gesellschaften führen die deutschen *captives* die Gewinne überwiegend an ihre Investoren ab, die alleine über die Verwendung entscheiden.[951] Auf der Mitarbeiterebene der *captives* spiegelt sich die fehlende Ergebnisbeteiligung der Wagniskapitalgesellschaften entsprechend wider. Das angestellte Management bezieht im wesentlichen Festgehälter, die den Vergütungssystemen der Branchen ihrer Investoren angepaßt sind.[952] Schließlich generieren die *captive* Gesellschaften ihre Unternehmensergebnisse überwiegend aus laufenden Beteiligungserträgen statt aus Veräußerungserträgen.[953]

---

[944] *Schröder*, Strategien und Management von Beteiligungsgesellschaften, S. 85.
[945] *Zemke*, Die Unternehmensverfassung von Beteiligungsgesellschaften, S. 85.
[946] BVK-Jahrbuch 1999, S. 77.
[947] *Zemke*, Die Unternehmensverfassung von Beteiligungsgesellschaften, S. 121.
[948] *Zemke*, Die Unternehmensverfassung von Beteiligungsgesellschaften, S. 85; *Schröder*, Strategien und Management von Beteiligungsgesellschaften, S. 76.
[949] *Zemke*, Die Unternehmensverfassung von Beteiligungsgesellschaften, S. 139 f.; *Schröder*, Strate-gien und Management von Beteiligungsgesellschaften, S. 81.
[950] *Zemke*, Die Unternehmensverfassung von Beteiligungsgesellschaften, S. 141.
[951] *Zemke*, Die Unternehmensverfassung von Beteiligungsgesellschaften, S. 180 f.; *Schröder*, Strate-gien und Management von Beteiligungsgesellschaften, S. 140.
[952] *Schröder*, Strategien und Management von Beteiligungsgesellschaften, S. 108, Fn. 125; *Zemke*, Die Unternehmensverfassung von Beteiligungsgesellschaften, S. 186, spricht in diesem Zusammenhang treffend von „Konzern-Disziplin".
[953] *Zemke*, Die Unternehmensverfassung von Beteiligungsgesellschaften, S. 181 Abb. 30 zeigt, daß die Unternehmensergebnisse der *captives* zu 83 % auf laufenden Erträgen basieren, während *independents* nahezu spiegelverkehrt 80 % ihres Unternehmensergebnisses durch Veräußerungs-erträge bestreiten.

Zusammenfassend läßt sich sagen, daß die am deutschen Wagniskapitalmarkt aktiven *captive* Wagniskapitalgesellschaften in wichtigen Organisationsmerkmalen und Geschäftsprinzipien deutlich vom U.S.-amerikanischen Modell abweichen.
Dagegen zeigen die in Deutschland auch tätigen *independent* Gesellschaften eine starke Übereinstimmung mit dem U.S.-amerikanischen Modell.

§ 14 Gesellschaftsrechtliche Gestaltung

In Deutschland existiert grundsätzlich kein gesetzlicher Rechtsformzwang für Wagniskapitalgesellschaften. Auch im UBGG ist der ursprüngliche Zwang zur Aktiengesellschaft[954] durch das Dritte Finanzmarktförderungesetz aufgehoben worden. Unternehmensbeteiligungsgesellschaften können nun neben der AG auch als GmbH, KGaA oder auch als KG betrieben werden.[955] In diesem Zusammenhang soll nicht unerwähnt bleiben, daß trotz der Öffnung für weitere Rechtsformen im BVK Direktory des Jahres 2000 erst vier UBGn in der Rechtsform der GmbH zu finden sind. Dem stehen 10 UBGn in der Rechtsform der AG gegenüber.

I. *Captive* Gesellschaften

Die GmbH ist auch bei Wagniskapitalgesellschaften die am häufigsten zu findene Rechtsform: So weist das Direktory des BVK´s vom Jahre 2000 einen Mitgliedsbestand von 149 Gesellschaften auf, von denen 100 in der Rechtsform der GmbH organisiert sind. Auf die AG entfallen dagegen inklusive 10 UBGn lediglich 30 Gesellschaften. Für die GmbH & Co. KG haben sich sogar nur 16 Gesellschaften entschieden. Eher als Exoten sind dann noch drei Gesellschaften zu bezeichnen, die ihre Tätigkeit in der Rechtsform der KGaA ausüben, wobei zwei dieser Gesellschaften eine AG & Co. als Komplementär besitzen. Vor diesem tatsächlichen Hintergrund und den Feststellungen von *Zemke* und *Schröder*, nach denen das Modell der *captive* Wagniskapitalgesellschaft in Deutschland den Wagniskapitalmarkt dominiert, kann in Korrelation dazu angenommen werden, daß diese überwiegend als GmbH organisiert sind.
Für die GmbH als Standard-Rechtsform der *captive* Wagniskapitalgesellschaften sprechen im Hinblick auf wesentliche Organisationscharakteristika der *captive* Gesellschaften auch rechtliche Argumente: Zum einen betreiben *captive* Gesellschaften weder ein fundraising, noch sind sie darauf angewiesen, durch die Ausgabe von Aktien Kapital an den Börsen aufzunehmen. Die GmbH & Co. KG, die auf eine Trennung von Management- und Fondsgesellschaft angelegt ist und somit ein *fundraising* anhand der Investmentperformance der abgeschlossenen Fonds begünstigt, ist ebenso wenig erforderlich wie die börsenfähige AG. Zum anderen ermöglicht die GmbH ihren Gesellschaftern kraft deren gesetzlichen Allzuständigkeit für Gesellschaftsangelegenheiten eine

---

[954] Vgl. § 2 Abs. 1 UBGG a.F. Siehe *Kürten*, Unternehmensbeteiligungsgesellschaften, S. 17; *Marsch-Barner*, ZGR 19 (1990), 294, 297; *Menzel*, WM 1987, 705.
[955] Vgl. § 2 Abs. 1 UBGG n.F. Siehe *Fanselow / Stedler*, Die Bank 1998, 290, 292; *Hey*, FS Rädler, S. 271, 278; *Vollmer*, ZBB 1998, 222, 224.

weitreichende Einflußnahme auf die Geschäftsführung. Gerade dies ist ein konstitutives Organisationsmerkmal der *captive* Wagniskapitalgesellschaften.[956] *Schröder* bestätigt diese These schließlich mit seiner Feststellung, daß gerade Wagniskapitalgesellschaften, die Tochterunternehmen von institutionellen Investoren sind, überwiegend als GmbH geführt werden.[957]
Nicht unberücksichtigt soll hier der Hinweis von *Leopold* und *Frommann* bleiben, daß sich unter den im BVK Direktory genannten Gesellschaften mit beschränkten Haftung auch reine Management-Gesellschaften befinden. Diese halten und betreuen ihr Beteiligungsportfolio außerhalb der GmbH.[958] Hierbei kann es sich grundsätzlich sowohl um *captive* als auch um *independent* Wagniskapitalgesellschaften handeln.

II. *Independent* Gesellschaften

Die *independent* Wagniskapitalgesellschaften verfolgen überwiegend den geschlossenen Fondsansatz, wobei sie regelmäßig eine Trennung von Management- und Fondsgesellschaft aufweisen.[959] In der Literatur wird die GmbH & Co. KG mit der Komplementär-GmbH als Managementgesellschaft und der KG als Fondsgesellschaft als Branchenstandard gesehen.[960]
Ob dieses Bild tatsächlich der Wirklichkeit entspricht, kann vor dem Hintergrund, daß häufig die Verbindung der Managementgesellschaft mit der Fondsgesellschaft über Geschäftsbesorgungsverträge hergestellt wird,[961] zumindest hinterfragt werden. Aus gesellschaftsrechtlicher Sicht ist ein Geschäftsbesorgungsvertrag jedenfalls nur dann erforderlich, wenn die Managementgesellschaft nicht schon aus ihrer gesellschaftsrechtlichen Stellung heraus zur Geschäftsführung berechtigt und verpflichtet ist.[962] Gerade dies ist aber bei der Komplementär-GmbH einer GmbH & Co. KG gemäß § 164 S. 1

---

[956] Vgl. *Zemke*, Die Unternehmensverfassung von Beteiligungsgesellschaften, S. 85.

[957] *Schröder*, Strategien und Management von Beteiligungsgesellschaften, S. 76.

[958] *Leopold / Frommann*, Eigenkapital für den Mittelstand, S. 113.

[959] Nach *Zemke*, Die Unternehmensverfassung von Beteiligungsgesellschaften, S. 114 Fn. 15 lag eine rechtliche Identität von Fonds- und Managementgesellschaft nur in Ausnahmefällen vor. Diese Aussage scheint wegen seiner Darstellung der *captive*-Gesellschaften auf S. 85 „Sie (die *captives*) verwalten ausschließlich das von der Muttergesellschaft bereitgestellte Kapital“ und „(...) legen keine der Höhe nach begrenzten Fonds auf, sondern rufen die jeweils zur Beteiligungsinvestition benötigten Mittel (...) von der Muttergesellschaft ab“ auf die *independent* Gesellschaften bezogen zu sein. Diese Verständnis zugrunde gelegt besteht auch insoweit Übereinstimmung mit *Schröder*, Strategien und Management von Beteiligungsgesellschaften, S. 74 f.

[960] *Zemke*, Die Unternehmensverfassung von Beteiligungsgesellschaften, S. 117; *Otto*, in *Assmann / Schütze*, Handbuch des Kapitalanlagerechts, § 27 Rdn. 29; *Wrede*, Venture Capital, S. 120; *Schröder*, Strategien und Management von Beteiligungsgesellschaften, S. 75; siehe zuletzt auch *Ebbing / Grüner*, NZG 2000, 347, 348.

[961] *Zemke*, Die Unternehmensverfassung von Beteiligungsgesellschaften, S. 115; *Schröder*, Strategien und Management von Beteiligungsgesellschaften, S. 74.

[962] Jedoch kann aus gewerbesteuerlichen Gründen, um eine gewerbliche Prägung zu vermeiden, die teilweise Übertragung der Geschäftsführung auf einen Kommanditisten erforderlich sein (§ 15 Abs. 3 Nr. 2 Satz 1 EStG), siehe *Weitnauer*, Finanz Betrieb 2001, 258, 268.

HGB der Fall.[963] Ist die Fondsgesellschaft dagegen als Kapitalgesellschaft organisiert, bedarf es eines Geschäftsbesorgungsvertrags als Verbindung mit der Managementgesellschaft. Das Gesetz sieht für Kapitalgesellschaften zwingend vor, daß nur natürliche Personen die Geschäftsführung übernehmen können (§ 76 Abs. 3 S. 1 AktG, § 6 Abs. 2 S. 1 GmbHG). Einer weiteren (Kapital-) Gesellschaft können Geschäftsführungsaufgaben daher nur im Wege eines Geschäftsbesorgungsvertrages übertragen werden.[964]
Die im BVK-Directory genannten Beratungs- oder Managementgesellschaften (mbH) sind häufig über Geschäftsbesorgungsverträge mit Fondsgesellschaften in der Rechtsform der GmbH oder auch der Aktiengesellschaft verbunden.[965] Insbesondere Beratungsgesellschaften mit im Ausland angesiedelten Fondsgesellschaften werden auf diese Weise in die Geschäftsführung eingebunden.[966]
Für die gesellschaftsrechtliche Ausgestaltung der *independent* Wagniskapitalgesellschaften läßt sich nach diesen Feststellungen ein Branchenstandard eher nicht ausmachen.

§ 15 Externe Gestaltungsfaktoren deutscher Wagniskapitalgesellschaften

Die bisherigen Feststellungen haben gezeigt, daß die in Deutschland dominierenden *captive* Wagniskapitalgesellschaften sich in ihrer Unternehmensverfassung deutlich von den U.S.-amerikanischen *independent* VCLPs unterscheiden. Die Ausgestaltung der Unternehmensverfassung der U.S.-amerikanischen VCLPs ist neben den besonderen Erfordernissen die aus der Agency-Problematik resultieren durch externe Faktoren wie steuerliche und aufsichtsrechtliche Rahmenbedingungen begründet. Im folgenden soll daher untersucht werden, ob in Deutschland externe Faktoren die Ausgestaltung der Wagniskapitalgesellschaften als *captives* begünstigen und die Rechtsformwahl beeinflussen.

I. Staatliche Aufsicht

Wesentliche Bedeutung für die Ausgestaltung der Unternehmensverfassung der U.S.-amerikanischen VCLPs ist der Wunsch, Beschränkungen der

---

963 So auch richtig *Griesebach*, Innovationsfinanzierung durch Venture Capital, S. 114; *Klemm*, Die Finanzierung und Betreuung von Innovationsvorhaben durch Venture Capital Gesellschaften, S. 211.

964 Siehe zum Beispiel die Hannover Finanz GmbH, die fünf Fonds in den Rechtsformen der AG und GmbH bereut.

965 Prominente Beispiele dafür sind die Deutsche Beteiligungsgesellschaft mbH (DBG), die Beteiligungsgesellschaft für die deutsche Wirtschaft mbH (BdW), wie auch die BayBG Bayerische Beteiligungsgesellschaft und die Hannover Finanz GmbH, siehe *Leopold / Frommann*, Eigenkapital für den Mittelstand, S. 113.

966 Beispiele hierfür aus dem BVK–Directory sind die ABN AMRO Capital Gesellschaft für Beteiligungsberatung, Alpinvest Beratungsgesellschaft für Beteiligungen mbH, Atlas Venture GmbH, Baring Private Equity Partners GmbH, 3 i Deutschland Gesellschaft für Industriebeteiligungen mbH; siehe auch *Zemke*, Die Unternehmensverfassung von Beteiligungsgesellschaften, S. 113; *Griesebach*, Innovationsfinanzierung durch Venture Capital, S. 124.

Geschäftstätigkeit und zusätzliche Pflichten, die aus einer staatlichen Aufsicht resultieren, zu vermeiden. Damit stellt sich die Frage, ob dies auch ein Grund für die Dominanz der *captive* Wagniskapitalgesellschaften in Deutschland ist.
Eine staatliche Aufsicht für Wagniskapitalgesellschaften könnte aus dem Gesetz über die Kapitalanlagegesellschaften (§§ 2, 51 KAGG), aus dem Gesetz über das Kreditwesen (§ 6 KWG) oder dem Gesetz über den Wertpapierhandel (§ 4 WpHG) folgen. In den beiden letztgenannten Fällen müßte sich die Tätigkeit der Wagniskapitalgesellschaften als Finanzdienstleistung[967] oder als Wertpapierdienstleistung[968] darstellen. Dies hätte zur Folge, daß die Wagniskapitalgesellschaften gemäß § 32 KWG einer Erlaubnis des Bundesaufsichtsamtes für das Kreditwesen bedürften.[969]
Von der staatlichen Aufsicht nach KWG und WpHG sind solche Unternehmen ausgenommen, die ihre Tätigkeiten ausschließlich für ihre Mutter-, Tochter- oder Schwesterunternehmen erbringen.[970] Danach könnten *captive* Wagniskapitalgesellschaften eine eventuelle Aufsicht nach KWG und WpHG vermeiden. Ein Argument für die Ausgestaltung als *captive* Gesellschaft läßt sich daraus freilich nur dann gewinnen, wenn Wagniskapitalgesellschaften grundsätzlich wegen der von ihnen erbrachten Leistungen der staatlichen Aufsicht unterstünden.

1. Finanzportfolioverwaltung

Die Tätigkeit der Wagniskapitalgesellschaften könnte als Finanzportfolioverwaltung zu qualifizieren sein.[971] Hierzu müßten die Wagniskapitalgesellschaften einzelne in Finanzinstrumenten angelegte Vermögen gewerbsmäßig oder in einem Umfang verwalten, der einen in kaufmännischer Weise eingerichteten Geschäftsbetrieb erfordert.[972] Eine solche Tätigkeit würde auch den Tatbestand einer Wertpapierdienstleistung erfüllen.[973] Als Finanzinstrumente gelten nach § 1 Abs. 11 KWG u.a. auch Wertpapiere. Dies sind neben Aktien, Schuldverschreibungen, Genußscheinen auch Optionen.[974] Wagniskapitalgesellschaften beteiligen sich auch am Grundkapital von Aktiengesellschaften, so daß sie auch Aktien und damit Finanzinstrumente verwalten.
Das BAKred hat die Gewerbsmäßigkeit jedenfalls angenommen, wenn die Geschäftsführung für ihre Tätigkeit eine Vergütung erhält. Diese Voraussetzung ist zweifelsohne auch bei den Wagniskapitalgesellschaften erfüllt. Das Erfordernis eines in kaufmännischer Weise eingerichteten Geschäftsbetriebs nimmt das BAKred auch dann an, wenn mehr als drei Portfolios oder ein

---

[967] § 1 Abs. 1 a S. 2 Nr. 1–7 KWG.
[968] § 2 Abs. 3 Nr. 1-6 WpHG.
[969] Vgl. auch *Weitnauer*, Finanz Betrieb 2001, 258, 263 ff.
[970] Siehe die Ausnahmeregelungen in § 2a Abs. 1 Nr. 1 WpHG und §§ 2 Abs. 6 Nr. 5 KWG.
[971] Siehe § 1 Abs. 1 a S. 2 Nr. 3 KWG.
[972] *Hülsen*, Wpg 1999, 98. 99; *Ebbing / Grüner*, NZG 2000, 347, 349.
[973] § 2 Abs. 3 Nr. 6 WpHG
[974] BAKred, Informationsblatt 1/99 für inländische Unternehmen im Finanzdienstleistungssektor (Stand Juni 1999), S. 5; *Jung*, BB 1998, 649, 650. Dieses Verständnis deckt sich auch mit der Begriffsdefinition des § 2 Abs. 1 WpHG.

Gesamtvolumen von über 1 Mio. DM betreut werden.[975] Auch diese Voraussetzungen werden jedenfalls die erwerbswirtschaftlichen Wagniskapitalgesellschaften regelmäßig erfüllen.
Von ausschlaggebender Bedeutung ist daher, ob die Tätigkeit *für andere* mit *Entscheidungsspielraum* ausgeübt wird. Bei einer Wagniskapitalgesellschaft, die nicht in Management- und Fondsgesellschaft aufgespalten ist oder bei der das Trennungsmodell als Kapitalgesellschaft & Co KG verfolgt wird, liegt ein Tätigwerden *für andere* nicht vor. Weder die Vorstände oder Geschäftsführungen der „Einheitsgesellschaften“ noch die Managementgesellschaften werden für andere tätig. Vielmehr wird im Wege des Organhandelns eigenes Vermögen der Gesellschaft verwaltet.[976]
Ob im Hinblick auf die neue höchstrichterliche Rechtsprechung, die nun die Rechtsfähigkeit der GbR im Außenverhältnis annimmt,[977] das BAKred seine bisherige Auffassung, daß die die Anlageentscheidungen treffenden geschäftsführenden Gesellschafter einer Wagniskapitalgesellschaft in der Rechtsform der GbR der Erlaubnispflicht unterliegen,[978] aufgibt, bleibt abzuwarten. Die GbR eignet sich aber wegen der ihr vom BGH[979] versagten Möglichkeit der Haftungsbeschränkung im Außenverhältnis nur begrenzt als Rechtsform für eine Wagniskapitalgesellschaft.[980]
Jedenfalls für andere tätig werden solche Wagniskapital (management) gesellschaften, die durch Geschäftsbesorgungsverträge das Management für eine Fondsgesellschaft übernommen haben.[981] Die hier entscheidende Frage ist demnach, ob der Managementgesellschaft auch der erforderliche Entscheidungsspielraum zusteht. Der lediglich technische Vorgang der Anschaffung und der Veräußerung wird nämlich schon als Abschlußvermittlung i.S.d. Nr. 2 des § 1 Abs. 1 a KWG erfaßt. Um das Tatbestandsmerkmal *„mit Entscheidungsspielraum“* zu erfüllen, müßte daher die Anlageentscheidung in der Managementgesellschaft getroffen werden.[982] Dies kann vermieden werden, indem bei den Organwaltern der Geschäftsleitungsorgane der Managementgesellschaft und der Fondsgesellschaft Personalidentität

---

[975] BAKred, Hinweise für Investmentsclubs in der Rechtsform der Gesellschaft bürgerlichen Rechts im Hinblick auf den Tatbestand der Finanzportfolioverwaltung im Sinne von § 1 Abs. 1 a S. 2 Nr. 3 KWG (Stand: August 1998), unter II.
[976] Kritisch zur Konstellation der Kommanditgesellschaft *Ebbing / Grüner*, NZG 2000, 347, 350.
[977] Vgl. BGH, Urteil vom 29.01.2001 II ZR 331/00.
[978] BAKred, Hinweise für Investmentsclubs in der Rechtsform der Gesellschaft bürgerlichen Rechts im Hinblick auf den Tatbestand der Finanzportfolioverwaltung im Sinne von § 1 Abs. 1 a S. 2 Nr. 3 KWG (Stand: August 1998), unter I; *Ebbing /Grüner*, NZG 2000, 347, 349.
[979] BGH ZIP 1999, 1756.
[980] Siehe auch *Ebbing / Grüner*, NZG 2000, 347, 349.
[981] Der Begriff der Geschäftsbesorgung impliziert gerade, daß die Tätigkeit in fremdem Interesse ausgeübt wird, siehe *Palandt / Thomas*, BGB, § 675 Rdn. 4.
[982] Vgl. BAKred, Informationsblatt 1/99 für inländische Unternehmen im Finanzdienstleistungssektor (Stand Juni 1999), S. 3.

eingehalten wird.[983] Die Anlageentscheidungen werden in der Geschäftsleitung der Fondsgesellschaft (mit oder ohne Mitwirkung eines Anlegerausschusses) getroffen. Der Managementgesellschaft werden im Geschäftsbesorgungsvertrag lediglich vorbereitende Tätigkeiten und die spätere Betreuung der Portfoliounternehmen übertragen.
Somit kann bei allen in der Praxis üblichen Gestaltungen der *independent* Wagniskapitalgesellschaften der Tatbestand der Portfolioverwaltung vermieden werden.

2. Abschlußvermittlung

Auch unter dem Gesichtspunkt der Abschlußvermittlung kann eine staatliche Aufsicht vermieden werden. Abschlußvermittlung bedeutet, daß Finanzinstrumente *im fremden Namen für fremde Rechnung* angeschafft und veräußert werden.[984] Das Tatbestandsmerkmal *„im fremden Namen für fremde Rechnung"* entspricht dem Tatbestandsmerkmal der Portfolioverwaltung *„für andere"*. Wie bereits gezeigt, können die praxisüblichen Ausgestaltungen der *independent* Wagniskapitalgesellschaften ein Tätigwerden für andere vermeiden.[985]

Eine Aufsicht nach KWG und WpHG kann auch für *independent* Wagniskapitalgesellschaften vermieden werden. Die Ausübung des Wagniskapitalgeschäfts durch *captive* Gesellschaften ist keine zwingende Voraussetzung zur Vermeidung einer staatlichen Aufsicht.
Eine staatliche Aufsicht nach §§ 2, 51 KAGG schließt sich schon deshalb aus, weil diese Aufsichtsregelungen nur für Gesellschaften greifen, die sich dazu entscheiden, ihre Tätigkeit unter den gesetzlich geschützten Bezeichnungen der Kapitalanlagegesellschaft oder der Investmentaktiengesellschaft auszuüben. Wagniskapitalgesellschaften haben regelmäßig kein Interesse daran ihre Tätigkeit unter den durch das KAGG geschützten Bezeichnungen auszuüben, so dass sie auch die damit verbundene staatliche Aufsicht vermeiden.

II. Rechtliche Rahmenbedingungen der Investoren

Die Unternehmensverfassung der *captive* Wagniskapitalgesellschaften könnte auch durch die rechtlichen Rahmenbedingungen der maßgeblichen Investoren beeinflußt werden.

1. Kreditgewerbe

Die deutschen Kreditinstitute betreiben ihr Wagniskapitalgeschäft überwiegend durch *captive* Gesellschaften: Ca. 60% der Investoren der *captives* stammen aus dem Kreditgewerbe (29,9% private und 31,6% öffentlich-rechtliche Institute).[986]

---

[983] Siehe das Beispiel der DBG mbH / Deutsche Beteiligungs-AG (DBAG) bei *Leopold / Frommann*, Eigenkapital für den Mittelstand, S. 91 ff., *Schröder*, Strategien und Management von Beteiligungsgesellschaften, S. 75.
[984] § 1 Abs. 1 a S. 2 Nr. 2 KWG; siehe auch § 2 Abs. 3 Nr. 3 WpHG.
[985] Siehe oben 3. Teil, 2. Kap., D, I, 1.
[986] *Zemke*, Die Unternehmensverfassung von Beteiligungsgesellschaften, S. 85.

Für diese Wagniskapitalgesellschaften mit Banken-Hintergrund hat *Zemke* festgestellt, daß sie sich vorwiegend im *late stage*-Bereich beteiligen.[987] Dies kommt auch der weiteren Feststellung entgegen, daß *captive* Gesellschaften laufende Beteiligungserträge bevorzugen.[988] Beteiligungsunternehmen in der *seed* oder *start up*-Phase sind kaum in der Lage, laufende Erträge zu erwirtschaften. Eine hierin zum Ausdruck kommende geringere Risikoneigung der Wagniskapitalgesellschaften des Kreditgewerbes könnte gemeinsam mit ihrer vorwiegenden Ausgestaltung als *captives* in den rechtlichen Rahmenbedingungen des Kreditgewerbes begründet sein.[989]
Für das Wagniskapitalgeschäft des Kreditgewerbes haben insbesondere § 12 KWG und die Eigenkapitalgrundsätze I, II Bedeutung.[990]

a) Begrenzung bedeutender Beteiligungen

Die Möglichkeit eines Kreditinstituts, bedeutende Beteiligungen an anderen Unternehmen einzugehen, wird durch § 12 Abs. 1 KWG begrenzt. Eine bedeutende Beteiligung liegt vor, wenn sie unmittelbar oder mittelbar 10% des Kapitals des Beteiligungsunternehmens ausmacht oder in dieser Höhe Stimmrechte gewährt oder einen maßbeglichen Einfluß auf dessen Geschäftsführung ermöglicht.[991] Solche illiquiden Anlagen dürfen, gemessen am Nennbetrag einer einzelnen Beteiligung, 15% und nach dem Nennbetrag aller Beteiligungen 60% des haftenden Eigenkapitals des Kreditinstitutes nicht überschreiten.[992] Beteiligungen an Unternehmen, die entweder selbst Kreditinstitute,[993] Finanzunternehmen,[994] Versicherungsunternehmen oder Unternehmen mit bankbezogenen Hilfsdiensten[995] sind, unterfallen nicht der Begrenzung des § 12 Abs. 1 KWG.
Die Negativabgrenzung des § 12 Abs. 1 KWG beläßt Kreditinstituten die Möglichkeit, eine geeignete Unternehmensstruktur durch Einschaltung von Tochterunternehmen anzunehmen, um alle Bankgeschäfte erbringen zu können.[996] Mit dem Erwerben von Beteiligungen erfüllen Wagniskapitalgesellschaften einen Tatbestand, der sie als Finanzunternehmen qualifiziert.[997] Die Regelung des § 12 Abs. 1 KWG hat damit keinen bestimmenden Einfluß auf

---

[987] *Zemke*, Die Unternehmensverfassung von Beteiligungsgesellschaften, S. 159.
[988] *Zemke*, Die Unternehmensverfassung von Beteiligungsgesellschaften, S. 181.
[989] Vgl. auch *Schween*, Corporate Venture Capital, S. 46; *Weichert*, Probleme des Risikokapitalmarktes in der Bundesrepublik, S. 15.
[990] *Stedler*, Die Bank 1993, 347, 348.
[991] Vgl. *Reischauer / Kleinhans*, KWG, § 12 Anm. 2
[992] *Reischauer / Kleinhans*, KWG, § 12 Anm.. 3.
[993] Im Sinne des § 1 Abs. 1 b KWG.
[994] Im Sinne des § 1 Abs. 3 KWG.
[995] Im Sinne des § 1 Abs. 3 c KWG.
[996] *Reischauer / Kleinhans*, KWG, § 12 Anm. 2, wobei sie sich mißverständlich auf Satz 3 beziehen, der gerade für Unternehmen die Nichtanwendung der Begrenzung vorsieht, die nicht dazu bestimmt sind, durch eine dauernde Verbindung dem eigenen Geschäftsbetrieb zu dienen; *Szagunn / Haug / Ergenzinger*, KWG, §12 Rdn. 17, noch für den insoweit inhaltlich deckungsgleichen § 12 Abs. 5 KWG a.F.
[997] Vgl. § 1 Abs. 3 Nr. 1 KWG.

die Organisationsform der Wagniskapitalgesellschaften als *captives*, sondern hält den Kreditinstituten diese Möglichkeit vielmehr nur uneingeschränkt offen.

b) Eigenkapitalgrundsatz I zu den §§ 10, 10a KWG

Die Regelungen der §§ 10, 10 a KWG verpflichten die Kreditinstitute und Kreditinstitutsgruppen, ein angemessenes Eigenkapital zu haben. Das BAKred muß im Einvernehmen mit der Bundesbank gemäß § 10 Abs. 1 S. 2 KWG Grundsätze aufstellen, nach denen im Regelfall von einer angemessenen Eigenkapitalausstattung eines Kreditinstituts auszugehen ist. Nach Grundsatz I (i.d.F. vom 1. Januar 1993) muß ein Kreditinstitut seine gewichteten Risikoaktiva zu 8% mit Eigenkapital unterlegen.[998] Zu diesen Risikoaktiva gehören auch Beteiligungen an anderen Unternehmen.[999] Eine Unterscheidung danach, ob die Beteiligung an einer *captive* oder einer *independent* Wagniskapitalgesellschaft besteht, ist dem Grundsatz I nicht zu entnehmen. Vielmehr legt er allgemein die Spielräume fest, die den Kreditinstituten für ihr Beteiligungsgeschäft zur Verfügung stehen.[1000]

c) Grundsatz II zu § 11 KWG

Nach § 11 S. 1 KWG müssen Kreditinstitute ihre Mittel so anlegen, daß ihre Zahlungsbereitschaft jederzeit ausreichend gewährleistetet ist. Der nach § 11 S. 2 KWG aufgestellte Grundsatz II entspricht in seiner Grundkonzeption der sogenannten „Goldenen Bankregel". Diese verlangt, daß langfristiges Aktivgeschäft auch langfristig finanziert wird.[1001] Beteiligungen sind ihrer Natur nach langfristige Vermögensanlagen.[1002] Unerheblich ist es, ob die Beteiligung an einer *captive* oder einer *independent* Wagniskapitalgesellschaft besteht. Die Liquiditätsanforderungen des § 11 KWG schränken ebenfalls nur allgemein die Möglichkeit eines Kreditinstitutes ein, Wagniskapital bereitzustellen.[1003]

2. Pensionsfonds

In der BVK-Statistik werden Pensionsfonds als eigenständige Kapitalquelle für Wagniskapital erstmals seit 1995 geführt. Noch 1994 gingen sie in der Rubrik „Sonstige", die bei der Kapitalbereitstellung einen Anteil von ca. 4% ausmachte,

---

[998] *Reischauer / Kleinhans*, KWG, § 10 Anm. 6; *Szagunn / Haug / Ergenzinger*, KWG, §§ 10 und 11 Anhang, II. Risikogrundsätze gemäß § 10 Rdn. 8.

[999] Siehe bei *Szagunn / Haug / Ergenzinger*, KWG, §§ 10 und 11 Anhang Grundsatz I Abs. 3 Nr. 7.

[1000] *Stedler*, Die Bank 1993, 347, 348; Insoweit ist der Ausgangspunkt von *Leopold / Frommann*, die für die Einschätzung der Bedeutung des Beteiligungsgeschäfts der Deutschen Bank das Gesamt-volumen deren Konzernbilanz zugrundelegen, im Hinblick auf die rechtlichen Grenzen nicht richtig. Hierbei muß auch berücksichtigt werden, daß die Eigenkapitalquoten der deutschen Banken häufig nicht mehr als 3–5 % betragen.

[1001] *Reischauer / Kleinhans*, KWG, Anhang zu §§ 10 und 11 – Grundsatz II, Anm. 24; *Szagunn / Haug / Ergenzinger*, KWG, §§ 10 und 11 Anhang Rdn. 19.

[1002] *Reischauer / Kleinhans*, KWG, Anhang zu §§ 10 und 11 – Grundsatz II Anm. 28; *Kümpel*, Bank- und Kapitalmarktrecht, Rdn. 19.114.

[1003] Siehe auch *May / Dahmann*, Die Sparkasse 1987, 351, 356; *Griesebach*, Innovationsfinanzierung durch Venture Capital, S. 101.

ohne eigene Nennung ein.[1004] Im Jahre 1995 entfiel auf sie jedoch bereits ein Anteil von ca. 9% des gesamten Fondsvolumens.[1005] Bei diesen Pensionsfonds handelt es sich ausschließlich um ausländische Institutionen.[1006] In Deutschland gibt es bislang trotz intensiver Diskussion[1007] über die Einführung einer zusätzlichen kapitalgedeckten Altersversorgung keine dem anglo-amerikanischen Pensionsfonds vergleichbare Institutionen.[1008] Mit dem sogenannten Altersvorsorge-Sondervermögen nach § 37 h ff KAGG ist jedenfalls nur ein sehr zurückhaltender Schritt in Richtung auf die Einführung von Pensionsfonds unternommen worden. Hierbei muß die Kritik jedoch berücksichtigen, daß die Einführung von Pensionsfonds in Deutschland – so wünschenswert sie auch sein mag – nicht ohne erhebliche gesetzgeberische Anstrengungen zu bewerkstelligen ist. Ohne flankierende Änderungen im Arbeits-, Betriebsrenten- und Steuerrecht, sowie gegebenenfalls auch im Versicherungsaufsichtsgesetz wird ein noch so gut gemeinter kapitalmarktrechtlicher Versuch, Pensionsfonds zu etablieren, wenig Aussicht auf Erfolg haben.[1009]
Die in der BVK-Statistik aufgeführten Mittel stammen im wesentlichen von anglo-amerikanischen Pensionsfonds. Deren deutlich gesteigertes Engagement bei der Kapitalbereitstellung für Wagniskapital in Deutschland kann auch als ein Zeichen für ein wachsendes Vertrauen in den sich zunehmend entwickelnden deutschen Wagniskapitalmarkt gesehen werden.[1010] Ein deutliches Indiz für diese Tendenz ist die Zunahme ihres Anteils an den für Wagnisfinanzierungen bereitgestellten Mitteln. Dieser betrug 1997 bereits 11,67%. Im Jahre 1999 entfielen auf die Pensionsfonds sogar fast 23% der neuen Mittelzuflüsse. Damit nahmen Pensionsfonds hinter den Kreditinstituten, die mit einem Anteil von ca. 32% auch 1999 noch führend waren, den zweiten Platz bei der Bereitstellung neuer Mittel ein.[1011] Vor dem Hintergrund, daß 15,29% der neuen Mittel von außerhalb Europas stammen,[1012] ist anzunehmen, daß im wesentlichen U.S.-amerikanischen Pensionsfonds für den Mittelzufluß verantwortlich sind. Dies läßt erwarten, daß auch die Organisationsformen der

---

[1004] BVK-Statistik 1994, S. 5.
[1005] BVK-Statistik 1995, S. 4.
[1006] *Hertz-Eichenrode*, in BVK-Jahrbuch 1999, S. 9, 12.
[1007] Siehe nur Blomeyer, ZIP 1997, 1397 ff.; Bode / Grabner, DB 1997, 928 ff., Nürk, BB 1996, 2187 ff; Nürk / Schrader, in Deutsche Bank Research (Hrsg.), Von der Pensionsrückstellung zum Pensionsfonds.
[1008] *Krempl*, in *Haarmann, Hemmelrath & Partner*, Gestaltung und Analyse in der Rechts-, Wirtschafts- und Steuerberatung von Unternehmen, S. 233, 241.
[1009] Auf die mit diesen gesetzgeberischen Maßnahmen verbundenen Probleme kann hier nicht näher eingegangen werden. Insoweit wird auf die Literatur in Fn. 1007 verwiesen.
[1010] Sowohl auch, *Rams / Remmen*, Die Bank 1999, 687, 691.
[1011] BVK-Jahrbuch 2000, Anhang zur Statistik 1999: Gesamtmarkt, S. 74; dieser Trend hat sich im Jahr 2000, in dem auf Pensionsfonds nur 6 % der neuen Mittel entfielen, nicht fortgesetzt, vielmehr wurden die Pensionsfonds von den Versicherungsunternehmen als zweitwichtigste Kapitalquelle abgelöst, deren Engagement in Höhe von 1, 9 Mrd. DM eine Steigerung von ca. 140 % zum Vorjahr erfuhr. Siehe BVK–Statistik 2000, S. 4.
[1012] BVK-Jahrbuch 2000, Anhang zur Statistik 1999: Gesamtmarkt, S. 75

Wagniskapitalgesellschaften den Bedürfnissen und Gewohnheiten dieser bedeutenden Investoren angepaßt werden. Mit der wachsenden Bedeutung von Wagniskapitalgesellschaften nach U.S.-amerikanischem Zuschnitt ist daher zu rechnen. Diese These stützt auch *Zemke* mit seiner Erkenntnis, daß *independent* Wagniskapitalgesellschaften überwiegend (76%) internationale Investoren haben.

III. Steuerliche Rahmenbedingung

1. Entscheidende Bedeutung der Besteuerung von Veräußerungsgewinnen

Die steuerliche Behandlung der Gesellschaft selbst und ihrer Gesellschafter ist immer ein entscheidendes Kriterium bei der Wahl der Rechtsform. Bei Wagniskapitalgesellschaften kommt insbesondere der Behandlung von Gewinnen aus der Veräußerung von Unternehmensbeteiligungen erhebliche Bedeutung zu. Erst ein überdurchschnittlich hoher Veräußerungsgewinn ermöglicht eine angemessene Rendite, soweit auf laufende Beteiligungsentgelte verzichtet werden soll. Eine hohe Besteuerung von Veräußerungsgewinnen muß daher als wesentlich mitverantwortlich für einen unterentwickelten Wagniskapitalmarkt angesehen werden. Bislang unterlagen Veräußerungsgewinne auf der Ebene von kapitalgesellschaftlich organisierten Wagniskapitalgesellschaften dem einheitlichen Körperschaftsteuersatz i.H.v. 45%.[1013] Bei mitunternehmerschaftlich organisierten Wagniskapitalgesellschaften ist der persönliche Steuersatz ihrer jeweiligen Gesellschafter maßgeblich. Damit war die Steuerbelastung der Kreditinstitute, die überwiegend als Kapitalgesellschaften organisiert sind, bei ihren Wagniskapitalengagements unabhängig von der Organisationsform der Wagniskapitalgesellschaft gleich hoch. Die Aussicht auf eine überdurchschnittliche Rendite aus den Veräußerungen der Beteiligungen war damit erheblich gemindert. Vor diesem Hintergrund bestand kaum ein Anreiz, Beteiligungen an jungen Unternehmen einzugehen, die wegen ihres geringen Entwicklungsgrads noch kein angemessenes laufendes Beteiligungsentgelt zahlen können, aber mit einem erheblichen Ausfallrisiko behaftet sind. Hierin kann eine Ursache dafür gesehen werden, daß gerade die *captive* Wagniskapitalgesellschaften des Kreditgewerbes Beteiligungsunternehmen in den „later stage“ Bereichen bevorzugt haben.

Es erstaunt daher wenig, daß die teilweise prohibitiv wirkende steuerliche Behandlung von Veräußerungsgewinnen lange den Mittelpunkt der Kritik an den Rahmenbedingungen für Wagniskapital in Deutschland einnahm.

Dagegen scheint die Möglichkeit der Verlustverrechnung für ein erfolgreiches Engagement in Wagniskapital nicht zwingend erforderlich zu sein. Dies zeigt einmal mehr das U.S.-amerikanische Modell. Dort wird mit der Wahl der *corporation* als Rechtsform für das Beteiligungsunternehmen auf eine ansonsten mögliche „Durchleitung“ von Verlusten zur Verrechnung auf der Ebene der Investoren verzichtet. Dies ist zwar auch vor dem Hintergrund zu sehen, daß der für die Verlustzuweisung erforderliche *„pass through-entity“* Status des

---

[1013] Dieser wurde durch das Steuerentlastungsgesetz 1999/2000/2002 v. 24.03.1999, BGBl. I, 1999, S. 402 ff. von 50 % abgesenkt.

Beteiligungsunternehmens bei den Pensionsfonds als maßgebliche Investoren auf Ablehnung stößt. Die „Durchleitung" von Verlusten aus den Beteiligungsunternehmen würde bei ihnen eine Zurechnung deren Einkünfte aus *trade & business* auslösen, wodurch sie ihre Steuerbefreiung verlieren würden.
Entgegen einer häufig vertretenen Auffassung[1014] zeigt der hochentwickelte Wagniskapitalmarkt in den USA, wo überwiegend auf eine Verlustverrechnung verzichtet wird, daß dieser keine entscheidende Bedeutung auf die Förderung des Wagniskapitalmarktes beizumessen ist. Einer möglichen Stimulanz des Wagniskapitalmarktes durch die Möglichkeit der Verlustverrechnung steht das Risiko einer Fehlallokation der investierten Mittel gegenüber. Beispiele hierfür finden sich in den sogenannten „Bauherrenmodellen" und anderen Verlustzuweisungskonstruktionen.
Entscheidend ist, daß (jedenfalls auf der Ebene der Fondsgesellschaften) Veräußerungsgewinne steuerfrei erzielt werden können.[1015] Dies hat nun auch den deutschen Gesetzgeber, der lange nur zögerlich, halbherzig und teilweise gar widersprüchlich auf die Kritik an der Veräußerungsbesteuerung reagiert hat,[1016] erneut zum Handeln bewogen. Mit dem Gesetz zur Senkung der Steuersätze und zur Reform der Unternehmensbesteuerung (Steuersenkungsgesetz-StSenkG), das am 14.7.2000 auch den Bundesrat erfolgreich passiert hat, ergeben sich teilweise erhebliche Änderungen für die Behandlung von Veräußerungsgewinnen.
Der Einfluß dieser Änderungen auf die Wahl der Rechtsform für die Wagniskapitalgesellschaften wird im folgenden aus der Sicht der Investoren behandelt.

2. Inländische institutionelle Investoren

Die maßgeblichen inländischen institutionellen Investoren, also neben Unternehmen der Kreditwirtschaft auch der Versicherungsbranche und der Industrie, sind überwiegend in der Rechtsform einer Kapitalgesellschaft (AG, GmbH) organisiert. Hier setzt der Steuergesetzgeber mit einer entscheidenden Änderung an. Gemäß § 8 b Abs. 2 KStG n.F. bleiben Gewinnen aus der Veräußerung von Beteiligungen an inländischen Kapitalgesellschaften auf der Ebene der beteiligten Kapitalgesellschaft von der Körperschaftsteuer frei. Dies galt zuvor schon für Beteiligungen an ausländischen Kapitalgesellschaften.[1017]
Der ebenfalls geänderte § 8 b Abs. 1 KStG stellt auch Dividendenausschüttungen von inländischen Kapitalgesellschaften auf der Ebene der

---

[1014] Siehe *Posner*, Early Stage-Finanzierungen, S. 122; *Schefczyk*, Finanzieren mit Venture Capital, S. 89 f.; *Zemke*, Die Unternehmensverfassung von Beteiligungsgesellschaften, S. 115.

[1015] So auch *Broschinski*, Die Bank 2000, 158, 161.

[1016] Beispielhaft hierfür ist die Geschichte der begünstigten Rücklagenbildung im Rahmen des § 6 b EStG.

[1017] Die Gleichstellung von Investments in ausländische und inländische Kapitalgesellschaften forderte schon *Otto*, in *Assmann / Schütze*, Handbuch des Kapitalanlagerechts, § 27 Rdn. 91; ebenso *Haarmann*, in Gutachten für den BVK, Förderung der Anleger und Investoren im Zusammenhang mit Kapitalbeteiligungs- und Venture Capital Gesellschaften, S. 7; siehe auch *Kußmaul / Junker*, Finanz Betrieb 2000, 418, 422.

empfangenden inländischen Kapitalgesellschaft steuerfrei.[1018] Danach können inländische institutionelle Investoren Veräußerungsgewinne, die ihre Wagniskapitalgesellschaften frei von Körperschaftsteuer erzielt haben, ohne Dividendenbesteuerung ausgeschüttet bekommen, wenn auch die Wagniskapitalgesellschaft und das Beteiligungsunternehmen in der Rechtsform einer Kapitalgesellschaft geführt wird.

Die Fassung des Regierungsentwurfs sah ursprünglich vor, daß eine körperschaftsteuerfreie Beteiligungsveräußerung nur im Falle des unmittelbaren Haltens der zu veräußernden Beteiligungen durch eine andere Kapitalgesellschaft möglich sein sollte.[1019]

Der berechtigten Kritik[1020] an dieser ursprünglichen Fassung des StSenkG ist mittlerweile die Grundlage entzogen. Entsprechend der Beschlußempfehlung des Finanzausschusses vom 16.05.2000[1021] ist in § 8 b Abs. 6 KStG n.F. eine Regelung getroffen worden, nach der Veräußerungsgewinne auch dann steuerfrei sind, wenn die Beteiligung von einer Kapitalgesellschaft mittelbar über eine Personengesellschaft gehalten wird.[1022]

Eine Personengesellschaft als Fondsgesellschaft genoß gegenüber einer Kapitalgesellschaft den Vorteil, daß bei ihr, soweit sie als lediglich vermögensverwaltend anerkannt war, keine Gewerbesteuer anfiel.[1023] Ob Fondsgesellschaften in Form der Personengesellschaften auch in Zukunft diesen Vorteil aufweisen können, ist in doppelter Weise ungewiß. Zum einen wird vertreten, daß nun auch Fondsgesellschaften in Form einer Kapitalgesellschaft die Gewerbesteuer vermeiden können, weil zur Ermittlung des Gewerbeertrags auf die Vorschriften zur Gewinnermittlung des Körperschaftsteuergesetzes verwiesen wird (§ 7 GewStG), so daß der § 8 b Abs. 2 KStG auch hinsichtlich des Gewerbeertrags die Gewinne aus der Veräußerung von Kapitalgesellschaftsanteilen von der Gerwerbesteuer freistellt.[1024] Zum anderen wird zur Zeit ein geplanter Erlaß des Bundesfinanzministeriums diskutiert, der in seinem ersten Entwurf vorsah, Wagniskapitalfonds per se als gewerblich zu qualifizieren, wenn sie zu mehr als 25% an einem ihrer Portfoliounternehmen beteiligt sind, womit bei Vorliegen der Voraussetzungen Wagniskapitalfonds

---

[1018] Vgl. noch zum Regierungsentwurf *Rödder / Schumacher*, DStR 2000, 353,357.

[1019] Vgl. Entwurf eines Gesetzes zur Senkung der Steuersätze und zur Reform der Unternehmens-besteuerung (Steuersenkungsgesetz-StSenkG) 15.02.2000, BT–Drucks. 14 / 2683, S. 78.

[1020] Vgl. auch *Kußmaul / Junker*, Finanz Betrieb 2000, 418, 425, wobei die Begründung ihrer Kritik, die auf den Anteil (11 %) von Wagniskapitalgesellschaften in der Rechtsform der GmbH & Co. unter den Mitgliedsunternehmen des BVK abstellt (S. 430) wenig überzeugt.

[1021] Vgl. BT-Drucks. 14 / 3366, S. 60.

[1022] Vgl. den § 8 b Abs. 6 KStG n.F., der die Geltung Absätze 1–5 auch auf Bezüge oder Gewinne der Absätze 1–3 ausdehnt, die einer Körperschaft, Personenvereinigung oder Vermögensmasse im Rahmen eines Gewinnanteils aus einer Mitunternehmerschaft zugerechnet werden.

[1023] *Lorenz*, DStR 2001, S. 821, 822; *Weitnauer*, Finanz Betrieb, 2001, S. 258, 268.

[1024] *Weitnauer*, Finanz Betrieb, 2001, S. 258, 261; ebenso Rödder / Schumacher, DStR 2000, S. 1453, 1454.

immer der Gewerbesteuer unterliegen würden.[1025] Nicht zu letzt aufgrund der vehementen Kritik der interessierten Verbände und der Beratungspraxis hat die Finanzverwaltung von dieser 25%-Beteiligungsregel in einem zweiten Entwurf wieder Abstand genommen.[1026] Dennoch weicht auch dieser zweite Entwurf[1027] in unterschiedlichen Punkten von der bisher vorwiegenden Praxis der Finanzverwaltung, die eine vermögensverwaltende Tätigkeit der Private Equity und Venture Capital-Fonds anerkannte, ausdrücklich ab oder lässt bisher anerkannte Kriterien zur Vermeidung der Gewerblichkeit unberücksichtigt.[1028] Dieses Verunsicherung stiftende Verhalten der Finanzverwaltung erscheint zu einer Zeit, in der sich der gerade in Deutschland etablierende Wagniskapitalmarkt wegen der allgemein kritischen Verfassung der Kapitalmärkte in einer schwierigen Phase befindet als ein völlig verkehrtes Signal.

Damit bleibt auch die Änderung des Körperschaftsteuergesetzes ohne Auswirkung auf die Wahl der Rechtsform für Wagniskapitalgesellschaften mit deutschen institutionellen Investoren.

Das Steuersenkungsgesetz hat die lange erhobene Forderung, Gewinne aus der Veräußerung von Unternehmensbeteiligungen steuerfrei zu stellen, jedenfalls im Hinblick auf die Körperschaftsbesteuerung für inländische institutionelle Anleger erfüllt.

Die Kapitalbeteiligungsgesellschaften des Kreditgewerbes können nach der Änderung des § 8 b KStG unabhängiger von laufenden Beteiligungsentgelten agieren. Es sollte sich daher bei ihnen eine Trendwende zu einem verstärkten Engagement in der Frühphasenfinanzierung einstellen. Anderenfalls werden sie sich auch weiterhin nicht dem Vorwurf einer gewissen Risikoscheu entziehen können.

Im Hinblick auf Beteiligungsunternehmen, die als Mitunternehmerschaft geführt werden, bleibt anzufügen, daß deren Investoren die Möglichkeit der steuerfreien Beteiligungsveräußerung verwehrt bleibt. Dies mag auf den ersten Blick als ungerechtfertigt erscheinen.[1029] Diese Betrachtungsweise berücksichtigt jedoch nicht, daß Beteiligungsunternehmen, die von der Beteiligungsaufnahme an als Kapitalgesellschaft geführt werden, keine Verluste zur Verrechnung mit anderen Einkünften an ihre Wagniskapitalfinanziers „durchleiten“ können.[1030] Hier liegt der bedeutende Unterschied zwischen den Personengesellschaften als steuerlich

---

[1025] Siehe *Born*, Der Fiskus will Risikokapital stärker besteuern, FAZ v. 01.09.2001, S. , siehe auch *Schneider / Hülsbömer*, http://www.finance-magazin.de/extrablatt;

[1026] Vgl. *Rodin/Veith*, DB 2001, 883, 884 ff, die grundlegend zur steuerlichen Einordnung der Tätigkeit von Private Equity-Pools Stellung nehmen.

[1027] BMF, IV A 6-S 2240-0/01_II, Stand November 2001, abrufbar unter http://www.bundesfinanzministerium.de.

[1028] Vgl. *Rodin*, Private Equity und Steuuerrecht, Beitrag zur Euroforum-Konferenz: 3. Jahrestagung Private Equity, basierend auf einer für den BVK erstellten Stellungnahme zum Erlassentwurf des Bundesministerium der Finanzen vom 27.11.2001 (bisher unveröffentlicht); siehe auch *Watrin/Goksch*, DB 2002, 341, 342 ff .

[1029] *Kußmaul / Junker*, Finanz Betrieb 2000, 418, 430.

[1030] Vgl. *Griesebach*, Innovationsfinanzierung durch Venture Capital, S. 131 ff., der für institutionelle Investoren bei der Rechtslage im Jahre 1989 wegen dieser Möglichkeit noch zu einer Vorteilhaftigkeit einer Beteiligungskette von Mitunternehmerschaften kommt.

transparente Personenvereinigungen und den Kapitalgesellschaften als selbständige Steuersubjekte.
Die fehlende Möglichkeit, Verlustzuweisungen und steuerfreie Anteilsveräußerungen in einer Rechtsform zu vereinen, gab schon früher Anlaß, über Kombinationsmodelle nachzudenken, die eine Nutzbarmachung beider Begünstigungen zumindest in gewissem Umfang erlauben würden.[1031] Es kann davon ausgegangen werden, daß auch heute die Steuerberatungspraxis darüber nachsinnt, wie die Verlustverrechnung mit der steuerfreien Anteilsveräußerung für institutionelle Investoren zu vereinbaren ist. Ob der dafür erforderliche, sicher nicht unerhebliche Aufwand (wie z.B. Steuerberater, Anwalts- und Notarkosten) vor dem Hintergrund der erneuten Begrenzung der Verlustverrechnung durch das Steuerentlastungsgesetz 1999 noch gerechtfertigt werden kann, ist dagegen wohl nicht sicher.[1032]

3. Ausländische institutionelle Investoren

Der Kreis der ausländischen institutionellen Investoren wird von den angloamerikanischen Pensionsfonds angeführt. Daneben dürfen aber auch industrielle Investoren und Stiftungen, die auf dem U.S.-amerikanischen Wagniskapitalmarkt als Investoren zunehmend an Bedeutung gewinnen, nicht unberücksichtigt bleiben. In den USA sind die industriellen Investoren überwiegend als *corporation* organisiert.
Für die *corporations*, die von der günstigen *capital gain*-Besteuerung profitieren, gilt ebenso wie für die steuerbefreiten Pensionsfonds und Stiftungen, daß ein Wagniskapitalinvestment in Deutschland keine steuerlich nachteiligen Folgen für sie haben darf.
Eine Wagniskapitalgesellschaft in der Rechtsform einer Personengesellschaft wie z.B. einem KG-Fonds kommt für die Pensionsfonds nicht in Betracht, soweit auch deren Beteiligungsunternehmen als Personengesellschaften organisiert sind. Die steuerliche Transparenz der deutschen Personengesellschaften entspricht dem *„pass-through-entity"* Charakter der U.S.-amerikanischen *partnerships.* Insoweit bestünde die Gefahr, daß den Pensionsfonds deren Einkünfte aus *„trade and business"* zugerechnet würden und sie somit ihre Steuerfreiheit verlieren könnten.

a) Bisherige Gestaltungen zur Vermeidung deutscher Steuern

Um die in Deutschland höhere steuerliche Belastung zu vermeiden, mußte bislang auf die teilweise sehr komplizierte und auch nicht von Rechtsunsicherheiten freie Konstruktion einer lediglich als vermögens-

---

1031 *Griesebach*, Innovationsfinanzierung durch Venture Capital, S. 137 ff.; *Posner*, Early Stage-Finanzierungen, S. 122 f.; *Fischer*, DBW 47 (1987), 8, 23.

1032 Mit dem Steuerentlastungsgesetz ist ein neuer § 2 b EStG eingeführt worden, demzufolge negative Einkünfte aus sogenannten „Verlustzuweisungsmodellen" nur noch mit positiven Einkünften aus derselben Einkunftsquelle ausgeglichen werden können. Ob dies auch für Wagniskapitalgesellschaften gilt, kann z.Z. nicht abschließend beurteilt werden. Vgl. *Schüppen / Ehlermann*, Corporate Venture Capital, S. 57.

verwaltend anerkannten Personengesellschaft zurückgegriffen werden.[1033] Als Alternative dazu wurde auch auf in Deutschland ansässige Fondsgesellschaften völlig verzichtet. Die Fondsgesellschaften wurden vielmehr im steuergünstigen *offshore* (z.B. britische Kanalinseln) oder *onshore* Bereich (z.B. Niederlande) aufgelegt und die Beteiligungsgesellschaften von bloßen Managementgesellschaften in Deutschland betreut. Die steuerlichen Vorteile dieses Modells können jedoch nur aufrechterhalten werden, wenn die problematische Vermeidung einer inländischen Betriebsstätte[1034] und eines ständigen Vertreters[1035] gelingt.[1036] Hierzu müssen sich die inländischen Beratungsgesellschaften jeglicher Leitungs- oder Geschäftsführungsaufgaben für die Fondsgesellschaft enthalten. Insbesondere die Entscheidungen über Investment und Desinvestment sind von den Fondsgesellschaften im Ausland zu treffen. Hierbei dürfen die in Deutschland tätigen Berater möglichst nicht eingebunden sein.[1037]

b) Erleichterungen durch das StSenkG

Vor dem Hintergrund des StSenkG stellt sich die Frage, ob dies auch für die ausländischen institutionellen Investoren Erleichterungen bringt.

Für eine inländische Kapitalgesellschaft ist es hinsichtlich der Besteuerung auf der Gesellschaftsebene ohne Einfluß, daß sie überwiegend ausländische Investoren hat. Diese Kapitalgesellschaft ist inländische juristische Person und hat damit die gleichen Rechte und Pflichten wie eine inlandsbeherrschte deutsche Kapitalgesellschaft.[1038] Danach unterliegen die Gewinne einer auslandsbeherrschten inländischen Kapitalgesellschaft aus der Veräußerung von Beteiligungen an anderen inländischen Kapitalgesellschaften nicht der deutschen Körperschaftsbesteuerung.

Entscheidende Bedeutung erlangt daher die Frage, ob diese Gewinne an die ausländischen institutionellen Investoren ohne eine steuerliche Belastung weitergeleitet werden können.

Der ursprüngliche Gesetzesentwurf der Regierungskoalition knüpfte sowohl für die Regelung des § 8 b Abs. 1 KStG als auch die des § 8 b Abs. 2 KStG noch an die unbeschränkte Steuerpflicht der begünstigten Gesellschaften an.[1039] Damit wären ausländische Investoren, soweit sie in Deutschland beschränkt steuerpflichtig sind, von der Begünstigung ausgenommen. Hierbei ist zwar zu

---

[1033] Siehe *Schüppen / Ehlermann*, Corporate Venture Capital, S. 39, Rdn. 111, mit einer ausführlichen Darstellung der Rechtsprobleme und der zu deren Vermeidung erforderlichen Gestaltungen.

[1034] Vgl. § 12 S. 1 und S. 2 Nr.1 – 3 AO.

[1035] Vgl. § 13 S.1 und S. 2 Nr. 1 AO.

[1036] Ausführlich dazu *Wenserski*, in *Haarmann, Hemmelrath & Partner*, Gestaltung und Analyse in der Rechts-, Wirtschafts- und Steuerberatung von Unternehmen, S. 147 ff.; *Schüppen / Ehlermann*, Corporate Venture Capital, S. 43, Rdn. 132 ff.

[1037] *Wenerski*, in *Haarmann, Hemmelrath & Partner*, Gestaltung und Analyse in der Rechts-, Wirtschafts- und Steuerberatung von Unternehmen, S. 151 ff.

[1038] *Henkel*, in *Mössner* u.a, Steuerrecht international tätiger Unternehmen, S. 834, Rdn. F 111.

[1039] BT–Drucks. 14 / 2683, S. 78.

berücksichtigen, daß die meisten deutschen Doppelbesteuerungsabkommen bei Schachtelbeteiligungen lediglich eine beschränkte Quellensteuer (5%) für Dividendenzahlungen vorsehen und die Besteuerung von Gewinnen aus der Veräußerung von Unternehmensbeteiligungen den Sitzländern zugewiesen ist. Dennoch hätte die Nichtberücksichtigung der beschränkt steuerpflichtigen Körperschaften in den Regelungen des § 8 b KStG eine Diskriminierung der ausländischen Investoren dargestellt. Um einen solchen Vorwurf zu vermeiden, ist wohl auch in der nun Gesetz gewordenen Fassung des § 8 b KStG auf die Anknüpfung an die unbeschränkte Steuerpflicht verzichtet worden.[1040]
Im übrigen wird damit auch die Ratio des erfolgten Systemwechsels von der Körperschaftsteueranrechnung zur Freistellung von Dividenden und Veräußerungsgewinnen auf Unternehmensebene und einer Besteuerung erst bei den Anteilseignern konsequent aufrechterhalten. Würden ausländische Körperschaften als Anteilseigner anders behandelt als inländische, wäre damit das neue System durchbrochen und dessen Richtigkeit in Frage gestellt. Schließlich kann es volkswirtschaftlich und politisch auch nicht gewollt sein, ausländische Investitionen in Deutschland zu benachteiligen.
Danach sind auch ausländische institutionelle Investoren in die Regelungen des neuen § 8 b KStG n.F. einbezogen. Ausländische VC-Investments können ohne eine prohibitive Belastung der Veräußerungsgewinne mit Körperschaftssteuer auszulösen über eine in Deutschland ansässige Wagniskapitalgesellschaft in der Rechtsform einer Kapitalgesellschaft vorgenommen werden. Voraussetzung ist allein, daß das Beteiligungsunternehmen als Kapitalgesellschaft organisiert ist. Es ist daher anzunehmen, daß mit der Zunahme ausländischer VC-Engagements in Deutschland die Rechtsform der Kapitalgesellschaft sowohl für die Wagniskapitalgesellschaften als auch für die Beteiligungsunternehmen an Bedeutung gewinnen wird.

4. Private Investoren

Für private Investoren gilt zukünftig hinsichtlich der Besteuerung von Dividenden das sogenannte Halbeinkünfteverfahren. Hierbei ist nur die Hälfte der ausgeschütteten Dividende zu versteuern, wobei jedoch die volle Dividende bei der Bestimmung des anzuwendenden Einkommensteuertarifs zugrundegelegt wird (Progressionsvorbehalt).[1041] Dieses Halbeinkünfteverfahren findet damit auch Anwendung auf Weiterausschüttung von Veräußerungsgewinnen, die von Wagniskapitalgesellschaften in der Rechtsform einer Kapitalgesellschaft an ihre Gesellschafter geleistet werden. Inwieweit dieses neue Halbeinkünfteverfahren im Vergleich zum früheren Anrechnungsverfahren zu einer Mehr- oder Minderbelastung führt, ist stark von der Einkommenssituation des jeweiligen Investors abhängig und läßt sich daher nicht pauschal beantworten.[1042]

1040 Siehe den Text bei http://www.bundesfinanzministerium.de unter Steuerreform 2000 / Gesetz zur Senkung der Steuersätze und zur Reform der der Unternehmensbesteuerung (Steuersenkungsgesetz – StSenkG), S. 42.

1041 § 20 Abs. 1 Nr. 1 EStG i.V.m. § 3 Nr. 40 EStG i.V.m § 32 b Nr. 4 EStG; Siehe *Günkel/Frenzel/Hagen*, DStR 2000, 445, 446 f.

1042 Siehe *Günkel/Frenzel/Hagen*, DStR 2000, 445, 447; siehe auch *Röder/Schumacher*, DStR 2000, 353, 354 f.

Eine maßgebliche Veränderung der Besteuerung ist jedoch im Hinblick darauf zu sehen, daß sich private Investoren von Wagniskapitalgesellschaften nicht auf Dividendeneinkünfte beschränken wollen. Sie werden ihr Engagement vielmehr auch unter dem Gesichtspunkt der Realisierung von Wertsteigerungen durch den Verkauf ihrer Beteiligung an der Wagniskapitalgesellschaft eingehen.[1043] In den Genuß einer steuerlichen Begünstigung kommen sie anders als die institutionellen Investoren dabei grundsätzlich nicht. Vielmehr findet auch insoweit eine Besteuerung im Halbeinkünfteverfahren statt.[1044]
Hinzu kommt, daß die Voraussetzungen für eine ausnahmsweise steuerfreie Veräußerung erheblich verschärft wurden: Die Spekulationsfrist, nach deren Ablauf eine steuerfreie Veräußerung möglich war, ist von sechs Monaten auf ein Jahr verlängert worden.[1045] Die Grenze für eine sogenannte wesentliche Beteiligung ist von 10% auf 1% reduziert worden. Veräußerungsgewinne sind danach unabhängig von der Beachtung der Spekulationsfrist zu versteuern, wenn die Beteiligung am Grund- oder Stammkapital einer Kapitalgesellschaft ein Prozent erreicht.
Diese Grenze wird zwar wohl regelmäßig nicht von einem typischen Kleinanleger einer börsennotierten Wagniskapitalgesellschaft überschritten werden. Jedoch sieht dieses Bild für große private Investoren schon anders aus. Für die sich erst in ihren Anfängen befindliche Bildung einer neuen Gründerkultur und das sogenannte informelle Wagniskapital durch *Business Angels* ist diese Regelung geradezu kontraproduktiv.[1046] Gründer, wie auch *Business Angels,* sind regelmäßig mit mehr als nur 1% am Grund- oder Stammkapital des Gründungsunternehmens beteiligt. Hier steht zu befürchten, daß der zarten Pflanze einer neuen Gründungskultur mit den Gründern ihr Nährboden entzogen wird. Die gerade für frühe Finanzierungsphasen wichtige Kapitalquelle der *Business Angels* droht ausgetrocknet zu werden. Hier bedarf es einer umgehenden Nachbesserung. Auch hierfür können in den USA Anregungen gefunden werden: So erhalten private Anleger bei Investments in sogenannte „Qualified Small Business Stock" (QSBS)[1047] eine Steuerreduzierung von 50%, wenn sie ihre QSBS-Beteiligung veräußern.[1048] Bei dem ohnehin niedrigen Steuersatz von 20% für Veräußerungsgewinne entspricht dies einem Steuersatz von 10%. Darüber hinaus existiert in den USA für QSBS eine steuerbegünstigte Reinvestitionsmöglichkeit.[1049] Diese ist dem gerade

[1043] Dies gilt natürlich insbesondere für börsennotierte Wagniskapitalgesellschaften.
[1044] Siehe *Günkel/Frenzel/Hagen*, DStR 2000, 445, 447; ebenso auch *Röder/Schumacher*, DStR 2000, 353, 367.
[1045] Siehe § 23 EStG.
[1046] So auch *Jungen*, siehe FAZ v. 30.10.2000, S. 32; Einen Überblick über Maßnahmen zur Förderung von informellen Wagniskapital geben *Engelmann/Heitzer*, Finanz Betrieb 1999, 457, 459 ff.; siehe auch *Bell*, Die Bank 1999, 372 ff.; *Nittka*, Finanz Betrieb 2000, 253 ff; zur steuerlichen Gestaltung von Business Angel-Investments siehe, *Leuner/Lindenau/Westphal*, BB 2002, 700, 701 ff.
[1047] Die QSBS Regelung ist 1993 in den I.R.C. § 1202 eingefügt worden.
[1048] Siehe *Weitnauer*, Handbuch Venture Capital, A.II.3.c), Rdn. 29, S. 17.
[1049] Siehe *Weitnauer*, Handbuch Venture Capital, A.II.3.c), Rdn. 29, S. 17 f.

abgeschafften § 6b EStG nicht unähnlich.[1050] Allein die wiedereingeführte Begünstigung für Veräußerungen von Unternehmen durch deren Inhaber vermag die Nachteile für den Wagniskapitalmarkt nicht auszugleichen. Schon die engen persönlichen Voraussetzungen dieser Regel, die nur einmal im Leben in einem Alter von über 55 Jahren beansprucht werden kann,[1051] läßt sie allenfalls sogenannte *lifestyle*-Unternehmer erfassen, die ihr Unternehmen als Lebenswerk nach dem Ausscheiden aus dem Berufsleben veräußern. *Business Angels,* die sich wiederholt an Neugründungen beteiligen, bleiben ebenso wie die sogenannten *Serial Entrepreneurs,* die mit dem Gewinn aus der Veräußerung eines von ihnen gegründeten Unternehmens wieder neue Unternehmen gründen wollen, von dieser Begünstigung ausgeschlossen.

IV. Kapitalmarktbedingungen

Neben der bislang ungünstigen steuerlichen Behandlung von Veräußerungsgewinnen war bis 1997 für den unterentwickelten deutschen Wagniskapitalmarkt das Fehlen eines geeigneten Börsensegments verantwortlich zu machen, das den Wagniskapitalgesellschaften einen Beteiligungsexit durch ein *IPO* hätte ermöglichen können.[1052] In diesem Jahr wurde der Neue Markt an der Frankfurter Wertpapierbörse als neues Handelssegment eingeführt, der durch besondere Zulassungs- und Folgepflichten[1053] der gelisteten Unternehmen als Anschluß bzw. Exit für Venture Capital-Finanzierungen konzipiert ist.[1054]

Das Regelwerk des Neuen Marktes trägt diesem Ziel dadurch Rechnung, daß es den geringen Anforderungen an das Mindesteigenkapital (1,5 Mio. Euro)[1055], an die Dauer des Bestehens des Emittenten[1056], an das Mindestvolumen[1057] der erstmaligen Zulassung hinsichtlich Gesamtnennbetrag (250.000 Euro), Mindeststückzahl (100.000) und voraussichtlichen Kurswert (5 Mio. Euro) der zu plazierenden Aktien erhebliche Pflichten im Hinblick auf deren Streuung[1058] im Publikum (grds. 25%) und der Information des Anlegerpublikums (neben Emissionsbericht, Jahresabschluß / Lagebericht, Quartalsberichte auch Ad hoc-Publizität)[1059] gegenüber stellt.[1060] Die Veröffentlichungen der Informationen sind in Deutsch und in Englisch vorzunehmen. Mit dieser Verpflichtung und der

---

1050 Es verwundert nicht wenig, wenn eine solche Regelung, die 1997 in einem erfolgreichen Venture Capital-Markt eingeführt wurde, in Deutschland ein Jahr später abgeschafft wird.

1051 § 34 EStG in der Fassung des StSenkG.

1052 *Heitzer / Sohn*, Finanz Betrieb 1999, 397, 398; siehe auch *Baums*, FS Mestmäcker, S. 815 ff.

1053 Siehe auch *Benz / Kiwitz*, DStR 1999, 1162 ff.; *Harrer / Erwe*, RIW 1998, 661 ff.

1054 *Deutsche Börse*, Der Neue Markt – Chancenkapital für Wachstum, in Neuer Markt-Information (Stand 22.10.1998), S. 1.

1055 Vgl. Nr. 3.1 (2) der Zulassungsbedingungen für den Neuen Markt (Stand 03.04.2000).

1056 Vgl. Nr. 3.2 der Zulassungsbedingungen für den Neuen Markt (Stand 03.04.2000).

1057 Vgl. Nr. 3.7 der Zulassungsbedingungen für den Neuen Markt (Stand 03.04.2000).

1058 Vgl. Nr. 3.10 der Zulassungsbedingungen für den Neuen Markt (Stand 03.04.2000).

1059 Vgl. Nr. 4, Nr. 7.1, Nr. 7.2 der Zulassungsbedingungen für den Neuen Markt (Stand 03.04.2000).

1060 Vgl. *Baums*, ZIP 1997, 1942, 1944.

Bilanzierung nach U.S.-GAAP oder IAS,[1061] sowie den regelmäßig durchzuführenden Analystenveranstaltungen wird insbesondere dem Interesse angelsächsischer institutioneller Anleger (Pensionsfonds) entgegengekommen.[1062]
Die unbefriedigende Fähigkeit des Geregelten Marktes, als Sekundärmarkt zu fungieren, die sich auch negativ auf dessen Eignung für *IPOs* ausgewirkt hat, ist wesentlich auf einen Mangel an Liquidität in den einzelnen Werten zurückzuführen.[1063] Das Regelwerk des Neuen Markts begegnet diesem Phänomen durch die Institution der sogenanntem *„Designated Sponsors"*[1064] (vormals Betreuer), die sich dazu verpflichten, auf Anfrage verbindliche Kauf- und Verkaufsangebote für die von ihnen betreuten Unternehmen abzugeben.[1065] Der Neue Markt hat trotz seiner deutlichen Kurskorrekturen, die in der zweiten Hälfte des Jahres 2000 einsetzten, erstmals in Deutschland einen hochwertigen Exit-Kanal für die Wagniskapitalfinanziers in Deutschland geschaffen: So waren von den 17 Unternehmen, die in 1997 ihr IPO auf dem Neuen Markt vollzogen, 11 durch Wagniskapital finanziert.[1066] Für 1999 ist festgestellt worden, daß etwa 50% der am Neuen Markt notierten Unternehmen Wagniskapital erhalten haben.[1067] Über den Börsengang wurden 1999 insgesamt 19% der Beteiligungsexits vollzogen, von denen 13% auf den Neuen Markt entfielen.[1068] Die Bedeutung des Börsengangs als Exitvariante ist deutlich gestiegen, sie lag 1999 nach den sogenannten *trade sales* (25%) auf dem zweiten Platz. Damit ist die bis dahin in Deutschland fehlende Möglichkeit eines Börsenexits, die für einen vitalen Wagniskapitalmarkt zwingend erforderlich ist, geschaffen worden.[1069] Es kann daher auch auf eine Korrelation mit dem in diesem Zeitraum deutlich angestiegenen Engagement in der Frühphasen-Finanzierung geschlossen werden. Die Aussicht auf einen erfolgreichen Börsengang erhöht die Bereitschaft der Wagniskapitalfinanziers auch in Start up-Unternehmen zu investieren, die nicht in der Lage sind, laufende Beteiligungsentgelte zu entrichten. Ob diese positiven Auswirkungen der Einführung des Neuen Marktes auf die Entwicklung des Wagniskapitalmarktes sich auch in Zukunft fortsetzen können, hängt entscheidend von seiner Bewährung in der augenblicklichen weltweiten kritischen Situation an den Kapitalmärkten ab. Der Neue Markt als Institution und die an ihm agierenden Personenkreise müssen dazu beitragen,

---

[1061] Vgl. Nr. 7.2.2 der Zulassungsbedingungen für den Neuen Markt (Stand 03.04.2000).
[1062] *M.D.*, ZfgK, 1997, 204.
[1063] *Baums*, FS Mestmäcker, S. 815, 819; *ders.*, ZIP 1997, 1942, 1944; vgl. auch *Heitzer / Sohn*, Finanz Betrieb 1999, 397, 400.
[1064] Nr. 4 Regelwerk Neuer Markt (Stand 22.10.1998), §§ 23 ff. Börsenordnung der Frankfurter Wertpapierbörse.
[1065] *Benz / Kiwitz*, DStR 1999, 1162, 1166; *Heitzer / Sohn*, Finanz Betrieb 1999, 397, 400; *Deutsche Börse*, Vision & Money, Heft 4 / 98, 8, 20.
[1066] *Hertz-Eichenrode*, BVK-Jahrbuch 1998, S. 9, 11.
[1067] *Hertz-Eichenrode*, BVK-Jahrbuch 2000, S. 9, 13; *Rams / Remmen*, Die Bank 1999, 687, 690.
[1068] *Hertz-Eichenrode*, BVK-Jahrbuch 2000, S. 9, 11.
[1069] Siehe *Baums*, ZIP 1997, 1942, 1943 ff.; *Deutsche Börse*, Vision & Money, 4/1998, S.26; *Fischer*, ZfgK 1998, 2; *Rudolph*, SZ Nr. 160 / 1999, S. 29.

daß das Vertrauen an einen geordneten und fairen Handel geschützt bzw. zurückgewonnen wird. Vertrauensbildene Maßnahmen des Gesetzgebers, wie die für das 4. Finanzmarkförderungsgesetz geplanten Einführungen von Veröffentlichungs- und Mitteilungspflichten für sogenannte „*director dealings*",[1070] das Verbot von Kurs- und Marktpreismanipulationen,[1071] sowie Schadensersatzansprüche für Anleger wegen unterlassener unverzüglicher Veröffentlichung kursbeeinflussender Tatsachen und wegen Veröffentlichung unwahrer Tatsachen in einer Mitteilung über kursbeeinflussenden Tatsachen[1072] in das Wertpapierhandelsgesetz erscheinen daher begrüßenswert.[1073] Die gesetzgeberischen Maßnahmen sind jedoch keine Zeichen dafür, daß es bislang am Neuen Markt hinsichtlich dieser Gesichtspunkte keine Regelungen gegeben hätte. Vielmehr sieht das privatrechtliche Regelwerk des Neuen Marktes durchaus bereits einen Teil dieser nun Gesetz werdenen Regelungen vor. Insgesamt kann dem Regelwerk des Neuen Marktes in Ergänzung zu den bereits bestehenden gesetzlichen Regelungen durchaus attestiert werden, den Vergleich mit internationalen Kapitalmarktstandards nicht scheuen zu müssen.[1074]
Die Frage, ob die Etablierung des Neuen Markts auch zu einer Zunahme an *independent* Wagniskapitalgesellschaften geführt hat, liegt daher nahe. Der Umstand, daß allein die Mitgliederzahl des BVKs von 86 Ende 1996 auf 138 zum Ende 1999 um 60% angestiegen ist und ein Großteil der institutionellen Anleger aus dem Bankenbereich schon vor 1996 Venture Capital Aktivitäten in *captive* Gesellschaften untergebracht hatte, deutet auf eine Zunahme von *independent* Gesellschaften aus dem Bereich privater und ausländischer Investoren hin. Jedenfalls haben *independent* Wagniskapitalgesellschaften in Deutschland hinsichtlich ihrer Bedeutung bei den getätigten Investments zugenommen. Dies kann mit Blick auf die Feststellungen des BVK´s für das Jahr 1999 bestätigt werden. Jeweils ca. 35% der neu investierten Mittel entfielen auf unabhängige Fonds und abhängige Fonds.[1075]Im Sinne des BVK gilt ein Fonds als unabhängig, wenn kein Gesellschafter Anteile von über 20% hält, abhängig ist dagegen ein Fonds bei dem ein Gesellschafter mehr als 50% der Anteile hält.[1076]

V. Zusammenfassung

Es ist davon auszugehen, daß den *captive* Wagniskapitalgesellschaften auf dem deutschen Wagniskapitalmarkt hinsichlich des insgesamt für Wagnisfinanzierungen verfügbaren Kapitals sowie hinsichtlich des bereits insgesamt

---

[1070] Siehe § 15 a WpHG – Diskussionsentwurf des Bundesfinanzministeriums.
[1071] Siehe § 20 a WpHG – Diskussionsentwurf des Bundesfinanzministeriums.
[1072] Siehe §§ 37 b, c WpHG – Diskussionsentwurf des Bundesfinanzministeriums.
[1073] Siehe insgesamt den Art. 2 des Diskussionsentwurfes des Bundesfinanzministeriums zum Entwurf eines Gesetzes zur weiteren Fortentwicklung des Finanzplatzes Deutschland (Viertes Finanzmarktförderungsgesetz) mit Begründungen vom 3. September 2001.
[1074] Siehe den ausführlichen Vergleich zu den U.S.-amerikanischen Regelungen im Hinblick auf die NASDAQ von Shearman & Sterling, in Deutsche Börse (Hrsg.), Neuer-Markt Report, S. 54 ff.
[1075] *Hertz-Eichenrode*, BVK-Jahrbuch 2000, S. 9, 10.
[1076] BVK-Jahrbuch 2000, Begriffserläuterungen, S. 84

investierten Kapitals immer noch eine dominierende Stellung zukommt.[1077] Jedoch haben gerade im „Rekordjahr 2000" unabhängige Fonds bei den Neuinvestitionen die abhängigen Fonds deutlich übertroffen. Die deutschen *captive* Wagniskapitalgesellschaften, deren Investoren überwiegend aus dem Bereich der Kreditwirtschaft stammen, unterscheiden sich von den U.S.-amerikanischen VCLPs deutlich. Besondere Bedeutung kommt hierbei die Einbindung in die Organisations- und Konzernstruktur ihrer Kapitalgeber, deren Einflußnahme auf die Geschäftsführung, der Vergütung des Venture Capital-Manager, sowie den bevorzugten Investitionsphasen und der Art und Weise der Generierung ihres Betriebsergebnisses zu. Für diese Unterschiede lassen sich keine zwingenden Gründe in den rechtlichen Rahmenbedingungen der maßgeblichen Investoren aus der Kreditwirtschaft finden. Als Ursache für die Bevorzugung späterer Unternehmensphasen und laufender Beteiligungsentgelte war zum einen bis 1997 das Fehlen eines geeigneten Börsensegments, das für einen Beteiligungsexit hätte genutzt werden können, zu nennen. Zum anderen stand die bislang prohibitiv hohe Besteuerung von Veräußerungserlösen einem stärkeren Engagement in den frühen Unternehmensphasen im Wege. Frühphasen-Investments erscheinen regelmäßig nur vor dem Hintergrund einer potentiell erfolgreichen Beteiligungsveräußerung als lukrativ. Es ist daher zu hoffen, daß sich die Zunahme des Engagements bei Frühphasenfinanzierungen durch die nun vorgenommene Verbesserung der steuerlichen Behandlung von Veräußerungserlösen auf einem soliden Niveau festigt.

Für die von den U.S.-amerikanischen VCLPs abweichende Managementvergütung mag eine dazu im Widerspruch stehende Vergütungskultur der Kapitalgeber maßgeblich sein.

Anzumerken ist schließlich, daß es zunächst in Deutschland auch sicherlich an Venture Capital-Managern mangelte, die mit den erforderlichen unternehmerischen Denkweisen vertraut waren, die zur Beratung von Unternehmensgründern gerade in den High – tech Branchen erforderlich sind. Die Bedeutungszunahme von unabhängigen Wagniskapitalgesellschaften läßt darauf hoffen, daß dies auch als ein Anzeichen für eine stärkere Professionalisierung der Venture Capital-Manager außerhalb der Kreditwirtschaft angesehen werden kann.

§ 16 Wagniskapitalgesellschaften – Gestaltungsalternativen im deutschen Recht

Im folgenden soll das U.S.-amerikanische Modell einer *independent* Wagniskapitalgesellschaft in deutsche Gesellschaftsrechtsformen umgesetzt werden. Zwar ist bislang nicht durch eine empirische Untersuchung wissenschaftlich belegt worden, daß die *independent* Wagniskapitalgesellschaften den *captives* überlegen sind. Daß aber mit der Zunahme der

[1077] Eine Aufschlüsselung hinsichtlich des zur Verfügung stehenden Kapitals auf die unterschiedlichen Fondstypen enthält die BVK-Statistik nicht; eine Aufschlüsselung hinsichtlich der Neuinvestments in Beteiligungsunternehmen auf die unterschiedlichen Fondstypen enthält die BVK-Statistik erst seit der Jahresstatistik 1999.

Entwicklungsreife des deutschen Wagniskapitalmarktes gerade in dem Zeitraum ab 1997 auch die Bedeutung von unabhängigen Wagniskapitalgesellschaften zugenommen hat, kann nicht ernsthaft bestritten werden. Die konstatierte Zunahme des Interesses U.S-amerikanischer Investoren am deutschen Wagniskapitalmarkt[1078] mag als Indiz hierfür angeführt werden. Des weiteren läßt auch das deutlich angestiegene Engagement in der Frühphasen-Finanzierung einen Rückschluß auf die Zunahme von *independent* Wagniskapitalgesellschaften zu. *Independent* Wagniskapitalgesellschaften generieren ihre Unternehmensergebnisse überwiegend aus der Beteiligungsveräußerung,[1079] dies aber prädestiniert sie für Frühphasenfinanzierungen, weil Start up-Unternehmen regelmäßig nicht in der Lage sind, laufende Beteiligungsentgelte zu zahlen.
Es ist nicht ohne weiteres auszuschließen, daß neben den schon angesprochenen, günstigeren Rahmenbedingungen des U.S.-amerikanischen Marktes, wie z.B. die steuerliche Behandlung von Veräußerungsgewinnen und eine besonders entwickelte Börsenkultur, auch die dort vorherrschende Organisationsform der *independent* Wagniskapitalgesellschaft die Frühphasenfinanzierung begünstigt hat.
Die bisherigen Betrachtungen der Rahmenbedingungen lassen keine Festlegung auf eine bestimmte Gesellschaftsrechtsform für die Wagniskapitalgesellschaft zu. Insbesondere lassen sich auch aus steuerlichen Gesichtspunkten jedenfalls für institutionelle Investoren keine zwingenden Gründe für eine Organisation als Kapitalgesellschaft oder Mitunternehmerschaft anführen. Daher sollen hier gesellschaftsrechtliche Gestaltungsalternativen für eine *independent* Wagniskapitalgesellschaft untersucht werden.

I. Trennung von Management- und Fondsgesellschaft

Die Art der Trennung von Management- und Fondsgesellschaft wird durch die Gesellschaftsformen der Wagniskapitalgesellschaft bestimmt.

1. Wagniskapitalgesellschaft als GmbH & Co. KG

Ist die Wagniskapitalgesellschaft als GmbH & Co. KG organisiert, bietet sich die Funktionsteilung mit der Komplementär-GmbH als Managementgesellschaft und der KG als Fondsgesellschaft an.[1080]
Die Komplementär-GmbH ist gemäß §§ 164 HGB, 161 Abs. 2 i.V.m. § 114 Abs. 1 HGB zur Geschäftsführung berechtigt und verpflichtet.[1081] Deren Geschäftsführer, die mittelbar auch die Geschäfte der KG führen,[1082] sollten erfahrene Venture Capital-Manager sein. Die Investoren sind als Kommanditisten der Fonds-KG von der Geschäftsführung ausgeschlossen, § 164 HGB. Auch ansonsten sind die Rechte der Kommanditisten nach dem

---

[1078] *Hertz-Eichenrode*, BVK-Jahrbuch 1998, S. 9, 10.
[1079] Vgl. *Zemke*, Die Unternehmensverfassung von Beteiligungsgesellschaften, S. 181.
[1080] Aus gewerbesteuerlichen Gründen kann bei privaten Investoren zur Vermeidung einer gewerblichen Prägung der GmbH & Co. KG die Übertragung der Management-Funktion auf einen Kommanditisten angezeigt sein, siehe *Weitnauer*, Finanz Betrieb 2001, 258, 268.
[1081] *Schlegelberger / Martens*, HGB § 161 Rdn. 108; *von Gerkan*, in *Röhricht / Graf von Westphalen*, HGB, § 161 Rdn. 57.
[1082] *Schlegelberger / Martens*, HGB § 161 Rdn. 108.

gesetzlichen Bild der Kommanditgesellschaft sehr schwach ausgestaltet. Mitwirkungsrechte kommen ihnen lediglich bei außerordentlichen Geschäftsführungsmaßnahmen in Form des Zustimmungsrechts nach § 164 HGB und bei Änderungen des Gesellschaftsvertrages zu.
Das KG-Recht gewährt den Kommanditisten in § 166 Abs. 1 HGB ein nur sehr eingeschränktes ordentliches Informationsrecht und ein außerordentliches Informationsrecht nach § 166 Abs. 3 HGB. Ob ihnen darüber hinaus sonstige Informations- und Auskunftsrechte zustehen, ist umstritten.[1083]
Die Gestaltungsfreiheit im Innenverhältnis der KG erlaubt jedenfalls, die Rechte der Kommanditisten deutlich zu stärken. Wagniskapitalgesellschaften, die ihren Investoren nur die gesetzlichen Informationsrechte einräumen, werden sich im Wettbewerb um die Investorengelder nur behaupten können, wenn sie dokumentieren können, daß sie mit früheren Wagniskapitalfonds weit überdurchschnittliche Investmenterfolge erzielt haben. Gerade die maßgeblichen institutionellen Investoren verlangen regelmäßige Berichterstattung über die Entwicklung des Portfolios und auch der einzelnen Beteiligungsgesellschaften.
Die grundsätzliche Abschirmung des Tagesgeschäfts der Geschäftsführung bei der GmbH & Co. KG vor Interventionen der Investoren entspricht jedoch dem U.S.-amerikanischen Modell und sollte aufrechterhalten werden.

2. Wagniskapitalgesellschaft aus Verbindung zweier Kapitalgesellschaften

Das Geschäftsleitungsorgan einer AG und einer GmbH kann zwingend nur mit natürlichen Personen besetzt werden.[1084] Soll die Fondsgesellschaft danach in der Rechtsform der GmbH oder der AG organisiert sein, kommt als Verknüpfung mit einer getrennten Managementgesellschaft nur eine schuldrechtliche Lösung in Betracht.
Auch die Rechtsform der KGaA kommt für eine Wagniskapitalgesellschaft in Betracht. Seit dem BGH-Beschluß vom 24.02.1997[1085] ist anerkannt, daß auch eine andere Kapitalgesellschaft (& Co.) die Stellung des persönlich haftenden Gesellschafters (Vollhafters) einnehmen kann.[1086] Mit einer anderen Kapitalgesellschaft als Vollhafter ermöglicht die KGaA das Trennungsmodell auch durch eine gesellschaftsrechtliche Verknüpfung zweier Kapitalgesellschaften. Der Vollhafter der KGaA ist über die Verweisung in § 278 Abs. 2 AktG auf die Vorschriften des Handelsbuchs für die Kommanditgesellschaft zur Geschäftsführung berechtigt und verpflichtet.[1087]
Die Eignung dieser Mischform als Wagniskapitalgesellschaft ist angesichts der noch vielen ungeklärten Fragen hinsichtlich ihrer Kompetenzordnung nur eingeschränkt zu bejahen. Die Gestaltungsfreiheit im Verhältnis zwischen Vollhafter und Kommanditaktionären ist zwar einerseits ein Rechtsformvorteil

[1083] Vgl. *Baumbach / Hopt*, HGB, § 166 Rdn. 11 f. m.w.N.
[1084] Vgl. § 76 Abs. 3 AktG; § 6 Abs. 2 GmbHG.
[1085] ZIP 1997, 1027.
[1086] Auf das Für und Wider der Eignung der GmbH (& CO.) KGaA als Kompromißlösung zur Aktiengesellschaft soll hier nicht weiter eingegangen werden. Es kann auf die Stellungnahmen aus der Literatur, die dieser Entscheidung vorangegangen und gefolgt sind verwiesen werden.
[1087] Vgl. gemäß §§ 164, 161 Abs. 2 i.V.m § 114 Abs. 1 HGB.

der KGaA,[1088] führt aber andererseits zu nicht unbeträchtlichen Rechtsunsicherheiten.[1089] Diesen Rechtsunsicherheiten werden sich Investoren und VC-Management nicht ohne zwingenden Grund aussetzen. Ein solcher Grund kann wie im Fall der TFG AG & Co. KGaA die Börseneinführung der Wagniskapitalgesellschaft sein,[1090] die nur in der Rechtsform der AG oder der KGaA möglich ist.

a) Zulässigkeit von Geschäftsführungs- bzw. Managementverträgen

Ein schuldrechtlicher Vertrag, mit dem eine Eigentümergesellschaft ihren Betrieb der Führung einer Betriebsführergesellschaft in deren oder im eigenen Namen für eigene Rechnung unterstellt (Betriebsführungsvertrag), ist nicht ohne Einschränkungen zulässig. Dies gilt insbesondere im Falle einer AG als Eigentümergesellschaft. Insoweit werden Bedenken im Hinblick auf die Vereinbarkeit mit gesellschaftsrechtlichen Organisationsprinzipien (§§ 76 Abs. 1 und Abs. 3, 77 Abs. 1, 78 Abs. 1 AktG) und der Privatautonomie erhoben.[1091]
Veelken erachtet einen Betriebsführungsvertrag außerhalb des Bestehens einer Eingliederung nach § 319 f AktG oder eines Beherrschungsvertrages nach § 291 Abs. 1 AktG grundsätzlich als unzulässig. Außerhalb eines Konzernverhältnisses sei ein solcher Vertrag nur zulässig, wenn dieser ausdrücklich bestimmt, daß zwischen Vorstand der Eigentümergesellschaft und dem Geschäftsleitungsorgan der Betriebsführungsgesellschaft Personalunion besteht.[1092]
Nach überwiegender Ansicht soll jedoch ein solcher Geschäftsführungs- oder Managementvertrag zulässig sein, wenn die Eigentümergesellschaft die Möglichkeit hat, ihre Unternehmenspolitik selbst zu bestimmen. Die hieran zu stellenden Anforderungen werden in der Literatur jedoch unterschiedlich bemessen: Teilweise wird es als ausreichend angesehen, daß die Eigentümergesellschaft über den Wirtschaftsplan des Betriebsführers entscheiden kann.[1093] Andere fordern, daß der Eigentümergesellschaft gegenüber der Betriebsführungsgesellschaft ein Weisungsrecht zukommen muß, auf das

---

[1088] Diese resultiert aus der Verweisung des § 278 Abs. 2 AktG auf die §§ 163 ff. HGB.

[1089] Siehe z.B. *Ladwig / Motte*, DStR 1997, 1539,1540 f.

[1090] Daß eine komplizierte Gestaltung wie hier die AG & Co. KGaA nicht zwangsläufig vom Markt abschlägig beurteilt wird, zeigt im Beispiel der TFG ihr Kursplus von 100 % am ersten Handelstag, siehe *Stern*, Das Wertpapier 5/99, 20.

[1091] Die Einschränkungen variieren zum Teil erheblich; mit grundlegenden Bedenken *Veelken*, Der Betriebsführungsvertrag im deutschen und amerikanischen Aktien- und Konzernrecht, mit einer Zusammenfassung der Zulässigkeitsvoraussetzungen auf S. 265 f.; die grundsätzliche Gegenposition zu *Veelken* nimmt *Geßler* ein, FS Hefermehl, S. 263 ff.; siehe auch *Huber*, ZHR 152 (1988), 1, 24 ff.; *ders.*, ZHR 152 (1988), 123 ff.; *Emmerich*, in *Emmerich / Habersack*, Aktienkonzernrecht, § 292 Rdn. 44; *Joachim*, DWiR 1992, 455, 457; *K. Schmidt*, GesR, § 31 III.1.b), S. 954; *Mertens*, in KölnKomm., AktG, § 76 Rdn. 47.

[1092] Vgl. *Veelken*, Der Betriebsführungsvertrag im deutschen und amerikanischen Aktien- und Konzernrecht, S. 221 ff. und Zusammenfassung auf S. 265 f.; kritisch dazu *Huber*, ZHR 152 (1988), 1, 86 ff.

[1093] *Geßler*, FS Hefermehl, S. 276 f.; *Krieger*, in Münchener Handbuch des Gesellschaftsrechts, § 72 Rdn. 46 mwN.; *Koppensteiner*, in KölnKomm., AktG, Bd. 6, § 291 Rdn. 25.

nur im Falle des Bestehens eines Beherrschungsvertrages verzichtet werden kann.[1094]
Namentlich *Huber* fordert für Betriebsführungsverträge außerhalb von Konzernverhältnissen, die kein Weisungsrecht gewähren, daß der Eigentümergesellschaft ein jederzeitiges freies Kündigungsrecht zusteht.[1095]
Der BGH hat in dem als „Holiday-Inn-Entscheidung" bekannten Urteil für eine Eigentümergesellschaft in der Rechtsform einer Kommanditgesellschaft einen Geschäftsführungsvertrag insoweit für unbedenklich erachtet, als dieser der Betriebsführungsgesellschaft die gesamte laufende Geschäftsführung eines Hotelbetriebs übertrug. Die Eigentümergesellschaft verfügte weder über ein jederzeitiges Kündigungsrecht noch konnte sie Einzelweisungen geben.[1096] Der BGH sah das Prinzip der Selbstorganschaft unberührt, weil der Betriebsführer vertraglich an einen festgelegten Maßstab für die Betriebsführung gebunden war. Zum anderen standen der Eigentümergesellschaft umfassende Kontroll- und Informationsrechte und ein Kündigungsrecht bei Nicht- und Schlechterfüllung der vertraglichen Pflichten sowie sonstigen Vertragsverletzungen zu.[1097]
Ob diese Auffassung des BGH ohne weiteres auf einen Betriebsführungsvertrag mit einer AG übertragen werden kann, scheint im Hinblick auf die hiergegen vorgebrachte Kritik nicht unbedenklich.[1098]
Jedoch steht der Eigentümergesellschaft grundsätzlich schon ohne weitere vertragliche Regelung ein Weisungsrecht aus den §§ 675, 665 ff. BGB zu, weil der Geschäftsführungsvertrag als Geschäftsbesorgungsvertrag zu werten ist.[1099] Dieses Weisungsrecht ist zwar entsprechend dem Vertragszweck sehr beschränkt, da Einzelweisungen im laufenden Tagesgeschäft sich kaum mit der Betriebsführung durch einen besonders qualifizierten Manager vereinbaren lassen.[1100] Der Manager einer Wagniskapital-Fondsgesellschaft muß daher hinsichtlich seiner Investment- und Desinvestmententscheidungen wie auch der Managementbetreuung der Portfoliounternehmen keine Einflußnahme des Vorstands der Fonds-AG fürchten, soweit er sich im Rahmen des Managementvertrages bewegt.[1101]
Bei vertragsgemäßer Auslegung kann das Weisungsrecht aus den §§ 675, 665 ff BGB aufrechterhalten werden, ohne wesentliche Einbußen im

---

[1094] *K. Schmidt*, GesR, § 31 III.1.b), S. 954; *Mertens*, in KölnKomm., AktG, § 76 Rdn. 47; *Hoffmann-Becking*, in Münchener Vertragshandbuch, Bd. 1, IX. 8, S. 1075, Anm. 2.
[1095] *Huber*, ZHR 152 (1988), 1, 28.
[1096] BGH WM 1982, 394 ff.
[1097] BGH WM 1982, 394, 397 f.
[1098] Vgl. *Huber*, ZHR 152 (1988), 1, 16 ff.
[1099] *Koppensteiner*, in KölnKomm., AktG, § 291 Rdn. 26; *Huber*, ZHR 152 (1988), 1, 31; *Krieger*, in Münchener Handbuch des Gesellschaftsrechts, § 72 Rdn. 47; *Joachim*, DWiR 1992, 397, 398.
[1100] *Huber*, ZHR 152 (1988), 1, 31; *Krieger*, in Münchener Handbuch des Gesellschaftsrechts, § 72 Rdn. 47; *Joachim*, DWiR 1992, 397, 39.
[1101] So werden in dem Managementvertrag z.B. Branchenschwerpunkt, maximale Höhe der Einzelinvestments und Mischungsverhältnis hinsichtlich der Unternehmensstadien festgelegt sein.

Handlungsspielraum der Managementgesellschaft befürchten zu lassen. Es ist daher nicht erforderlich, das Weisungsrecht der Wagniskapital-Fondsgesellschaft auszuschließen. Die Gefahr, daß der Betriebsführungsvertrag bei Ausschluß des Weisungsrechts als „verdeckter" Beherrschungsvertrag qualifiziert wird,[1102] wird damit vermieden.

b) Kombination des Managementvertrages mit Personalunion

Die Zulässigkeit eines Betriebsführungvertrages für eine AG setzt zwar die Kombination mit einer Personalunion der Geschäftsleitungsorgane von Management- und Eigentümergesellschaft nicht voraus,[1103] jedoch ist dies im Falle einer Wagniskapitalgesellschaft erforderlich, um eine staatliche Aufsicht nach KWG und WpHG für die Managementgesellschaft zu vermeiden.[1104]

aa) *Hubers* Bedenken

Daher können *Hubers*[1105] Bedenken gegen diese Gestaltung nicht unberücksichtigt bleiben. *Huber* befürchtet, daß bei dieser Konstellation alle Mitwirkungsrechte der Eigentümergesellschaft ausgeschaltet werden. Die Eigentümergesellschaft sei damit schutzlos den Zwecken der Betriebsführungsgesellschaft ausgesetzt. In der Personenidentität der Leitungsorgane sei deshalb eine Konzernverbindung zu sehen. Angesichts der ausgeschalteten Eigenständigkeit der Eigentümergesellschaft sei des weiteren fraglich, ob nicht sogar ein „qualifiziert faktischer Konzern" vorliege, womit die Betriebsführungsgesellschaft die Verlustausgleichspflicht analog § 302 AktG treffe.[1106] Jedoch erkennt auch *Huber* an, daß im Aktienrecht nicht schon die Personenidentität allein eine Verlustausgleichspflicht für das herrschende Unternehmen begründet.[1107] Aber auch die einheitliche Leitung von Eigentümer- und Betriebsführungsgesellschaft[1108] und die Abhängigkeit der Eigentümergesellschaft folgt nicht zwingend aus der Personenidentität der Geschäftsleitungsorgane.[1109] Entscheidend sind die Umstände im Einzelfall, die zu der personellen Verflechtung geführt haben und diese flankieren.[1110]

[1102] Vgl. *Koppensteiner*, in KölnKomm., AktG, § 291 Rdn. 26; *K. Schmidt*, GesR, § 31 III.1.b), S. 954.

[1103] So aber *Veelken*, Der Betriebsführungsvertrag im deutschen und amerikanischen Aktien- und Konzernrecht, S. 221.

[1104] Siehe oben § 15 I.

[1105] *Huber*, ZHR 152 (1988), 1, 34.

[1106] *Huber*, ZHR 152 (1988), 1, 34 f.; so wohl auch *Dierdorf*, Herrschaft und Abhängigkeit einer Aktiengesellschaft auf schuldrechtlicher und tatsächlicher Grundlage, S. 198.

[1107] *Huber*, ZHR 152 (1988), 123, 130 in Fn. 32.

[1108] *Huber* beruft sich hierfür in ZHR 152 (1988), 1, 35 Fn. 110 u.a. auf *Koppensteiner*, in KölnKomm., AktG, § 18 Rdn. 29 der dies dort zwar als mögliche Form der einheitlichen Leitung ansieht, jedoch vorher unter Rdn. 19 ebenso festhält, daß allein aus der Besetzung der Geschäfts-leitungen mehrerer Gesellschaften mit den gleichen Personen nicht in jedem Fall auf eine einheitliche Leitung geschlossen werden könne.

[1109] Vgl. *Koppensteiner*, in KölnKomm., AktG, § 17 Rdn. 52; *Emmerich / Sonnenschein*, Konzern-recht, S. 63; *Krieger*, in Münchener Handbuch des Gesellschaftsrechts, Bd. 4, § 68 Rdn. 47.

[1110] Vgl. *Windblichler*, in Großkomm, AktG, § 17 Rdn. 47.

bb) Beteiligungsgestüzte Personenidentität

Die Personenidentität gilt dann als typisches Beherrschungsmittel, wenn sie auf eine Beteiligung des herrschenden Unternehmens am abhängigen Unternehmen gestützt ist.[1111] In diesem Fall besteht die Gefahr, daß die Vorstandsmitglieder im beherrschten Unternehmen ihr Handeln an den Interessen des mehrheitlich beteiligten Unternehmens ausrichten. Die Personalkompetenz des Aufsichtsrats bietet hiergegen keinen wirksamen Schutz, weil das herrschende Unternehmen über die Besetzung des Aufsichtsrates auch die Entscheidung über die Wiederbestellung der Vorstandsmitglieder beeinflussen kann.[1112] Ist die Stellung des Vorstands nicht durch eine entsprechende Beteiligung abgesichert, behält die Personalkompetenz des Aufsichtsrates ihre Funktionsfähigkeit. Der Vorstand wird sein Handeln an den Interessen des von ihm geleiteten Unternehmens ausrichten.[1113]

Die Managementgesellschaft hält an der Fondsgesellschaft regelmäßig nur eine Minderheitenbeteiligung. Der Aufsichtsrat ist mehrheitlich durch die Investoren, diesen nahestehende oder neutrale Personen besetzt. Die Bestellung und Abberufung der Vorstandsmitglieder bei der Fonds-AG bleiben damit im Einflußbereich der Investoren. Die Beeinträchtigung der Interessen der Fondsgesellschaft durch die in ihrem Vorstand tätigen Geschäftsleitungsmitglieder der Managementgesellschaft wird durch die Personalkompetenz des Aufsichtsrats wesentlich begrenzt.

Eine Personenidentität zwischen den Geschäftsleitungsorganen ohne eine sie absichernde Beteiligung vermag eine Abhängigkeit und einheitliche Leitung nicht zu begründen.

cc) Hinzutreten des Managementvertrages

Die Wirkungen der hier fehlenden Beteiligung der Managementgesellschaft an der Fondsgesellschaft werden auch nicht durch den Managementvertrag ausgelöst. Die rechtliche Stellung der Vorstandsmitglieder in der Fonds-AG wird durch das Hinzutreten des Managementvertrages nicht gestärkt. Sie bleiben weiterhin der Kontrolle des Aufsichtsrats unterworfen, ohne daß ihr Handlungsspielraum ausgedehnt wird.

Zwar ließe sich argumentieren, daß mit der Personalunion der Geschäftsleitungsorgane eine Kontrollinstanz für die Managementgesellschaft wegfällt. Jedoch genügt die Personalkompetenz des Aufsichtsrats, um ein den Interessen der Investoren zuwiderlaufendes Handeln des Vorstands nicht befürchten zu lassen. Der enge Kreis der Aktionäre vereinfacht hier die Möglichkeit eines Vertrauensentzugs durch die Hauptversammlung und damit eine Abberufung der Vorstandsmitglieder ohne weitere sachliche Rechtfertigung. Die

[1111] *Geßler*, in *GHEK*, AktG, § 17 Rdn. 57.

[1112] Vgl. *Koppensteiner*, in KölnKomm., AktG, § 17 Rdn. 20.

[1113] *Windblichler*, in Großkomm, AktG, § 17 Rdn. 47; so auch *Koppensteiner*, in KölnKomm., AktG, § 17 Rdn. 52; auch *Hüffer*, AktG, § 17 Rdn. 5 verlangt Einfluß auf die personelle Besetzung der Verwaltungsorgane; ausführlich *Dierdorf*, Herrschaft und Abhängigkeit einer Aktiengesellschaft auf schuldrechtlicher und tatsächlicher Grundlage, S. 201 ff.

Personalkompetenz ist damit in ihrer disziplinierenden Wirkung auf den Vorstand erheblich geschärft.
Des weiteren können die der Managementgesellschaft im Betriebsführungsvertrag gesteckten Grenzen durch Zustimmungsvorbehalte nach § 111 Abs. 4 S. 2 AktG auf der Ebene der Fonds-AG zusätzlich gesichert werden. Dem Aufsichtsrat können über den Wortlaut des § 111 Abs. 4 S. 2 AktG hinaus auch Zustimmungsvorbehalte für die unternehmensinternen Planungen wie beispielsweise das jährliche Budget und den Wirtschaftsplan des Vorstands eingeräumt werden.[1114] Damit kann die Fondsgesellschaft trotz Betriebsführungsvertrag und Personalunion weiterhin ihre Unternehmenspolitik selbst bestimmen.
Als Ergebnis ist festzuhalten, daß diese Konstellation nicht gegen aktienrechtliche Ordnungsprinzipen oder gegen die Privatautonomie der Fondsgesellschaft verstößt. Für die GmbH können keine höheren Anforderungen gelten. Der Betriebsführungsvertrag wie auch der Betriebsüberlassungsvertrag bedürfen der Zustimmung der Hauptversammlung und der Eintragung in das Handelsregister.[1115]

II. Mitspracherechte der Investoren und besondere Gremien

Die Manager der Wagniskapitalgesellschaft sollen grundsätzlich ohne Einmischung der Investoren die Geschäfte der Wagniskapitalgesellschaft führen können. Die weitreichende Handlungsfreiheit und Flexibilität des Managements ist gerade ein wesentliches Unterscheidungsmerkmal der *independent* Wagniskapitalgesellschaften zu den *captives*.
Es muß jedoch für die Investoren gewährleistet sein, daß eine bestimmte vereinbarte Geschäftspolitik[1116], die ausschlaggebend für das Investment gewesen ist, eingehalten wird.

1. GmbH & Co. KG

Bei der GmbH & Co. KG haben die Investoren als Kommanditisten, die nicht zugleich auch an der Komplementär-GmbH beteiligt sind, keinen unmittelbaren Einfluß auf die GmbH-Geschäftsführer. Jedoch obliegt es der Komplementär-GmbH, dafür Sorge zu tragen, daß ihre Geschäftsführer auch den Verpflichtungen aus dem KG-Vertrag nachkommen. Die Gestaltungsfreiheit im Innenverhältnis der KG läßt es ohne weiteres zu, die Einhaltung einer bestimmten Geschäftspolitik durch Zustimmungsvorbehalte der Kommanditisten abzusichern.[1117] Um zu gewährleisten, daß die Kommanditisten

---

[1114] Vgl. *Mertens*, in KölnKomm., AktG, § 111 Rdn. 68; *Hüffer*, AktG, § 111 Rdn. 18; *Semler*, ZGR 12 (1983), 1, 21 ff.; *Lutter*, AG 1991, 249, 254.

[1115] *Krieger*, in Münchener Handbuch des Gesellschaftsrechts, Bd. 4, § 72 Rdn 42; *Koppensteiner*, in KölnKomm., AktG, § 292 Rdn. 68; *Hüffer*, AktG, § 292 Rdn. 17; *Huber*, ZHR 152 (1988), 1, 32 f., *Emmerich / Sonnenschein*, Konzernrecht, S. 186; *Weißmüller*, BB 2000, 1949, 1950.

[1116] Denkbar ist z.B. ein bestimmter Branchenfokus, das Verhältnis von Frühphasenfinanzierungen zu *later stage*-Finanzierungen oder die Festlegung der maximalen Höhe für einzelne Beteiligungen.

[1117] Vgl. *Heymann / Horn*, HGB, § 164 Rdn. 4.

in der Lage sind, von ihren Zustimmungsrechten sinnvoll Gebrauch zu machen, können die gesetzlichen Informations- und Kontrollrechte nach § 166 HGB durch vertragliche Einsichts- und Kontrollrechte sowie Berichtspflichten der Komplementär-GmbH verstärkt werden.[1118] Je nach Größe des Investorenkreises und dem Bedürfnis, auch das Know-how von Gesellschaftsfremden zu nutzen, kann es angezeigt sein, diese erweiterten Rechte auf einen Beirat zu übertragen.[1119]

2. Verbindung durch Betriebsführungsvertrag

Ist die Fondsgesellschaft über einen Betriebsführungsvertrag mit der Managementgesellschaft verbunden und besteht zwischen den Geschäftsleitungsorganen Personalunion, so müssen die Interessen der Investoren auf zwei Ebenen gesichert werden. Die Rechte und Pflichten der Managementgesellschaft gegenüber der Fondsgesellschaft müssen zunächst im Managementvertrag festgelegt werden. Den Investoren als Aktionäre der Fondsgesellschaft ist eine unmittelbare Einflußnahme im Verhältnis zur Managementgesellschaft nicht möglich. Lediglich bei Abschluß wie auch bei der Änderung des Betriebsführungsvertrages ist jeweils analog §§ 293 Abs. 1, 295 AktG ein zustimmender Hauptversammlungsbeschluß, der mit einer ¾-Mehrheit des bei der Beschlußfassung vertretenen Kapitals gefaßt werden muß, erforderlich. Entsprechendes gilt für die Gesellschafter einer als GmbH organisierten Fondsgesellschaft. Jedoch können die Investoren als GmbH-Gesellschafter grundsätzlich umfassenden Einfluß auf die Geschäftsführer der Fonds-GmbH ausüben. Bei der Fonds-AG haben die Aktionäre diese Möglichkeit nicht. Deshalb müssen außergewöhnliche Geschäfte und solche, die von der festgelegten Geschäftspolitik abweichen, unter einen Zustimmungsvorbehalt des Aufsichtsrates gemäß § 111 Abs. 4 S. 2 AktG gestellt werden.
Bei der Fonds-GmbH kann es angezeigt sein, die umfassenden Gesellschafterrechte einzuschränken, um den für eine *independent* Wagniskapitalgesellschaft erforderlichen Handlungsspielraum des Managements aufrechtzuerhalten. Hierzu kann den Geschäftsführern eine vorstandsgleiche Stellung eingeräumt werden. Insbesondere das Weisungsrecht der Gesellschafter aus § 37 Abs. 1 GmbHG sollte auf bloße Zustimmungsvorbehalte reduziert werden.[1120] Auch in der GmbH können Gesellschafterrechte hinsichtlich der Kontrolle der Geschäftsführung auf einen Beirat übertragen werden.[1121] Bei einer größeren Anzahl von Investoren sollte jedenfalls von dieser Möglichkeit Gebrauch gemacht werden.

III. Abruf der Einlagen in Tranchen

Die Einlagenleistung in Tranchen ist bei deutschen Wagniskapitalgesellschaften im wesentlichen durch Anreizgesichtspunkte motiviert.[1122] Außerdem sind die

[1118] *Baumbach / Hopt*, HGB, § 166 Rdn. 21.
[1119] Vgl. oben die Darstellung im Fianzierungsverhältnis.
[1120] *Lutter / Hommelhoff*, GmbHG, § 37 Rdn. 25 f.
[1121] Siehe oben § 5 II. 3. a).
[1122] Siehe hierzu die gestaffelte Finanzierung im Finanzierungsverhältnis.

Investoren an einer eigenen Anlage ihrer Mittel interessiert, bis mit diesen tatsächlich Investments in Beteiligungsunternehmen getätigt werden können.

1. Bei einer Fonds-AG / GmbH

Um die Einlageleistungen möglichst flexibel und kostengünstig zu gestalten, können sie bei Fondsgesellschaften in der Rechtsform der AG oder GmbH anstatt in das gezeichnete Kapital in die Kapitalrücklagen gemäß § 272 Abs. 2 Nr. 4 HGB eingezahlt werden. Dadurch können die mit einer formellen Erhöhung des gezeichneten Kapitals verbundenen Formalia und Kosten vermieden werden. Die Investoren verpflichten sich schuldrechtlich untereinander und gegenüber der Managementgesellschaft dazu, diese Einzahlungen im Verhältnis ihrer Beteiligung am gezeichneten Kapital der Fondsgesellschaft vorzunehmen. Derartige schuldrechtliche Verpflichtungen sind zulässig und verstoßen im Falle der Fonds-AG auch nicht gegen § 54 Abs. 1 AktG.[1123] Die Einhaltung dieser Verpflichtungen kann mittels Call-Optionen unter den Investoren und gegenüber der Managementgesellschaft abgesichert werden. Sie geben den vereinbarungsgemäß leistenden Investoren das Recht, sich von den säumigen Investoren einen Teil ihrer Gesellschaftsanteile übertragen zu lassen. Der Wert der zu übertragenden Gesellschaftsanteile richtet sich nach der Höhe des auf den säumigen Investor entfallenden Anteils der fälligen Tranche. Auch diese Vereinbarung läuft dem § 54 Abs. 1 AktG nicht zuwider. Dies wäre nur dann anzunehmen, wenn die Einhaltung der schuldrechtlichen Pflichten mit Mitteln des Korporationsrechts durchgesetzt würde.[1124]

Auch liegt in der unentgeltlichen Übertragung der Gesellschaftsanteile kein Verstoß gegen § 138 BGB vor. Dies ergibt sich daraus, daß die säumigen Investoren ansonsten entsprechend ihrer unveränderten Beteiligungsquoten an den Einlagen der anderen Investoren partizipieren würden. Dies widerspricht jedoch auch dem gesetzlichen Modell der Kapitalerhöhung mit Bezugsrecht. Ein Aktionär kann auch dabei seine Beteiligungsquote nur aufrechterhalten, wenn er sein Bezugsrecht ausübt.

Verweigern alle Investoren die Zahlung, so greift die Call-Option zugunsten der Managementgesellschaft. In diesem Fall wird die Optionsverpflichtung nicht ausgelöst, wenn die Investoren darlegen können, daß die Managementgesellschaft ihre vertraglichen Verpflichtungen verletzt oder schlecht erfüllt hat.

2. Bei Fonds-KG

Eine Erhöhung des Kommanditkapitals bedarf zwar einer Änderung des Gesellschaftsvertrages. Diese ist aber ohne eine bestimmte Form möglich. Eine Änderung des Handelsregisters ist gemäß §§ 175 S. 1, 162 Abs. 1 HGB nur erforderlich, wenn in gleicher Höhe wie die Pflichteinlage auch die Hafteinlage

---

[1123] Vgl. *Lutter*, in KölnKomm., AktG, § 54 Rdn. 21, 26; *Wiesner*, in Münchener Handbuch des Gesellschaftsrechts, Bd. 4, § 16 Rdn. 41; *Hüffer*, AktG, § 54 Rdn. 7.

[1124] *Lutter*, in KölnKomm., AktG, § 54 Rdn. 21; *Hüffer*, AktG, § 54 Rdn. 9; *Wiesner*, in Münchener Handbuch des Gesellschaftsrechts, § 6 Rdn. 13.

erhöht werden soll.[1125] Die Erhöhung des Kommanditkapitals ist einfach und flexibel. Die Investoren können in Stimmbindungsvereinbarungen die Teilnahme an weiteren Kapitalerhöhungen bis zu einem Höchstbetrag verbindlich zusagen.[1126] Die Durchführung der Kapitalerhöhungen kann dann davon abhängig gemacht werden, daß die Komplementär-GmbH weiteren Finanzierungsbedarf darlegen kann.

IV. Vergütungsregelungen

Die Gestaltung der für Wagniskapitalgesellschaften typischen Vergütung des VC-Managements unterscheidet sich maßgeblich nach der zugrundeliegenden Verbindung von Management und Fondsgesellschaft.

1. GmbH & Co. KG

Bei der Wagniskapitalgesellschaft als GmbH & Co KG läßt sich das U.S.-amerikanische Modell am einfachsten verwirklichen. So ist es auch bei einer gewöhnlichen GmbH & Co. KG üblich, daß die Komplementär-GmbH eine gewinnunabhängige Managementgebühr erhält.[1127] Der Komplementär-GmbH kann darüber hinaus unabhängig von einer eigenen Kapitalbeteiligung ein von der Gewinnverteilung des § 121 Abs. 1 HGB abweichender Gewinnanteil eingeräumt werden.[1128] Dies rechtfertigt sich bei der KG daraus, daß die gesellschaftsvertraglich geschuldete Beitragspflicht nicht zwingend in einer Geld- oder Sacheinlage, sondern auch in einer Dienstleistung bestehen kann.[1129] Die inhaltliche Ausgestaltung des Gewinnanteils, also Regelungen darüber, unter welchen Voraussetzungen die Komplementär-GmbH in welcher Höhe an der Gewinnverteilung teilnehmen soll, können die Gesellschafter nahezu frei vereinbaren.[1130] Danach läßt sich eine *carried interest*-Regelung mit oder ohne *hurdle rate* im KG-Vertrag ohne weiteres gestalten.
Denkbar ist auch, daß nicht der Managementgesellschaft sondern den Venture Capital-Managern selbst als Kommanditisten der Fondsgesellschaft der *carried interest* eingeräumt wird.[1131] Hierbei kann die typische 80/20-Verteilung der Gewinne zwischen Investoren und VC-Management ebenfalls über eine disquotale Gewinnverteilungsabrede im Gesellschaftsvertrag der KG oder durch eine Beteiligung zu Vorzugskonditionen (*sweet equity*) erreicht werden.[1132]

[1125] Vgl. *Baumbach / Hopt*, HGB, § 175 Rdn. 1.
[1126] Vgl. *Ulmer*, in Großkomm., HGB, § 119 Rdn. 37.
[1127] Vgl. *Riegger*, in Münchener Vertragshandbuch, III.7.Anm. 9, S. 248.
[1128] Vgl. *Baumbach / Hopt*, HGB, § 121 Rdn. 8; *Schlegelberger / Martens*, HGB, § 121 Rdn. 9; siehe auch *Griesebach*, Innovationsfinanzierung durch Venture Capital, S. 141.
[1129] *Heymann / Emmerich*, HGB, § 105 Rdn. 24; *Schlegelberger / Schmidt*, HGB, § 109 Rdn. 154.
[1130] Grenzen ergeben sich lediglich aus § 138 BGB.
[1131] Vgl. Lorenz, DStR 2001, S. 821, 823 ff.
[1132] Zur steuerlichen Problematik siehe unten § 16 IV. 2. c).

2. Verbindung durch Managementvertrag

Bei der Verbindung zweier Kapitalgesellschaften durch Managementvertrag und Personalunion zwischen den Geschäftsleitungsorganen sind für die Vergütungsregelungen zwei Ebenen zu unterscheiden.

Die Managementgebühr kann als Entgeltregelung unproblematisch in den Betriebsführungsvertrag aufgenommen werden.

Problematischer stellt sich die Ausgestaltung des *carried interests* dar. Dabei ist zu klären, ob der *carried interest* den VC-Managers selbst eingeräumt werden sollte oder ob eine Regelung im Verhältnis der Managementgesellschaft zur Fondsgesellschaft vorzuziehen ist. Des weiteren ist zu klären, ob der *carried interest* über eine Kapitalbeteiligung oder schuldrechtlich begründet werden soll.

Im Regelfall liegt dem *carried interest* eine Kapitalbeteiligung zugrunde.[1133] Neben steuerlichen Gründen spricht dafür auch die ansonsten drohende Qualifizierung als Teilgewinnabführungsvertrag gemäß § 292 Abs. 1 Nr. 2 AktG mit den daraus resultierenden Pflichten gemäß der §§ 293 ff. AktG.

Diese Kapitalbeteiligung soll so ausgestaltet werden, daß zwischen dem VC-Management und den Investoren die Gewinne der Fondsgesellschaft im Verhältnis 20 / 80 geteilt werden. Hierbei ist zu beachten, daß das VC-Management regelmäßig nicht mehr als 1% des Fondskapitals aufbringt.[1134]

a) Disproportionale Gewinnbeteiligung

Sowohl bei der GmbH als auch bei der AG kann in der Satzung von gesetzlich vorgesehenen proportionalen Gewinnverteilung, wonach die Gewinne im Verhältnis der Nominalkapitalanteilen zu verteilen sind, abgewichen werden.[1135] Eine gesellschaftsvertragliche oder satzungsmäßige Regelung, die eine von der jeweiligen Kapitalbeteiligung losgelöste prozentuale Aufteilung des verteilungsfähigen Gewinns anordnet, ist danach möglich. Dazu sind unterschiedliche Gattungen von Gesellschaftsanteilen zu schaffen, wobei der nominale Kapitalanteil in keinem bestimmten Verhältnis zu der von ihm gewährten Gewinnbeteiligung stehen muß. Danach ist der Anteilsgattung der Investoren 80% des verteilungsfähigen Gewinns und der Anteilsgattung des VC-Management die restlichen 20% zu gewähren.[1136]

Soweit die quotenabweichende Gewinnpartizipation des VC-Managements erst greift, wenn die Investoren Gewinnrückflüsse in Höhe ihres Investments zuzüglich einer Mindestverzinsung erhalten haben, läßt sich auch eine *hurdle rate* statuieren. Diese prozentuale Gewinnaufteilung muß entsprechend auch für die Verteilung des Liquidationserlöses geregelt werden.

[1133] So auch *Schüppen / Ehlermann*, Corporate Venture Capital, S. 59 Rdn. 189.

[1134] Kritisch zu dieser Ausgestaltung des *carried interest*: *Zemke*, Die Unternehmensverfassung von Beteiligungsgesellschaften, S. 177 f.

[1135] Siehe § 29 Abs. 3 S. 2 GmbHG; .§ 60 Abs. 3 AktG

[1136] Für eine Fonds-AG sind zuvor die gesetzlichen Rücklagen zu dotieren (§ 150 Abs. 1 AktG).

b) Ausgestaltung als sweet equity

Ohne eine disproportionale Ausgestaltung der Verteilungsschlüssel für Gewinne und Liquidationserlöse können die Wirkungen des *carried interest* auch durch die Beteiligung des VC-Managements über sogenanntes *sweet equity* erzielt werden. Beim *sweet equity* erhält das VC-Management eine 20% Beteiligung an der Fondsgesellschaft zu Vorzugskonditionen (z.B. Nennwert), während die Investoren zusätzliche Zuzahlungen in die Kapitalrücklagen (§ 272 Abs. 2 Nr. 4) leisten.[1137]

3. Steuerliche Behandlung des *„carried interest"*

„Carried interest"-Regelungen lassen sich wie vorstehend ausgeführt sowohl bei einem Venture Capital Fonds in der Form einer GmbH & Co. KG als auch bei dem Modell der über einen Managementvertrag verbundenen Kapitalgesellschaft zivilrechtlich gestalten. Die steuerliche Behandlung des *„carried interest"* stellt dagegen zunehmend einen neuralgischen Punkt bei der Gestaltung von Venture Capital Fonds dar. So berühren die bereits in anderem Zusammenhang erwähnten aktuellen Überlegungen der Finanzverwaltung hinsichtlich der Besteuerung von Venture Capital Fonds insbesondere auch die Vergütungsregelungen des Venture Capital-Managements.[1138] Bislang bot eine als vermögensverwaltend zu qualifizierende Personengesellschaft, die bei Meidung der gewerblichen Prägung nach § 15 Abs. 3 Nr. 2 EStG auch als GmbH & Co. KG ausgestaltet sein konnte, die Möglichkeit, dass auch die Venture Capital-Manager die Einkünfte aus ihrer disquotalen Beteiligung an den Veräußerungsgewinnen steuerfrei vereinnahmen konnten. Hierzu durfte lediglich die durchgerechnete Beteiligungsquote nicht die Grenze für wesentliche Beteiligungen nach § 17 Abs. 1 EStG überschritten und die Spekulationsfrist gemäß § 23 Abs. 1 Nr. 2 EStG eingehalten werden. Von dieser bislang auch von der Finanzverwaltung geteilten Auffassung wird nun in dem Entwurf des Erlassess des Bundesministerium der Finanzen abgewichen. Danach nimmt die Finanzverwaltung nunmehr an, dass es sich bei den Einkünften aus dem *„carried interest"*, also den die Kapitalbeteiligung übersteigenden Anteil der Gewinnbeteiligung, nicht um Erträge aus privater Vermögensanlage, sondern um Einkünfte aus Gewerbebetrieb oder selbständiger Arbeit handelt.[1139] Gegen diese neue Auffassung der Finanzverwaltung werden sowohl aus der Lehre[1140] als auch aus der steuerrechtlichen Beratungspraxis[1141] erhebliche steuersystematische und kompetenzrechtliche Argumente vorgebracht. Auch kann diese neue Auffassung der Finanzverwaltung kaum mit der Rechtsprechung des BFH in Einklang gebracht werden, wonach ein

---

[1137] *Schüppen / Ehlermann*, Corporate Venture Capital, S. 60; *von Braunschweig*, DB 1998, 1831, 1832 ff.

[1138] Vgl. oben Fn. (?)

[1139] BMF, 20.11.2001-IV A 6-S 2240-01, Rz. 19.

[1140] Siehe nur *Herzig / Gocksch*, DB 2002, 600, 602 ff; *Schefczyk / Peterson*, BB 2002, 805, 809 ff.

[1141] *Lorenz*, DStR 2001, 821, 823; *Rodin*, Private Equity und Steuerrecht, Beitrag zur Euroforum-Konferenz: 3. Jahrestagung Private Equity, S. 17 ff. (unveröffentlicht); *Watrin*, BB 2002, 811, 812 ff.; *Watrin / Goksch*, DB 2002, 341, 344 ff.

disproportionaler Gewinnanteil eines geschäftsführenden Gesellschafters einer vermögensverwaltenden Personengesellschaft auch dann nicht als Sondervergütung sondern als Vorabgewinn zu qualifizieren ist, soweit dieser auf Gesellschaftsebene nicht als Aufwand behandelt wird und nur zu zahlen ist, wenn die Gesellschaft Gewinne erwirtschaftet hat.[1142] Hierbei kommt bei Venture Capital Fonds hinzu, dass der *„carried interest“* regelmäßig unter einer sogenannten *„hurdle rate“* steht, so dass den Investoren sogar vor dem Venture Capital-Management ein gewisser Vorabgewinn zu leisten ist, der den *„carried interest“* unter die qualifizierte Bedingung eines bestimmten Investmenterfolges stellt. Eine endgültige Entscheidung der Finanzverwaltung hinsichtlich der steuerlichen Behandlung von vermögensverwaltenden Personengesellschaften einschließlich der *„carried interest“*-Regelungen ist mittlerweile auf die Zeit nach der Bundestagswahl im September 2002 verschoben.[1143]
Auch bei als Kapitalgesellschaften organisierten Fondsgesellschaften stellt sich hinsichtlich der *„carried interest“*-Regelungen die Frage, ob diese als im Gesellschaftsverhältnis begründet und damit unter den Voraussetzungen der §§ 17, 23 EStG zu steuerfreien privaten Kapitaleinkünfte führen oder aber zu steuerpflichtigen Einkünften aus selbständiger oder unselbständiger Erwerbstätigkeit oder zu Einkünfte aus Gewerbebetrieb. Dies gilt sowohl für den *„carried interest“* in der Form einer disproportionalen Gewinnbeteiligung[1144] als auch hinsichtlich der vergünstigten Erwerbsmöglichkeit beim *„sweet equity“*[1145].
Angesichts der ausstehenden, endgültigen Entscheidung der Finanzverwaltung hinsichtlich der Behandlung des *„carried interest“*-Regelungen und der weitgehend erschöpfend ausgetauschten Argumente soll hier die Diskussion nicht erneut aufgegriffen werden. Angesichts der erheblichen ökonomischen Bedeutung der *„carried interest“*-Regelungen für das Funktionieren von Wagniskapitalfinanzierungen[1146] und der allseits geforderten Vereinfachung des deutschen Steuerrechts soll jedoch ein, wenn auch holzschnittartiger Vorschlag de lege ferendar für eine steuerliche Behandlung von *„carried interest“*-Regelungen gemacht werden. Angenommen den Bestrebungen der Finanzverwaltung liegt die Motivation zugrunde, dass eine steuerliche Privilegierung der erfolgsabhängigen Vergütung des Venture Capital-Managements in Form einer völligen Freistellung von der Besteuerung nicht gerechtfertigt sei, was insoweit auch grundsätzlich für Erträge aus Kapitalvermögen Geltung beanspruchen kann, würde sich ein gesetzgeberisches Tätigwerden unmittelbar bei der Besteuerung von Kapitalerträgen anbieten. Anstelle Kapitalerträge unter den komplizierten und häufig auch nicht sachgerechten Voraussetzungen der §§ 17, 23 EStG steuerfrei zu stellen, sollten diese Ausnahmenregelungen ersatzlos gestrichen werden und Kapitalerträge mit einem moderaten Steuersatz zwischen 10-20% besteuert werden. Damit erhielte

---

[1142] BFH, DStR 1999, 104; siehe auch *Tulloch / Wellisch*, DStR 1999, 1093, 1094 f.
[1143] Siehe, Steuerregeln für Wagniskapitalgeber vertagt, in Süddeutsche Zeitung v. 3.07.2002, S. 27
[1144] Siehe *Rose*, FR 2002, 1, 5ff mit ausführlicher Darstellung der diesbezüglichen BFH-Rechtsprechung.
[1145] *v. Braunschweig* , DB 1998, 1831, 1833 ff.
[1146] So auch *Herzig / Gocksch*, DB 2002, 600, 601; *Watrin*, BB 2002, 811, 813 f.

die Wagniskapitalbranche zum einen eine sichere Planungsgrundlage und zum anderen zeigen die Erfahrungen in den USA, wo die Einkünfte der Venture Capital-Manager auch regelmäßig der *„capital gain tax“* unterliegen,[1147] dass es einer völligen Steuerfreistellung der Einkünfte aus dem *„carried interest“* nicht bedarf, um einen funktionierenden Wagniskapitalmarkt zu gewährleisten.

V. Gewinnausschüttung

Bei Wagniskapitalgesellschaften, die als GmbH & Co. KG organisiert sind, werden thesaurierte Gewinne bei den Investoren besteuert, ohne daß diesen Liquidität zufließt. Dies folgt aus der steuerlichen Transparenz der GmbH & Co. KG. Dagegen sind Wagniskapitalgesellschaften in der Rechtsform einer Kapitalgesellschaft eigene Steuersubjekte. Eine Gewinnthesaurierung führt damit nicht zu einer steuerlichen Belastung ihrer Investoren.

Regelungen über die Gewinnausschüttung können daher zumindest bei den Kapitalgesellschaften im wesentlichen unter Kontroll- und Anreizgesichtspunkten angezeigt sein. Anders als im Verhältnis der Wagniskapitalfinanziers zu den Gründerunternehmern kommen den Investoren im Verhältnis zum VC-Management schon aufgrund ihres überwiegenden Anteils bei der Kapitalaufbringung der Fondsgesellschaften erhebliche Mitwirkungsrechte sowohl bei der Gewinnverwendung als auch bei der Gewinnfeststellung zu.

1. Fonds-AG

Bei einer Fonds-AG können die Investoren als Inhaber der Kapital- und Stimmenmehrheit den Aufsichtsrat vollständig mit eigenen Leuten besetzen. Eine ihren Interessen widersprechende Entscheidung kann daher schon im Rahmen der Gewinnfeststellung verhindert werden. Bei der Gewinnverwendung ist es den Investoren unbenommen, in den gesetzlichen Grenzen des § 150 Abs. 2 AktG eine Vollausschüttung des festgestellten Gewinns zu beschließen. Hierbei ist es auch möglich, daß mit Zustimmung jedes einzelnen Aktionärs statt der üblichen Barauszahlung eine Sachdividende beschlossen wird.[1148] Für eine solche Sachdividende kommen dann auch Aktien aus dem Portfolio der Fonds-AG in Betracht.

Bei der hierfür erforderlichen Umsetzung des in Geld festgestellten Bilanzgewinns in die Anzahl auszuschüttender Aktien ist die Wertrelation strengstens einzuhalten. Ansonsten droht die Gefahr einer verdeckten Gewinnausschüttung, die einen Verstoß gegen § 57 Abs. 3 AktG darstellt.[1149]

[1147] Vgl. oben § 11 IV 3.

[1148] *Hüffer*, AktG, § 58 Rdn. 28; *Lutter*, in KölnKomm., AktG, § 58 Rdn. 107; *Barz*, in Großkomm., AktG, § 58 Anm. 33; siehe auch *Baums*, (Hrsg), Berichte der Regierungskommission Corporate Governance, Rdn. 199 f, mit dem Vorschlag de lege ferenda, § 58 AktG dahin zu ergänzen, daß die Satzung der Hauptversammlung gestatten kann, statt einer Dividendeausschüttung in Geld auch andere Gegenstände als Dividende auszuschütten. Diese Regelung würde dann die Einzelzustimmung der Aktionäre erübrigen.

[1149] *Lutter*, in KölnKomm., AktG, § 58 Rdn. 107; *Hefermehl / Bungeroth*, in *GHEK*, AktG, § 58 Rdn. 124.

2. Fonds-GmbH

Ist die Fondsgesellschaft als GmbH organisiert, entscheiden die Gesellschafter vorbehaltlich anderer Regelungen im Gesellschaftsvertrag nach § 46 Nr. 1 GmbHG über die Feststellung des Jahresabschlusses und die Ergebnisverwendung. Danach steht es ebenfalls im Ermessen der Investoren einer Fonds-GmbH, über die Ausschüttung realisierter Gewinne zu entscheiden. Hierbei werden sie auch durch keine gesetzliche Pflicht zur Rücklagenbildung eingeschränkt. In der GmbH ist zwar der Gewinnauszahlungsanspruch grundsätzlich auf Geld gerichtet, jedoch können die Gesellschafter aufgrund abweichender Vereinbarungen in der Satzung oder auch an Erfüllungs Statt Sacheistungen annehmen.

3. Fonds-KG

In der KG ist die Feststellung des Jahresabschlusses ein Grundlagengeschäft, das nach § 119 HGB der Zustimmung aller Gesellschafter einschließlich der Kommanditisten bedarf.[1150] Für die Ergebnisverwendung gilt der Grundsatz der Vollausschüttung. Rücklagen können daher nur mit Zustimmung aller Gesellschafter gebildet werden, soweit der Gesellschaftsvertrag keine abweichende Regelung enthält.[1151] Somit können auch in der KG Gewinne nicht gegen den Willen der Investoren einbehalten werden. Die Vorschriften über die Gewinnermittlung und Gewinnverteilung sind dispositives Innenrecht (§ 109 HGB). Danach ist auch eine Vereinbarung zulässig, nach der den Gesellschaftern die Anteile an börsennotierten Portfoliogesellschaften entsprechend ihrem Gewinnanteil auszuschütten sind.
Mithin läßt sich für alle hier behandelten Gesellschaftsformen festhalten, daß es im Verhältnis zum VC-Management keiner weiteren Regelungen bedarf, um eine Vollausschüttung im Rahmen der gesetzlichen Grenzen sicherzustellen. Bei der GmbH und der GmbH & Co. KG lassen sich Sachdividenden anstatt der üblichen Bardividenden auch in den Gesellschaftsverträgen regeln. In der AG lassen jedoch verschiedene Vorschriften (§ 59 Abs. 2; § 60 Abs. 2; § 233 Abs. 2 S. 1) erkennen, daß das Gesetz von einer Bardividende ausgeht.[1152] Wegen der Satzungsstrenge im Aktienrecht (§ 23 Abs. 5 AktG) können daher Sachdividenden nicht schon in der Satzung geregelt werden. Es spricht aber nichts gegen individuelle Vereinbarungen mit den jeweiligen Aktionären. Auch bei der GmbH und der KG sollte wegen der stärkeren Flexibilität eine schuldrechtliche Vereinbarung im Einzelfall der gesellschaftsvertraglichen Regelung vorgezogen werden.

[1150] BGH ZIP 1996, 750, 751; grundlegend dazu bereits *Ulmer*, FS Hefermehl, S. 207, 210 ff.; *von Gerkan*, in *Röhricht / Graf von Westphalen*, HGB, § 167 Rdn. 3, *Schulze-Osterloh*, BB 1995, 2519, 2524, *Schilling*, in Großkomm., HGB, § 167 Rdn. 3 ff. mit ausdrücklicher Aufgabe der früheren h.M., die den Kommanditisten kein Mitwirkungsrecht bei der Feststellung des Jahresabschlusses zuerkennen wollte; a.A. *Heymann / Horn*, HGB, § 167 Rdn. 2.

[1151] BGH JZ 1996, 856, 859; *Priester*, FS Quack, S. 373, 392 f.; strenger *Schlegelberger / Martens*, HGB, § 168 Rdn. 22, der Mehrheitsentscheidungen nur für erforderliche Rücklagen als zulässig ansieht.

[1152] *Hefermehl / Bungeroth*, in *GHEK*, AktG, § 58 Rdn. 124.

VI. Anlagegrenzen

Anlagegrenzen sind sowohl hinsichtlich der Höhe der Einzelinvestments, des Gesamtengagements in bestimmten Branchen (z.B. Biotechnologie, IT etc.) oder in bestimmten Unternehmensphasen (*early stages*, Wachstumsfinanzierung) von Bedeutung, um ein diversifiziertes Portfolio zu gewährleisten. Andernfalls könnten die VC-Manager geneigt sein, das Diversifizierungsinteresse der Investoren zugunsten einer Risiko- und damit einer Chancensteigerung zu vernachlässigen. Eine Risikosteigerung begünstigt das VC-Management, das wegen seiner grundsätzlich geringen Kapitalbeteiligung kaum Verluste zu tragen hat, aber im Rahmen seines *„carried interest"* voll von den zusätzlichen Chancen profitiert.

1. Fonds-KG

Verbindliche Anlagegrenzen können im Falle der Fonds-KG durch Zustimmungsvorbehalte der Investoren als Kommanditisten im Gesellschaftsvertrag geschaffen werden.[1153] Ebenso ist es möglich, diese Zustimmungsvorbehalte einem besonderen durch den Gesellschaftsvertrag geschaffenen Organ zu übertragen.[1154]

2. Verbindung durch Managementvertrag

Im Falle der schuldrechtlichen Verbindung einer Fonds-Kapitalgesellschaft mit der Managementgesellschaft ist bei Personalunion zwischen den jeweiligen Geschäftsleitungsorganen darauf zu achten, daß diese Zustimmungsvorbehalte nicht nur in dem Managementvertrag, sondern auch in den Satzungen der Fondsgesellschaften berücksichtigt werden.
Bei der Fonds-AG können nur dem Aufsichtsrat gemäß § 111 Abs. 4 S. 2 AktG Zustimmungsvorbehalte hinsichtlich bestimmter Arten von Geschäften des Vorstands zustehen. Im GmbH-Recht können Zustimmungsvorbehalte sowohl für die Gesellschafter in ihrer Gesamtheit als auch für ein zusätzliches gesellschaftsvertragliches Organ vorgesehen werden. Hierbei ist zu berücksichtigen, daß die GmbH-Gesellschafter auch ohne eine Regelung im Gesellschaftsvertrag den Geschäftsführern durch Weisungen verbindliche Maßgaben für ihre Geschäftsführung vorgeben können. Es ist daher wichtig klarzustellen, ob ein Katalog mit Zustimmungsvorbehalten das allgemeine Weisungsrecht lediglich konkretisiert oder beschränkt. Ebenso sollte eine Delegierung der Zustimmungsvorbehalte an ein besonderes Organ eindeutig erkennen lassen, ob damit das Weisungsrecht der Gesellschafter insoweit ausgeschlossen ist.

Für die Zustimmungsvorbehalte gilt allgemein, daß diese allein eine Bindung der Geschäftsleitungsorgane im Innenverhältnis der Gesellschaften bewirken. Die Vertretungsmacht der Geschäftsleitungsorgane kann bei den Kapitalgesellschaften ebenso wie bei der GmbH & Co. KG im Außenverhältnis nicht

---

[1153] Vgl. *Baumbach / Hopt*, HGB, § 164 Rdn. 7; *Heymann / Horn*, HGB, § 164 Rdn. 11.
[1154] *Schlegelberger / Martens*, HGB, § 164 Rdn. 25.

beschränkt werden.[1155] Ein Handeln der Geschäftsleitungsorgane ohne oder auch entgegen einer verweigerten Zustimmung ist daher trotz des Pflichtverstoßes im Außenverhältnis wirksam. Vor diesem Hintergrund wird einmal mehr der Sinn der Einlageleistung in Tranchen deutlich. Die Investoren können dann, wenn Investments entgegen den Zustimmungsvorbehalten vorgenommen werden, die Leistung ihrer weiteren Einlagen verweigern. Die VC-Manager werden daher angehalten, ihrer Verpflichtung entsprechend zu handeln.

VII. Vermeidung von Interessenskonflikten der VC-Manager

Als Quelle für mögliche Interessenkonflikte kommen insbesondere Investmenttätigkeiten für andere Fondsgesellschaften und private Investments des VC-Managements, wie auch andere wirtschaftliche Betätigungen in Betracht.

1. Wagniskapitalgesellschaft als GmbH & Co. KG

Bei einer GmbH & Co. KG finden die Wettbewerbsverbote gemäß §§ 112, 113 HGB auf die Komplementär-GmbH Anwendung.[1156] Danach ist es der Komplementär-GmbH ohne Einwilligung der anderen Gesellschafter verwehrt, im gleichen Handelszweig der Gesellschaft Geschäfte zu machen oder sich an einer anderen gleichartigen Gesellschaft als persönlich haftender Gesellschafter zu beteiligen.[1157] Diese Regeln sprechen damit gleich zwei der hier relevanten Betätigungen an. Zum einen steht die Regel des § 112 Abs. 1 HGB grundsätzlich der gleichzeitigen Beteiligung der Managementgesellschaft an mehreren Fondsgesellschaften als Komplementärin entgegen. Zum anderen bedarf die Managementgesellschaft auch für Co-Investments der Einwilligung der anderen Gesellschafter. Für die Geschäftsführer der Managementgesellschaft gilt die Regelung des § 112 Abs. 1 HGB zwar nicht unmittelbar. Jedoch muß die Komplementär-Gesellschaft wegen ihrer gesellschafterlichen Treuepflicht auch ihre Geschäftsführer zu der Einhaltung dieser Verpflichtungen anhalten.
Im Hinblick auf die gesetzliche Fiktion der Einwilligung gemäß § 112 Abs. 2 HGB empfiehlt sich eine detaillierte Wettbewerbsregelung im Gesellschaftsvertrag, um spätere Unstimmigkeiten zu vermeiden. Eine solche vertragliche Regelung sollte bestimmen, wann und unter welchen Voraussetzungen die Managementgesellschaft als Komplementärin mit *fundraising* Aktivitäten für eine neue Fondsgesellschaft beginnen darf. Es sollten Voraussetzungen aufgestellt werden, unter denen Co-Investments der Managementgesellschaft und ihrer Geschäftsführer generell zulässig sind und in welchen Fällen eine besondere Einwilligung der Investoren erforderlich ist.[1158]

[1155] Siehe § 82 Abs. 1 AktG; § 37 Abs. 2 GmbHG; § 126 Abs. 2 HGB.

[1156] *Schlegelber / Martens*, HGB, § 165 Rdn. 34; *Baumbach / Hopt*, HGB, Anh § 177 a Rdn. 23.

[1157] Vgl. *Heymannn / Emmerich*, HGB, § 112 Rdn. 10 ff., 14 ff.; *Schlegelber / Martens*, HGB, § 112 Rdn. 9 ff.

[1158] Siehe auch die einzelnen Regelungen bei *Schüppen / Ehlermann*, Corporate Venture Capital, S. 60.

Wegen des begrenzten Anwendungsbereichs der §§ 112, 113 HGB, der nur Tätigkeiten im Handelszweig der Gesellschaft regelt,[1159] sind weitere vertragliche Regeln hinsichtlich anderer wirtschaftlicher Betätigungen notwendig. Insoweit vermag auch das auf der Treuepflicht aufbauende Institut der Lehre von den Geschäftschancen keinen abschließenden Schutz gewähren.[1160] Dieses setzt voraus, daß der Gesellschaft eine Geschäftschance bereits zugeordnet ist und die Gesellschafter allein wegen ihrer Stellung als Gesellschafter von dieser Kenntnis erlangt haben.[1161] Hierfür genügt es jedoch nicht, daß dem einzelnen VC-Manager oder auch der Managementgesellschaft Geschäftsmöglichkeiten allein durch die Stellung als Komplementär/in der Fondsgesellschaft oder aufgrund der Geschäftsführerstellung bekannt werden. Eine solche Geschäftsmöglichkeit ist erst dann eine Geschäftschance der Gesellschaft, wenn zunächst nur der Gesellschaft das Geschäft angedient werden sollte.[1162]

2. Verbindung durch Managementvertrag

Im Managementvertrag kann sowohl die Frage der Co-Investments der Managementgesellschaft geregelt werden, als auch die Voraussetzungen bestimmt werden, unter denen die Managementgesellschaft neue Fonds auflegen darf.
Übernehmen die VC-Manager in der Fondsgesellschaft Positionen als Organwalter in deren Geschäftsleitungsorgan, so werden die Vereinbarungen im Managementvertrag durch rechtsformspezifische Vorschriften der Fondsgesellschaften ergänzt.

a) VC-Manager als Vorstandsmitglieder der Fonds-AG

Die zentrale Vorschrift für VC-Manager als Vorstandsmitglieder ist der § 88 AktG. Die in § 88 AktG enthaltenen Wettbewerbsverbote sind denen für den persönlich haftenden Gesellschafter im Handelsrecht vergleichbar. Soweit der § 88 Abs. 1 AktG die Gesellschaft vor Wettbewerbshandlungen ihrer Vorstandsmitglieder schützt, stellt diese Vorschrift eine gesetzliche Ausprägung der organschaftlichen Treuepflicht dar.[1163] Das Verbot des Geschäftemachens im Geschäftszweig der AG umfaßt jede auf Gewinnerzielung gerichtete wirtschaftliche Betätigung, soweit diese nicht lediglich persönlichen Charakter hat, wie etwa die Anlage eigenen Vermögens.[1164]

[1159] Ob der Begriff des Handelszweig sich mit dem konkreten Unternhmensgegenstand deckt, wie er im Gesellschaftsvertrag vereinbart ist, weiter oder ggf. auch enger ist, ist im einzelnen streitig, siehe *Baumbach / Hopt*, HGB, § 112 Rdn. 5; *Schlegelberger / Martens*, HGB, § 112 Rdn. 13 ff.

[1160] Siehe zur Anwendung der Geschäftschancenlehre *K. Schmidt*, GesR, § 47 V.1.c), S. 1388; BGH NJW 1989, 2687.

[1161] *Heymann / Emmerich*, HGB, § 112 Rdn. 6 a; *Schlegelberger / Martens*, HGB, § 112 Rdn. 24.

[1162] *Schlegelberger / Martens*, HGB, § 165 Rdn. 18.

[1163] *Hüffer*, AktG, § 88 Rdn. 1.

[1164] BGH AG 1997, 328.

Demnach ist zunächst gegen persönliche Co–Investments der VC–Manager als Vorstandsmitglieder der Fonds-AG nichts einzuwenden. Auch hier dürfen sich Co-Investments nicht als Eingriff in die Geschäftschancen der Gesellschaft darstellen. Wegen des hierin liegenden Verstoß gegen die organschaftliche Treuepflicht wird teilweise im Hinblick auf § 88 Abs. 2 S. 2 AktG die analoge Anwendung der Vorschrift erwogen.[1165]

Der Schutzbereich des § 88 Abs. 1 AktG ist teilweise weiter als der seiner Parallelvorschrift im HGB. Die aktienrechtliche Vorschrift bezweckt vorrangig, der Gesellschaft die volle Arbeitskraft der Vorstandsmitglieder zu bewahren.[1166] Den VC-Managern als Vorstandsmitglieder einer Fonds-AG sind daher ohne eine Einwilligung des Aufsichtsrats andere wirtschaftliche Betätigungen untersagt.

Der Aufsichtsrat könnte in den Anstellungsverträgen der VC-Managern als Vorstandsmitglieder eine Einwilligung im Umfang des § 88 Abs. 1 S. 3 AktG erteilen. Auch wenn damit eine über die Grenzen des § 183 BGB hinausgehende Bindung der Entscheidungsfreiheit des Aufsichtsrat bewirkt wird, steht diesem doch wohl bei einer wesentlichen Verschlechterung in den Verhältnissen der Gesellschaft analog § 87 Abs. 2 S. 1 AktG das Recht zu, einseitig die entsprechende Regelung des Anstellungsvertrags aufzuheben.

b) VC-Manager als GmbH-Geschäftsführer

Das GmbH-Gesetz kennt keine dem § 88 AktG entsprechende Vorschrift. Jedoch hindert auch den GmbH-Geschäftsführer seine organschaftliche Treuepflicht Geschäftschancen der Gesellschaft an sich zu ziehen. Der Geschäftsführer muß vorbehaltlich abweichender Regelung im Anstellungsvertrag analog § 88 Abs. 1 AktG seine gesamte Arbeitskraft der Gesellschaft widmen.[1167] Darüber hinaus bleibt es nach § 37 Abs. 1 GmbHG den Gesellschaftern überlassen, Regelungen in den Gesellschaftsvertrag aufzunehmen, um die Pflichten der Geschäftsführer hinsichtlich von Wettbewerbsverhalten und Co-Investments zu konkretisieren.

VIII. Übertragungsbeschränkungen

Die Übertragbarkeit der Beteiligung des VC-Managements an der Fondsgesellschaft kann bei allen Gesellschaftsformen beschränkt werden. Das gilt für die AG insoweit, als eine statutarische Übertragungsbeschränkung nur in Form der Vinkulierung gemäß § 68 Abs. 2 AktG zulässig ist.[1168] Bei der GmbH & Co. KG ist dagegen die Zustimmung der übrigen Gesellschafter zur Übertragung eines KG-Gesellschaftsanteils schon der gesetzliche Regelfall.[1169] In der GmbH können die Geschäftsanteile des VC-Mangements gemäß § 15 Abs. 5 GmbHG durch die Satzung vinkuliert werden.

[1165] *Hüffer*, AktG, § 88 Rdn. 3.
[1166] *Hüffer*, AktG, § 88 Rdn. 1.
[1167] *Lutter / Hommelhoff*, GmbHG, Anh § 6 Rdn. 20.
[1168] *Hüffer*, AktG, § 68 Rdn. 13.
[1169] *Otto*, GmbHR 1996, 16.

Sinn und Zweck dieser Übertragungsbeschränkungen bei den Fondsgesellschaften ist nicht allein, den Ausstieg des VC-Managements oder das Eindringen unerwünschter Dritter zu verhindern. Auch die erheblichen Anreizwirkungen für das VC-Management durch die Gewinnbeteiligungen sollen aufrechterhalten werden. Um zu verhindern, daß die Anreizwirkungen bei einem Verbleiben des VC-Mangements in der Gesellschaft durch eine Abtretung deren zukünftigen Ansprüche auf Gewinnauszahlung gefährdet werden, empfiehlt sich neben den Vinkulierungen für die Beteiligungen auch ein Abtretungsverbot für diese zukünftigen Ansprüche auf Gewinnauszahlung. Einem solchen Abtretungsverbot steht § 137 S. 1 BGB nicht entgegen, vielmehr wird dessen Anwendungsberich durch § 399 BGB eingeschränkt.[1170] Die Möglichkeit einer derartigen Vereinbarung zwischen Gläubiger und Schuldner wird von § 399 BGB gerade vorausgesetzt.[1171]

IX. Ersetzen des VC-Managements

In Fällen von groben Pflichtverstößen oder Unfähigkeit zur Geschäftsführung kann es erforderlich sein, dem ursprünglichen VC-Management die Geschäftsleitung für die Fondsgesellschaft zu entziehen. Das HGB enthält, wie auch das GmbHG und das AktG, spezielle Vorschriften, nach denen das jeweilige Geschäftsleitungsorgan seiner Kompetenzen enthoben werden kann.[1172]

1. GmbH & Co. KG

Bei der GmbH & Co. KG können die besonderen vom Gesetz vorgesehenen Gestaltungsklagen für den Entzug der Geschäftsführungsbefugnis (§ 117 HGB) und der Vertretungsmacht (§ 127 HGB) auch durch die Zulassung eines entsprechenden Mehrheitsbeschlusses im Gesellschaftsvertrag ersetzt werden.[1173] Zu beachten ist, daß diese Rechte in einer GmbH & Co. KG den Kommanditisten ohne entsprechende vertragliche Regelungen allein im Hinblick auf die Komplementär-GmbH und nicht auch für die GmbH-Geschäftsführer zustehen.[1174] Die Geschäftsführer der Management-GmbH werden häufig auch deren Gesellschafter sein und deshalb auch bei Verlust ihrer Geschäftsführerstellung weiterhin wesentlichen Einfluß auf die Geschäftsführung der Management-GmbH ausüben können. Danach muß es möglich sein, der Management-GmbH selbst ihre Geschäftsleitungsbefugnisse zu entziehen.

a) Entzug der Geschäftsführungsbefugnis und der Vertretungsmacht

Der Entzug der Geschäftsführung und der Vertretungsmacht durch einen Mehrheitsbeschluß setzt im Gesellschaftsvertrag eine Regelung voraus, die den Anforderungen einer antizipierten Zustimmung entspricht.[1175] Um diesen

---

[1170] *Palandt / Heinrichs*, BGB, § 137 Rdn. 5.
[1171] Vgl. *Lutter / Hommelhoff*, GmbHG, § 29 Rdn. 43.
[1172] Siehe für die GmbH & Co. KG die §§ 160 Abs. 2, 117, 127, 140 HGB; für die GmbH die §§ 46 Nr. 5, 38 Abs. 1 GmbH; für die AG § 84 Abs. 3 AktG.
[1173] *Ulmer*, in Großkomm., HGB, § 117 Rdn. 9, 69; *Schlegelberger / Martens*, HGB, § 117 Rdn. 52; BGHZ 102, 172, 176 f.; BGHZ 86, 177, 180.
[1174] *Baums*, Der Geschäftsleitervertrag, S. 326 ff.
[1175] *Ulmer*, in Großkomm., HGB, § 117 Rdn. 69.

Anforderungen gerecht zu werden, sollte die Regelung konkretisieren, wann die Gesellschaftermehrheit über einen Entzug der Geschäftsführungskompetenz und der Vertretungsmacht entscheiden kann. Hierzu könnten z.B. Verstöße gegen Zustimmungsvorbehalte oder das besonders krasse Verfehlen festgelegter Investmentziele als das Entzugsrecht auslösende Ereignisse bestimmt werden. Die Entziehung der Vertretungsmacht bereitet jedoch Schwierigkeiten. Die Management-GmbH ist in der Regel das einzige vertretungsberechtigte Gesellschaftsorgan. Zwar ist es bei der Entziehung der Geschäftsführungsbefugnis möglich, daß die Kommanditisten in ihrer Gesamtheit die Geschäftsführung übernehmen, für die Vertretungsmacht ist dies aber durch § 170 HGB ausgeschlossen.[1176]

Auch werden die Investoren wohl kaum die Management-GmbH weiterhin an den Gewinnen beteiligen wollen, ohne daß diese die Geschäfte der Fondsgesellschaft fortführt. Mithin bleibt der vollständige Ausschluß der Management-Gesellschaft aus der GmbH & Co. KG.

b) Ausschluß der Management-GmbH

Bei dem Ausschluß der einzigen Komplementärin ist eine gleichzeitige Aufnahme einer neuen Komplementärin erforderlich, um die Auflösung der Gesellschaft zu verhindern.[1177] Die Ausschließung eines Gesellschafters kann abweichend vom gesetzlichen Verfahren nach § 140 HGB durch die Zulassung eines mehrheitlichen Gesellschafterbeschlusses geregelt werden.[1178] Die Kernbereichsrelevanz einer solchen Mehrheitsentscheidung ist evident, so daß sie einer Grundlage im Gesellschaftsvertrag bedarf, die den Anforderungen an eine antizipierte Zustimmung genügt. Hierzu können wiederum Umstände festgelegt werden, die einen solchen Mehrheitsentscheid rechtfertigen. Diese sachliche Begrenzung des Ausschlußrechts hilft auch, die Annahme einer unzulässigen *Hinauskündigungsklausel* zu vermeiden.[1179]

Der BGH hat die Wirksamkeit einer Vereinbarung angenommen, die es einem GmbH-Gesellschafter erlaubte, seine geschäftsführende Mitgesellschafterin durch die Annahme eines unbefristeten Übertragungsangebots ihres Geschäftsanteils faktisch aus der Gesellschaft *„hinauszukündigen"*.[1180] In dem der BGH-Entscheidung zugrundeliegenden Fall beruhte die umfassende Machtstellung der geschäftsführenden Gesellschafterin nicht auf deren entsprechendem Kapitaleinsatz. Vielmehr hatte ausschließlich der *„kündigende"* Gesellschafter die Finanzierung der Gesellschaft übernommen. Der BGH zog deshalb zur Begründung seiner Entscheidung eine Parallele zu einem

---

[1176] BGHZ 51, 198, 200; *Baums*, Der Geschäftsleitervertrag, S. 333 f.; *Habersack*, in Großkomm., HGB, § 127 Rdn. 8.

[1177] Vgl. *Schlegelberger / Schmidt*, HGB, § 140 Rdn. 2; *Heymann / Emmerich*, HGB, 140 Rdn. 3 a.

[1178] *Heymann / Emmerich*, HGB, § 140 Rdn. 33; *Schlegelberger / Schmidt*, HGB, § 140 Rdn. 74.

[1179] Darstellung des Streitstandes über die Zulässigkeit von Hinauskündigungklauseln bei *Heymann / Emmerich*, HGB, § 140 Rdn. 35 ff.

[1180] BGHZ 112, 103, 107 ff.

Treuhandverhältnis, bei dessen Beendigung der Treuhänder das Treugut wieder herausgeben muß.[1181]
Dieser Fall weist wesentliche Übereinstimmung mit der Konstellation bei einer Wagniskapitalgesellschaft auf: Die Investoren übernehmen die eigentliche Finanzierung der Gesellschaft, ohne daß ihnen die entsprechende Machtstellung in der Gesellschaft zukommt. Das VC-Management leistet dagegen regelmäßig einen völlig untergeordneten Kapitalbeitrag, während es aber die Geschicke der Gesellschaft nahezu unbeschränkt in seinen Händen hält.
Einem gesellschaftsvertraglichen Recht der Kommanditisten, bei Vorliegen bestimmter Umstände mehrheitlich den Ausschluß der Komplementär-GmbH zu beschließen, stehen vor dem Hintergrund dieser höchstrichterlichen Rechtsprechung keine durchschlagenden Bedenken entgegen. Gleiches gilt auch für eine unbefristete schuldrechtliche Verpflichtung der Komplementär-GmbH, ihren Gesellschaftsanteil unter bestimmten Voraussetzungen an einen Dritten zu übertragen.
Die zweite Variante hat dabei den Vorteil, eine Vakanz in der Komplementärstellung zu vermeiden.

2. Fondsgesellschaft als GmbH und AG

Ist dagegen die Managementgesellschaft mit der Fondsgesellschaft über einen Managementvertrag verbunden, so bestehen hinsichtlich der in dem Geschäftsleitungsorgan der Fondsgesellschaft tätigen VC-Manager die Abberufungsmöglichkeiten nach §§ 46 Nr. 5, 38 GmbHG und § 84 Abs. 3 AktG. Parallel dazu sollte in den Managementverträgen wie auch in den Anstellungsverträgen der VC-Manager ein gleichlaufendes Kündigungsrecht vereinbart werden, um Streitigkeiten über die Anspruchsgrundlage für die Managementvergütung / Managementgebühr zu vermeiden.
Das grundsätzlich freie Abberufungsrecht der GmbH-Gesellschafter für die Geschäftsführer nach § 38 Abs. 1 GmbHG muß im Hinblick auf eine anzustrebende eigenverantwortliche Geschäftsführung der VC-Manager durch die Festlegung entsprechender Widerrufsgründe eingeschränkt werden.
Um sicherzustellen, daß die zur Schaffung des *carried interest* an die Managementgesellschaft eingeräumten Beteiligungen nach Kündigung des Managementvertrages und der Abberufung der VC-Manager nicht bei dieser verbleiben, sind zugunsten der Investoren für diesen Fall Call-Optionen zu vereinbaren.

X. Begrenzte Lebensdauer

Für die KG[1182] wie auch für die Kapitalgesellschaften[1183] besteht die Möglichkeit, deren Lebensdauer durch den Gesellschaftsvertrag oder die Satzung zu begrenzen. Mit Ablauf der festgelegten Zeit werden die Gesellschaften aufgelöst. Damit ändert die Gesellschaft ihren Zweck; sie ist nicht mehr werbend tätig, sondern betreibt nur noch ihre Abwicklung.

[1181] BGHZ 112, 103, 109 ff.
[1182] §§ 161 Abs. 2, 131 Abs.1 Nr.1 HGB.
[1183] § 262 Abs. 1 Nr. 1 AktG; § 60 Abs. 1 Nr. 1 GmbHG.

Die Abwicklung verläuft bei allen Gesellschaftsformen nach dem gleichen Schema. Das Vermögen der Gesellschaft ist zu versilbern, die Gläubiger zu befriedigen und der verbleibende Überschuß unter die Gesellschafter zu verteilen. Für eine Fondsgesellschaft gleich welcher Rechtsform bedeutet dies, daß die noch im Portfolio gehaltenen Beteiligungen veräußert oder sonstwie desinvestiert werden müssen. Hierbei kann sich herausstellen, daß einige Beteiligungsunternehmen noch längerer Betreuung bedürfen, so daß ein Desinvestment nur zu ungünstigen Konditionen durchgeführt werden könnte. Damit stellt sich die Frage nach einer möglichen Verlängerung der werbenden Tätigkeit.

1. Besonderheiten der Kapitalgesellschaften

Für die AG ist aus Gründen des Kapitalschutzes nach der Auflösung eine Rückkehr zur werbenden Tätigkeit nur möglich, wenn mit der Vermögensverteilung noch nicht begonnen wurde.[1184] Ist es noch nicht zur Vermögensverteilung gekommen, kann die Hauptversammlung gemäß § 274 Abs. 1 S. 1, 2 AktG mit einer ¾-Mehrheit des bei der Beschlußfassung anwesenden Kapitals eine Verlängerung beschließen.[1185] Diese Regelung findet auf die GmbH analoge Anwendung.[1186] Zeichnet sich bereits vor Zeitablauf ab, daß einige Beteiligungsunternehmen längerer Betreuung bedürfen, ist eine Verlängerung durch Beschluß der Hauptversammlung bzw. der Gesellschafterversammlung als Satzungsänderung ohne weiteres zulässig. Nach h.M. genügt bei der AG für einen solchen satzungsändernden Beschluß die nach § 179 Abs. 2 AktG bestimmte Mehrheit.[1187] Bei der GmbH ist gemäß § 53 Abs. 2 S. 1 GmbHG zwingend eine ¾-Mehrheit der abgegebenen Stimmen für Satzungsänderungen erforderlich. Soll auch bei der GmbH mit geringerer Mehrheit eine Verlängerung beschlossen werden können, so kann die Zeitbestimmung im Gesellschaftsvertrag von vornherein unter einen Verlängerungsvorbehalt gestellt werden, der eine begrenzte Verlängerung mit geringerer Mehrheit zuläßt.

Für Fondsgesellschaften in der Rechtsform der AG stellt neben der Liquidation auch die Börseneinführung eine denkbare Desinvestmentstrategie dar. Diese Möglichkeit setzt jedoch voraus, daß das VC - Management gewillt ist, eine börsennotierte Wagniskapitalgesellschaft zu führen. Die Fondsgesellschaft ist ohne Betreuung durch die Managementgesellschaft lediglich ein Torso ohne Kopf. Eine Börseneinführung ist daher nur dann eine wirkliche Alternative für das Desinvestment, wenn die Fondsgesellschaft neben der personellen auch über die sachliche Ausstattung verfügt, um das Geschäft weiter zu betreuen. Diese soll aber regelmäßig bei der Konstruktion der Verbindung mit einer Managementgesellschaft erspart werden. Die Fondsgesellschaft hat allein den Zweck, das Kapital für die Beteiligungen aufzubringen und diese nach Erwerb zu halten.

[1184] *Hüffer*, AktG, § 274 Rdn. 4.

[1185] Siehe § 274 Abs. S. 2 AktG, der auch insoweit auf die GmbH analog angewendet wird; *Lutter / Hommelhoff*, GmbHG, 60 Rdn. 29.

[1186] *Lutter / Hommelhoff*, GmbHG, § 60 Rdn. 29.

[1187] *Hüffer*, AktG, § 262 Rdn. 9.

2. Besonderheiten der KG

Auch die KG kann nach Ablauf der im Gesellschaftsvertrag festgelegten Zeit fortgesetzt werden. Grundsätzlich ist dafür ein einstimmiger Gesellschafterbeschluß erforderlich.[1188] Im Gesellschaftsvertrag kann jedoch hierfür auch ein Mehrheitsentscheid vorgesehen werden.[1189] Die Rückwandlung in eine werbende Gesellschaft stellt jedoch als Änderung des Gesellschaftszwecks einen Eingriff in den Kernbereich der Mitgliedschaft dar.[1190] Für eine solche Klausel gelten daher die strengen Anforderungen einer antizipierten Zustimmung.[1191] Danach muß die Klausel genau festlegen, unter welchen Umständen und für welchen Zeitraum die Fortsetzung der Gesellschaft beschlossen werden kann.

XI. Zusammenfassung

Die mit der Organisationsstruktur der *independent* VCLPs verbundene Trennung von Management- und Fondsgesellschaft ist sicherlich im deutschen Recht der Aufgabenteilung bei der Typenvermischung der GmbH & Co. KG immanent. Sie läßt sich aber auch im Bereich der Kapitalgesellschaften verwirklichen. Hierzu ist jedoch anstatt einer gesellschaftsrechlichen Verknüpfung ein schuldrechtlicher Betriebsführungs- oder Managementvertrag erforderlich. Wird dieses schuldrechtliche Instrument mit einer Personenidentität der Geschäftsleitungsorgane der Management- und der Fondsgesellschaft kombiniert, so können auch die weiteren für die *independent* VCLPs typischen Gestaltungsmerkmale in dieser Konstellation genauso ermöglicht werden wie bei einer GmbH & Co. KG. Der schuldrechtlichen Verbindung aus Management- und Fondsgesellschaft, die eine Fondsgesellschaft auch in der Rechtsform der AG erlaubt, wird besondere Bedeutung zukommen, wenn die spätere Börseneinführung der Fondsgesellschaft selbst geplant ist. Aber auch die beabsichtigte Akquisition ausländischer Investoren, die in die Anlageform der deutschen Aktie ein stärkeres Vertrauen setzen als in eine Kommanditbeteiligung, kann die Rechtsformwahl zugunsten dieser Konstellation beeinflussen.

Viertes Kapitel: Gesetzliche Sonderformen und öffentliche Wagniskapitalquellen

Die öffentliche Hand hat in den USA wie auch in Deutschland die Bedeutung von Wagniskapital für Unternehmensgründungen sowie für kleinere und mittlere Unternehmen ohne direkten Kapitalmarktzugang erkannt. Es ist heute nahezu Allgemeingut, daß dieses Unternehmenssegment einen erheblichen Einfluß auf die Erneuerung einer Volkswirtschaft und die Schaffung von Arbeitsplätzen hat. Um die Schwierigkeiten dieser Unternehmen bei der Schaffung einer soliden Eigenkapitalgrundlage zu lindern, sind von staatlicher Seite in den USA wie auch in Deutschland nicht nur Anstrengungen zur Verbesserung der

[1188] *Heymann / Emmerich*, HGB, § 131 Rdn. 32; *Baumbach / Hopt*, HGB, § 131 Rdn. 31.
[1189] *Schlegelber / Schmidt*, HGB, § 131 Rdn. 64.
[1190] Vgl. *Löffler*, NJW 1989, 2656, 2659.
[1191] *Ulmer*, in Großkomm., HGB, § 119 Rdn. 42.

Rahmenbedingungen für Wagniskapital unternommen worden. Vielmehr hat der Staat auch neben der Schaffung besonderer Rechtsformen für Wagniskapitalgesellschaften auch selbst die Rolle des Kapitalgebers übernommen.

§ 17 Staatliche Förderung in den USA

Der Beginn der staatlichen Fördertätigkeit in den USA fällt in das Jahr 1953, in dem die *Small Business Administration* (SBA) als Bundesbehörde gegründet wurde, um durch ein Darlehen- und Garantieprogramm die Finanzierungsschwierigkeiten des *small business* anzugehen.[1192] Diese Finanzierungshilfen der SBA änderten jedoch das Finanzierungsverhalten der in der Regel zwischengeschalteten Banken nicht wesentlich. Im Rahmen des *Small Business Investment Companie Act* von 1958 wurden die Grundlagen für die *Small Business Investment Companies* (SBICs) gelegt. Diese sollten inspiriert durch das private Beispiel der ARD als staatlich lizenzierte und regulierte Venture Capital Fonds das Garantie- und Darlehensprogramm der SBA ergänzen.[1193]

Mit einer Änderung des *Investment Company Act of 1940* wurde 1980 für Wagniskapitalgesellschaften, die sich als *Business Development Companies* (BDCs) qualifizieren, die Kapitalaufnahme durch den öffentlichen Verkauf ihrer Beteiligungen erleichtert.[1194]

Mit den SBICs und den BDCs weist die Venture Capital Landschaft in den USA neben den VCLPs zwei spezial-gesetzlich geregelte Sonderformen auf.

I. SBICs

1. Gründung und Rechtsform einer SBIC

SBICs können als *limited partnership* oder auch als *corporation* organisiert sein. Sie bedürfen einer Lizenz durch die SBA.[1195] Um die SBA-Lizenz zu erhalten, muß ein privates Mindestkapital i.H.v. $ 5 Mio. und eine mindestens fünfjährige Investmenterfahrung der Managementmitglieder nachgewiesen werden. Die geplante Investmentstrategie ist in einem *business plan* darzulegen. Die Lizenzerteilung ergeht nach einer Ermessensentscheidung der SBA und setzt einen besonderen Antrag und die Entrichtung einer Gebühr voraus.[1196]

Die materiellen Voraussetzungen der Lizenzerteilung sind mit der Anhebung des privaten Kapitals um vier Millionen und dem Nachweis der Managementerfahrung deutlich angehoben worden. Die damit geschaffene Markteintrittsbarriere soll die Informationskosten der SBA bei der Qualitätsbeurteilung der antragstellenden Wagniskapitalgesellschaft reduzieren. Dem liegt die Überlegung zugrunde, daß die privaten Investoren, die das

---

1192 Vgl. *Bartlett*, Equity Finance, Vol. 1, § 6.5, S. 108.

1193 Zur Entwicklung und Bedeutung der SBICs und ihrer wechselvollen Geschichte siehe *Bygrave / Timmons*, Venture Capital at the Crossroads, S. 21 ff.; *Leopold / Frommann*, Eigenkapital für den Mittelstand, S. 221.

1194 *Bartlett*, Equity Finance, Vol. 2, § 24.21, S. 398.

1195 § 301 (c) des „*Small Business Investment Acts*"; siehe auch *Bartlett*, Equity Finance, Vol. 1, § 6.6 S. 110, Vol. 2, § 24.21, S. 389; *Brewer* u.a., Econ. Persp. 1996, 16, 17.

1196 *Gordon*, JPE Fall / 1998, 45, 46 f.

Mindestkapital aufgebracht haben, bereits eine intensive Prüfung der Antragstellerin vorgenommen haben. Damit reduziert sich für die SBA auch das Risiko einer adversen Selection.[1197]

2. Kapitalbeschaffung durch öffentliche Mittel

Die SBICs haben gegenüber ihrer nicht lizenzierten Konkurrenz die Möglichkeit, ihr privates Kapital durch SBA Mittel aufzustocken (*leverage-*Effekt).[1198] Seit der Reform des SBIC Programms durch den *„Small Business Equity Enhancement Act of 1992"* kann dies auf zwei unterschiedlichen Wegen erreicht werden.

a) Fremdkapitalprogramm

Im Rahmen des seit 1958 bestehenden Fremdkapitalprogramms können SBICs Schuldverschreibungen direkt an die SBA verkaufen oder durch diese garantieren lassen.[1199] Die SBA „poolt" diese Schuldverschreibungen und verkauft auf diesen Pool basierende Anleihen am Kapitalmarkt.[1200] Diese Schuldverschreibungen haben eine fünf- oder zehnjährige Laufzeit und sehen neben der Rückzahlung am Laufzeitende eine feste, halbjährige Zinszahlung in Abhängigkeit des Zinssatzes für Schatzanleihen an die SBA vor. Des weiteren erhält die SBA eine jährliche Gebühr i.H.v. 1% des aufgenommenen Fremdkapitals.[1201]

Über die SBA kann Fremdkapital in einem Verhältnis von 3:1 zum Eigenkapital aufgenommen werden, wobei eine Deckelung bei einem privaten Eigenkapital i.H.v $ 35 Mio. vorgesehen ist.[1202]

Der Versuch, die eigenkapitalorientierten Investments der SBICs durch laufend zu verzinsendes Fremdkapital zu refinanzieren, führte in den frühen 90er Jahren[1203] zur Krise vieler SBICs und schließlich fast zu deren Bedeutungslosigkeit.[1204] Die laufenden Zinsverpflichtungen hatten zur Folge, daß entgegen der Intention des Programms, Frühphasenfinanzierungen zu stärken, überwiegend fremdkapitalähnliche Beteiligungen in späteren Finanzierungsphasen eingegangen wurden.[1205] Wegen der dennoch übernommenen Eigenkapitalbeteiligungen ließen sich aus den Kapitalrückflüsse

---

[1197] *Gordon*, JPE Fall / 1998, 45, 46.

[1198] *Kinn / Zaff*, Pratt's Guide to Venture Capital, 1999, S. 105; siehe auch *Schefczyk*, Finanzieren mit Venture Capital, S. 105 ff.

[1199] *Brewer* u.a., Econ. Persp. 1996, 16, 17.

[1200] *Gordon*, JPE Fall / 1998, 45, 50.

[1201] *Gordon*, JPE Fall / 1998, 45, 50.

[1202] *Brewer* u.a., Econ. Persp. 1996, 16, 17; *Kinn / Zaff*, Pratt's Guide to Venture Capital, 1999, S. 105, 106.

[1203] 1989 entfiel auf SBICs nur noch 1 % des investierten Venture Capital, siehe dazu *Bygrave / Timmons*, Venture Capital at the Crossroads, S. 49.

[1204] *Pratt*, Pratt's Guide to Venture Capital, 1999, S. 75, 77.

[1205] *Gordon*, JPE Fall / 1998, 45, 50.

kaum die Zinsverpflichtungen gegenüber der SBA decken, so daß diese für die Zusammenbrüche vieler SBICs verantwortlich waren.[1206]

b) Eigenkapitalprogramm (participating securities program)

Das systemimmanente Problem der SBA Fremdkapitalfinanzierung gab Anlaß für das 1992 begründete *participating securities program.*[1207] In diesem Programm geht die SBA eigenkapitalähnliche Beteiligungen an SBICs ein, die in ihrer Ausgestaltung den *preferred shares* ähneln.[1208] Auch diese Beteiligungen werden von der SBA in einem Pool zusammengefaßt, dessen Anteile am Kapitalmarkt verkauft werden. Die SBA garantiert den Käufern eine laufende Gewinnauszahlung.[1209]

Bei einem privaten Eigenkapital i.H.v. $ 45 Mio. kann eine SBIC maximal $ 75 Mio. durch den Verkauf von *participating securities* an die SBA erhalten.[1210] Über das Fremdkapitalprogramm können weitere $ 15 Mio. aufgenommen werden.[1211]

Neben einem Rückzahlungsanspruch am Ende der Beteiligungszeit von maximal 15 Jahren erhält die SBA im neuen Eigenkapitalprogramm zu Beginn ihrer Finanzierungsleistungen eine Plazierungsgebühr von 2% auf den Nennwert der gewährten Finanzierungshilfe.[1212]

Darüber hinaus stehen der SBA sogenannte *„prioritized payments“* zu. Diese sind als eine Art *hurdle rate* zu leisten, bevor Gewinnausschüttungen an die privaten Investoren vorgenommen werden dürfen.[1213] Anders als im Fremdkapitalprogramm sind diese Zahlungen jedoch nur aus den Gewinnen der SBIC zu erbringen. Der Systembruch bei der Refinanzierung des Fremdkapitalprogramms wird damit vermieden.[1214]

Schließlich erhält die SBA nach Abzug der *prioritized payments* und der Managementgebühr (max. 2,5%) einen Anteil an den Nettogewinnen, der in Abhängigkeit des Zinssatzes für Schatzanleihen und dem Verhältnis der SBA Mittel zum privaten Eigenkapital anhand eines Basiswerts von 9% (max. 12%) bestimmt wird.[1215]

3. Anlagebeschränkungen

SBICs unterliegen unterschiedlichen Anlagebeschränkungen. Diese sollen vorrangig die bezweckte Förderung der Eigenkapitalausstattung von *small*

[1206] Im Zeitraum von 1986-91 wurden von 280 untersuchten SBICs 56% entweder liquidiert, die Lizenz entzogen oder gaben diese freiwillig ab; siehe dazu *Brewer* u.a., Econ. Persp. 1996, 16, 19; *Kinn / Zaff*, Pratt´s Guide to Venture Capital, 1999, S. 105, 106.

[1207] *Gordon*, JPE Fall / 1998, 45, 51.

[1208] *Bartlett*, Equity Finance, § 24.21, S. 391; *Schefczyk*, Finanzieren mit Venture Capital, S.106 sieht in diesem Finanzierungsinstrument Genußscheine.

[1209] *Kinn / Zaff*, Pratt´s Guide to Venture Capital, 1999, S. 105, 106.

[1210] *Bartlett*, Equity Finance, Vol. 2, § 24.21, S. 392.

[1211] *Bartlett*, Col. Business L. Rev. 1994, 589, 595.

[1212] *Bartlett*, Equity Finance, § 24.21, S. 392; *Gordon*, JPE Fall / 1998, 45, 51.

[1213] *Bartlett*, Equity Finance, § 24.21, S. 392; *Gordon*, JPE Fall / 1998, 45, 51.

[1214] *Gordon*, JPE Fall / 1998, 45, 51, *Bartlett*, Equity Finance, § 24.21, S. 391.

[1215] *Gordon*, JPE Fall / 1998, 45, 52.

businesses sicherstellen und den Mißbrauch der SBICs als Holdinggesellschaften verhindern. Als *small business* werden Unternehmen qualifiziert, deren Reinvermögen $ 18 Mio. nicht übersteigt und deren Nachsteuerergebnis in den letzten zwei Jahren nicht mehr als $ 6 Mio. betrug.[1216] Ein Unternehmen kann auch dann für ein SBIC Investment in Betracht kommen, soweit es bestimmte Einkommensgrenzen, die nach Industriebranchen gestaffelt sind ($ 500.000 - $ 25 Mio.) und bestimmte Beschäftigtenzahlen (100 – 1.500) nicht überschreitet.[1217] Eine SBIC muß bereits zum Ende des ersten Steuerjahres 10% ihres Kapitals (in jedem späteren Jahr 20%) in Unternehmen investieren, deren Reinvermögen niedriger als $ 6 Mio. ist und deren Nachsteuerergebnis weniger als $ 2 Mio. beträgt.[1218]
Mit den Anlagegrenzen soll auch das Interesse der Investoren an einem diversifizierten Fondsportfolio geschützt werden. Soweit SBA - Mittel genutzt werden, darf in das einzelne Portfoliounternehmen nicht mehr als 20% des privaten Eigenkapitals der SBIC investiert werden.[1219] SBICs dürfen keine Mehrheitsbeteiligungen (mehr als 50% der Stimmrechte) eingehen oder in sonstiger Weise die Kontrolle über das *small business* ausüben.[1220] Bei Start up-Finanzierungen oder bei Vertragsverletzungen durch das Beteiligungsunternehmen ist ausnahmsweise zum Schutz des Investments eine Kontrollübernahme zulässig. Für diesen Fall muß die SBIC darlegen, wie sie diese Kontrolle innerhalb von fünf Jahren aufzugeben gedenkt.[1221]
SBICs dürfen nicht in Investmentgesellschaften, Leasinggesellschaften und Grundvermögen investieren. Ferner kommen Unternehmen, die weniger als die Hälfte ihres Vermögens, ihres operativen Geschäfts und ihrer Mitarbeiter in den USA haben, für ein SBIC Investment nicht in Betracht.[1222]
Schließlich dürfen die aus dem Verkauf der *participating securities* erzielten Mittel ausschließlich in Eigenkapitalbeteiligungen (*common-* und *preferred stock*) oder eigenkapitalähnlichen Beteiligungen (Fremdkapital, dessen Zinsen nur aus den Gewinnen zu zahlen sind, sogenanntes *fluffy debt*) investiert werden.[1223]

[1216] *Kinn / Zaff*, Pratt´s Guide to Venture Capital, 1999, S. 105, 107; *Bartlett*, Equity Finance, § 24.21, S. 389 (Fn.106).
[1217] *Kinn / Zaff*, Pratt´s Guide to Venture Capital, 1999, S. 105, 107; *Gordon*, JPE Fall / 1998, 45, 48.
[1218] *Gordon*, JPE Fall / 1998, 45, 48; *Bartlett*, Col. Business L. Rev. 1994, 589, 600.
[1219] *Bartlett*, Equity Finance, § 24.21, S. 391.
[1220] Kontrollmehrheit wird angenommen bei, (1) zumindest 50 % der Stimmrechte bei weniger als 50 Gesellschafter, (2) mehr als 25 % der Stimmrechte bei mehr als 50 Gesellschafter, (3) bei zumindest 20 % der Stimmrechte und mehr als 50 Gesellschafter, soweit kein anderer Gesellschafter einen größeren Stimmrechtsblock hält; siehe dazu *Gordon*, JPE Fall / 1998, 45, 48.
[1221] *Bartlett*, Equity Finance, § 24.21, S. 390 (Fn. 107); *Gordon*, JPE Fall / 1998, 45, 48;.
[1222] *Bartlett*, Col. Business L. Rev. 1994, 589, 599 f.
[1223] *Bartlett*, Col. Business L. Rev. 1994, S. 589, 599.

4. Beschränkungen anderweitiger Kapitalbeschaffung

Eine Lizenz als SBIC wird grundsätzlich verwehrt, wenn das private Kapital von der gleichen Person oder Institution stammt, die auch das Management übernehmen soll. Hierbei wird jedoch auf die Eigentümer des Lizenznehmers abgestellt, so daß auch Publikumsgesellschaften wie z.B. Banken zu 100% an einer SBIC beteiligt sein können. Die Beschränkung greift daher nur ein, soweit eine einzelne Person oder eine *parent-corporation*, die mehrheitlich von einer einzelnen Person besessen wird, sowohl das Kapital als auch das Management stellen soll.[1224]

Des weiteren ist die Aufnahme von Fremdkapital grundsätzlich auf SBA-Mittel begrenzt.[1225] Ausnahmen sind mit Zustimmung der SBA möglich, wenn die Fremdkapitalaufnahme 50% des privaten Kapitals der SBIC nicht übersteigt und die SBIC mindestens an 30 Tagen im Jahr fremdkapitalfrei ist.[1226]

5. Informations-, Kontrollrechte und Rechtsbehelfe der SBA

Hervorzuheben ist, daß von Seiten der SBA weder auf das Fondsmanagement noch auf die Portfoliounternehmen Einfluß genommen wird. Alle Investmententscheidungen werden ausschließlich vom VC-Management getroffen.[1227] Die Einhaltung der gesetzlichen Vorschriften und SBA-Regelungen wird jedoch durch umfangreiche Informations- und Kontrollrechte der SBA sichergestellt:[1228] So müssen zweimal im Jahr schriftliche Bewertungen der Fremd- und Eigenkapitalinvestments der SBA vorgelegt werden. Dieses Zahlenmaterial muß jährlich von einem unabhängigen Wirtschaftsprüfer geprüft und bestätigt werden. In Zweijahresintervallen ist eine Überprüfung zuzulassen, bei der ein von der SBA eingesetztes Prüfungsteam die Einhaltung aller SBA Regelungen prüft. Die SBA kann darüber hinaus im Rahmen eines allgemeinen Prüfungs- und Untersuchungsrechts die Einhaltung der entsprechenden Gesetze und Vorschriften überwachen.

Verletzt eine SBIC die Gesetze oder Vorschriften, kann die SBA Management-Mitglieder der SBIC absetzen oder ihre Lizenz entziehen und ihr eine weitere Tätigkeit untersagen.[1229]

6. Sonderstatus der SBIC

SBICs genießen im Hinblick auf die Beteiligungsmöglichkeit von Banken und in steuerlicher Hinsicht einen Sonderstatus.

Banken, denen Eigenkapitalbeteiligungen an Nicht-Banken gesetzlich verboten sind und Bank-Holdinggesellschaften, deren Eigenkapitalbeteiligungen an Nicht-Banken auf 5% des stimmberechtigten Eigenkapitals begrenzt sind, können über eine SBIC-Tochter bis zu 50% des stimmberechtigten

[1224] *Gordon*, JPE Fall / 1998, 45, 46.
[1225] *Gordon*, JPE Fall / 1998, 45, 49.
[1226] *Bartlett*, Col. Business L. Rev. 1994, 589, 603.
[1227] *Kinn / Zaff*, Pratt´s Guide to Venture Capital, 1999, S. 105.
[1228] *Gordon*, JPE Fall / 1998, 45, 49.
[1229] Ferner ist es der SBA möglich, *directors* und *officers* einer SBIC zu ersetzen und die SBIC durch Gerichtsbeschlüsse führen zu lassen. Siehe *Gordon*, JPE Fall / 1998, 45, 49.

Eigenkapitals an Nicht-Banken halten.[1230] Die Beteiligungsmöglichkeit der Banken an SBICs ist lediglich auf 5% des Eigenkapitals der Bank begrenzt.[1231] Diese Ausnahme vom Beteiligungsverbot der Banken an Industrieunternehmen macht die Banken zu den wichtigsten Investoren der SBICs.[1232]
In steuerlicher Hinsicht ermöglicht die SBIC, daß Verluste aus einer Beteiligungen als „gewöhnliche" Verluste behandelt werden, aber Gewinne als Kapitalgewinne zu qualifizieren sind. Ein SBIC – Investor kann danach neben der günstigeren Kapitalgewinnbesteuerung auch Verluste mit anderen Einkünften verrechnen.[1233]

7. Kritik

Trotz der Revitalisierung der SBICs durch die Einführung der *participating securities*[1234] wird insbesondere die Überregulierung der SBICs kritisiert.[1235] Diese Kritik ist vor dem Hintergrund zu sehen, daß die besonderen Möglichkeiten der Kapitalbeschaffung nur eingeschränkt als günstig angesehen werden können. Nach Schätzungen der *National Association of Small Business Investment Companies* belaufen sich die tatsächlichen Kosten der Kapitalbeschaffung auf 10% - 12% der Finanzierungshilfe. Dies erfordert eine Gesamtrendite von 11%, damit sich der SBA-*leverage* für die privaten Investoren nicht nachteilig auswirkt.[1236] Das Zusammenspiel der Kapitalkosten, der starken Regulierung und eine mögliche negative Wirkung des *leverage* lassen die SBIC-Lizenz nur für Wagniskapitalgesellschaften günstig erscheinen, für die die faktische Größenbeschränkung der SBA (max. $ 135 Mio.) wegen ihres Investmentschwerpunktes (z.B. *early-stage*) nicht nachteilig ist oder die ohnehin nicht in der Lage sind, mehr Kapital zu akquirieren. Tendenziell würden außerhalb des Bankensektors weiterhin solche Wagniskapitalgesellschaften die SBIC-Lizenz beantragen, denen die nötige Erfahrung fehle oder aber ein zu hohes Risiko eingehen, um ausreichend privates Kapital akquirieren zu können. Auf dieses Problem weisen insbesondere *Brewer / Genay / Jackson / Worthinton* hin.[1237] Ein weiterer Nachteil des SBA-Engagements sei, daß diese als Bundesbehörde nicht die Kontakte und

---

[1230] *Milhaupt*, JSEBL 1998, 177, 188; *Gordon*, JPE Fall / 1998, 45, 47; *Brewer* u.a., Econ. Persp. 1996, 16.
[1231] *Gordon*, JPE Fall / 1998, 45, 47.
[1232] Banken sind zur Zeit für mehr als zwei Drittel der $ 4.5 Mrd., die über das SBIC Programm investiert sind, verantwortlich. Siehe *Milhaupt*, JSEBL 1998, 177, 188; vgl. *Schefczyk*, Finanzieren mit Venture Capital, S. 107.
[1233] *Gordon*, JPE Fall / 1998, 45, 47.
[1234] Seit der Einführung des neuen Programms sind 110 SBICs lizenziert worden, die mit einem bereitgestellten Kapital von $ 1.5 Mrd. mehr Mittel zugesagt bekommen haben, als die SBICs in den zehn Jahren vor 1994. Siehe *Kinn / Zaff*, Pratt´s Guide to Venture Capital, 1999, S. 105.
[1235] *Bartlett*, Private Equity, § 24.21.
[1236] *Gordon*, JPE Fall / 1998, 45, 52.
[1237] *Brewer* u.a., Econ. Persp. 1996, 16, 17, 29 f.; siehe auch *Gordon*, JPE Fall / 1998, 45, 54.

Fähigkeiten zur Beratung des Fondsmanagements habe und somit anders als private Investoren kein „value-added" Investor sei.[1238]
Auch werden generell Zweifel an der Erforderlichkeit des staatlichen Eingreifens bei Bereitstellung von Venture Capital erhoben. Anders als zu Beginn des SBIC Programms 1958 und in den folgenden Jahrzehnten sei heutzutage nach mehreren Rekordjahren bei der Bereitstellung von Venture Capital eine staatliche Intervention nicht mehr zu rechtfertigen. Vielmehr wird befürchtet, daß das durch öffentliche Mittel verstärkte Venture Capital Angebot die Erfolgsaussichten der privaten Investoren reduziere.[1239]
Die Aufrechterhaltung des SBIC Programms wird damit gerechtfertigt, daß es erforderlich sei, um in der stark zyklischen Venture Capital Industrie Versorgungsengpässen mit privatem Kapital abzufangen. Dem wird entgegengehalten, daß für einen solchen Bedarfsfall das SBIC Programm auch mit einem deutlich reduzierten Umfang ein wirksames Instrumentarium biete.[1240]

II. Business Development Companies (BDCs)

Die Einführung der BDCs durch den *Small Business Investment Incentive Act of 1980* (SBIIA) stellt den Versuch dar, einen Ausgleich zwischen den Bedürfnissen von Venture Capital Gesellschaften, die ihr Kapital mittels eines öffentlichen Angebots aufbringen wollen, und dem Anlegerschutz des *Investment Company Act of 1940* (ICA) zu schaffen.[1241] Den BDC werden Ausnahmen von den belastenden Regelungen des ICA gewährt.[1242] Als Sonderform der *investment companies* ist den BDCs ein eigener Regelungsabschnitt im ICA gewidmet.[1243]

1. Qualifikation als BDC

Die BDCs müssen als geschlossene Fonds organisiert sein, die ihre Investments überwiegend (70%) in besonders spezifizierten Unternehmen (*Eligible Portfolio Companies)* vornehmen, denen sie erhebliche Managementunterstützung anbieten müssen.[1244] BDCs müssen ihren Hauptgeschäftssitz in den USA haben, eine bestimmte Rechtsform ist ihnen nicht vorgeschrieben.[1245]

1238 *Gordon*, JPE Fall / 1998, 45, 53.

1239 Siehe zum folgenden *Gordon*, JPE Fall / 1998, 45, 53 f.

1240 *Gordon*, JPE Fall / 1998, 45, 54.

1241 *Bartlett*, Private Equity, § 24.22, S. 398 f.

1242 *Testa*, in *PLI*, Venture Capital Financing 1989, 185, 194; *Halloran*, in Halloran u.a., Venture Capital and Public Offering Negotiation, § 5, S. 5-22.

1243 Ausführlich zu den die BDCs betreffenden Regelungen des ICA siehe *Steck*, Regulierungen von U.S.-amerikanischen Investmentgesellschaften (Investment Companies), § 11, S. 205 ff.

1244 *Halloran*, in Halloran u.a.,Venture Capital and Public Offering Negotiation, § 5, S. 5-23; *Steck*, Regulierungen von U.S.-amerikanischen Investmentgesellschaften, § 11, S. 208.

1245 Dies ergibt sich schon aus den besonderen Regelungen zur Klassifizierung der *„partner"* als „affiliate" der BDC, siehe dazu *Testa*, in *PLI*, Venture Capital Financing 1989, 185, 201; *Halloran*, in Halloran u.a., Venture Capital and Public Offering Negotiation, § 5, S. 5-49.

a) Qualifizierende Investments

Als *Eligible Portfolio Companies* (EPCs) kommen zunächst nur solche Unternehmen in Betracht, die ihren Tätigkeitsschwerpunkt in den USA haben und selbst keine Investmentgesellschaft noch ein sonstiger Finanzintermediär sind. Das Vermögen einer EPC darf nicht mehr als $ 4 Mio. betragen, wobei ihr Eigenkapital abzüglich einbehaltener Gewinne nicht mehr als $ 2 Mio. ausmachen darf. Alternativ dazu darf sie an keiner nationalen Börse oder auf der *Federal Reserve Board's Margin List* notiert sein. Auch ein kontrollierender Einfluß der BDC (alleine oder als Mitglied einer Investorengruppe) ermöglicht die Qualifikation als EPC, wobei ein solcher Einfluß bei einem Stimmrechtsanteil von mehr als 25% und einem Vertreter im *board of directors* der EPC angenommen wird. Schließlich dürfen BDC sich an Unternehmen beteiligen, die in ernste wirtschaftliche Schwierigkeiten geraten sind.[1246]

BDCs sollen durch diese Kriterien zu Investments in inländischen produzierenden Gesellschaften bestimmt werden, die bedingt durch ihre Größe keinen Zugang zum Kapitalmarkt haben oder wegen ihrer schwierigen wirtschaftlichen Lage ihren Kapitalbedarf nicht auf konventionelle Weise decken können.[1247]

b) Managementunterstützung

Die BDCs müssen maßgebliche Managementunterstützung anbieten. Die Verpflichtung zum Angebot von Managementunterstützung kann dabei durch jede Vereinbarung zur Beratung und Anleitung im Hinblick auf das Management, den Geschäftsbetrieb oder die Geschäftspolitik eines Portfoliounternehmens erfüllt werden.[1248] Dieses Angebot muß von der EPC nicht wahrgenommen werden.[1249] Soweit die BDC gemeinsam mit anderen das Investment vornimmt, genügt es auch, daß ein anderer Investor die Managementunterstützung anbietet. Eine BDC darf sich jedoch nicht auf passive Beteiligungen beschränken.[1250]

c) Wahl des BDC Status

Die Erfüllung der zuvor genannten Kriterien berechtigen Wagniskapitalgesellschaften, die Ausnahmeregelung des ICA für sich zu beanspruchen. Sie haben die SEC von ihrer Wahl zu unterrichten.[1251] Zuvor muß die Wagniskapitalgesellschaft entweder ihre Gesellschaftsanteile bereits gemäß § 12 des *Securities Exchange Act of 1934* registriert haben oder aber einen entsprechenden Antrag auf Registrierung gestellt haben. Darüber hinaus muß die

---

1246 *Testa*, in *PLI*, Venture Capital Financing 1989, 185, 194 f.; *Halloran*, in Halloran u.a., Venture Capital and Public Offering Negotiation, § 5, S. 5-25; *Steck*, Regulierungen von U.S.-amerikanischen Investmentgesell-schaften, § 11, S. 209 f.

1247 *Halloran*, in Halloran u.a., Venture Capital and Public Offering Negotiation, § 5, S. 5-25; *Steck*, Regulierungen von US–amerikanischen Investmentgesellschaften, § 11, S. 210 ff.

1248 *Testa*, in *PLI*, Venture Capital Financing 1989, 185, 195 f.

1249 *Steck*, Regulierungen von US–amerikanischen Investmentgesellschaften, § 11, S. 213 f.

1250 *Halloran*, in Halloran u.a.,Venture Capital and Public Offering Negotiation, § 5, S. 5-30.

1251 *Testa*, in *PLI*, Venture Capital Financing 1989, 185, 196.

BDC für einen öffentlichen Verkauf ihrer Gesellschaftsanteile eine Registrierung nach dem *Securities Act of 1933* durchführen lassen.[1252]

2. Konsequenzen aus der Qualifikation als BDC

Mit der Wahl des BDC Status gelten für die Gesellschaft die Regelungen der §§ 55 – 65 des ICA.

a) Mehrheitliche „Unabhängigkeit" des Leitungsorgans

Die Mehrheit des *board of directors* oder der *general partners* einer BDC müssen sogenannte *disinterested persons* sein. Das bedeutet, daß sie weder Geschäftsführer, Angestellter oder 5%ige Gesellschafter der BDC sein dürfen, noch in unmittelbarer verwandtschaftlicher oder geschäftlicher Beziehung zu der Gesellschaft stehen dürfen[1253] Für BDCs in der Rechtsform der *limited partnership* bestehen zusätzlich besondere Regelungen, weil deren *general partners* grundsätzlich als *interested persons* angesehen werden.[1254] Diese verschärften Anforderungen müssen Investmentgesellschaften, die sich nicht als BDC qualifizieren wollen, nicht erfüllen.[1255] Diese Anforderungen sollen eine stärkere interne Kontrolle gewährleisten und damit die im Vergleich zu den gewöhnlichen Investmentgesellschaften reduzierte externe Kontrolle durch die SEC ausgleichen.[1256] BDCs bedürfen dafür bei Transaktionen mit ihren affiliates in größerem Umfang nur der Zustimmung ihrer *disinterested „directors"* anstatt der Zustimmung der SEC.[1257] Dies läßt BDCs schneller und flexibler bei geschäftlichen Transaktionen mit *affiliates* verfahren als gewöhnliche Investmentgesellschaften.

b) Refinanzierung und Kapitaldeckung

Weitere Erleichterung gelten für die BDCs im Hinblick auf ihre Refinanzierung und ihre Kapitaldeckung. Bei der Ausgabe von Schuldverschreibungen benötigen BDCs lediglich eine Vermögensdeckung von 200% anstatt von 300%.[1258] Schuldverschreibungen, die im Wege eines *private placement* durch eine Bank oder eine andere Finanzinstitution ausgegeben werden, bedürfen

---

[1252] *Testa*, in *PLI*, Venture Capital Financing 1989, 185, 196.

[1253] Das bedeutet, sie dürfen weder Geschäftsführer, Angestellte oder 5-%ige Gesellschafter der BDC sein, noch ein unmittelbarer Familienangehöriger einer solchen Person, der Rechtsbeistand der Gesellschaft, ein *„affiliate"* des Haupt–Underwriter oder des Börsenhändlers der Gesellschaft sein. *Hewitt* u.a., in *PLI*, Venture Capital 1991, S. 141, 146.

[1254] *Testa*, in *PLI*, Venture Capital Financing 1989, 185, 197; *Halloran*, in Halloran u.a.,Venture Capital and Public Offering Negotiation, § 5, S. 5-50.

[1255] *Steck*, Regulierungen von U.S.-amerikanischen Investmentgesellschaften, § 11, S. 220 f.

[1256] Eine "Nicht"-BDC-Investmentgesellschaften kann 60 % *„interested directors"* haben, siehe *Halloran*, in Halloran u.a.,Venture Capital and Public Offering Negotiation, § 5, S. 5-46.

[1257] *Testa*, in *PLI*, Venture Capital Financing 1989, 185, 199; *Hewitt* u.a., in *PLI*, Venture Capital 1991, S. 141, 147 f.; *Halloran*, in Halloran u.a., Venture Capital and Public Offering Negotiation, § 5, S. 5-37 ff.

[1258] *Steck*, Regulierungen von US–amerikanischen Investmentgesellschaften, § 11, S. 219.

keinerlei Vermögensdeckung.[1259] Vor 1996 war es den BDCs nur unter bestimmten Bedingungen möglich, unterschiedliche Gattungen von vorrangigen Schuldtiteln auszugeben.[1260] Der *National Securities Market Improvement Act of 1996* (NSMIA) hat diese Bedingungen aufgehoben. Die Ausgabe von Schuldtiteln ist damit nur noch durch die Vermögensdeckungspflicht begrenzt. Mit dem NSMIA wurde auch die Ausgabe von Wertpapieren (Fremd- und Eigenkapitaltitel) in Kombination mit Warrants, Optionen oder Kaufrechten für stimmberechtigte Gesellschaftsanteile erlaubt.[1261]

c) Anreiz- und Leistungsvergütung

Mit dem SBIA wurde die Notwendigkeit einer leistungsorientierten Vergütung für die Geschäftsleiter und Angestellten einer BDC anerkannt. Die bisherigen Regelungen im ICA hatten eine Anreiz- und Leistungsvergütung entweder stark einschränkt oder ganz verboten. Es sind nun drei alternativ mögliche anreiz- und leistungsorientierte Vergütungssysteme zugelassen:[1262] BDCs können in einem Vergütungsplan Warrants, Optionen und Rechte zum Erwerb von stimmberechtigten Eigenkapitalbeteiligungen einräumen.[1263] An Geschäftsleiter und Angestellten können Darlehen zum Erwerb der von den BDCs ausgegebenen Wertpapiere gewährt werden.[1264] In einem Gewinnbeteiligungsplan kann mit Zustimmung der *disinterested directors* 20% der Nettogewinne eines Steuerjahres an die Geschäftsleiter und Angestellten ausgeschüttet oder für diese angesammelt werden.[1265]

Die in der Wagniskapital-Branche übliche Managementvergütung durch den Erwerb von günstigen untergeordneten Gesellschaftsanteilen, die bei Erreichen bestimmter Leistungsziele in eine privilegierte Anteilsgattung eingetauscht werden können (promotional stock), bleibt jedoch weiterhin auch für BDCs untersagt.[1266] Allerdings besteht für BDCs die Möglichkeit, *common stock* durch die Ausübung von *Warrants* und Optionen unter deren aktuellem Nettowert an ihre Geschäftsleiter und Angestellten abzugeben.[1267]

[1259] Siehe „Company Act" §§ 61, 18 (g), dazu auch *Halloran*, in Halloran u.a.,Venture Capital and Public Offering Negotiation, § 5, S. 5-41.

[1260] *Testa*, in *PLI*, Venture Capital Financing 1989, 185, 203.

[1261] Zuvor war eine Kombination dieser Rechte nur mit Schuldtiteln zulässig, *Halloran*, in Halloran u.a., Venture Capital and Public Offering Negotiation, § 5, S. 5-41 f.

[1262] *Halloran*, in Halloran u.a.,Venture Capital and Public Offering Negotiation, § 5, S. 5-42.

[1263] *Testa*, in *PLI*, Venture Capital Financing 1989, 185, 202.

[1264] *Hewitt* u.a., in *PLI*, Venture Capital 1991, S. 141, 148; zu den genauen Anforderungen siehe *Halloran*, in Halloran u.a.,Venture Capital and Public Offering Negotiation, § 5, S. 5-43.

[1265] *Testa*, in *PLI*, Venture Capital Financing 1989, 185, 203.

[1266] *Halloran*, in Halloran u.a.,Venture Capital and Public Offering Negotiation, § 5, S. 5-44.

[1267] Wobei natürlich die für diese Rechte geltenden Grenzen einzuhalten sind, siehe *Halloran*, in Halloran u.a., Venture Capital and Public Offering Negotiation, § 5, S. 5-45.

d) Steuerliche Behandlung

Ursprünglich war auch die steuerliche Behandlung ein maßgebliches Kriterium für die Wahl des BDC Status.[1268]

BDCs gelten als *Regulated Investment Companies* (RICs), womit ihnen die steuerliche Behandlung als *pass-through entity* offensteht[1269]. Die RICs vermeiden eine Ertragsbesteuerung auf Gesellschaftsebene , soweit sie 90% ihres Gesamteinkommens aus passiven Portfolio- und Investmenterträgen erzielen, ihr Anlagevermögen auf mindestens zwölf unterschiedliche Emittenten verteilt ist und sie zwingende Gewinnausschüttungen beachten.[1270] BDCs haben deshalb häufig die Rechtsform der *limited partnership* gewählt, um so auch ohne die Investmentbeschränkungen des I.R.C. in den Genuß des *pass-through* Status zu gelangen.[1271] Sie profitieren dabei von einer Ausnahmereglung des I.R.C., nach der öffentlich gehandelte *limited partnerships* nicht den Besteuerungsregeln von *corporations* unterliegen, wenn mindestens 90% ihres Gesamteinkommens aus passiven Portfolio- oder Investmenterträgen stammen.[1272]

§ 18 Staatliche Förderung in Deutschland

I. Die öffentlichen Kapitalquellen

Auch in Deutschland hat die staatliche Förderung von Unternehmensgründern und kleinen und mittleren Unternehmen eine lange Tradition. Deren Anfänge gehen mit der Gründung der Kreditanstalt für Wiederaufbau (KfW) 1948, die auch heute noch die bedeutendste staatliche Quelle für die Mittelstandsförderung ist, sogar bis in die Zeit der Währungsreform zurück.[1273] Die KfW verwaltet als Körperschaft des öffentlichen Rechts Finanzierungsprogramme für den Bund und die Länder, die im Verhältnis 80% zu 20% an ihrem Grundkapital beteiligt sind. Diese Finanzierungsprogramme reichen von langfristigen, zinsgünstigen Kreditprogrammen für kleinere und mittlere Unternehmen (KfW-Mittelstandsprogramm) über Refinanzierungshilfen für Wagniskapitalgesellschaften in Form von Darlehen und Garantien (ERP-Beteiligungsprogramm, KfW-Risikokapitalprogramm).[1274] Die KfW geht selbst keine unmittelbaren, eigenkapitalähnlichen Beteiligungen ein.

1268 Dies die Halbierung der Anzahl der BDCs von 8 auf 4 im Zeitraum von 1986 bis 1990 vermuten, nachdem mit dem „Tax Reform Act of 1986“ maßgebliche Vorteile des BDC Status entfielen, siehe *Kleinman / Shulman*, JBV 7, 1992, 195, 198.

1269 I.R.C. § 851 (a)(1)

1270 Siehe dazu *Newberg*, Investment Funds, S. 92 ff.; *Steck*, Regulierungen von U.S.-amerikanischen Investmentgesellschaften, § 11, S. 221 und § 9, S. 175 ff.

1271 *Halloran*, in Halloran u.a.,Venture Capital and Public Offering Negotiation, § 5, S. 5-35.

1272 *Zschiegner*, Die Besteuerung von Gesellschaften, in Grundzüge des U.S.-amerikanischen Steuerrechts, S. 134, 135; *Newberg*, in Investment Funds, S. 96 f.

1273 *von Boehm-Bezing*, Eigenkapital für nicht börsennotierte Unternehmen durch Finanzintermediäre, S. 160 ff.

1274 *von Boehm-Bezing*, Eigenkapital für nicht börsennotierte Unternehmen durch Finanzintermediäre, S. 162 ff.

Im Unterschied dazu beteiligt sich die Deutsche Ausgleichsbank (DtA), die als Förderinstitut des Bundes seit 1986 unter diesem Namen firmiert,[1275] mit ihren Finanzierungshilfen (z.B. Eigenkapitalhilfe-Programm, Eigenkapitalergänzungsprogramm) auch als Risikokapitalgeber.
Bei den zuvor genannten Finanzierungshilfen der DtA handelt es sich zwar auch um Darlehen. Diese werden jedoch ohne dingliche Sicherheiten gewährt, so daß ihnen wegen ihrer langen Laufzeit (20 Jahre) mit zehn tilgungsfreien und zwei zinsfreien Jahren Eigenkapitalcharakter zukommt.[1276] Über ihre Tochtergesellschaft, die Technologie Beteiligungsgesellschaft mbH (tbg), agiert die DtA sogar als echte Venture Capital Gesellschaft. Die tbg beteiligt sich an der Seite von privaten Wagniskapitalgesellschaften oder Privatpersonen in der Regel im Wege der stillen Beteiligung in gleicher Höhe wie der private Investor, der bei diesem Co- Investment als Leadinvestor fungiert.[1277] Je nach Programm erhält die tbg eine feste Jahresvergütung (5-7% der Einlage) und ein an den Verhältnissen des Beteiligungsunternehmen ausgerichtetes Beteiligungsentgelt.[1278]
Neben den unterschiedlichen Förderprogrammen des Bundes, die durch seine Förderinstitute KfW und DtA verwaltet werden, kommen weitere Initiativen auf der Ebene der Länder und der Europäischen Union hinzu.[1279]

II. Kritik an den öffentlichen Kapitalquellen

In Deutschland besteht ein nicht nur für den Unternehmensgründer kaum überschaubares Angebot an öffentlichen Unterstützungsprogrammen.[1280] Die Kritik an dieser sicher gut gemeinten Fördervielfalt wird schon durch die Bezeichnung als *„Förder-Dschungel“* mehr als deutlich.[1281] Auch können Bedenken gegen die hohe Quote öffentlicher Mittel an der gesamten

---

[1275] Ein Überblick über die wechselvolle Geschichte der DtA befindet sich in Geschichte und Geschichten, *Deutsche Ausgleichsbank*, FS 50. Gründungsjubiläum, S. 162 ff.

[1276] *Guth*, in *Weitnauer*, Handbuch Venture Capital, Teil B.V. S. 137, Rdn. 125.

[1277] *Guth*, in *Weitnauer*, Handbuch Venture Capital, Teil B.V. Rdn. 119; *Schefczyk*, Finanzieren mit Venture Capital, S. 97; *Geigenberger*, Risikokapital für Unternehmensgründer, S. 107; *von Boehm- Bezing*, Eigenkapital für nicht börsennotierte Unternehmen durch Finanzintermediäre, S. 169 f.

[1278] Vgl. Beteiligungsgrundsätze der tbg für das „DtA Technologie-Beteiligungsprogramm“, „Beteili-gungsprogramm für kleine Technologieunternehmen“ und das Programm zur „Förderung und Unterstützung von technologieorientierten Unternehmensgründungen.

[1279] Siehe auch *Leopold / Frommann*, Eigenkapital für den Mittelstand, S. 48 ff.; *von Boehm-Bezing*, Eigenkapital für nicht börsennotierte Unternehmen durch Finanzintermediäre, S. 159 ff.

[1280] Einen hilfreichen ersten Überblick hierzu gibt *Guth*, in *Weitnauer*, Handbuch Venture Capital, Teil B.V., S. 130 ff.; siehe auch *Engelmann / Juncker / Natusch / Tebroke*, Moderne Unternehmensfinanzierung, S. 71 ff.; aktuelle Informationen sind in der jährlich erscheinenden Sonderausgabe der „Zeitschrift für das gesamte Kreditwesen“ (ZfgK) mit dem Titel „Die Finanzierungshilfen des Bundes, der Länder und der internationalen Institutionen“ zu finden.

[1281] So *Guth*, in *Weitnauer*, Handbuch Venture Capital, Teil B.V., B.V. „Zusammenfassung“, S. 146; siehe auch *Engelmann / Juncker / Natusch / Tebroke*, Moderne Unternehmensfinanzierung, S. 68, 82; *Schefczyk*, Finanzieren mit Venture Capital, S.101.

Kapitalbereitstellung nicht ohne weiteres unberücksichtigt bleiben.[1282] Dies gilt insbesondere vor dem Hintergrund, daß es auch in Deutschland ein Potential von knapp 220.000 Business Angels geben soll, die schätzungsweise ein jährliches Investitionsvolumen von 9 bis 13 Mrd. DM bereitstellen könnten.[1283] Die Business Angels könnten gerade in dem durch die öffentliche Mittelbereitstellung mittlerweile dominierten Bereich der Frühphasen-Finanzierung eine Entlastung der öffentlichen Haushalte bewirken.
Die frei werdenden Mittel könnten an (Fachhoch-) Schulen und Universitäten zur Ausbildung von potentiellen Unternehmensgründern, die das eigentliche Substrat einer jeden Wagniskapitalfinanzierung bilden, verwendet werden.
Diese grundsätzliche Kritik kann und will nicht die Erfolge der öffentlichen Kapitalbereitstellung bei der Förderung des deutschen Wagniskapitalmarktes reduzieren.[1284] So ist insbesondere das Co-Investor Modell der Technologie Beteiligungs-Gesellschaft (tbg) mbH hervorzuheben. Der Erfolg dieses Modells läßt sich anhand von beeindruckenden Zahlen wie z.B. 1057 Beteiligungszusagen mit einem Volumen von 986 Mio. DM seit dem 1.8.1989 verdeutlichen. Die tbg-Investments sind zu 89% Frühphasen-Finanzierungen. Sie ist damit einer der führenden Startfinanziers in Europa.[1285] Das sogenannte *„Beteiligungskapital für kleine Technologieunternehmen“* als Programm des Bundesministerium für Wirtschaft und Technik, zu dessen Durchführung auch das Co-Investor Modell der tbg gehört, wird neben der Einführung des Neuen Marktes als entscheidender Faktor für den Erfolg des deutschen Beteiligungsmarktes in den letzten drei Jahren gesehen.[1286]
Das tbg-Modell versteht es, öffentliche Mittel mit privaten zu kombinieren und den jungen Technologieunternehmen die erforderliche Managementbetreuung durch den privaten Lead-Investor zu sichern. Durch die Einbindung einer renditeorientierten Wagniskapitalgesellschaft wird die Gefahr reduziert, daß Unternehmen aus sonstigen förderpolitischen Gesichtspunkten finanziert werden, obwohl ihnen eigentlich nicht die Möglichkeit beizumessen ist, nach gewisser Zeit rentabel am Markt zu bestehen.
Die Bereitstellung von staatlichen Wagniskapital in der Form des Co-Investormodells kann eine sinnvolle Katalysatorwirkung für privates Wagniskapital darstellen. Die staatliche Förderung sollte sich daher auf dieses Modell konzentrieren.[1287]

[1282] Im Jahre 1999 stammten ca. 12 % der neuen Fondsmittel aus dem öffentlichen Sektor, womit dieser nach den Kreditinstituten und Pensionsfonds die drittwichtigste Kapitalquelle war, siehe BVK-Jahrbuch 2000, S. 55. Im Jahre 2000 entfielen gar 16,4 % der neuen Mittel auf öffentliche Quellen.

[1283] ZEW/ISI, Beteiligungskapital und Technologieorientierte Unternehmensgründungen, Gutachten-Kurzfassung, S. 25.

[1284] Siehe auch *Schefczyk*, Finanzieren mit Venture Capital, S. 103 mwN.

[1285] Eigene Angaben der tbg, Kennzahlen, Stand. 15.04.1999.

[1286] *Hertz-Eichenrode*, BVK-Jahrbuch 2000, S. 9, 14.

[1287] So auch *Schefczyk*, Finanzieren mit Venture Capital, S. 104.

III. Unternehmensbeteiligungsgesellschaften (UBG) nach dem UBGG

Das Gesetz über die Unternehmensbeteiligungsgesellschaften (UBGG) vom 17.12.1986 kann als die umfangreichste legislative Anstrengung angesehen werden, um das Entstehen und die Stärkung eines Wagniskapitalmarktes in Deutschland zu fördern. Im Gegensatz zu seiner Resonanz in der wissenschaftlichen Diskussion sind ihm jedoch wenig Auswirkungen auf die Praxis der Bereitstellung von Wagniskapital zu attestieren.[1288]

1. Ursprüngliche Konzeption und deren Hindernisse

Mit dem Inkrafttreten des UBGG zum 1. Januar 1987 verfolgte der Gesetzgeber zwei Ziele: Die mit diesem Gesetz geschaffene Rechtsform der UBG sollte Unternehmen, die wegen ihrer Rechtsform und ihrer Größe keinen direkten Zugang zu den organisierten Kapitalmärkten haben, einen mitelbaren Zugang verschaffen. Zum anderen sollte dem breiten Anlegerpublikum eine Investmentmöglichkeit in diesen Unternehmen geboten werden.[1289] Diese Ziele sollten dadurch erreicht werden, daß für die UBG ein Rechtsformzwang zur AG vorgesehen war und diese nach 10 Jahren mindestens 70% ihrer Aktien öffentlich dem Publikum zum Kauf anbieten mußte.[1290] Die UBG sollte als Intermediär zwischen dem breiten Anlegerpublikum und den eigenkapitalbedürftigen, nicht emissionsfähigen Unternehmen fungieren.

Zum Schutz des breiten Anlegerpublikums und um die Eigenkapitalausstattung der nicht emissionsfähigen Unternehmen zu fördern, enthielt das UBGG umfangreiche Regelungen hinsichtlich der zulässigen Geschäftstätigkeiten.[1291] Die Refinanzierung der UBGn durch Aufnahme von Fremdkapital und die Emission von Genußrechten war stark beschränkt.[1292] Die mit diesen Restriktionen verbundenen Wettbewerbsnachteile sollten durch den Bezeichnungsschutz der UBG und steuerliche Vergünstigungen kompensiert werden. Der Bezeichnungsschutz sollte dem Anlegerpublikum einen gewissen Qualitätsstandard signalisieren, der in den anlegerschützenden Vorschriften und der staatlichen Überwachung gesehen wurde.

Eine steuerliche Begünstigung erfahren UBG durch die Befreiung von der Vermögenssteuer[1293] und der Gewerbesteuer[1294]. Einen echten Rechtsformvorteil stellen diese steuerlichen Regelungen jedoch nicht dar. Vielmehr verhindern sie lediglich Nachteile, die ansonsten aus der indirekten Anlage resultieren.[1295] Ein

---

1288 Diese Einschätzung teilen neben *Fanselow / Stedler*, Die Bank 1998, 290 auch *Vollmer*, ZBB 1998, 221, 222 und *Hey*, FS Rädler, S. 271, 273.

1289 Siehe Begründung zum RegE UBGG, BT-Drucks. 10 / 4551 (1985), S. 1.

1290 Siehe ausführlich dazu *Menzel*, WM 1987, 705 ff.; *Marsch-Barner*, ZGR 19 (1990), 294-313; *Leopold*, in *Padberg / Schirmacher*, Mehr Eigenkapital für Ihr Unternehmen, S. 64-73; ebenda *Händel*, S. 74-86.

1291 *Otto*, in *Assmann / Schütze*, Handbuch des Kapitalanlagerechts, § 27 Rdn. 63 ff.; *Marsch-Barner*, ZGR 19 (1990), 294, 302 ff.

1292 Vgl. §§ 5, 7 UBGG a.F.; siehe auch *Otto*, in *Assmann / Schütze*, Handbuch des Kapitalanlage-rechts, § 27 Rdn. 73 ff.

1293 § 3 Nr. 19 VStG.

1294 § 3 Nr. 23 GewStG.

1295 *Otto*, in *Assmann / Schütze*, Handbuch des Kapitalanlagerechts, § 27 Rdn. 84.

besonderes Privileg ist mit dieser steuerlichen Behandlung auch deshalb nicht verbunden, da sie auch über die ohnehin geltenden steuerlichen Schachtelprivilegien zu erreichen sind. Einen Anreiz für die Wahl der UBG können sie daher kaum bieten.[1296] Außerdem verfehlte der Gesetzgeber sein selbstgestecktes Ziel, dem Anleger aus der indirekten Anlage keine steuerlichen Nachteile aufzubürden.[1297] Anders als dem Privatanleger, der bei einer direkten Anlage Veräußerungsgewinne steuerfrei vereinnahmen kann, soweit er die Grenze für wesentliche Beteiligungen des § 17 Abs. 1 S. 4 EStG und die Spekulationsfrist des § 23 EStG beachtet,[1298] stand der UBG diese Möglichkeit nicht zu. Der Gesetzgeber erkannte den Handlungsbedarf und schuf mit dem § 6 b EStG eine steuerbegünstigte Reinvestitionsmöglichkeit.[1299] Danach konnten Gewinne aus der Veräußerung von Anteilen an Kapitalgesellschaften mit den Anschaffungskosten für entsprechende neue Anteile verrechnet werden.[1300] In der Folgezeit stieg auch das Interesse an der Rechtsform der UBG an. Zum einem wirklichen Durchbruch verhalf diese steuerliche Änderung der UBG jedoch auch nicht. Mit einer Anzahl von sechzehn UGBn wurde im Jahre 1992 die stärkste Verbreitung erreicht.

Es wurde weiterhin das Fehlen steuerlicher Anreize kritisiert, um die restriktiven Regelungen des UBGG annehmbar erscheinen zu lassen. Im Mittelpunkt der Kritik standen die zeitlichen Voraussetzungen des § 6 EStG (Haltefrist von 6 Jahren / Reinvestition nach 4 Jahren), die als zu lang empfunden wurden, sowie die Ausnahme von Beteiligungen an Personengesellschaften aus der steuerlichen Vergünstigung.[1301]

2. Reformen des UBGG

Vor dem Hintergrund dieser Kritik hat der Gesetzgeber zumindest die restriktiven Anlage- und Refinanzierungsvorschriften im Rahmen des *Zweiten Kapitalmarktförderungsgesetzes* von 1994 gelockert.[1302] Dennoch konnte mit diesem Schritt nicht verhindert werden, daß die Anzahl der UBGn im Zeitraum von 1992 bis 1997 auf neun Gesellschaften absank. Im gleichen Zeitraum ist die Zahl der Wagniskapitalgesellschaften, die nicht dem UBGG unterstehen, von 70 auf rund 90 Gesellschaften angestiegen.[1303]

[1296] Siehe *Otto*, in *Assmann / Schütze*, Handbuch des Kapitalanlagerechts, § 27 Rdn. 84-90; *Marsch-Barner*, ZGR 19 (1990), 294, 312 f.

[1297] *Vollmer*, ZBB 1998, 221, 228 f.; *Hey*, FS Rädler, S. 271, 274 ff.

[1298] Hier ist zu berücksichtigen, daß damals die Grenze für wesentliche Beteiligungen noch bei 25 % lag und die Spekulationsfrist noch ein Jahr betrug.

[1299] Dies geschah im Rahmen des Wohnungsbauförderungsgesetz vom 22.12.1989.

[1300] *Hey*, FS Rädler, S. 271, 275 f.

[1301] *Damisch*, in BVK-Jahrbuch 1997, S. 11, 15; *Otto*, in *Assmann / Schütze*, Handbuch des Kapital-anlagerechts, § 27 Rdn. 91.

[1302] Einen Überblick über die wichtigsten Änderungen durch das „Zweite Finanzmarkförderungs-gesetz" gibt *Schefczyk*, Finanzieren mit Venture Capital, S. 82.

[1303] *Ehlermann / Schüppen*, ZIP 1998, 1513, 1514.

Mit dem *Dritten Finanzmarktförderungsgesetz* wurde auch das UBGG grundlegend novelliert.[1304] Kernpunkt dieser Novellierung war der Verzicht auf den Rechtsformzwang zur AG und damit Pflicht zum *going public* der UBG.[1305] Damit wurde ein ursprüngliches Ziel des UBGG, ein breites Anlegerpublikum anzusprechen, aufgegeben.[1306]

Neu ist nun im UBGG die Unterscheidung zwischen sogenannten offenen und integrierten UBGn. Der wesentliche Unterschied dieser beiden Formen liegt darin, daß die offenen UBGn spätestens fünf Jahre nach ihrer Anerkennung als UBG keinen Gesellschafter mehr haben dürfen, der mehr als 40% des Kapitals oder der Stimmrechte hält, während die integrierten UBGn hinsichtlich ihres Gesellschafterkreises keinen Beschränkungen unterliegen.[1307] Den schärferen Beschränkungen auf der Investorenseite bei der offenen UBG stehen bei der integrierten UBG Beschränkungen im Hinblick auf das Eingehen von Mehrheitsbeteiligungen gegenüber. Eine offene UBG kann bei nicht börsennotierten Beteiligungsunternehmen einmalig Mehrheitsbeteiligungen für bis zu acht Jahre eingehen, dagegen müssen integrierte UBGn eine Mehrheitsbeteiligung innerhalb eines Jahres zurückführen. Damit soll ein Mißbrauch der integrierten UBG als Holdinggesellschaft verhindert werden.[1308]

Neben diesen Änderungen sind auch die Refinanzierungsmöglichkeiten im Hinblick auf die Kreditaufnahme und die Emission von Genußrechten und Schuldverschreibungen durch eine betragsmäßig unbeschränkte Zulassung flexibilisiert worden.[1309]

Die Anlagegrenzen für einzelne Beteiligungen wurden auf 30% (20%) der Bilanzsumme angehoben, die Beteiligung an kleinen börsennotierten Unternehmen liberalisiert und der Mindestbestand an zehn Portfoliounternehmen aufgehoben.

Mit § 24 UBGG n.F. ist die Anwendung des Eigenkapitalersatzrechts auf Beteiligungen einer UBG umfassend ausgeschlossen, was die UBG insbesondere für Tochterunternehmen aus dem Bankenbereich erwägenswert macht.[1310]

[1304] Ausführliche Darstellung von *Hey*, FS Rädler, S. 271 ff.; *Vollmer*, ZBB 1998, 221 ff.; einen Überblick zu den wichtigsten Änderungen gibt *Schefczyk*, Finanzieren mit Venture Capital, S. 84.

[1305] Nach § 2 Abs.1 UBGG n.F. sind nun auch die GmbH, KGaA und die KG als Rechtsform zulässig. Als Spielart der KG kann auch die GmbH & Co. KG gewählt werden, siehe *Vollmer*, ZBB 1998, 221, 224.

[1306] Hierin wird auch die Beseitigung des wohl größten Konstruktionsfehler des UBGG gesehen, so *Vollmer*, ZBB 1998, 221, 223; ähnlich *Hey*, FS Rädler, S. 271, 278; *Fanselow / Stedler*, Die Bank 1998, 290, 292.

[1307] *Fanselow / Stedler*, Die Bank 1998, 291; *Hey*, FS Rädler, S. 271, 284.

[1308] *Vollmer*, ZBB 1998, 221, 223 f.; *Ehlermann / Schüpen*, ZIP 1998, 1513, 1515.

[1309] *Ehlermann / Schüpen*, ZIP 1998, 1513, 1518; *Hey*, FS Rädler, S. 271, 282 f.

[1310] *Vollmer*, ZBB 1998, 221, 227.

Schließlich wurden die Änderungen des UBGG auch durch steuerliche Maßnahmen flankiert, indem die Haltefrist des § 6 b EStG auf ein Jahr herabgesetzt wurde.[1311]
Der Kanon dieser Änderungen stimmte die Literatur optimistisch für die Zukunft der UBG. Aufsatztitel wie „UBGG-Deregulierung – Aufbruch im Markt“[1312] oder „Die neue Unternehmensbeteiligungsgesellschaft – Phönix aus der Asche?“[1313] veranschaulichen dies. Auch in der Praxis gewann die UBG im Zuge dieser Novellierung an Anerkennung.[1314] Diese Phase des Optimismus dauerte jedoch nicht lange. Der Regierungswechsel im Herbst 1998 und das Steuerentlastungsgesetz 1999/2000/2001, mit dem die erst im März dieses Jahres verabschiedete Erleichterung im Rahmen des § 6 b EStG ersatzlos gestrichen wurden verbreiteten schnell Ernüchterung. Teilweise wurde schon die Einschätzung gewagt, daß sich mit dem Verlust dieser steuerlichen Begünstigung das UBGG zu „totem Recht“ wandeln wird.[1315]
Als Anreize für die Wahl der Rechtsform der UBG verbleiben deren Bezeichnungsschutz, die Gewerbesteuerfreiheit bei der Veräußerung von Anteilen an Kapitalgesellschaften und die Privilegierung der UBG-Gesellschafter im Hinblick auf das Eigenkapitalersatzrecht.
Ob dies genügt, um das UBGG angesichts seiner Restriktionen vor der Bedeutungslosigkeit zu bewahren, scheint zweifelhaft.[1316]

IV. Kapitalanlagegesellschaften

Aus dem Gesetzes über die Kapitalanlagegesellschaften (KAGG) sind das sogenannte Beteiligungs-Sondervermögen und die durch das Dritte Finanzmarktförderungsgesetz eingeführte sogenannte „Investment-Aktiengesellschaft“ als gesetzliche Sonderformen zu nennen.

1. Beteiligungs-Sondervermögen

Der Nutzbarmachung des Beteiligungs-Sondervermögens als Kapitalsammelstelle für Wagniskapitalgesellschaften steht entgegen, daß dessen Mittel neben Wertpapieren nur in Form von Schuldscheindarlehen[1317] und typisch stillen Beteiligungen investiert werden dürfen.[1318] Damit ist aber die für Wagniskapitalbeteiligungen immanente Partizipation am Wertzuwachs der

---

[1311] *Ehlermann / Schüpen*, ZIP 1998, 1513, 1518 f.; siehe auch *Hey*, FS Rädler, S. 271, 276, der weiterhin einen Wertungswiderspruch darin feststellte, daß Beteiligungen an Personengesellschaften von dieser Begünstigung ausgenommen blieben; ebenso *Vollmer*, ZBB 1998, 221, 229.
[1312] *Fanselow / Stedler*, Die Bank 1998, 290 ff.
[1313] *Schüppen / Ehlermann*, ZIP 1998, 1513 ff.
[1314] *Schefczyk*, Finanzieren mit Venture Capital, S. 85 nennt als Beispiel die TFG Venture Capital KGaA & Co. AG.
[1315] So die Einschätzung von *Hey*, FS Rädler, S. 271.
[1316] So auch *Schefczyk*, Finanzieren mit Venture Capital, S. 85; *Schüppen / Ehlermann*, Corporate Venture Capital, S. 30 Rdn. 90.
[1317] § 25 b Abs. 1 Nr. 1 KAGG.
[1318] §§ 25 a, 25 b Abs. 2 KAGG.

Gesellschaft gerade bei Gesellschaften in der Rechtsform der GmbH und der GmbH & Co. KG nicht möglich.[1319]
Darüber hinaus besteht auch für das Beteiligungs-Sondervermögen das jederzeitige Rückgaberecht für seine Anteilsscheine, womit ein Engagement in illiquiden Wagniskapitalbeteiligungen nicht im Einklang steht.[1320] Das Beteiligungs-Sondervermögen eignet sich daher nicht für die Bereitstellung von Wagniskapital.[1321]
Bis heute ist schließlich kein Fall bekannt, in dem ein Beteiligungs-Sondervermögen aufgelegt worden ist.

2. Investment-Aktiengesellschaft

Mit der Investment-Aktiengesellschaft hat das Dritte Finanzmarktförderungsgesetz den Kritikpunkt der jederzeit möglichen Rückgabe der Anteilscheine aufgegriffen.[1322] Die Investment-Aktiengesellschaft stellt als sogenannter *closed-end funds* ein echtes Novum im deutschen Investmentrecht dar und vermeidet damit das Problem der jederzeit möglichen Anteilscheinrückgabe.[1323] Jedoch sind auch die Beteiligungsmöglichkeiten der „Investment – Aktiengesellschaft" in nicht börsennotierten Unternehmen kaum gegenüber denen des Beteiligungs-Sondervermögens erweitert.[1324] Die Investment-Aktiengesellschaft darf bis zu 20% ihres Eigenkapitals in nicht börsennotierten Aktien investieren.[1325] Jedoch sind diese auf den Wert des Bestandes an stillen Beteiligungen anzurechnen, so daß insgesamt nur 50% des Eigenkapitals in nicht börsennotierte Gesellschaften angelegt werden können.[1326] Eine über diese 50% Beschränkung hinausgehende Nutzbarmachung der Investment-Aktiengesellschaft für die Bereitstellung von Wagniskapital läßt sich höchstens dadurch erreichen, daß im Wege eines *funds of funds* Konzeptes weitere Beteiligungen an börsennotierten Wagniskapitalgesellschaften[1327]

[1319] So auch *Hey*, FS Rädler, S. 271, 290.

[1320] Siehe *Steck*, Regulierungen von US–amerikanischen Investmentgesellschaften (Investment Companies), ebenso *Hey*, FS Rädler, S. 271, 290.

[1321] Siehe auch *Baums*, Verbesserung der Risikokapitalversorgung; Stärkung des Finanzplatzes Deutschland, Arbeitspapier der Universität Osnabrück 6/97, S. 10.

[1322] Siehe auch Thoma/Steck, AG 2001, S. 330 ff, die insbesondere eine konzeptionnelle Schwäche des bei der Investment-Aktiengesellschaft zu beachtenden Emisionsverfahrens darstellen und eine mögliche Lösung zu dem aus dieser Schwäche resultierenden „market dicount phenomenon" aufzeigen.

[1323] *Steck*, Regulierungen von US–amerikanischen Investmentgesellschaften (Investment Companies), S. 222.

[1324] Für die „Investment–Aktiengesellschaft" gelten dieselben restriktiven Bestimmungen wie für das Beteiligungs–Sondervermögen", soweit die speziellen Vorschriften nicht etwas anderes vorschreiben, § 55 Abs. 1 KAGG.

[1325] § 58 Abs. 1 KAGG.

[1326] § 58 Abs. 2 KAGG.

[1327] In Deutschland sind bereits mit der bmp AG, der Deutschen Beteiligungs AG UBG, der Gold-Zack AG,der GUB Glassauer Unternehmenbeteiligungen AG, Knorr Kapital Partner AG und der TFG Venture Capital AG & Co. KGaA UBG sechs Wagniskapitalgesellschaften in unterschiedlichen Börsensegmenten notiert.

eingegangen werden.[1328] Dem steht mit dem Inkrafttreten der Änderungen des StSenkG auch nicht mehr die ungünstige Besteuerung auf der Ebene der Investment-Aktiengesellschaft im Wege.[1329]
Das breite Anlegerpublikum hätte dann den Vorteil, unter den Schutzbestimmungen des KAGG in Wagniskapital investieren zu können. Einen weiteren Schutz würde der Umstand entfalten, daß im Wege des *funds of funds* Konzeptes der Anleger in mehrere Management-Teams investiert, wodurch eine weitere Risikodiversifikation erreicht wird. Danach kann auf eine weitere spezielle gesetzliche Regulierung der börsennotierten Wagniskapitalgesellschaften, wie sie in den USA in Form der BDC besteht, verzichtet werden. Der (Klein-) Anleger, der in Wagniskapital investieren möchte, kann je nach Risikopräferenz zwischen den nicht regulierten Gesellschaften und den Investment-Aktiengesellschaften wählen. Damit dieses Konzept jedoch auch eine Praxisrelevanz erhält,[1330] muß für Initiatoren von börsennotierten Wagniskapitalgesellschaften ein Anreiz geschaffen werden, sich der Investment-Aktiengesellschaft zu bedienen. Dieser Anreiz muß geeignet sein, die gegenüber den nicht regulierten Wagniskapitalgesellschaften eingeschränkte Wettbewerbsfähigkeit und die damit voraussichtlich geringeren Renditen zu kompensieren.
Hierzu ist in Zeiten angespannter Haushaltslagen der öffentlichen Hand nicht zuerst an eine steuerliche Begünstigung zu denken. Für die öffentliche Hand wäre z.B. die gesetzliche Schaffung und der Schutz einer Qualitätsbezeichnung ohne weitere Kosten realisierbar. Daß hierfür der nichtssagende Begriff der Investment-Aktiengesellschaft nicht in Betracht kommt, steht außer Frage. Vielmehr muß ein Begriff gewählt werden, der dem Anleger auf der Suche nach Anlagemöglichkeiten in Wagniskapital signalisiert, was er bei einer solchen Gesellschaft erwarten darf.

V. Zusammenfassung

Sowohl in den USA als auch in Deutschland sind legislative Anstrengungen unternommen worden, um die Rahmenbedingungen für Wagniskapital-Finanzierungen zu verbessern. Für beide Rechtsordnungen ist jedoch festzustellen, daß, soweit diese legislativen Anstrengungen in die Schaffung gesetzlicher Sonderformen für Wagniskapitalgesellschaften mündeten, diese nur begrenzt Zuspruch von der Praxis erhielten und ihr nachhaltiger Einfluß auf die Entwicklung der Wagniskapitalmärkte eher bescheiden zu nennen ist. So hat das ursprüngliche SBIC–Programm wohl zunächst eine gewisse Initialwirkung für die Gründung von Wagniskapitalgesellschaften gehabt. Ein dauerhafter Bestand an Wagniskapitalgesellschaften, die im Rahmen des SBIC–Programms zu einer wesentlichen Verbesserung der Versorgung kapital- und managementbetreuungsbedürftiger Unternehmen beigetragen hätten, hat sich jedoch

[1328] Vgl. auch *Broschinski*, Die Bank 2000, 158, 160 ff.

[1329] Diesen früheren Schwachpunkt der Investment–Aktiengesellschaft kritisiert auch *Hey*, FS Rädler, S. 271, 291.

[1330] Soweit ersichtlich, ist bislang von der gesetzlichen Möglichkeit der Investment-Aktiengesellschaft kein Gebrauch gemacht worden.

jedenfalls aus dem ursprünglichen Programm nicht entwickelt. Vielmehr entfällt der ganz überwiegende Anteil am Erfolg des U.S.-amerikanischen Wagniskapitalmarkts auf die *independent* VCLPs als dessen Hauptakteure. Die neuerliche Zunahme der Bedeutung der SBICs bei der Kapitalbereitstellung mag zwar auch durch das nun reformierte SBIC–Programm mit der Möglichkeit der eigenkapitalorientierten Refinanzierung begründet sein. Entscheidend dürfte jedoch sein, daß den U.S.-amerikanischen Banken eine Beteiligung an Nichtbanken nur über eine SBIC-Tochter möglich ist. Um nicht den im Wagniskapitalgeschäft attraktiven Renditen entsagen zu müssen, haben daher in den letzten Jahren Banken verstärkt von der SBIC-Ausnahmeregelung Gebrauch gemacht.
Der deutsche Versuch, durch das Gesetz über die Unternehmensbeteiligungsgesellschaften eine geeignete Rechtsform für Wagniskapitalgesellschaften bereitzustellen, um so die Entwicklung des Wagniskapitalmarkts zu fördern, scheint nach der kurzen Euphorie durch die deutlichen Erleichterungen des 3. Finanzmarktförderungsgesetzes mit der Streichung der steuerlich begünstigten Reinvestionsmöglichkeit gescheitert. Die anderen in Deutschland zu findenden gesetzlichen Sonderformen zur Verbesserung der Versorgung mit Wagniskapital sind bislang ohne jegliche praktische Relevanz geblieben.
Die staatliche Bereitstellung von Wagniskapital über die von der KfW und der DtA verwalteten Bundesprogramme sowie die Initiativen der Länder müssen trotz der Erfolge gerade bei der Förderung der Frühphasenfinanzierung angesichts einer Quote von über 16% bei den im Jahre 2000 neu zur Verfügung gestellten Mitteln kritisch betrachtet werden.

Zusammenfassung der wesentlichen Ergebnisse

Ziel der Untersuchung war, die U.S.-amerikanische Vertragsgestaltung der Finanzierungsverhältnisse im Bereich der Wagnisfinanzierung darzustellen und diese daraufhin zu überprüfen, ob sie im deutschen Gesellschaftsrecht nachgebildet werden können. Hierbei sollten auch Rahmenbedingungen aufgezeigt werden, die diese Vertragsgestaltungen beeinflussen und gegebenenfalls die Etablierung eines Wagniskapitalmarktes begünstigen. Ferner wurden besondere Gesellschaftsformen und andere staatliche Initiativen zur Förderung der Versorgung mit Wagniskapital auf ihre Eignung, dieses Ziel zu erreichen, dargestellt und untersucht.
Die wesentlichen Ergebnisse werden im folgenden zusammenfassend dargestellt.

I.

Die Vertragsgestaltung des Finanzierungsverhältnisses zwischen den Wagniskapitalfinanziers und den Beteiligungsunternehmen in den USA ist durch Anreiz- und Kontrollregelungen geprägt. Die maßgeblichen Vertragsregelungen sind Stimmrechtsregelungen mit der Möglichkeit der Übernahme der Kontrolle über die Gesellschaft (*control switch*), *staged financing, conversion rights*, *redemption rights*, besondere Formen der Übertragungsbeschränkung und *registration rights*.[1331] Diese Anreiz- und Kontrollregelungen versetzen die Wagniskapitalfinanziers in die Lage, den sich aus der besonderen Beteiligungssituation bei einem technologisch innovativen Start up-Unternehmen ergebenden Informationsasymmetrien und Unsicherheiten zu begegnen. Hierbei setzen die Wagniskapitalfinanziers als Finanzierungsinstrument überwiegend auf sogenannte *convertible preferred shares*. Als Rechtsform für das Start up-Unternehmen hat sich in den USA die *corporation* als Industriestandard etabliert.[1332] Diese bietet den Investoren neben einer Haftungsbegrenzung die Möglichkeit, Einfluß auf die Geschäftsführung zu nehmen, und gibt den Investoren sehr fungible Anteilsrechte an die Hand, die einen späteren Beteiligungsausstieg erleichtern.

II.

Die Untersuchung hat gezeigt, daß sich die U.S.-amerikanischen Gestaltungen des Finanzierungsverhältnisses zwischen Wagniskapitalfinanziers und Beteiligungsunternehmen im deutschen Recht nachbilden lassen.[1333] Hierbei muß jedoch vor einer unreflektierten Übertragung in das deutsche Recht gewarnt werden. Insbesondere das deutsche Aktienrecht gewährt einen wesentlich geringeren Gestaltungsspielraum als die U.S.-amerikanischen *corporation statutes*. Im Aktienrecht kommt man daher nicht daran vorbei, auf schuldrechtliche Instrumente zurückzugreifen, um die Wirkungen der U.S.-amerikanischen Regelungen zu erzielen. Insbesondere die Sicherung des Einflusses der Investoren auf die Geschäftsführung bereitet bei der Aktiengesellschaft wegen der strikten Organzuständigkeiten und der besonders unabhängigen Stellung des Vorstands Schwierigkeiten.[1334] Dagegen läßt es das sehr flexible Innenrecht der GmbH und der GmbH & Co. KG ohne weiteres zu, daß diese Einflußmöglichkeiten der Investoren auf die Geschäftsführung auch in den Gesellschaftsverträgen statuiert werden.[1335] Gegenüber der GmbH und der GmbH & Co. KG verfügt die Aktiengesellschaft mit der Möglichkeit einer standardisierten, am Unternehmenswert orientierten Managementvergütung[1336] und ihren börsenfähigen Anteilsrechten als Grundvoraussetzung für einen Zugang zum organisierten Kapitalmarkt[1337] aber über erhebliche Rechtsformvorteile. Insbesondere gegenüber der GmbH & Co. KG, die dem Personengesellschaftsrecht unterliegt, wird mit der Rechtsform der AG auch ein höheres Maß an Rechtssicherheit verbunden.

Die Entscheidung zwischen den drei untersuchten Gesellschaftsformen für ein Start up-Unternehmen kann aber letzten Endes nur im Einzelfall, unter Berücksichtigung des Unternehmenskonzepts, der Zusammensetzung des

---

[1331] Siehe oben § 3.
[1332] Siehe oben, § 3.
[1333] Siehe oben, Zweites Kapitel.
[1334] Siehe oben, § 4.
[1335] Zur GmbH siehe oben, § 5 und zur GmbH & Co. KG siehe oben, § 6.
[1336] Siehe oben, § 8 II.
[1337] Siehe oben, § 4 VII.

Gesellschafterkreises und einer mittelfristigen Planung der Unternehmensentwicklung, erfolgen.

III.

Einer untermehmenswertorientierten Managementvergütung ist als wesentlichem Baustein zur Interessenharmonisierung zwischen Wagniskapitalfinanziers und dem Management des Beteiligungsunternehmens erhebliche Bedeutung für den Erfolg einer Wagnisfinanzierung beizumessen. Anders als bei der AG, bei der Aktienoptionen für eine unternehmenswertorientierte Managementvergütung zur Verfügung stehen, existieren für die GmbH und die GmbH & CO. KG keine gesetzlich normierten Vergütungsinstrumente. Bei der GmbH und der GmbH & Co. KG läßt sich eine gewisse Interessenharmonisierung jedoch durch eine Aufnahme der Mitarbeiter in den Gesellschafterkreis erzielen.[1338] Diese Aufnahme in den Gesellschafterkreis kann, unter Berücksichtigung der Rechtsprechung zur Ausschließung eines Gesellschafters ohne wichtigen Grund, mit der Möglichkeit kombiniert werden, die Gesellschafterstellung wieder zu entziehen.[1339] Den Mitarbeitern bei der GmbH und der GmbH & Co. KG kann auch eine Rechtsstellung eingeräumt werden, die ihnen vergleichbar zu Aktienoptionen die Möglichkeit eröffnet, durch einseitige Rechtsausübung in den Gesellschafterkreis aufgenommen zu werden. Hierzu ist bei der GmbH & Co. KG ein langfristiges Angebot der übrigen Gesellschafter auf Abschluß eines Aufnahmevertrages als Kommanditist erforderlich.[1340] Bei der GmbH bedarf es dazu neben einem langfristigen Angebot auf Abschluß eines Übernahmevertrages einer Verpflichtung der Gesellschafter in Form einer Stimmbindungsvereinbarung gegenüber den berechtigten Mitarbeitern, den erforderlichen Kapitalerhöhungsbeschluß zu fassen. Darüber hinaus muß die Gesellschaft verpflichtet werden, diese Kapitalerhöhung zur Eintragung zu bringen.

IV.

Unter den Wagniskapitalgesellschaften nehmen in den USA die sogennannten *independent Venture Capital Limited Partnerships (VCLPs)* die absolut dominierende Stellung ein.[1341] Bei diesen übernehmen die Venture Capital-Manager die Rolle des *general partner*, wobei sie sich regelmäßig auch als Gesellschaft (*corporation*, *limited* oder *general partnership*) organisieren. Es wird damit eine Aufteilung der Wagniskapitalgesellschaft in eine Managementgesellschaft und eine Fondsgesellschaft erreicht. Die Managementgesellschaft fungiert dabei häufig als *general partner* mehrerer Fondsgesellschaften. Der wichtigste Leistungsanreiz für die *general partner* und das entscheidende Instrument zur Harmonisierung der Interessen zwischen den Investoren und den *general partners* ist deren Beteiligung an den gesamten Gewinnen der *partnership* in Form des sogenannten *carried interest.*[1342]Hierbei

---

[1338] Siehe oben, § 8 III 1.
[1339] Siehe oben, § 8 III 1 b).
[1340] Siehe oben, § 8 III 2.
[1341] Siehe oben, § 9 II.
[1342] Siehe oben, § 10 III 2.

profitieren die *general partner* davon, daß die Gewinne aus dem *carried interest* nicht als gewöhnliches Einkommen, sondern nach den günstigen Regelungen der *capital gain*-Besteuerung zu versteuern sind.[1343] Den Investoren kommen als *limited partners* nur beschränkte Kontroll- und Mitspracherechte zu, obwohl sie in der Regel den ganz überwiegenden Teil des Kapitals bereitstellen (99%). Die beschränkte Kontroll- und Mitsprachebefugnis wird u.a. dadurch kompensiert, daß die Lebensdauer der *VCLPs* begrenzt[1344] ist und die Investoren, dem *staged financing* vergleichbar, ihre Mittel in Tranchen zur Verfügung stellen.[1345] Die Rechtsform der *limited partnership* ermöglicht eine Besteuerung der Gewinne auf der Fondsebene zu vermeiden (*pass through entity*). Damit können die maßgeblichen Investoren wie die steuerbefreiten Pensionsfonds und Stiftungen ihre Beteiligungserträge steuerfrei vereinnahmen.[1346]

V.

Der deutsche Wagniskapitalmarkt wurde lange Zeit durch sogenannte *captive* Wagniskapitalgesellschaften beherrscht, deren Investoren überwiegend dem Banken- und Sparkassenbereich entstammten.[1347] Bei diesen Wagniskapitalgesellschaften nehmen die Investoren maßgeblichen Einfluß auf die Geschäftsführung. Charakteristisch für diese Gesellschaften ist, daß sie sich überwiegend in den späteren Finanzierungsphasen beteiligen, vorwiegend laufende Beteiligungserträge generieren und ihr Management üblicherweise nicht an den Gewinnen der Gesellschaft in signifikanter Weise beteiligt ist. In den letzten Jahren ist jedoch eine deutliche Zunahme des Engagements von *independent* Wagniskapitalgesellschaften zu verzeichnen gewesen. Die Untersuchung hat ergeben, daß sich auch in Deutschland *independent* Wagniskapitalgesellschaften nach U.S.-amerikanischem Muster (Aufteilung in Management- und Fondsgesellschaft) nachbilden lassen. Dies kann sowohl in gesellschaftsrechtlicher Verbindung in Form der GmbH & Co. KG als auch in Form der schuldrechtlich miteinander verbundenen Kapitalgesellschaften erreicht werden.[1348]

VI.

Ein wesentlicher Grund für die Zurückhaltung der sogenannten *captive* Wagniskapitalgesellschaften in den frühen Finanzierungsphasen ist vor der Etablierung des Neuen Marktes die fehlende Möglichkeit eines IPO für junge innovative Technologieunternehmen gewesen.[1349] Als weiterer entscheidender Grund wurde die bisher prohibitive Besteuerung von Veräußerungsgewinnen aufgezeigt.[1350] Daneben ist auch das Fehlen von Anreizen für das Management der *captive* Wagniskapitalgesellschaften als mitverantwortlich für deren

---

[1343] Siehe oben, § 11 III 3.
[1344] Siehe oben, § 10 IX.
[1345] Siehe oben, § 10 II.
[1346] Siehe oben, § 11 III 2.
[1347] Siehe oben, § 12.
[1348] Siehe oben, § 16.
[1349] Siehe oben, § 15 IV.
[1350] Siehe oben, § 15 III 1.

bisherige Geschäftspraxis anzusehen. Für die erhebliche Bedeutungszunahme des deutschen Wagniskapitalmarktes in den Jahren 1997-2000 sind sowohl private Initiativen, wie z.B. die Einführung des Neuen Marktes an der Frankfurter Wertpapierbörse, als auch staatliche Maßnahmen, wie z.B. die Steuerfreistellung von Veräußerungsgewinnen bei der Veräußerung von Kapitalgesellschaftsanteilen durch Kapitalgesellschaften, als mitursächlich anzusehen.

VII.

Sowohl in den USA als auch in Deutschland sind von staatlicher Seite Anstrengungen unternommen worden, um die Bereitstellung von Wagniskapital zu fördern. Was die Bereitstellung besonders regulierter Rechtsformen für Wagniskapitalgesellschaften mit steuerlichen und anderen Refinanzierungsbegünstigungen angeht, so ist deren Erfolg im Vergleich zu den nicht regulierten Wagniskapitalgesellschaften als bescheiden anzusehen.[1351]

Eine staatliche Förderung in Form einer öffentlich geförderten Kapitalbereitstellung, die die Besonderheiten der Eigenkapitalbereitstellung durch die Wagniskapitalgesellschaften berücksichtigt und im weiteren die Geschäftstätigkeit der Wagniskapitalgesellschaften nicht unnötig regelmentiert, kann der Entwicklung eines Wagniskapitalmarkts erhebliche positive Impulse geben.[1352]

Hierbei ist aber immer kritisch zu überprüfen, ob das staatliche Engagement noch Förderung ist, oder aber schon zu einer Konkurrenz oder Verdrängung der privaten Mittelbereitstellung führt.

[1351] Siehe oben, Viertes Kapitel.

[1352] Siehe oben, § 18 II.

Literaturverzeichnis

Adler, Hans; Düring, Walter; Schmaltz, Kurt — Rechnungslegung und Prüfung der Unternehmen, Kommentar zum HGB, AktG, GmbHG, PublG nach den Vorschriften des Bilanzrichtlinien-Gesetzes; Teilband 4, 6. Auflage, Stuttgart 1996

Altmeppen, Holger; Roth, Günter H. — Gesetz betreffend die Gesellschaften mit beschränkter Haftung (GmbHG), 3. Auflage, München 1997

Assmann, Heinz-Dieter; Schütze, Rolf A. — Handbuch des Kapitalanlagerechts, 2. Auflage, München 1997 zit. Bearbeiter, in Assmann /Schütze, Handbuch des Kapitalanlagerechts

Assmann, Heinz-Dieter; Basaldua, Nathalie; Bozenhardt, Friedrich; Peltzer, Martin — Übernahmeangebote, ZGR (1990) Sonderheft 9, Berlin (u.a.)

Baetge, Jörg — Bilanzen, 4. Auflage, Düsseldorf 1996

Bagley, Constance E.; Dauchy, Craig E. — The Entrepreneur`s Guide to Business Law, Palo Alto 1998

Balotti, R. Franklin; Finkelstein, Jesse A. — The Delaware Law Corporations and Business Organisations, Volume 1, 3rd Edition, New York 1998

Bartlett, Joseph W. — Venture Capital: Law, Business Strategies and Investment Planning, New York (u.a.) 1988

ders. — Government–Enhancement Equity, Col. Business Law Review 1994, S. 589 ff.

ders. — Equity Finance: Venture Capital, Buyouts, Restructurings and Reorganizations, Volume 1–3, 2nd Edition, New York 1995

Bärwald, Roman; Schabacker, Joachim — Der Formwechsel als modifizierte Neugründung, ZIP 1998, S. 1293 ff.

Baulig — Vom Freistaat fitgespritzt, in: Financial Times Deutschland v. 9. 11. 2000, S. 11

Baumbach, Adolf
Hopt, Klaus J.
Handelsgesetzbuch: mit GmbH & Co., Handelsklauseln, Bank- und Börsenrecht, Transportrecht, 30. Auflage München 2000

Baumbach, Adolf
Hueck, Alfred
GmbH-Gesetz: Gesetz betreffend die Gesellschaften mit beschränkter Haftung, begr. von Adolf Baumbach, fortgef. von Alfred Hueck, 17. Auflage, München 2000

Baums, Theodor
Der Geschäftsleitervertrag: Begründung, Inhalt und Beendigung der Rechtsstellung der Vorstandsmitglieder und Geschäftsführer in den Kapitalgesellschaften und Genossenschaften, Köln 1987

ders.
Der Aufsichtsrat - Aufgaben und Reformfragen, ZIP 1995, S. 11 ff.

ders.
Mittelständische Unternehmen und Börse, in: Festschrift für Ernst-Joachim Mestmäcker, hrsg. von Ulrich Immenga u.a., Baden-Baden 1996, S. 815 ff.

ders.
Verbesserung der Risikokapitalversorgung; Stärkung des Finanzplatzes Deutschland, Arbeitspapier der Universität Osnabrück 6 / 97

ders.
Aktienoptionen für Vorstandsmitglieder, in: Festschrift für Carsten Peter Claussen, hrsg. von Klaus-Peter Martens u.a., Köln (u.a.) 1997, S. 3 ff.

ders.
Aktienmarkt und Finanzierung kleiner Unternehmen, ZIP 1997, S. 1942 ff.

ders. (Hrsg.)
Berichte der Regierungskommission Corporate Governance Unternehmensführung, Unternehmenskontrolle, Modernisierung des Aktienrechts, Köln 2001

Baums, Theodor
Gilson, Ronald J.
The Legal Infrastructure of the German Venture Capital Market, in: Alternative Forms of Organisations, Volume 1, 1999

Baums, Theodor
Möller, Matthias
Venture Capital: U.S.-amerikanisches Modell und deutsches Aktienrecht, in: Corporations, Capital Markets and Business in the Law,
Liber Amicorum Richard M. Buxbaum, S. 33 ff
London, The Hague, Boston 2000

Beck´scher Bilanz-Kommentar — Beck´scher Bilanz-Kommentar Handels- und Steuerrecht, - §§ 238 bis 339 HGB – 3. Auflage, München 1995 zit.: Bearbeiter, in Beck´scher Bilanz-Kom.

Behr, Volker — Neue Tendenzen im Recht der Ausschließung aus der Personengesellschaft, ZGR 19 (1990), S. 370 ff.

Bell, Markus G. — Venture Capital oder Angel – Welcher Kapitalgeber stiftet größeren Nutzen, Die Bank 1999, S. 372 ff.

Benz, Nadja; Kiwitz, Thorsten — Der Neue Markt der Frankfurter Wertpapierbörse – Zulassung und Folgepflichten, DStR 1999, S. 1162 ff.

Bezzenberger, Tilman — Vorzugsaktie ohne Stimmrecht, Köln (u.a.) 1991,

Binnenwies, Burkhard — Formelle und materielle Voraussetzungen von Umwandlungsbeschlüssen, GmbHR 1997, S. 727 ff.

Binz, Mark Karlheinz; Sorg, Martin H. — Bilanzierungskompetenzen bei der Personen-gesellschaft, DB 1996, S. 969 ff.

Black, Bernard S.; Gilson, Ronald J. — Venture Capital and the structure of capital markets: banks versus stock markets, Journal of Financial Economics 1998, S. 243 ff.

Bleicher, Knut; Paul, Herbert — Das amerikanische Board-Modell im Vergleich zur deutschen Vorstands- / Aufsichtsratsverfassung – Stand und Entwicklungstendenzen, DBW 46 (1986), 263 ff.

Blomeyer, Wolfgang — Betriebsrente durch Pensionsfonds, ZIP 1997, 1397 ff.

Blumers, Wolfgang; Witt, Sven-Christian — Gewerblichkeit durch Beteiligung an Kapitalgesellschaften, DB 2002, 60 ff.

Bode, Karl-Josef; Grabner, Edwin R. — Pensionsfonds in Deutschland? DB 1997, 928 ff.

Born, Alexander — Der Fiskus will Risikokapital stärker besteuern, FAZ v. 9. September 2001, S. 23

Brändel, Oliver C.	Änderungen des Gesellschaftsvertrages durch Mehrheitsentscheidung, in Festschrift für Walter Stimpel, hrsg. von Marcus Lutter u.a., Berlin 1985, S. 95 ff.
Brewer III, Elijah Genay, Hesna Jackson III, William E. Worthington, Paula R.	Performance and access to government guarantees: The case of small business investment companies, Economic Perspectives 1996, S. 16 ff.
Broschinski, Greogor	Venture Capital goes public, Die Bank 2000, S. 158 ff.
Bundesverband Deutscher Kapitalbeteiligungsgesellschaften – German Venture Capital Association e.V. (BVK)	BVK-Statistik 1994, 1995, 1998, 2000 BVK-Jahrbuch 1997, 1999, 2000
Butzer, Hermann	Die Liquidation von Personenhandelsgesellschaften, Jura 1994, S. 628 ff.
Bygrave, William D. Timmons, Jeffry A.	Venture Capital at the Crossroads, Harvard Business School Press, Cambridge, MA 1992
Cavitch, Zolman	Business Organisations, with tax planning New York 1999
Clark, R. Bradbury	Ballantine & Sterling, California Corporation Laws, Charlottesville, VA 1998
Claussen, Carsten P. ders. ders.	Bank- und Börsenrecht, 1996 Aktienreform 1997, AG 1996, S. 481 ff. Wie ändert das KonTraG das Aktienrecht, DB 1998, S. 177 ff.
Cole, Jonathan E. Sokol, Albert L.	Structuring Venture Capital Investments, in: Pratt ´s Guide to Venture Capital Sources, 22nd edition, New York 1998
Crezelius, Georg	Zivilrechtliche Aspekte des Schütt-aus-hol-zurück-Verfahrens, ZIP 1991, S. 499 f
Cross, Patrick S.	Economically Target Investments – Can Public Pension Plans Do Good and Do Well?, Indiana Law Journal 1993, S. 931f.
Dauchy, Craig E. Harmon, Mark T.	Structuring Venture Capital Limited Partnerships, The Computer Lawyer 11 / 1986, S. 1 ff.

Dautel, Ralph	Besteuerung von Mitarbeiterbeteiligungen, BB 2000, S. 1757 ff.
Deutsche Ausgleichsbank	Geschichte und Geschichten, Fünf Jahrzehnte Gründer- und Mittelstandsbank des Bundes 1950 - 2000, Festschrift zum 50. Gründungsjubiläum, Bonn 2000
Deutsche Bank Research	U.S.–amerikanische versus deutsche Rechnungslegung, in: Special Equity Report, Frankfurt am Main 1993
Deutsche Börse AG (Hrsg.)	Der Neue Markt – Chancenkapital für Wachstum, in: Neuer Markt – Information (Stand: 22. 10. 1998)
dies.	Vision & Money 4 / 1998, S. 26 ff.
dies.	Neuer-Markt Report Zugang zum Europäischen Kapitalmarkt - Schlüsel für Wachstum mit Beiträgen von Dresdner Kleinwort Wasserstein Shearman & Sterling Roland Berger Strategy Consultants
Deutsche Bundesbank	Der Markt für Wagniskapital in Deutschland, in: Monatsbericht Oktober 2000, 15 ff.
Dierdorf, Josef	Herrschaft und Abhängigkeit einer Aktiengesellschaft auf schuldrechtlicher und tatsächlicher Grundlage, Köln (u.a.) 1978
Döllerer, Georg	Zum Gewinnbegriff des Aktienrechts, in: Festschrift für Ernst Geßler, hrsg. von Kurt Ballerstedt u.a., München 1971, S. 93 ff.
Ebbing, Frank Grüner, Michael	„Aus“ für Venture Capital GbR ? – Neue Aufsichts- und haftungsrechtliche Probleme für Anlagegesellschaften in der Rechtsform der GbR, NZG 2000, S. 347 ff.
Ebeling, Ralf Michael	Beteiligungsfinanzierung personenbezogener Unternehmungen: Aktien und Genußscheine, Wiesbaden 1988,
Eggert, Christian	Aktienoptionen für Führungskräfte – ein Vergleich des U.S.-amerikanischen und des deutschen Rechts, Uni. Diss. Jena 2002

Ehlermann, Christian
Schüppen, Matthias
Die neue Unternehmensbeteiligungsgesellschaft – Phönix aus der Asche? ZIP 1998, S. 1513 ff.

Emmerich, Volker
Sonnenschein, Jürgen
Konzernrecht, 5. Auflage, München 1993

Emmerich, Volker
Habersack, Mathias
Aktienkonzernrecht, München 1998

Engelmann, Andree
Heitzer, Bernd
Mobilisierung von Business Angels in Deutschland, Finanz Betrieb 1999, S. 457 ff.

Engelmann, Andree
Juncker, Klaus
Natusch, Ingo
Moderne Unternehmensfinanzierung. Risiko-Kapital für Unternehmensgründung und – wachstum, Frankfurt am Main 2000

Esch, Günter
Weisungsrechte der Gesellschafter der GmbH & Co. KG, NJW 1988, S. 1553 ff.

ders.
Die GmbH & Co. als „Einheitsgesellschaft“, BB 1991, S. 1129 ff.

ders.
Einheitlichkeit der Personengesellschaftsbeteiligung, BB 1993, S. 664 ff.

Eschbach, Werner
Stock Options – Irrelevanz des Besteuerungs-zeitpunktes?, DStR 1999, S. 1869 ff.

Fanselow, Karlheinz
Stedler, Heinrich R.
UBGG-Deregulierung – Aufbruch im Markt, Die Bank 1998, S. 290 ff

Finken, Manfred
Decher, Christian E.
Die Umstrukturierung des Familienunternehmens in eine Aktiengesellschaft, AG 1989, S. 391 ff.

Fischer, Lutz
Optimismus ist Pflicht, ZfgK 1998, S. 2 ff.

ders.
Problemfelder und Perspektiven der Finanzierung durch Venture Capital in der Bundesrepublik Deutschland, DBW 47 (1987), S. 8 ff.

Fleck, Hans–Joachim
Die sogenannte Einheitsgesellschaft - ein funktionsunfähiges Gebilde? in: Festschrift für Johannes Semler, hrsg. von Marcus Bierich, Berlin 1993, S. 115 ff.

ders.	Schuldrechtliche Verpflichtungen einer GmbH im Entscheidungsbereich der Gesellschafter, ZGR 15 (1986), S. 104 ff.
Fox, Thomas Hüttche, Tobias Lechner, Florian	Mitarbeiterbeteiligung an der GmbH, GmbHR 2000, S. 521 ff.
Ganske, Joachim	Umwandlungsrecht: Textausgabe des Umwandlungsgesetzes (UmwG) vom 28. Oktober 1994 und des Umwandlungssteuergesetzes (UmwStG) vom 28. Oktober 1994, 2. Auflage, Düsseldorf 1995
Gebhardt, Günther (Hrsg.)	Handbuch des Finanzmanagements: Instrumente und Märkte der Unternehmensfinanzierung, München 1993
Geigenberger, Isabel	Risikokapital für Unternehmensgründer, 1. Auflage, München 1999
Geßler, Ernst	Einberufung und ungeschriebene Hauptversammlungszuständigkeiten, in: Festschrift für Walter Stimpel, hrsg. von Marcus Lutter, Berlin (u.a.) 1985, S. 771 ff.
ders.	Der Betriebsführungsvertrag im Licht der aktienrechtlichen Zuständigkeitsordnung, in: Festschrift für Wolfgang Hefermehl, hrsg. von Robert Fischer (u.a.), München 1976, S. 263 ff.
Geßler, Ernst Hefermehl, Wolfgang Eckhardt, Ulrich Kropff, Bruno	Kommentar, Aktiengesetz, München 1976-, Band I: §§ 1–75 Band II: §§ 76-147 Band IV: §§ 291–410 Band V: §§ 241-290 zit. Bearbeiter, in GHEK, AktG
Gompers, Paul	Optimal Investment, Monitoring and Staging of Venture Capital, Journal of Finance 1995, S. 1461 ff.
Gompers, Paul Lerner, Josh	What drives Venture Capital Fundraising ?, National Bureau of Economic Research Working Paper 6906, S. 5 ff.

dies.	The Use of Covenants: An Empirical Analysis of Venture Capital Limited Partnerships, Journal of Law & Economics 39 (1996), S. 463 ff.
Gordon, Steven	Small Business Investment Companies: A Venture Capital Structure of Choice?, The Journal of Private Equity, Fall/1998, S. 45 ff.
Griesebach, Rolf	Innovationsfinanzierung durch Venture Capital: Eine juristische und ökonomische Analyse, München 1989, Zugl.: München, Univ., Diss. 1989
Groß, Wolfgang	Zulassung von Wertpapieren zum Börsenhandel mit amtlicher Notierung, FB 1999, S. 32 ff.
Großkommentar zum Aktiengesetz	Kommentar zum Aktiengesetz, begründet von Gadow, Wilhelm /Heinichen E. 3. Auflage, Berlin, New York 1973- Band I/1: §§ 1-75 Band I/2: §§ 76-147 Band III: §§ 179-290 4. Auflage Berlin, New York 1992- hrsg.v. Hopt, Klaus /Wiedemann, Herbert 9. Lieferung: §§ 207-220 (bearb. v. Hirte, 1999) 10. Lieferung: §§ 15-22 (bearb. v. Windbichler, 1999), zit.: Bearbeiter, in Großkomm., AktG
Großkommentar zum Handelsgesetzbuch	Handelsgesetzbuch, begr. von Hermann Staub, 4. Auflage, Berlin 1987, 12. Lieferung: §§ 105–113 (1988) 19. Lieferung: §§ 114–122 (1999) 18. Lieferung: §§ 145–160 (1998) 9. Lieferung: §§ 161-177 a (1987) zit.: Bearbeiter, in Großkomm., HGB
Grunewald, Barbara	Einsichts- und Auskunftsrecht des GmbH–Gesellschafters nach neuem Recht, ZHR 146 (1982), S. 211 ff.
Grupp, Alexander	Börseneintritt und Börsenaustritt, individuelle und institutionelle Interessen, Sternenfels 1995

Günkel, Manfred
Frenzel, Barbara
Hagen, Christiane

Diskussionsforum Unternehmenssteuerreform: Steuerliche Überlegungen zum Übergang auf ein neues Körperschaftssteuersystem, insbesondere zum Ausschüttungsverhalten bei Kapitalgesellschaften, DStR 2000, S. 445 ff.

Haarmann, Wilhelm

Förderung der Anleger und Investoren im Zusammenhang mit Kapitalbeteiligungs- und Venture Capital–Gesellschaften, Gutachten für den BVK, S. 7 ff.

Hachenburg, Max

Gesetz betreffend die Gesellschaften mit beschränkter Haftung: (GmbHG); Großkommentar,
Band 1: Allg. Einleitung, §§ 1-34 (1992)
Band 2: §§ 35-52 (1997)
Band 3: §§ 53-85, Register (19979

Halloran, Michael J. u.a.

Venture Capital and Public Offering Negotiation, 3rd ed., New York 1997

Hamilton, Robert W.

Corporations, Including Partnerships and Limited Liability Companies,
6th ed., St. Paul, Minnesota 1998

Härer, Ralf-Dieter

Erscheinungsformen und Kompetenzen des Beirats in der GmbH, Frankfurt am Main 1991

Harrer, Herbert
Erwe, Peter

Der Neue Markt der Frankfurter Wertpapierbörse im Vergleich zu NASDAQ und EASDAQ, RIW 1998, S. 661 ff.

Harrer, Herbert
Heinemann, Dieter

Going Public – Einführung in die Thematik, DStR 1999, S. 254 ff.

Harroch, Richard D. (Hrsg.)

Start–up & Emerging Companies, Volume 1 & 2, Rev. Edition, New York 1998 , zit.: Bearb., in: Harroch, Start-up & Emerging Companies

ders.

Partnership & Joint Venture Agreements, Vol. 1 & 2, loose-leaf, New York 1992- zit.: Bearbeiter, in: Harroch, Partnership & Joint Venture Agreements

Haskel, Paul G.

The Prudent Person Rule, North Carolina Law Review (69) 1990, S. 87 ff.

Haynsworth, Harry J. — Organizing a Small Business Entity, Philadelphia, PA 1986

ders. — Selecting the Form of a small business entity, Philadelphia, PA 1995

Healey, Thomas J.
O 'Driscoll, Fiachara T. — Are Alternative Investments Right For Your Pension Fund, Pension World 1992, S. 23 ff.

Henkel, Udo W. — Steuerrecht international tätiger Unternehmen, hrsg. v. Jörg Manfred Mössner, 2. Auflage, Köln 1998

Henn, Harry G.
Alexander, John R. — Laws of Corporations, St. Paul, Minnesota 1983

Hennerkes, Brun-Hagen — Unternehmenshandbuch Familiengesellschaften: Sicherung von Unternehmen, Vermögen und Familie, 2. Auflage, Köln 1998

Hennerkes, Brun-Hagen
Binz, Mark Karlheinz — Abschied vom Bestimmtheitsgrundsatz, BB 1983, S. 713 ff.

Hertz-Eichenrode, Albrecht — Die Weiterentwicklung des Beteiligungsmarktes in Deutschland, in: BVK Jahrbuch 1998, S. 9 ff.

ders. — Der Markt für Beteiligungskapital in Deutschland, in: BVK-Jahrbuch 1999, S. 9 ff.

Herzig, Norbert — Steuerliche Konsequenzen von Aktienoptionsplänen, in: Pellens, Unternehmenswertorientierte Entlohnungssysteme, Stuttgart 1998, S. 162 ff.
zit.: Herzig, in Pellens: Unternehmenswertorientierte Entlohnungssysteme

Herzig, Norbert
Gocksch, Sebastian — Die steuerliche Behandlung von Übergewinnanteilen für Sponsoren inländischer Private Equity-Fonds, DB 2002, 600 ff.

Hey, Friedrich E. F. — Das neue Gesetz über Unternehmensbeteiligungsgesellschaften: Verbesserung für Venture Capital Engagements, in: Steuerrecht und Europäische Integration, Festschrift für Albert J. Rädler, hrsg. von Gottfried Breuninger (u.a.), München 1999, S. 271 ff.

Heymann, Ernst — Handelsgesetzbuch - Kommentar, Band 2: Zweites Buch (§§ 105–237), 2. Auflage, Berlin 1996
zit.: Heymann / Bearbeiter, HGB

Hommelhoff, Peter — Auszahlungsanspruch und Ergebnisverwendungsbeschluß in der GmbH, in: Festschrift für Heinz Rowedder, hrsg. von Gerd Pfeiffer (u.a.), München 1994, S. 183 ff.

Hommelhoff, Peter
Priester, Hans-Joachim — Bilanzrichtliniengesetz und GmbH-Satzung, ZGR 15 (1986), S. 463 ff.

Hopt, Klaus J. (Hrsg.) — Handelsgesetzbuch: mit GmbH & Co., Handelsklauseln, Bank- und Börsenrecht, Transportrecht (ohne Seerecht) / begr. von Adolf Baumbach, 30. Auflage, München 2000
zit.: Baumbach / Hopt, HGB

ders. — Bilanz, Reservenbildung und Gewinnausschüttung bei OHG und KG, in: Festschrift für Walter Odersky, hrsg. von Reinhard Böttcher u.a., Berlin 1996, S. 799 ff.

Huber, Ulrich — Vermögensanteil, Kapitalanteil und Gesellschaftsanteil an Personengesellschaften des Handelsrechts, Heidelberg 1970

ders. — Eintragungsfehler bei der Abtretung von Kommanditanteilen, ZGR 13 (1984), S. 146 ff.

ders. — Gesellschafterkonten in der Personengesellschaft, ZGR 17 (1988), S. 1 ff.

ders. — Betriebsführungsverträge zwischen selbständigen Unternehmen, ZHR 152 (1988), S. 1 ff.

ders. — Betriebsführungsverträge zwischen konzernverbundenen Unternehmen, ZHR 152 (1988), S. 123 ff.

ders. — Freie Rücklagen in Kommanditgesellschaften, in: Gedächtnisschrift für Brigitte Knobbe–Keuk, hrsg. von Wolfgang Schön, Köln 1997, S. 203 ff.

Hueck, Götz — Erwerbsvorrechte im Gesellschaftsrecht, in: Festschrift für Karl Larenz, hrsg. von Gotthard Paulus, München 1973, S. 749 f

Hüffer, Uwe	100 Bände BGHZ: Personengesellschaftsrecht, ZHR 151 (1987), S. 396 ff.
ders.	Aktienbezugsrechte als Bestandteil der Vergütung von Vorstandsmitgliedern und Mitarbeitern – gesellschaftsrechtliche Analyse, ZHR 161 (1997), S. 214 ff.
ders.	Aktiengesetz, 5. Auflage, München 2002
Hülsen, Andreas	Prüfungs- und Berichtspflichten bei der Jahresabschlußprüfung von Finanzdienstleistungen, Wpg 1999, S. 98 ff.
Hutchinson Cole	Legal Standards Governing Investment of Pension Assets, University of Pennsylvania Law Review 1980, S. 1340 ff.
Immenga, Ulrich	Vertragliche Vinkulierung von Aktien, AG 1992, S. 79 ff.
Jäger, Axel	Thema Börse (4): Wahl der richtigen Rechtsform, NZG 1999, S. 102 ff.
Joachim, Willi E.	Der Managementvertrag, DWiR 1992, S. 455 ff.
Jung, Matthias	Die Auswirkungen der 6. KWG–Novelle – Novelle auf Anlagevermittler, (Börsen-) Makler und Vermögensverwalter, BB 1998, S. 649 ff.
Jungen, Peter	Vorsitzende des Vorstandes – Business Angels Netzwerk Deutschland e.V. auf dem 3. Frankfurter Venture Capital Kongress und auf dem Münchener Businessplan-Wettbewerb, FAZ vom 30. 10. 2000, S. 32
Kahle, Holger	Die Ertragsbesteuerung der Beteiligung an einer US-Limited Partnership, Stuttgart 1996
Kallmeyer, Harald	Der Formwechsel der GmbH oder der GmbH & Co. in die AG oder KGaA zur Vorbereitung des Going Public, GmbHR 1995, S. 888 ff.

ders. — Der Ein- und Ausstieg der Komplementär-GmbH einer GmbH & Co. KG bei Verschmelzung, Spaltung und Formwechsel nach dem UmwG 1995, GmbHR 1996, S. 80 ff.

ders. — Umwandlungsgesetz, Kommentar: Verschmelzung, Spaltung und Formwechsel bei Handelsgesellschaften, Köln 1997

Kau, Wolfgang M.
Leverenz, Niklas — Mitarbeiterbeteiligung und leistungsgerechte Vergütung durch Aktien–Optionspläne, BB 1998, S. 2269 ff.

Kellermann, Alfred
Stodolkowitz, Heinz Dieter — Höchstrichterliche Rechtsprechung zum Personengesellschaftsrecht, 4. Aufl., Köln 1994

Kinn, Bruce A.
Zaff, Arnold M. — The Benefits of a Revitalized SBIC Program, in: Pratt`s Guide to Venture Capital Sources, New York, NY 1999

Klawitter, Uta Karen — Die GmbH & Co. KG im U.S.-amerikanischen Recht (Limited Partner-ship with a Corporate General Partner), Berlin 1997

Klein, Garbriele — Vorzugsaktien in der Bundesrepublik Deutschland und den Vereinigten Staaten von Amerika, Köln, Univ., Diss., 1981

Kleinmann
Shulmann — The Risk–Return Attributes of Public Traded Venture Capital, Journal of Business Venture (7), 1992, S. 195 ff.

Klemm, Hanns Alexander — Die Finanzierung und Betreuung von Innovationsvorhaben durch Venture Capital Gesellschaften, Frankfurt am Main (u.a.) 1988

Kohler, Klaus — Beteiligung von Führungskräften am AG–Kapital, ZHR 161 (1997), S. 246 ff.

Kölner Kommentar zum Aktiengesetz — Zöllner, Wolfgang (Hrsg.)
Band 1: §§ 1-75, 2. Aufl., Köln 1988
Band 2: §§ 76–117 und Mitbestimmung im Aufsichtsrat, 2. Aufl., Köln 1992
Band 6: §§ 291–328, 2. Aufl., Köln 1987
zit.: Bearbeiter, in KölnKomm., AktG

König, Wolfgang — Der satzungsergänzende Nebenvertrag, Baden-Baden 1996

Konzen, Horst — Geschäftsführung, Weisungsrecht und Verantwortlichkeit in der GmbH und der GmbH & Co. KG, NJW 1989, S. 2977 ff.

Kowalski, André — Vinkulierte Geschäftsanteile - Übertragungen und Umgehungen, GmbHR 1992, S. 347 ff.

Kraus, Herbert — Executive Stock Options and Stock Appreciation Rights, New York 1998

Krempl, Thomas — Gestaltungsalternative nach gegenwärtigem deutschen und europäischen Recht, in: Haarmann, Hemmelrath & Partner (Hrsg.), Gestaltung und Analyse der Rechts-, Wirtschafts- und Steuer-beratung von Unternehmen, Köln 1998, S. 233 ff.

Kümpel, Siegfried — Bank- und Kapitalmarktrecht, 2. Aufl., Köln 2000

Kürten, Stefan — Unternehmensbeteiligungsgesellschaften, eine betriebswirtschaftliche Analyse unter Berücksichtigung der Besteuerung, Köln 1990

Kußmaul, Heinz
Junker, Andy — Vorteilhaftigkeitsveränderung bei Kapitalbeteiligungsgesellschaften im Kontext des „Steuersenkungsgesetzes"?, FB 2000, S. 418 ff.

Küting, Karlheinz
Weber, Claus-Peter — Handbuch der Rechnungslegung, 3. Aufl., Stuttgart 1990

Ladwig, Peter
Motte, Frank — Die GmbH & Co. KGaA nach der Zulassung durch den BGH - die neue Rechtsreform für den Mittelstand ?, DStR 1997, S. 1539 ff.

Langbein, John H.
Wolk, Bruce A. — Pension and employee benefit law, 2nd ed., Westbury, N.J. 1995

Larenz, Karl — Die rechtliche Bedeutung von Optionsvereinbarungen, DB 1955, S. 209 ff.

Leenen, Detlef — Bestimmtheitsgrundsatz und Vertragsänderungen durch Mehrheitsbeschluß im Recht der Personengesellschaften, in: Festschrift für Karl Larenz, hrsg. von Claus–Wilhelm Canaris u.a., München 1983, S. 371 ff.

Leopold, Günther
Frommann, Holger — Eigenkapital für den Mittelstand: Venture Capital im In-und Ausland, München 1998

Lerner, Josh — Venture Capital and the Decision to Go Public, The Journal of Financial Economics 1994, S 293 ff.

Leuner, Rolf
Lindenau, Lars
Westphal, Rouven — Steuerliche Rahmenbedingungen in Deutschland für informelle Investoren (Business Angels), BB 2002, 700 ff.

Liebs, Rüdiger — Die Anpassung des Gesellschaftsvertrages der GmbH an das Bilanzrichtlinien–Gesetz, DB 1986, S. 2421 ff.

Lingemann, Stefan
Wasmann, Dirk — Mehr Kontrolle und Transparenz im Aktienrecht, BB 1998, S. 853 ff.

Löffler, Joachim — Der Kernbereich der Mitgliedschaft als Schranke für Mehrheitsbeschlüsse bei Personengesellschaften, NJW 1989, S. 2526 ff.

Lübbert, Hartmut — Abstimmungsvereinbarungen in den Aktien- und GmbH- Rechten der EWG-Staaten, der Schweiz und Großbritanniens, Baden-Baden 1971

Lutter, Marcus — Zum Informationsrecht des Gesellschafters nach neuem GmbH–Recht, ZGR 11 (1982), S. 1 ff.

ders. — Unternehmensplanung und Aufsichtsrat, AG 1991, S. 249 ff.

ders. (Hrsg.) — Umwandlungsgesetz, Kommentar, Band 2., §§ 152–325, 2. Auflage, Köln 2000

Lutter, Marcus
Drygala, Tim — Rechtsfragen beim Gang an die Börse, in: Unternehmen, Recht und Wirtschaftsordnung, Festschrift für Peter Raisch, hrsg. von Karsten Schmidt,

Köln 1995, S. 239 ff.

Lutter, Marcus / Hommelhoff, Peter — GmbH-Gesetz: Kommentar, 15. Auflage, Köln 2000

Lüttge, Jörg W. — Die zulässige Mehrfachbeteiligung an einer Personengesellschaft, NJW 1994, S. 5 ff.

M.D. — Der Neue Markt, ZfgK 1997, S. 204 ff.

Marsch-Barner, Reinhard — Gesetz über Unternehmensbeteiligungsgesellschaften – Eine Zwischenbilanz, ZGR 19 (1990), S. 294 ff.

Martens, Klaus-Peter — Die Entscheidungsautonomie des Vorstands und die "Basisdemokratie" in der Aktiengesellschaft, ZHR 147 (1983), S. 377 ff.

ders. — Die mit Optionsrechten gekoppelte Aktienemission, AG 1989, S. 69 ff.

ders. — Erwerb und Veräußerung eigener Aktien im Börsenhandel, AG 1996, S. 337 ff.

Martinson — Venturesome pensions funds may be on the increase, Financial Times v. 27.11.1998

May, Friedrich W. / Dahmann, Klaus — Die Rolle der Banken im Venture Capital–Geschäft, Die Sparkasse 1987, S. 351 ff.

Mayer, Dieter — Schenkungswiderruf bei Gesellschaftsanteilen im Spannungsfeld zwischen Gesellschafts- und Schenkungsrecht, ZGR 24 (1995), S. 93 ff.

Mayer, Ulrich — Zulässigkeit von Stimmrechtsvereinbarungen im GmbH–Recht, GmbHG 1990, S. 61 ff.

Mecke, Thomas — Vertragsändernde Mehrheitsbeschlüsse in der OHG und KG, BB 1988, S. 2258 ff.

Meller-Hannich, Caroline — Verwendung von Vorrats- und Mantelgesellschaften und Prüfung durch das Registergericht, ZIP 2000, S. 345 ff.

Menzel, Hans-Jürgen — Das neue Gesetz über Unternehmensbeteiligungsgesellschaften, WM 1987, S. 705 ff.

Merkt, Hanno — U.S.-amerikanisches Gesellschaftsrecht, Heidelberg 1991

Michel, Frank P. — Die Rechtsfolgen von Vermögensverschiebung nach einer Kommanditanteilsübertragung, ZGR 22 (1993), S.118 ff.

Millhaupt, Curtis J. — The Small Firm Financing Problem: Information and Publicy, in: The Journal of Small & Emerging Business Law 1998, S. 177 ff.

Münchener Handbuch des Gesellschaftsrechts — Band 2., Kommanditgesellschaft, Stille Gesellschaft, hrsg.v. Bodo Riegger 1. Auflage, München 1991,
Band 4., Aktiengesellschaft, hrsg. v. Michael Hoffmann-Becking, 2. Auflage, München 1999

Münchener Kommentar — Bürgerliches Gesetzbuch, hrsg. von Kurt Rebmann / Franz Jürgen Säcker
Band 1, Allgemeiner Teil (§§ 1–240), AGB-Gesetz, 3. Auflage, München 1993;
Band 2, Schuldrecht Allgemeiner Teil (§§ 241–432), 3. Auflage, München 1994;
Band 5, Schuldrecht Besonderer Teil, III (§§ 705–853): Partnerschaftsgesellschaftsgesetz, Produkthaftungsgesetz, 3. Aufl, München 1997,
zit.: Bearbeiter, in MünchKomm.

Münchener Vertragshandbuch — Martin Heidenhain u.a. (Hrsg.), Band 1: Gesellschaftsrecht, 3. Auflage, München 1992

Nitschke, Ralf M. — Wagnisfinanzierung: eine Untersuchung nach US-amerikanischem und deutschem Gesellschaftsrecht, Bonn 1996

Nittka, Isabella — Informelles Venture Capital und Business Angels, FB 2000, S. 253 ff.

Noack, Ulrich — Gesellschaftervereinbarungen bei Kapitalgesellschaften, Tübingen 1994

Nürk, Martina — Pensionsfonds und betriebliche Altersvorsorgung, BB 1996, 2187 ff.

dies. / Schrader, Alexander — Von der Pensionsrückstellung zum Pensionsfonds: Eine Chance für den deutschen Finanzmarkt, in: Deutsche Bank Research, 1995

O´Neal, F. Hodge / Thompson, Robert B. — O´Neals Close Corporations: Law and practice, Volume 1, 3rd ed., Wilmette 1998

Oppenhhoff & Rädler / Linklaters & Alliance — Reform der Unternehmensbesteuerung -Steuersenkungsgesetz- , Bonn 2000 zit.: Bearbeiter, in Oppenhoff & Rädler, Reform der Unternehmensbesteuerung

Otto, Hans-Jochen — Gebundene Aktien, AG 1991, S. 369 ff.

ders. — Gesellschafterstreit und Anteilsfungibilität in der gesellschaftlichen Vertragspraxis, GmbHR 1996, S.16 ff.

Padberg, Ernst / Schirmacher, Albrecht F. — Mehr Eigenkapital für Ihr Unternehmen: Neue Gesetze für Unternehmen und Anleger, Frankfurt am Main 1987 zit.: Bearbeiter, in: Padberg / Schirmacher

Palandt, Otto — Bürgerliches Gesetzbuch, Kommentar, 60. Auflage, München 2001

Petillion, Lee R. / Hull, Robert Joe — Representing Start–up Companies, New York, NY; Rochester 1997

Pfeifer, Axel — Venture Capital als Finanzierungs- und Beteiligungsinstrument, BB 1999, S. 1665 ff.

Piehler, Klaus — Beteiligung leitender Mitarbeiter an einer GmbH, in: Notar und Rechtsgestaltung, Tradition und Zukunft, Jubiläums–Festsschrift des Rheinischen Notariats, hrsg. von Rheinische Notarkammer, Köln 1998, S. 321 ff.

Plückelmann, Katja — Der Neue Markt der Deutschen Börse AG Osnabrück, Univ., Diss., 2000

Posner, Dirk — Early Stage–Finanzierungen: Spannungsfeld zwischen Gründern, Investoren und staatlichen Rahmenbedingungen, Wiesbaden 1996

Practising Law Institute (Hrsg.) — The legal aspects of Venture Capital investing, chairman Thomas F. Ruhm, New York, N.Y. 1981
zit.: Bearbeiter, in: PLI, The legal aspects of Venture Capital Investing

dasselbe — Venture Capital Financing 1989; chairman Bruce Alan Mann, New York, N.Y. 1989
Venture Capital Financing 1990; chairman Bruce Alan Mann, New York, N.Y. 1990

dasselbe — Venture Capital Financing 1991: forming the fund and financing issues; chairman Bruce Alan Mann, New York 1991, N.Y. 1991
zit.: Bearb., in PLI, Venture Capital

dasselbe — Introduction to Securities law, chairman Jeffry Hoffmann, New York 1990
zit.: Bearb., in PLI, Introduction to Securities law

Pratt, Stanley E. — The organized Venture Capital Community, in: Pratt´s Guide to Venture Capital Sources, New York, NY 1999

Priester, Hans-Joachim — Strukturänderungen – Beschlußvorbereitungen und Beschlußfassung, ZGR 19 (1990), S. 420 ff.

ders. — Stille Reserven und offene Rücklagen bei Personengesellschaften, in: Festschrift für Karlheinz Quack, hrsg. von Harry Peter Westermann, Berlin 1991, S. 373 ff.

ders. — Vertragsgestaltung bei der GmbH & Co., 2. Auflage, Köln 1991

ders. — Spaltungsvertrag / Spaltungsplan, in: Verschmelzung, Spaltung, Formwechsel nach neuem Umwandlungsrecht und Umwandlungssteuerrecht, Kölner Umwandlungsrechtstage, hrsg. von Marcus Lutter, Köln 1995

ders. — Mitgliederwechsel im Umwandlungszeitpunkt, DB 1997, S. 560 ff.

ders. — Quotenabweichende Rücklagenzuordnung, in: Gedächtnisschrift für Brigitte Knobbe-Keuk, hrsg. von Wolfgang Schön, Köln 1997, S. 293 ff.

ders. — Drittbindung des Stimmrechts und Satzungsautonomie, in: Handelsrecht und Wirtschafts-recht in der Bankpraxis, Festschrift für Winfried Werner, hrsg. von Walther Hadding, Berlin 1984, S.657 ff.

ders. | Handelsrechtsreformgesetz – Schwerpunkte aus notarieller Sicht, DNotZ 1998, S. 691 ff.

Rams, Andreas
Remmen, Jan | Perspektiven der Venture–Finanzierung in Deutschland, Die Bank 1999, S. 687 ff.

Reichert, Jochem | Folgen der Anteilsvinkulierung für Umstrukturierungen von Gesellschaften mit beschränkter Haftung und Aktiengesellschaften nach dem Umwandlungsgesetz 1995, GmbHR 1995, S. 176 ff.

Reischauer, Friedrich
Kleinhans, Joachim | Kreditwesengesetz, Loseblattsammlung, Berlin 1963, Stand: Erg.–Lfg. 2 / 98

Renkl, Günther | Gewinnverwendungsverfassung und Abschlußprüfung, GmbHR 1989, S. 66 ff.

Rödder, Thomas
Schuhmacher, Andreas | Unternehmenssteuerreform 2001 – Eine erste Analyse des Regierungsentwurfs aus Beratersicht, DStR 2000, S. 353 ff.

Rodin, Andreas
Veith, Amos | Zur Abgrenzung zwischen privater Vermögensverwaltung und gewerblicher Tätigkeit bei Private Equity-Pools, DB 2001, 883 ff.

Rodin, Andreas | Private Equity und Steuerrecht, Beitrag zur Euroforum-Konferenz: 3. Jahrestagung Private Equity, Bad Homburg 15. März 2002 (unveröffentlicht)

Rohleder, Michael | Die Übertragbarkeit von Kompetenzen auf GmbH–Beiräte, Köln 1991

Röhricht, Volker
von Westphalen, Friedrich (Graf) | Handelsgesetzbuch: Kommentar zu Handelsstand, Handelsgesellschaften (ohne Bilanz-, Transport- und Seerecht), Köln 1998

Rowedder, Heinz | Gesetz betreffend die Gesellschaften mit beschränkter Haftung (GmbHG), Kommentar, 4. Auflage, München 2002

Rudolph | Intermediäre zwischen Gründung und Börsengang, SZ Nr. 160 / 1999, S. 29

Sahlman, William A.	The Structure of Governance of Venture Capital Organizations, JFE 27 (1990), S. 473 ff.
ders. Stevenson, Howard H.	The Entrepreneurial Venture Boston, Mass. 1992 zit.: Bearb., in The Entrepreneurial Venture
Schefczyk, Michael	Erfolgsstrategien deutscher Venture Capital–Gesellschaften, Stuttgart 1998
ders.	Finanzieren mit Venture Capital, Stuttgart 2000
Schefczyk, Michael Peterson, Christa	Venture Capital-Fonds: Vermögensverwaltung oder Gewerbebetrieb, BB 2002, 805 ff.
Schillt, W. Keith	Dream Makers and Deal Breakers, Englewood Cliffs, N.J., 1991
Schlegelberger, Franz	Handelsgesetzbuch: Kommentar, unter Beteiligung von Ernst Geßler, 5. Auflage, München 1986 Band 3, Hbd 1: §§ 105–160 (1992) Band 3, Hbd 2: §§ 161–177a, 335–342 (1986) zit.: Schlegelberger / Bearbeiter
Schmidt, Harry	Mehrheitsklauseln für Umwandlungsbeschlüsse in Gesellschaftsverträgen von Personengesellschaften nach neuem Umwandlungsrecht, in: Festschrift für Hans Erich Brandner, hrsg. von Gerd Pfeiffer u.a., Köln 1996, S. 133 ff.
Schmidt, Karsten	Einlage und Haftung des Kommanditisten, Köln 1977
ders.	Die Schenkung von Personengesellschaftsanteilen durch Einbuchung, BB 1990, 1992 ff.
ders.	Aktionärs- und Gesellschafterzuständigkeiten bei der Freigabe vinkulierter Aktien und Geschäftsanteile, in: Festschrift für Karl Beusch, hrsg. von Heinrich Beisse, Berlin 1993, S. 759 ff.
ders.	Mehrheitsregelungen in GmbH & Co.–Verträgen, ZHR 158 (1994), S. 205 ff.
ders.	Formwechsel zwischen GmbH und GmbH & Co., GmbHR 1995, S. 695 ff.
ders.	Gesellschaftsrecht, 3. Auflage, Köln 1997

Schneider, Iris
Hülsbömer, André
„Ach wär`n wir doch auf Guernsey nur geblieben...“
Deutschen Risikokapitalfonds droht eine international nicht mehr wettbewerbsfähige Besteuerung
http://www.finance-magazin.de/extrablatt

Scholz, Franz
Kommentar zum GmbH-Gesetz mit Nebengesetzen und den Anhängen Konzernrecht sowie Umwandlung und Verschmelzung,
Band 1: §§ 1–44, Anh. Konzernrecht, 9. Auflage, Köln 2000
Band 2: §§ 45–85, 9. Auflage, Köln 2002
zit.: Scholz / Bearb.

Schön, Wolfgang
Bilanzkompetenzen und Ausschüttungsrechte in der Personengesellschaft, in: Festschrift für Heinrich Beisse, hrsg. von Wolfgang Dieter Budde, Düsseldorf 1997, S 471 ff.

Schröder, Christoph
Strategien und Management von Beteiligungsgesellschaften, Baden–Baden 1992

Schulze-Osterloh, Joachim
Aufstellung und Feststellung des handelsrechtlichen Jahresabschlusses der Kommanditgesellschaft, BB 1995, S. 2519 ff.

Schüppen, Matthias
Ehlermann, Christian
Corporate Venture Capital, Köln 2000

Schwark, Eberhard
Börsengesetz, 2. Auflage, München 1994

Schween, Karsten
Corporate Venture Capital, Wiesbaden 1996

Seibert, Ulrich
Stock Options für Führungskräfte, in: Pellens, Bernard (Hrsg.), Unternehmenswertorientierte Entlohnungssysteme, Stuttgart 1998, S. 29 ff.

Seibert, Ulrich
Kiem, Roger
Handbuch der kleinen AG: gesellschaftsrechtliche, umwandlungsrechtliche und steuerrechtliche Aspekte, 3. Aufl., Köln 1996

Semler, Johannes
Die Unternehmensplanung in der Aktiengesellschaft, ZGR 12 (1983), S. 1 ff.

Sieveking, Arnold — Keine Mehrfachbeteiligung an Personengesellschaften, in: Festschrift für Helmut Schippel, hrsg. von der Bundesnotarkammer, München 1996, S. 505 ff.

Sigle, Walter — Zur Beteiligung familienfremder Manager an Familien–Personengesellschaften, in: Festschrift für Johannes Semler, hrsg. von Marcus Bierich, Berlin 1993, S. 767 ff.

ders. — Gedanken zur Wirksamkeit von Abfindungsklauseln in Gesellschaftsverträgen, ZGR 28 (1999), S. 659 ff.

Staudinger, Julius von — Justus von Staudingers Kommentar zum Bürgerlichen Gesetzbuch mit Einführungsgesetz und Nebengesetzen,
Buch 1, Allgemeiner Teil (§§ 21–103),
13. Bearbeitung, Berlin 1995,
Buch 1, Allgemeiner Teil (§§ 134–163),
13. Bearbeitung, Berlin 1996,
Buch 1, Allgemeiner Teil (§§ 164–240),
13. Bearbeitung, Berlin 1995,
Buch 2, Recht der Schuldverhältnisse (Einl. zu §§ 241 ff., 241–243),
13. Berarbeitung, Berlin 1995
zit.: Staudinger / Bearb.

Steck, Kai–Uwe — „Going private" über das UmwG, AG 1998, S. 460 ff.

ders. — Regulierung von US-amerikanischen Investmentgesellschaften (Investment Companies), Frankfurt am Main, u.a. 2000

Stedler, Heinrich R. — Beteiligungskapital im bankbetrieblichen Leistungsangebot, Die Bank 1993, S. 347 ff.

Steiner, Klaus — Zulässigkeit der Begebung von Optionsrechten auf Aktien ohne Optionsschuldverschreibung (naked warrants), WM 1990, S. 1776 ff.

Stern, Carsten — 60% Prozent Kursplus mit Risikokapital sind möglich, Das Wertpapier 5/99, S. 20

Sudhoff, Heinrich — Der Gesellschaftsvertrag der GmbH: systematischer Kommentar mit Formular- und Texthandbuch, Heinrich Sudhoff, unter Beteiligung von Martin Sudhoff,

8. Auflage, München 1992

ders. — Personengesellschaften, 7. Auflage, München 1999

Sutton, David P.; Benedetto, M. William — Initial Public Offering, Chicago 1990

Szagunn, Volkhard; Haug, Ulrich; Enzinger, Wilhelm — Gesetz über das Kreditwesen / Kommentar, Stuttgart u.a., 1997

Testa, Richard J. — The Legal Process of Venture Capital Invest-ment, in: Pratt´s Guide to Venture Capital Sources, 18th ed., Wellesley Hills, Mass. 1994

Thoma, Georg; Steck, Kai-Uwe — Die Investmentaktiengesellschaft (closed-end fund), Investmentalternative oder gesetzgeberischer Fehlschlag, AG 2001, S. 330 ff

Tulloch, Anthony; Wellisch, Dietmar — Die Bedeutung von Ergebnisverteilungsabreden für die Gesellschafter von vermögensverwaltenden Personengesellschaften, DStR 1999, 1093 ff.

Ulmer, Peter — Die Mitwirkungsrechte der Kommanditisten an der Bilanzierung der KG, in: Festschrift für Wolfgang Hefermehl, hrsg. v. Robert Fischer , S. 207 ff.

ders. — Gewinnanspruch und Thesaurierung in OHG und KG, in: Festschrift für Marcus Lutter, hrsg. von Uwe H. Schneider, Köln 2000, S. 935 ff.

University of Southern California Tax Institute — What`s new in Partnership Tax, in: Major Tax Planning, Albany, N.Y. 1956-
zit.: Bearbeiter, in: U.S.C. Tax Institute, Major Tax Planning

Veelken, Winfried — Der Betriebsführungsvertrag im deutschen und amerikanischen Aktien- und Konzernrecht, Baden–Baden 1975

Vogel, Wolfgang — Gesellschafterbeschlüsse und Gesellschafterversammlung, 2. Auflage, Köln 1986

Vollmer, Lothar — Börsenhandel mit GmbH– oder KG–Anteilen sowie Veränderung des Aktienrechts („Kleine AG“), in: Gebhardt /Gerke/Steiner, Handb. des Finanzmanagements, München 1993 ders. — Das Stuttgarter Modell der mittelbaren Anlegerbeteiligung, WM 1991, Sonderbeilage 2, S. 2 ff.

ders. — Die Unternehmensbeteiligungsgesellschaften nach der Reform des UBGG, ZBB 1998, S. 222 ff.

Vollmer, Lothar
Grupp, Alexander — Der Schutz der Aktionäre beim Börseneintritt und Börsenaustritt, ZGR 24 (1995), S. 459 ff.

von Boehm-Bezing, Philip — Eigenkapital für nicht börsennotierte Unternehmen durch Finanzintermediäre: wirtschaftliche Bedeutung und institutionelle Rahmenbedingungen, Sternenfels 1998

von Braunschweig, Philipp — Steuergünstige Gestaltung von Mitarbeiterbeteiligungen in Management–Buy–Out–Strukturen, DB 1998, S. 1831 ff.

von Reinersdorff, Wolfgang — Musterklauseln für GmbH–Verträge: § 10 (Einziehung von Geschäftsanteilen), WIB 1994, 414 ff.

Voormann, Volker — Der Beirat im Gesellschaftsrecht, 2. Auflage, Köln 1990

Walk, Achim — Die zweckmäßige Gewinnverwendungsklausel in der GmbH: die interessengerechte Aufteilung des Gesamtertrages in der gesellschaftsvertraglichen Praxis, Köln 1993

Watrin, Christoph
Gocksch, Sebastian — Problembereiche der Besteuerung inländischer Private Equity-Fonds, DB 2002, S. 341 ff.

Watrin, Christoph — Disquotale Gewinnverteilung bei Private Equity-Fonds, BB 2002, 811 ff.

Weichert, Ronald — Probleme des Risikokapitalmarkts in der Bundesrepublik,: Ursachen, Auswirkungen, Lösungsmöglichkeiten, Tübingen 1987

Weigl, Gerald — Anwendungs- und Problemfelder der stillen Gesellschaft, DStR 1999, S. 1568 ff.

Weinberg, David B. — Structuring Issues for Investors in Venture Capital Limited Partnerships, The Financier: ACMT, Vol. 1, No. 2, May 1994, S. 35 ff.

Weißmüller, Wolfgang — Der Betriebsführungsvertrag – eine Alternative zum Unternehmenskauf, BB 2000, S. 1949 ff.

Weitnauer, Wolfgang — Handbuch Venture Capital, München 2000

ders. — Rahmenbedingungen und Gestaltungen von Private Equity Fonds, Finanz Betrieb 2001, S. 258 ff.

Wenserki, Marcus — Betriebsstättenproblematik ausländischer Fondsgesellschaften bei Investitionen in der Bundesrepublik Deutschland, in: Haarmann, Hemmelrath & Partner (Hrsg.), Gestaltung und Analyse in der Rechts- , Wirtschafts- und Steuerberatung von Unternehmen, Köln 1998

Westermann, Harm Peter
Klingberg, Dietgard — Vorkaufsrechte im Gesellschaftsrecht, in: Festschrift für Karlheinz Quack, hrsg. von Harm Peter Westermann (u.a.), Berlin 1991, S. 545 ff.

Westermann, Harry — Gedanken zur Methode der richterlichen Rechtsfortbildung, in: Festschrift für Karl Larenz, hrsg. von Claus-Wilhelm Canaris (u.a.), München 1983, S. 723 ff.

ders. — Zur Problematik der Rücklagen der Personengesellschaften, in: Festschrift für Ernst von Caemmerer, hrsg. von Hans Claudius Ficker, Tübingen 1978, S. 657 ff.

Widmann, Sigfried
Mayer, Robert — Umwandlungsrecht: Umwandlungsgesetz, Umwandlungssteuergesetz, Spaltung von der Verwaltung der Treuhandanstalt unterliegenden Unternehmen, Einbringung einzelner Wirtschaftsgüter in Kapital- und Personengesellschaften (Kommentar), Band 2: §§ 1–78 UmwG, Bonn 1981

Wiedemann, Herbert — Identität beim Formwechsel, ZGR 28 (1999), S. 568 ff.

ders. — Verbandssouveränität und Außeneinfluß, in: Gesellschaftsrecht und Unternehmensrecht, Festschrift für Wolfgang Schilling, hrsg. von Robert Fischer, Berlin 1973, S. 105 ff.

ders.
Heinemann, Klaus — Der Widerruf der Schenkung einer Gesellschafterbeteiligung, DB 1990, S. 1649 ff.

Wiedenbeck, Peter J.
Osgood, Russel K. — Cases and materials on employee benefits St. Paul, Minn., 1996

Wieselhuber & Partner — Börseneinführung mit Erfolg, 1. Auflage, Wiesbaden 1996
zit.: Bearbeiter, in: Wieselhuber & Partner, Börseneinführung mit Erfolg

Winnefeld, Robert — Bilanzhandbuch, München 1997

Wöhe, Guenter — Bilanzierung und Bilanzpolitik: betriebswirtschaftlich – handelsrechtlich – steuerrechtlich; mit Einführung in die verrechnungstechnischen Grundlagen, 8. Auflage, München 1992

Wrede, Thomas — Venture Capital: das us-amerikanische Modell und seine Umsetzung in der Bundesrepublik Deutschland, Köln 1987

Zemke, Ingo — Die Unternehmensverfassung von Beteiligungskapitalgesellschaften, Wiesbaden 1995

Zöllner, Wolfgang — Die sogenannten Gesellschafterklagen im Kapitalgesellschaftsrecht, ZGR 17 (1988), S. 392 ff.

ders. — Zu Schranken und Wirkung von Stimmbindungsverträgen, insbesondere bei der GmbH, ZHR 161 (1991), S. 168 ff.

Zschiegner, Hans — Die Besteuerung von Gesellschaften, in: Grundzüge des U.S.-amerikanischen Steuerrechts, hrsg. von Jörg-Dietrich Kramer, Stuttgart 1990

Frankfurter wirtschaftsrechtliche Studien

Herausgegeben von
Theodor Baums, Friedrich Kübler, Hans-Joachim Mertens,
Eckard Rehbinder, Gunther Teubner

Band 1 Tomas Brinkmann: Unternehmensinteresse und Unternehmensrechtsstruktur. Aufgaben und Grenzen eines normativen Regulativs unternehmenspolitischer Prozesse. 1983.

Band 2 Rüdiger Hahn: Behinderungsmißbräuche marktbeherrschender Unternehmen. Eine Untersuchung der Beeinträchtigung von Wettbewerb und Marktstruktur durch horizontalen Nichtleistungswettbewerb als Gegenstand der Mißbrauchaufsicht nach § 22 Abs. 4 S. 2 Nr. 1 GWB. 1984.

Band 3 Peter Buchmann: Registerpublizität und Gläubigerschutz bei der Einmann-Gesellschaft. 1984.

Band 4 Christian Joerges/Eugen Hiller/Knut Holzscheck/Hans-W. Micklitz: Vertriebspraktiken im Automobilersatzteilsektor. Ihre Auswirkungen auf die Interessen der Verbraucher. 1985.

Band 5 Annette Boerner: Die Haftung des herrschenden Kommanditisten. 1985.

Band 6 Dirk H. Mahler: Rechtsmißbrauch und einstweiliger Rechtsschutz bei Dokumentenakkreditiven und "Akkreditiven auf erstes Anfordern": Eine rechtsvergleichende Untersuchung. 1986.

Band 7 Brigitte Kratz: Ausländische Eingriffsnorm und inländischer Privatrechtsvertrag. 1986.

Band 8 Dimitris Tsibanoulis: Die genossenschaftliche Gründungsprüfung. 1987.

Band 9 Jürgen Braun: Rechtsfragen des Transport-Unfall-Informations- und Hilfeleistungs-Systems der deutschen chemischen Industrie. 1987.

Band 10 Thomas Pfeiffer: Die Bedeutung des privatrechtlichen Immissionsschutzes. Eine Untersuchung zu §§ 1004, 906 BGB. 1987.

Band 11 Michael Bothe/Josef Brink/Christian Kirchner/Albrecht Stockmayer: Rechtsfragen der internationalen Verschuldungskrise. Voraussetzungen, Formen und Verfahren internationaler Umschuldungsmaßnahmen und Umschuldungsvereinbarungen. 1988.

Band 12 Felix Dörr: Die fehlerhafte GmbH. 1989.

Band 13 Rolf Trittmann: Anwendungsprobleme des Haager Beweisübereinkommens im Rechtshilfeverkehr zwischen der Bundesrepublik und den Vereinigten Staaten von Amerika. Exklusive Regelung zur Überbrückung der Unterschiede zwischen dem kontinental-europäischen und anglo-amerikanischen Zivilprozeßrechtssystem? 1989.

Band 14 Margaretha Sudhof: Dreieckige Rechtsverhältnisse im Wirtschaftsverwaltungsrecht - Am Beispiel von Konkurrentenklagen. 1989.

Band 15 Michael Weigel: Schriftformklauseln in Allgemeinen Geschäftsbedingungen. 1989.

Band 16 Hans-Peter Schröder: Der sichere Weg bei der Vertragsgestaltung. 1990.

Band 17 Matthias Haas: Haftungsfreizeichnungsklauseln in Allgemeinen Geschäftsbedingungen. Eine rechtsdogmatische und ökonomische Analyse. 1991.

Band 18 Andreas Hahn: Instandhaltungsverträge. Begriffe, Einordnung, Rechtsfolgenbestimmung, Auswirkung auf die Kautelarpraxis. 1991.

Band 19 Jürgen Götz: Der Entherrschungsvertrag im Aktienrecht. 1991.

Band 20 Friedrich Wächtershäuser: Das Gesellschaftsrecht des internationalen Joint Ventu 1992.

Band 21 Christina Escher-Weingart: Nutzungsausfall als Schaden und sein Ersatz. 1993.

Band 22 Jean-Claude Zerey: Rechtliche Probleme der Finanzierung von *Leveraged Buyouts* und *Tender Offers* durch Banken in den USA und in der Bundesrepublik Deutschland. Eine rechtsvergleichende Studie über die Rolle der Banken bei Unternehmenskontrolltransaktionen in den USA und in der Bundesrepublik Deutschland. 1994.

Band 23 Markus Bauer: Gläubigerschutz durch eine formelle Nennkapitalziffer - Kapitalgesellschaftsrechtliche Notwendigkeit oder überholtes Konzept? Eine rechtsvergleichende Untersuchung der Gläubigerschutzkonzepte des amerikanischen und deutschen Kapitalgesellschaftsrechts. 1995.

Band 24 Marion Vollmann: Minderheitenschutz im aktienrechtlichen Beschlußmängelrecht. Eine Bestandsaufnahme und Vorschläge zu einer rechtspolitischen Reform. 1997.

Band 25 Lydia Klose-Mokroß: Gläubigerschutz im Kapitalgesellschaftsrecht am Beispiel der Lehre von der verdeckten Sacheinlage. 1997.

Band 26 Stephan Aubel: Der vereinfachte Bezugsrechtsausschluß. Aktionärs- und Gesellschaftsinteressen beim vereinfachten Bezugsrechtsausschluß nach Maßgabe des § 186 Absatz 3 Satz 4 AktG. 1998.

Band 27 Kurt Peter Dittrich: Die Privatplazierung im deutschen Kapitalmarktrecht. Eine Untersuchung der Vorschriften des Auslandinvestmentgesetzes, des Wertpapier-Verkaufsprospektgesetzes und des Gesetzes über Kapitalanlage-Gesellschaften unter Berücksichtigung des Rechts der Vereinigten Staaten von Amerika und des Vereinigten Königreichs. 1998.

Band 28 Viola Sailer: Aktienrechtliche Minderheitskompetenzen zwischen Mißbrauch und unternehmerischer Entscheidungsfreiheit. 1999.

Band 29 Marc Zimmerling: Kapitalerhaltung und Konzernfinanzierung. Eine Untersuchung der kapitalerhaltungsrechtlichen Problematik aufsteigender Sicherheiten im Konzern. 1998.

Band 30 Joachim Wichert: Die Finanzen der Kommanditgesellschaft auf Aktien. 1999.

Band 31 Kerstin Andrea Müller: Produktverantwortung und ihre Durchsetzung. Eine kartellrechtliche Beurteilung von Selbstverpflichtungen im Umweltrecht aus deutscher und europäischer Sicht unter besonderer Berücksichtigung der Altautoentsorgung. 1999.

Band 32 Bettina Friedrich: Konvergenzen im Gesellschaftsrecht. Recht-Fertigung durch Status- und Befundsicherung. 2000.

Band 33 Rudolf Lemke: Haftungsrechtliche Fragen des Ratingwesens – ein Regelungsproblem? 2000.

Band 34 Klaus R. Roller: Die Vergütung des Aufsichtsrats in Abhängigkeit vom Aktienkurs. 2000.

Band 35 Bettina Bokelmann: Personelle Verflechtungen über Aufsichtsräte. Aufsichtsratsmitglieder mit hauptberuflicher Vorstandsfunktion. 2000.

Band 36 Kai-Uwe Steck: Regulierung von US-amerikanischen Investmentgesellschaften (Investment Companies). Unter besonderer Berücksichtigung des National Securities

Markets Improvement Act of 1996 (NSMIA) und anderer aktueller Rechtsanpassungen. 2000.

Band 37 Kristofer Bott: Wissenszurechnung bei Organisationen. 2000.

Band 38 Ursula Lenzen: Unerlaubte Eingriffe in die Börsenkursbildung. 2000.

Band 39 Martin Schulz: Verfassungsrechtliche Vorgaben für das Kollisionsrecht in einem Gemeinsamen Markt. Eine rechtsvergleichende Untersuchung zu den Grenzen einzelstaatlicher Anknüpfungsmethoden im internationalen Vertrags-, Delikts- und Gesellschaftsrecht am Beispiel der Vereinigten Staaten von Amerika. 2000.

Band 40 Maximilian Koch: Diversifizierung und Vorstandskompetenzen. 2001.

Band 41 Corrado Wohlwend: Die Hauptversammlung im Wandel der Kommunikationsformen. 2001.

Band 42 Michael Rozijn: Der Unternehmensmaklervertrag. Zur Anwendung des allgemeinen Maklervertragsrechts auf Mergers & Acquisitions-Dienstleistungen. 2001.

Band 43 Konstantinos N. Kyriakakis: Die Überwachung einer US-amerikanischen Aktiengesellschaft durch institutionelle Anleger. 2002.

Band 44 Uta Fredebeil: Aktienemissionen. Das underwriting agreement (der Übernahmevertrag) und seine spezifischen Klauseln. 2002.

Band 45 Michaela G. Döbler: Die Einführung des WTO-weiten Erschöpfungsgrundsatzes in das Markenrecht der EU und der USA. 2002.

Band 46 Jan Liersch: Regulierung des Blockhandels an den organisierten Aktienmärkten der Vereinigten Staaten, Großbritanniens und Deutschlands. 2002.

Band 47 Sascha Lotze: US-amerikanisches Kapitalmarktrecht und Internet. Aufsichts- und haftungsrechtliche Fragen des Internet-Einsatzes bei Wertpapieremissionen und im Wertpapierhandel. 2002.

Band 48 Boris Trautmann: Die Konkurrenz von Haftpflicht- und Versicherungsanspruch. Ein Beitrag zur ökonomischen Analyse des Rechts unter Berücksichtigung von Unsicherheit und Verhaltensanomalien. 2002.

Band 49 Matthias Möller: Rechtsformen der Wagnisfinanzierung. Eine rechtsvergleichende Studie zu den USA und zu Deutschland. 2003.

Band 50 Heiner Feldhaus: Die Eignung zur erheblichen Kursbeeinflussung bei der Ad-hoc-Publizität. Eine rechtsvergleichende und interdisziplinäre Untersuchung unter Berücksichtigung der europarechtlichen Vorgaben. 2003.

Sascha Lotze

US-amerikanisches Kapitalmarktrecht und Internet

Aufsichts- und haftungsrechtliche Fragen des Internet-Einsatzes bei Wertpapieremissionen und im Wertpapierhandel

Frankfurt/M., Berlin, Bern, Bruxelles, New York, Oxford, Wien, 2002. 426 S.
Frankfurter wirtschaftsrechtliche Studien. Bd. 47
Verantwortlicher Herausgeber: Theodor Baums
ISBN 3-631-39640-6 · br. € 60.30*

Der umfassende Einsatz des Internet hat im Hinblick auf die Funktionsweise von Transaktionsprozessen und die Versorgung der Marktteilnehmer mit anlagerelevanten Informationen zu tiefgreifenden Veränderungen in den Kapitalmärkten geführt. Nachdem sich vor allem das US-Kapitalmarktrecht frühzeitig mit den Problemen der Einbindung dieses neuen Mediums in das bestehende haftungs- und aufsichtsrechtliche Regelungsgefüge auseinandergesetzt hat, untersucht die Arbeit die dort entwickelten Lösungsansätze. Neben Fragen von Wertpapieremission und -handel und der Aufsicht über Internet-Plattformen liegt ein weiterer Schwerpunkt in der Betrachtung kollisionsrechtlicher Aspekte. Dabei wird deutlich, daß sich einzelne US-Lösungsansätze zunehmend als internationaler Standard etablieren.

Aus dem Inhalt: Extraterritorialer Geltungsbereich der Securities Laws in Internet-Sachverhalten · Verbreitung anlagerelevanter Informationen im Internet und Regulierung von entsprechenden Internet-Foren · Aufsichtsrechtliche Behandlung von Internet-Handelsplattformen · Internet-Einsatz bei IPO's, Direktemissionen und Private Placements

Kolibri 360 GmbH
Ferdinand-Jühlke-Straße 7
99095 Erfurt, Deutschland
produktsicherheit@kolibri360.de

Druck:
CPI Druckdienstleistungen GmbH
im Auftrag der
Kolibri 360 GmbH
Ferdinand-Jühlke-Str. 7
99095 Erfurt